6 Mathematik für Sekundarstufe I

mathe live

von

Christel Emde, Grevenbroich

Sabine Kliemann, Krefeld

Rainer Pongs, Hürtgenwald

Wolfram Schmidt, Wuppertal

ERNST KLETT VERLAG
Stuttgart · Düsseldorf · Leipzig

Das Motto

„Ich kann freilich nicht sagen, ob es besser werden wird, wenn es anders wird; aber so viel kann ich sagen, es muss anders werden, wenn es besser werden soll.“

Georg Christoph Lichtenberg
(1742 - 1799)

Unser Dankeschön geht an all die Lehrerinnen und Lehrer, die in der Diskussion mit den Autoren und der Redaktion neue Ideen vorangebracht haben und die bereit waren und sind, Neues im Unterricht auszuprobieren. Ebenso gilt der Dank auch all den Schülerinnen und Schülern, die durch ihre Mitarbeit in den Erprobungen ihren Teil an der Weiterentwicklung und Ausgestaltung der Gedankenansätze beigetragen haben.

Gedruckt auf Papier aus chlorfrei gebleichtem Zellstoff, säurefrei.

1. Auflage € A 1 5 4 3 | 2003 2002 2001 2000

Alle Drucke dieser Auflage können im Unterricht nebeneinander benutzt werden; sie sind untereinander unverändert. Die letzte Zahl bezeichnet das Jahr dieses Drucks.

Redaktion: Wilfried Lorenzen
Petra Waizmann-Berger
Herstellung: Beate Schindler
Layout: Stefanie Schultz
Dieter Gebhardt, Asperg
Zeichnungen und Illustrationen: Dieter Gebhardt, Asperg; Rudolf Hungreder, Leinfelden; Günter Schlierf, Neustadt
Umschlaggestaltung: Höllerer Kommunikation, Stuttgart
Satz: topset Computersatz Rudi Warttmann, Nürtingen
Repro: Repro-Technik Ruit
Druck: Appl, Wemding

ISBN 3-12-720220-2

Bildquellenverzeichnis:
Action press, Hamburg 75 (Lucky Mat. Corp. PH) — Alexander Weltatlas, Klett-Perthes, Gotha 44 — Anthony Verlag, München 98 — AP Photo, Frankfurt/Main 7.3 (Arlington Heights Daily Herald, Mark Welsh), 12.1 (David Longstreath), 17.3 (Robert Sorbo), 21.2 (Arlington Heights Daily Herald, Mark Welsh) — Baumann, Pressefoto, Ludwigsburg 15.1, 27 — Bavaria Bildagentur, Gauting U1.2 (Barry Rosenthal), U1.4 (Gary Buss), 69.1 (B.P.), 160.2 (Picture Finders) — Beckmann, Dieter, Sandkrug 91.2 — Bilderberg, Hamburg 20 (Milan Horacek) — Bongarts Sportpressephoto, Hamburg 3 (Maja Moritz), 7.1 (Maja Moritz), 7.2 (Lutz Bongarts), 9 (Rüdiger Fessel), 10 (Lutz Bongarts), 13, 14, 15.2 (Gunnar Berning), 16.1 + 2 (Lutz Bongarts), 17.1 + 3 (A. Hassenstein), 17.2 (Martin Rose), 19 (Martin Rose), 21.1 (Marcus Brandt), 22 (Henri Szwarc), 24.2 (A. Hassenstein), 25.2 (Lutz Bongarts), 26 (Gunnar Berning), 28.3 (A. Hassenstein), 51.1, 86 (Elisenda Roig) — DaimlerChrysler AG, Stuttgart 107, 110 — Deutsche Post AG, Bonn 116 — dpa, Frankfurt/Main 8.1 (Sportreport), 24.1, 65.2 (Witschel), 100.1 (Baum) — Gebhardt, Dieter, Graphic- und Photo-Design BFF, Asperg 11, 23, 58, 69.2, 80, 84, 114.2, 119.1, 120, 125.4 + 5 — Grathwohl, Dieter, Stuttgart 60.2, 60.5 — Hirsbrunner, Detlef, Braunschweig 65.3 — Heinrich Hugendubel Verlag, München, aus: „Denkspiele der Welt“ von Pieter van Delft und Jack Botermans 121, 123 — IFA-Bilderteam, München 69.3 (Jakob), 70 (Jakob), 160.1 (Gottschalk) — Image Bank, München 12 (Stephen Marks) — Kimple, Dieter/Suckale, Robert aus: „Die gotische Architektur in Frankreich 1130- 1270“, München 1985, 65.5 — Klaumann, Helga, Krefeld 114.1 — Kliemann, Sabine, Krefeld 50, 72, 79, 119.2, 126, 128.1, 128.3 + 4 — Lade, Helga, Fotoagentur, Frankfurt/Main 32 (Dass), 91.1 (U. Mychalzik) — Lauterwasser, Siegfried, Überlingen 115 — Mauritius Bildagentur, Stuttgart 33 (Pega), 42 (Hackenberg), 65.1 (Rossenbach), 100.2 (E. Gebhardt), 108 (Poehlmann), 109 (Walker), 112 (Picture Finders), 135.2 (Kopp) — Moro, Cira, Stuttgart 4.2, 5, 76, 77, 78, 119.3 + 4, 122, 124, 125.1-3, 127, 128.2 — Photonica, Hamburg U1.1 (Marco Monti) — Repro-Technik, Ruit 55 — Schacht, Jens, Düsseldorf 51.2 — Schlüter, J., Stuttgart 4.1, 60.1 — Sportimage, Hamburg 8.2 — Staatliche Münzsammlung, München 151 — Steffens Bildarchiv, Mainz, 65.4 (Ladislav Janicek), 66 (Ralph Rainer Steffens) — Stein, Silke, Bayreuth 28.1 + 2 — Südwest Zement GmbH, Leonberg U1.3 — Superbild, München 52 (Zscharnak) — Thylmann, Esther, Stuttgart 37 — Transglobe Agency, Hamburg 103 (W. Wiese) — Vasarely, VG Bild-Kunst, Bonn 1999 60.3 — Voith, GmbH, Heidenheim 60.4 — Werek, München 135.1 — Werkstatt Fotografie Neumann und Zörlein, Stuttgart 163 — Zellmer, S.O., Ravensburg 51.3

Inhaltsverzeichnis

1 Rund um den Sport

2 Orientierung mit Karte und Kompass

Inhalt

3 Mandalas und andere Kreismuster

4 Glück und Zufall

5 Wie wir wohnen

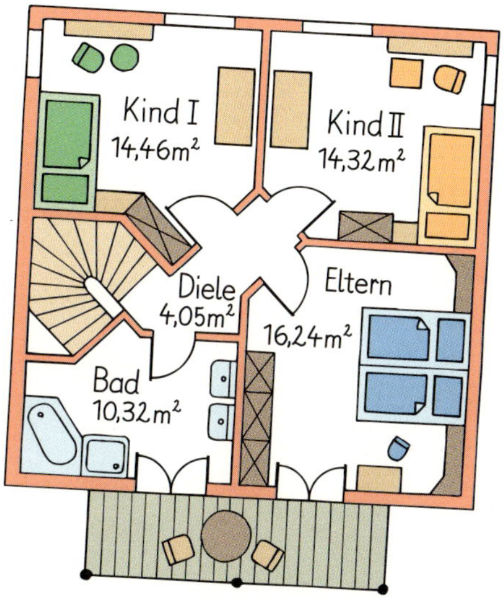

R Mathematische Reisen: Geometrische Spiele

W Mathematische Grundfertigkeiten: Werkzeugkiste

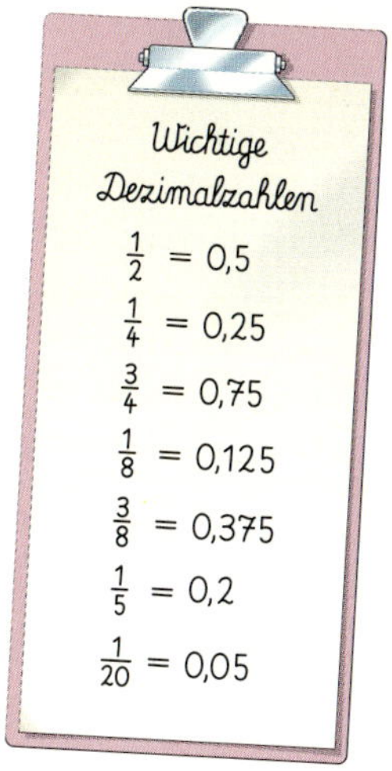

Liebe Schülerinnen, liebe Schüler,

Ich erscheine an vielen Stellen, um wichtige Tipps zu geben.

ihr seid nun an der neuen Schule und vieles wird am Anfang noch neu sein. Damit ihr euch von Anfang an in eurem Mathematikbuch zurechtfindet, wollen wir euch ein paar Hinweise geben.

Ein großes H begegnet euch auf den Seiten, die an neue Themen heranführen. Manchmal müsst ihr Dinge von zu Hause mitnehmen, manchmal sollen Dinge gebastelt werden, ... vieles sollt ihr selbst ausprobieren.
Wenn ihr einmal etwas nicht mehr so genau wisst, so könnt ihr auf den Seiten mit dem großen I nachschlagen.

Manchmal erhaltet ihr auch einen Hinweis auf die Seiten in der Werkzeugkiste, dann gilt es, etwas aus der Klasse 5 zu wiederholen.

Am Ende eines Kapitels findet ihr auf der Seite mit dem Namen Rückspiegel Aufgaben, mit denen ihr euch selbst testen könnt. Die Lösungen sind am Ende des Buches angegeben.
Es gibt drei Schwierigkeitstufen: „leicht“, „mittel“ und „etwas schwieriger“. Für jede richtig gelöste Aufgabe der ersten Spalte gibt es zwei Punkte, in der mittleren Spalte gibt es drei und in der rechten Spalte vier Punkte.

Innerhalb des Tests dürft ihr jede Aufgabennummer nur einmal bearbeiten, aber ihr dürft von Nummer zu Nummer in den Spalten wechseln. So ist es z. B. möglich Aufgabe 1 „mittel“, Aufgabe 2 „leicht“, Aufgabe 3 „schwierig“ ... zu bearbeiten.

Ein paar Zeichen, die euch im Buch begegnen, müssen noch erklärt werden.

Aufgaben, die aus dem Klassenzimmer herausführen können

Aufgaben, für die Material mitgenommen werden muss

Punkte erhalten Aufgaben, die etwas schwieriger sind

Aufgaben für die zündende Idee

Aufgaben, die etwas Geduld erfordern

Aufgaben mit Selbstkontrollmöglichkeit

Aufgaben zur Fehlersuche

INFO

Angebote ...

... zum Spielen, zum Umgang mit „schönen“ Zahlen und geometrischen Mustern, Anregungen zum Basteln und zum Knobeln findet ihr auf vielen Seiten eures neuen Mathematikbuchs.
Es sind kleine Reisen in die Welt der Mathematik, die zum Rätseln, zum Nachdenken und zum Forschen auffordern sollen.
Eine Fülle interessanter Informationen am Rande der Mathematik ergänzen das schon Gelernte.
Meistens könnt ihr selbstständig an die Aufgaben herangehen, aber gelegentlich hilft auch eine Frage an eure Lehrerin oder euren Lehrer.
Wir hoffen natürlich auch, dass ihr ab und zu einmal in eurem Mathematikbuch schmökert.

Rund um den Sport 1

Wisst ihr,
- wie hoch Michael Jordan fliegt?
- ob der 11-m-Punkt tatsächlich 11 Meter vom Tor entfernt ist?
- ob eine tausendstel Sekunde über einen Sieg entscheiden kann?
- welche Bedeutung Quoten im Sport haben?

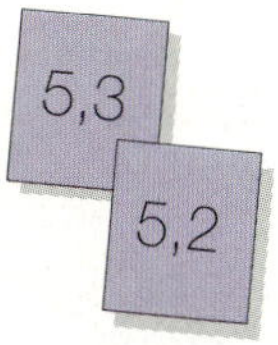

▼ In diesem Kapitel könnt ihr lernen,
- ▶ wie man Zeiten messen und darstellen kann.
- ▶ was Dezimalzahlen sind und wie damit gerechnet wird.
- ▶ wie man Ergebnisse anordnen und vergleichen kann.
- ▶ wie die Spielfeldabmessungen verschiedener Sportarten umgerechnet werden.

H Der Supersprung von Mexiko

1 Bei den olympischen Spielen 1968 in Mexiko wurde ein neuer Weltrekord im Weitsprung aufgestellt. Es war der weiteste Sprung, den ein Mensch bis dahin gemacht hatte. So sahen die Ergebnisse 1968 aus:

Beer	DDR	8,19 m
Ter-Owanesian	SU	8,12 m
Boston	USA	8,16 m
Lepik	SU	8,09 m
Beamon	USA	8,90 m
Crawley	AUS	8,02 m

Übrigens ....
Erst 1991 wurde dieser Rekord mit 8,95 m durch Mike Powel (USA), der den Weltrekord bisher (1998) hält, gebrochen. Den Weltrekord der Frauen hält Galina Tschistiakowa seit 1988 mit 7,52 m.

Welches war der „Supersprung“? Passt der Sprung in euer Klassenzimmer? Schätzt die Länge ab. Gebt Vergleichslängen an. Legt ein Maßband an und markiert die einzelnen Weiten.

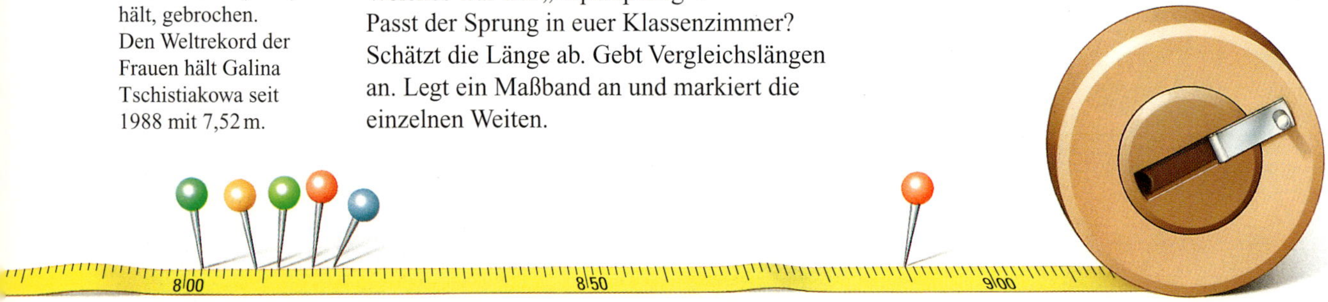

Stellt eine Rangfolge auf und verteilt die Medaillen. Vergleicht jede Leistung mit der des Goldmedaillengewinners. Was fällt auf?

M 2 Vergleicht, wie in den verschiedenen Sportarten die Sieger ermittelt werden. Sammelt Sportergebnisse, z. B. aus der Zeitung, und bringt sie mit.

3 1998 fand die Schwimmweltmeisterschaft in Perth/Australien statt.
Überlegt, warum manche Ergebnisse in Zeiten und andere in Punkten angegeben sind.
Was bedeuten die Ziffern vor bzw. nach dem Komma?
Um wie viele Punkte oder Sekunden liegen die Goldmedaillengewinner jeweils vor ihren Konkurrenten?

Übrigens ....
Freistil ist gleichbedeutend mit Kraul, da dies die schnellste Technik ist.

Synchronspringen, 3-m-Brett Herren

Gold: Xu/Yu (China)	313,50 Pkt.
Silber: Schlepps/Mesch (BRD)	308,28 Pkt.
Bronze: Shannon/Pullar (Australien)	305,16 Pkt.

100-m-Freistil Damen

Gold: Thompson (USA)	54,95 s
Silber: Morakova (Slowakei)	55,09 s
Bronze: Shan (China)	55,10 s

4 a) Die Tabelle enthält die Pflicht- und die Kürpunkte, die von Kampfrichterinnen (K 1 bis K 5) bei den deutschen Meisterschaften im Rollkunstlauf der Damen für eine Läuferin vergeben wurden.

Kampfrichterin	K 1	K 2	K 3	K 4	K 5	Gesamtpunktzahl
Pflichtpunkte	39,8	38,2	39,0	40,3	37,6	
Kürpunkte	51,15	52,25	51,70	50,05	51,70	
Summe	90,95	90,45	90,70	90,35	89,30	

Welche Kampfrichterin hat die Läuferin am besten bewertet?

b) Im Gegensatz dazu geht die Wertung im Eiskunstlauf „nur“ bis 6. Welche ist die höchste, welche ist die niedrigste Wertung?

M 5 Überprüft in eurer Klasse, welche eurer Uhren sich zum Messen von Sekunden am besten eignen.

Überprüft, bei welcher Ziffer auf der Sekunden-Stelle sich die Minutenanzeige und bei welcher Ziffer nach dem Komma (bzw. bei den kleinen Ziffern) sich die Sekundenanzeige erhöht. Überlegt, wie ihr die Zeiten am besten aufschreiben und vergleichen könnt.

Tipp

Fragt eure Sportlehrerin oder euren Sportlehrer, ob ihr eure Zeiten im Sprint oder Schwimmen messen oder ein selbst erfundenes Kunststück vorführen und nach Punkten bewerten dürft.

INFO

Die Stoppuhr

Wenn die Uhr auf die Stoppfunktion eingestellt ist, stehen die Minuten an erster Stelle, die Sekunden an zweiter Stelle, danach folgen die hundertstel Sekunden.

lies: 2 min 46,12 s

6 Die Klasse 6c hat ihre Messergebnisse über die 50-m-Sprintstrecke notiert.

Gruppe A der Klasse 6c

Name	Sekunden
Christiane	11,23
Philipp	10,45
Dennis	09,98
Ramona	09,67
Angie	08,56
Adrian	10,08

a) Bestimme die Reihenfolge der Läuferinnen und Läufer.

b) Um wie viel schneller müsste Philipp laufen, um auf Platz 1 zu kommen?

c) Wie viel Sekunden liegen zwischen dem ersten und letzten Platz?

d) Wie groß ist der Zeitunterschied zwischen den einzelnen Plätzen?

I Dezimalzahlen

Beim 50-m-Sprint der Klasse 6f liegt Sandra vor Justine.
Nils Zeit liegt dazwischen.

Auf der Zeitleiste kann man die „dazwischen liegende“ Zeit verdeutlichen.

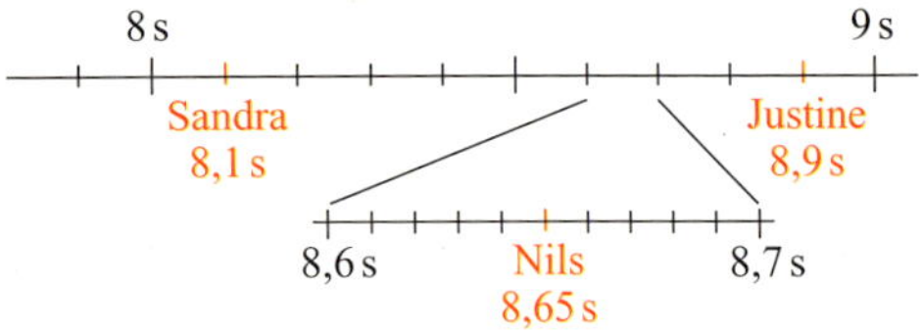

Welche Bedeutung haben die Ziffern hinter dem Komma?

Übrigens ••••
Dezi bedeutet Zehntel. Du kennst die Vorsilbe z.B. von Dezimeter. Ein Dezimeter ist ein Zentel eines Meters:
1 dm = 0,1 m.

1 Zehntel = 0,1
1 Hundertstel = 0,01
1 Tausendstel = 0,001

! Eine Zahl, die zwischen zwei ganzen Zahlen liegt, heißt **Dezimalzahl**.
Die Schreibweise mit dem Komma nennt man Dezimalschreibweise.
Die Ziffern hinter dem Komma heißen **Dezimalen**.

An der Stellentafel kannst du die Bedeutung der Stellen nach dem Komma erkennen:

Hunderter H	**Zehner Z**	**Einer E**	**,**	**Zehntel z**	**Hundertstel h**	**Tausendstel t**
	4	5	,	3	6	8
		0	,	0	5	6
		9	,	8	0	9

Bei der Dezimalschreibweise stehen nach dem Komma Zehntel, Hundertstel, Tausendstel…

Tipp •••••••
Schreibe die Dezimalzahlen zuerst stellengerecht untereinander und ergänze Nullen, wenn die Anzahl der Dezimalen verschieden ist.

Um zu entscheiden, welche Dezimalzahl größer ist, musst du die Stellen von links nach rechts vergleichen.

Vergleiche 0,783 und 0,748.

Z	**E**	**,**	**z**	**h**	**t**	
	0	,	7	8	3	
	0	,	7	4	8	
				↑		8 > 4

Lösung: 0,783 > 0,748

Vergleiche 0,3 und 0,305.

Z	**E**	**,**	**z**	**h**	**t**	
	0	,	3	0	0	
	0	,	3	0	5	
					↑	0 < 5

Lösung: 0,3 < 0,305

Aufgaben

► 136

1 Zeichne eine Stellenwerttafel und trage die folgenden Dezimalzahlen ein.
a) 56,89 b) 345
c) 751,321 d) 0,967
e) 8,14 f) 7,07
g) 98,009 h) 10,101

2 Schreibe in der Dezimalschreibweise.
a) 3 H + 4 Z + 5 E + 7 z + 9 h
b) 7 Z + 1 E + 8 z + 1 h + 9 t
c) 1 Z + 0 E + 0 z + 6 h + 4 t
d) 70 E + 30 z
e) 70 z + 30 h

???
Die Konkurrenten liegen um 7 Zehntel zurück.
Schreibe als Dezimalzahl.

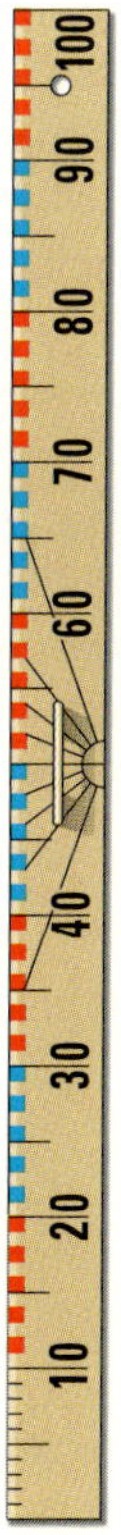

3 Schreibe die Zahlen aus der Stellenwerttafel in der Dezimalschreibweise auf.

	ZT	T	H	Z	E	z	h	t	zt
a)			5	7	1	5			
b)			3	3	4	0	9		
c)						4	1	6	
d)		7	7	0	7	7	0	7	7
e)	1	2	2	1	0	0	4		
f)	3	8	0	0	0	0	0	0	1
g)	1	2	3	4	5	6	7	8	9

4 Zerlege die Dezimalzahlen wie in Aufgabe 2.

a) 245,167 b) 77,18
c) 4,09 d) 2,753
e) 0,971 f) 0,2002
g) 6,0066 h) 0,007 70

5 Schreibe in der Kommaschreibweise.

a) 25 Hundertstel b) 563 Tausendstel
c) 7 Hundertstel d) 101 Tausendstel
e) 32 Tausendstel f) 931 Hundertstel
g) 5125 Tausendstel h) 74 Zehntel

6 Suche folgende Längen auf dem Klassenlineal und gib an, in welcher Reihenfolge sie auf dem Lineal zu finden sind.

0,3 m 0,98 m 0,5 dm
0,473 m 0,05 m 8,09 dm
17,5 cm 0,11 m 2,90 dm

7 Welche Zahlen müssen an den roten Teilstrichen stehen?

a) 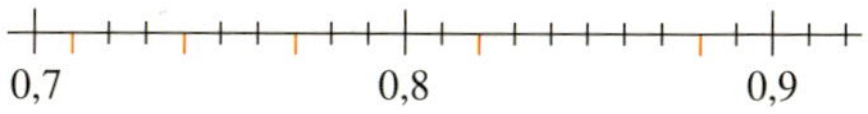

b) 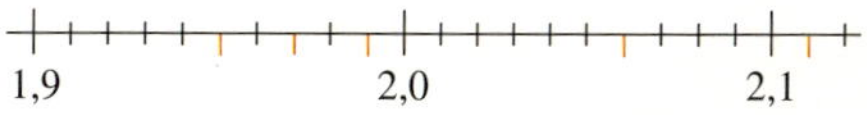

c) 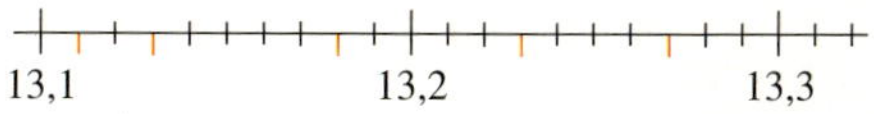

d) 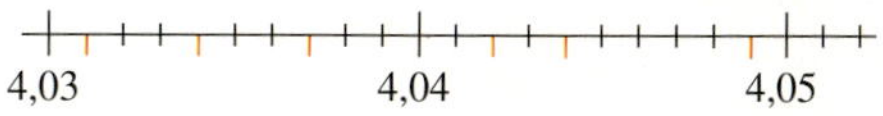

e) 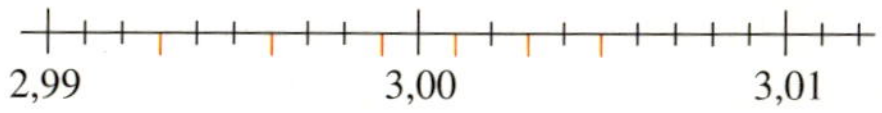

8 Vergleiche die Zeiten und setze das Zeichen < oder > ein.

a) 7,8 s □ 8,7 s b) 20,4 s □ 20,05 s
c) 4,96 s □ 4,69 s d) 7,98 s □ 7,899 s
e) 1,011 s □ 1,01 s f) 0,090 s □ 0,009 s
g) 2,506 s □ 2,56 s h) 0,05 s □ 0,006 s

9 Ordne die folgenden Dezimalzahlen der Größe nach.

Beispiel: 2,087 < 2,1 < 2,13
a) 1,01; 1,10; 1,05
b) 0,765; 0,675; 0,756
c) 7,99; 8,01; 8,07
d) 4,1; 4,11; 4,098
e) 0,808 08; 0,800 88; 0,880 08

10 Markiere die beiden Dezimalzahlen jeweils auf einem Ausschnitt des Zahlenstrahls und lies die Dezimalzahl ab, die genau in der Mitte liegt.

a) 1,28 und 1,31 b) 0,55 und 0,554
c) 5,08 und 5,80 d) 0,02 und 0,032

11 Zeichne einen geeigneten Ausschnitt aus dem Zahlenstrahl und trage die Dezimalzahlen ein. Achte darauf, dass die Unterteilung fein genug ist.

a) 1,01; 1,10; 1,05 b) 0,36; 0,365; 0,37
c) 5,1; 5,111; 5,098 d) 4,05; 4,02; 4,17

12 Welche Ziffern kannst du für das Sternchen einsetzen? Gib jeweils drei Möglichkeiten an.

a) 10,5* < 10,6 < 10,*5
b) 0,3*6 < 0,356 < 0,35*
c) 8,*7 < 8,66 < 8,6*
d) 5,*12 < 5,213 < 5,21*
e) 5,4*2 < 5,432 < 5,*32

13 Die Gewichtsangaben sind durcheinander geraten. Ordne den Bällen die richtigen Gewichte zu.

Kugel 0,08 kg
Schlagball 0,001 kg
Tennisball 7,42 kg
Tischtennisball 55 g

14 Einige Schülerinnen und Schüler der Klasse 6c haben beim 50-m-Lauf ihre Zeiten gemessen:

Wer war am schnellsten? Ordne die Zeitangaben.

15 Beim Weitsprung erreichten die Schülerinnen und Schüler folgende Weiten:

Marcel	3,12 m	Khalid	3,08 m
Anja	3,87 m	Peter	3,48 m
Sarah	2,89 m	Lucija	3,10 m

Stelle eine Rangfolge der Weiten auf.

16 Gib die Weite an, die genau in der Mitte zwischen den angegebenen Sprungweiten liegt.

a) 3,12 m und 3,08 m b) 2,97 m und 3,05 m
c) 3,5 m und 3,6 m d) 3,9 m und 4,1 m
e) 4,04 m und 4,2 m f) 2,12 m und 2,5 m

17 □,□□

Wie viele Zahlen kannst du in die Kästchen eintragen, so dass die Zeiten zwischen 9,0 s und 9,1 s liegen?

INFO

Zeitmessung

Da die Reaktionszeit eines Menschen (z. B. bei Handstoppung) zwischen 0,1 und 0,2 Sekunden beträgt, wird bei sportlichen Großwettkämpfen die Zeit elektronisch gemessen. Das Zielband ist durch einen Lichtstrahl ersetzt, der auf eine Fotozelle fällt.
Die Läuferin oder der Läufer durchbricht am Ziel einen Augenblick den Lichtstrahl. Dadurch wird ein elektrischer Stromkreis in der Fotozelle unterbrochen und die Zeit auf einem Papierstreifen bis auf $\frac{1}{1000}$-Sekunde aufgezeichnet.
Der Zeitzähler ist mit dem Startplatz elektronisch verbunden und wird durch den Startschuss oder die Startlichtschranke ausgelöst.

18 Bei den Olympischen Winterspielen 1998 in Nagano/Japan gab es beim Rodeln/Einsitzer der Männer folgendes Ergebnis.

Kleinheinz (Österreich)	49,779 s
Suckow (USA)	49,871 s
Zöggeler (Italien)	49,715 s
Müller (Oberhof)	49,700 s
Hackl (Berchtesgaden)	49,614 s
Prock (Österreich)	49,732 s

Beschreibe die Zeiten der sechs schnellsten Rodler. Begründe, warum die Zeiten auf tausendstel Sekunden genau angegeben werden. Lege die Platzierung fest und verteile die Medaillen.

I Addieren und Subtrahieren von Dezimalzahlen

Bei einem Gerätevierkampf erzielten drei Turnerinnen an den einzelnen Geräten folgende Wertungen:

	Angie	Sarah	Eva
Boden	8,4	7,8	8,4
Balken	7,3	8,9	7,5
Sprung	7,9	8,2	8,9
Stufenbarren	8,2	7,4	7,7

Welches Mädchen liegt in Führung?

! Um Dezimalzahlen zu addieren und subtrahieren, schreibe sie so untereinander, dass Komma unter Komma steht, und addiere bzw. subtrahiere dann stellenweise. Beginne dabei von rechts.

Beispiele

Tipp Fehlende Stellenwerte kannst du mit Nullen auffüllen.

30,125 + 1,279

```
  30,125
+  1,279
   1 1
  31,404
```

12,5 + 0,487

```
  12,500
+  0,487
  12,987
```

2,342 − 1,4

```
  2,342
− 1,400
  1
  0,942
```

7 − 2,83

```
  7,00
− 2,83
  1 1
  4,17
```

Aufgaben

► 142

1 Addiere im Kopf.
a) 2,7 + 0,2 b) 5,3 + 1,4
c) 5,6 + 2,3 d) 12,3 + 11,5
e) 8,6 + 2,6 f) 9,2 + 8,9
g) 0,04 + 0,08 h) 0,09 + 0,19

2 Wie viel fehlt jeweils noch bis 1?
a) 0,4; 0,7; 0,33; 0,12
b) 0,01; 0,08; 0,009; 0,012

3 Subtrahiere im Kopf.
a) 7,6 – 4,5 b) 8,9 – 1,6
c) 13,8 – 4,6 d) 19,7 – 11,3
e) 1,6 – 0,7 f) 2,57 – 0,58
g) 0,6 – 0,06 h) 1 – 0,09

4 Übertrage ins Heft und berechne.
a) 4,3 + 1,9
b) 0,4 + 2,7
c) 9,37 + 21,82
d) 7,82 + 0,43
e) 12,5 + 0,8512
f) 1,9 + 209,08

5
a) 8,6 – 5,3
b) 3,21 – 2,94
c) 0,684 – 0,139
d) 6,083 – 6,0083
e) 4 – 3,88
f) 29,7 – 14,834
g) 0,6 – 0,008
h) 1,004 – 0,994
i) 101,0101 – 10,10101

6 Welche Summe oder Differenz hat den größten Wert?
0,9 + 0,11; 1,1 – 0,01; 0,99 + 0,01

7 Setze im Ergebnis das Komma an die richtige Stelle.
a) 1,04 + 0,40 = 1 4 4
b) 99,6 + 10,4 = 1 1 0 0
c) 1,1 + 11,1 + 11,1 + 0,1 = 2 3 4

8 Schreibe in deinem Heft untereinander und berechne.

a) 9 + 3,76	b) 8,91 + 2,399
c) 0,4 + 0,685	d) 0,999 + 0,99
e) 2,345 + 7,655	f) 3,048 + 1,5387
g) 74,98 + 0,7498	h) 123,1 + 45,846

9 Schreibe untereinander und berechne.

a) 4,87 – 3,69	b) 5 – 4,831
c) 0,083 – 0,0004	d) 3,821 – 0,0009
e) 231,56 – 3,8888	f) 6,04 – 0,064
g) 14,0008 – 1,34	h) 2,8013 – 0,0909

10 Daniel, Matthias, Christine, Stefan und Michelle aus der 6b haben ihre Ergebnisse im Dreisprung notiert.

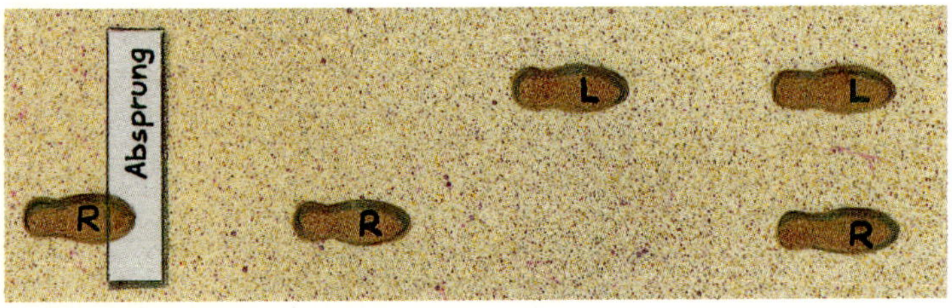

	1. Sprung	2. Sprung	3. Sprung
Daniel	1,78 m	1,43 m	2,34 m
Matthias	2,08 m	1,67 m	3,29 m
Christine	1,81 m	1,45 m	2,18 m
Stefan	2,22 m	1,78 m	3,19 m
Michelle	1,73 m	1,39 m	1,98 m

a) Berechne die Gesamtweiten der Schüler und Schülerinnen.
b) Wie viel fehlt ihnen jeweils noch zum deutschen Rekord, der von Ralf Jaros seit 1991 mit einer Länge von 17,66 m und von Helga Radke seit 1994 mit einer Länge von 14,46 m gehalten wird (Stand 1998)?

Übrigens ...
Auf englisch heißt der Dreisprung „hop-step-jumb". Beim „hop" landet man auf dem Bein, mit dem man abgesprungen ist. Der „step" ist ein großer Schritt, und beim „jumb" landet man auf beiden Beinen.

11 Janine notierte auf ihrer Radtour bei der Abfahrt und an jedem Abend den km-Stand auf dem Fahrradtacho. Leider sind die Zettel durcheinander geraten.

2909,3 | 2715,7 | 2795,2 | 2869,0 | 2688,4

Wie viel km ist sie an den einzelnen Tagen gefahren, wie viel km insgesamt?

12 Wie nah sich die Konkurrenz auf der 100-m-Sprintstrecke ist, zeigen die Ergebnistafeln beim ASV-Leichtathletik-Sportfest am 24.8.1997 in Köln.

Name	Land	Zeit in s
Surin, Bruny	CAN	10,14
Blume, Marc	GER	10,32
Boldon, Ato	TRI	10,19
Bailey, Donovan	CAN	10,03
Fredericks, Frank	NAM	10,14
Ezinwa, Davidson	NGR	10,21
Green, Michael	JAM	11,93
Mitchell, Dennis	USA	10,07

Bis zu diesem Zeitpunkt wurde der **Weltrekord** von Donovan Bailey (CAN) mit 9,84 s, der **Europarekord** von Linford Christie (GB) mit 9,87 s und der **deutsche Rekord** von Frank Emmelmann (SC Magdeburg) mit 10,06 s gehalten.
a) Berechne die Zeitdifferenz aller Läufer zur Weltrekordzeit.
b) Der Wind wurde mit +0,2 s angegeben. Welche Zeiten hätten die Läufer auf den beiden ersten Plätzen ohne Windfaktor bei diesem Lauf gehabt?

13

Bei der Abfahrt-Premiere der Weltcup-Saison 97/98 feierten die deutschen Skirennläuferinnen in Lake Louise/Kanada einen Doppelsieg.

Katja Seizinger setzte sich in 1:38,36 Minuten vor Katrin Gutensohn (0,36 Sekunden zurück) und der Österreicherin Renate Götschl (0,57 s) durch. Regina Häusl (1,34 s) auf Rang 8 und Hilde Gerg (1,57 s) als Zwölfte rundeten das Ergebnis ab.

Berechne die Zeiten der Rennläuferinnen.

14 Beim Slalom und Riesenslalom müssen zwei Läufe gefahren werden. Die Summe der beiden Zeiten entscheidet über die Platzierung.

Ergebnisliste des Weltcup-Slalom der Frauen in Bormio (ITA) am 5.1.1998

	1. Lauf	2. Lauf
Gerg (Lenggries)	43,61 s	44,92 s
Roten (Schweiz)	43,34 s	45,33 s
Koznick (USA)	43,25 s	45,42 s
Nowen (Schweden)	42,75 s	45,06 s
Ertl (Lenggries)	43,49 s	45,50 s
Pretnar (Slowenien)	43,30 s	45,28 s
Egger (Österreich)	43,57 s	45,42 s

a) Berechne die Gesamtzeiten der einzelnen Läuferinnen und lege die Platzierung fest.
b) Welche Besonderheit fällt auf?
c) Wie viel Sekunden war die Siegerin jeweils schneller?
d) Katja Seizinger belegte bei diesem Rennen mit 1:29,26 (1 min 29,26 s) den 13. Platz. Wie viel Sekunden fehlten ihr zum Sieg?

Übrigens ••••
Bei Zeitgleichheit wird zweimal die bessere Platzierung vergeben, der nachfolgende Platz entfällt.

15 Bei der 4 × 100-m-Lagenstaffel müssen nacheinander je 100 m in den Disziplinen Delphin-, Rücken-, Brust- und Freistilschwimmen zurückgelegt werden. Die Schwimmer erreichen nacheinander 54,83 s; 56,31 s; 59,93 s und 51,36 s. Berechne die Gesamtzeit und die Zeitdifferenz zur Weltrekordzeit (1998) von 3 min 36,09 s.

16 a) Bei den Kunstturn Europameisterschaften 1998 in St. Petersburg erreichte die deutsche Herrenmannschaft an den folgenden 6 Geräten insgesamt den 3. Platz. Einzelwertungen:

Gerät	Punkte
Ringe	28,362
Boden	26,324
Sprung	26.962
Seitpferd	27,062
Reck	27,874
Barren	27,449

Berechne die Gesamtpunktzahl der deutschen Mannschaft und die Differenz zur russischen (164,809 Punkte) und französischen Mannschaft (164,823 Punkte).
b) Für die deutsche Damenmannschaft erreichten die Turnerinnen Gritt Hofmann und Yvonne Pioch die meisten Punkte .
Wertung für Gritt Hofmann:

Sprung	Stufen-Barren	Schwebe-balken	Boden
9,193	9,100	8,575	9,212

Welche Gesamtpunktzahl hat sie erreicht.
Yvonne Pioch erzielte noch 0,069 Punkte mehr. Wie viele waren das?

H Amerikanische Sportarten

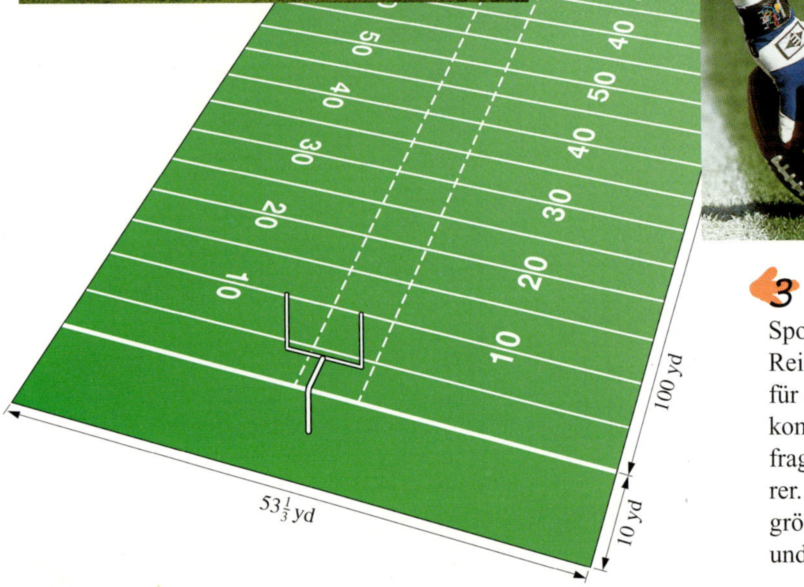

American Football ist ein vom englischen Rugby abgewandeltes amerikanisches Ballspiel zwischen 2 Mannschaften mit je 11 Spielern. 1874 wurde es zum ersten Mal gespielt. Das Regelwerk gibt es seit 1880. Der Ball muss über die gegnerische Grundlinie getragen oder mit dem Fuß über die Torlatte befördert werden. Die Spieler laufen mit einem eiförmigen Ball, den sie hinter einer Linie ablegen oder in ein Tor schießen müssen, um Punkte zu erzielen. Der Abstand dieser Linien beträgt immer 5 Yards.

3 Passt ein Footballfeld auch in eure Sporthalle?
Reicht die Länge eines Fußballfeldes auch für ein Footballspiel? Schaut in einem Lexikon nach den Maßen von Sportfeldern oder fragt eure Sportlehrerin oder euren Sportlehrer. Das Footballfeld war anfangs bedeutend größer. Es hatte eine Länge von 360 Feet und eine Breite von 225 Feet. Vergleiche.

Übrigens ....

Die im Sport häufig anzutreffende Längeneinheit **Yard** wurde von Heinrich I. (1068–1135) als die Länge seines Arms mit ca. 91 cm festgelegt.
Inch heißt auf deutsch Zoll, Foot heißt Fuß und Feet Füße.
Zeichen für Inch: ″
Zeichen für Foot: ′

1 Übertrage die Tabelle in dein Heft und ergänze die fehlenden Werte.

Amerika	Deutschland
1 Inch (in)	2,54 cm
1 Foot (ft) = 12 Inches	? cm
1 Yard (yd) = 3 Feet	? cm

2 Die angreifende Mannschaft muss innerhalb von 4 Versuchen 10 Yards überwunden haben, sonst bekommt die gegnerische Mannschaft den Ball.
Wie viel Meter müssen sie dabei mindestens schaffen?

4 Bei Sportbekleidung oder auch bei Jeans gibt es oft amerikanische Größenangaben.

Die Inch-Größen bei Jeans

Jeans werden häufig in Inch-Größen angeboten, wie z.B. die Größe **30/31**

Die 1. Zahl ist der Taillenumfang

Die 2. Zahl ist die innere Beinlänge

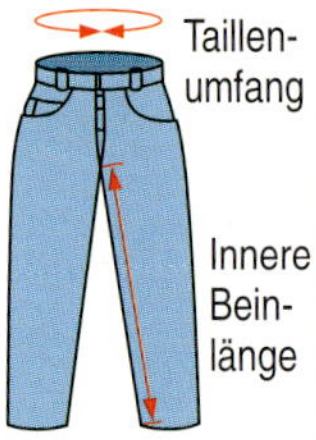

a) Schaut in eurer Kleidung nach. Welche Größen findet ihr? Stimmt eure Jeansgröße mit eurem Taillenumfang überein? Nehmt ein Bandmaß und messt euren Taillenumfang.
b) Ines findet in ihrer Jeans die Größe 25/26. Passt ihre Messung von 63 cm/66 cm?

Übrigens • • •

NBA ist die amerikanische Basketball Profiliga.

Center: Innenspieler
Guard: Aufbauspieler
Forward: Flügelspieler

5 Die Standardhöhe für einen Basketballkorb beträgt 3,05 m.
Findet heraus, wo diese Maßzahl ihren Ursprung hat.

6 Berechnet Größe und Gewicht der auf den Spielerkarten abgebildeten NBA-Spieler in deutschen Einheiten.

Tipp • • • • • • •

Das Gewicht ist in amerikanischen Pfund (pounds) angegeben. Es wird mit 453,59 g umgerechnet. Rechnet bei der Umrechnung eures Gewichts mit dem auf 450 Gramm gerundeten Wert.

M 7 Stellt selbst eine NBA-Spielerkarte mit euren Maßen und Gewichten her.
Stellt dazu eine foot–inch-Messlatte her und messt eure Größe in foot und inch.

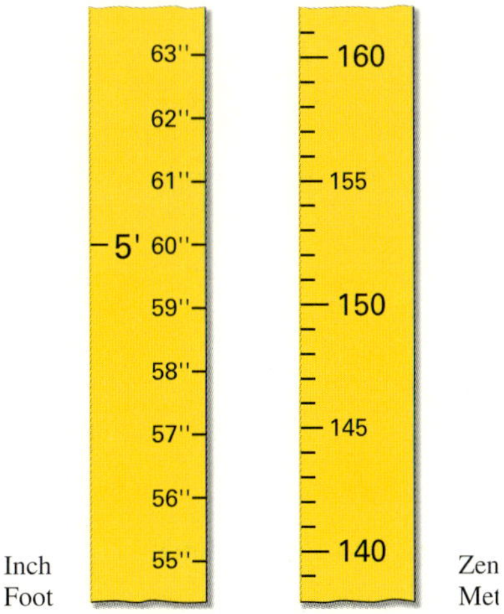

Bringt dazu auch ein Passfoto mit und überlegt euch die Spielposition, die ihr gerne einnehmen wollt.

I Multiplizieren mit und Dividieren durch Zehnerpotenzen

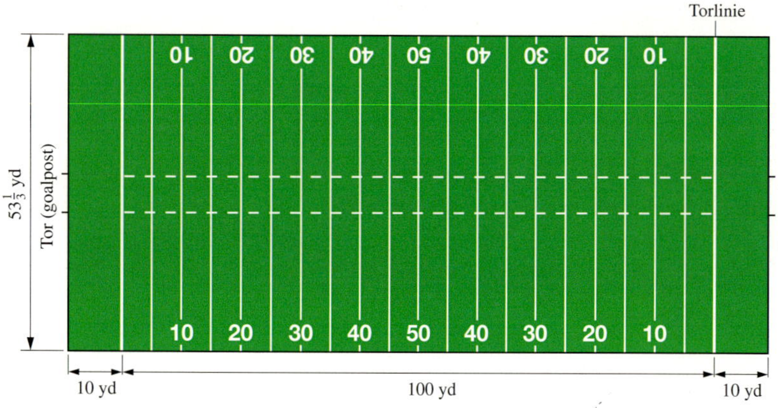

Überlege, wie du am einfachsten berechnen kannst, wie lang die Strecke von 10 und von 100 Yards ist.

1 Yard gleich 91,44 cm

Wenn wir das 10fache oder den 10ten Teil einer Zahl oder einer Größe berechnen, so bleibt die Ziffernfolge unverändert.

$0{,}45\text{ m} \xrightarrow{\cdot 10} 4{,}5\text{ m} \xrightarrow{\cdot 10} 45\text{ m}$

$45\text{ m} \xrightarrow{:10} 4{,}5\text{ m} \xrightarrow{:10} 0{,}45\text{ m}$

Das Komma wird jedoch verschoben.

Die Zahlen heißen Zehnerpotenzen, weil
$10^1 = 10$
$10 \cdot 10 = 10^2 = 100$
$10 \cdot 10 \cdot 10 = 10^3 = 1000$
usw.

Um eine Dezimalzahl mit einer Zehnerpotenz (10, 100, 1000, ...) zu **multiplizieren**, musst du das **Komma** um die Anzahl der Nullen dieser Zehnerpotenz nach **rechts** verschieben.
Um eine Dezimalzahl durch eine Zehnerpotenz (10, 100, 1000, ...) zu **dividieren**, musst du das **Komma** um die Anzahl der Nullen dieser Zehnerpotenz nach **links** verschieben.

Tipp

Wenn die Anzahl der Ziffern nicht ausreicht, werden Nullen vorangesetzt oder angehängt.

Beispiele

a) 0,765 m · 10 = 7,65 m
   0,765 m · 100 = 76,5 m

b) 567,2 m : 10 = 56,2 m
   567,2 m : 100 = 5,62 m

c) 3,14 · 1000 = 3140
   31,4 · 1000 = 31 400

d) 12,6 : 100 = 0,126
   1,26 : 100 = 0,0126

Aufgaben

1 Multipliziere im Kopf.

a) 3,9 · 10; 12,8 · 10; 4,92 · 100
b) 4,37 · 10; 1,888 · 100; 14,07 · 10
c) 7,4 · 100; 0,63 · 1000; 0,5 · 100
d) 1,85 · 100; 0,05 · 100; 20,3 · 100
e) 0,425 · 100; 4,07 · 10; 5,2 · 100
f) 0,04 · 1000; 3,33 · 1000; 12,12 · 100

H	Z	E,	z	h	t
3	4	2			
	3	4	2		
		3	4	2	

:10 ↓ ↑ ·10
:10 ↓ ↑ ·10

2 Dividiere im Kopf.

a) 23,8 : 10; 136,6 : 100; 4368,2 : 1000
b) 4,2 : 10; 56,13 : 100; 1,67 : 100
c) 0,4 : 1000; 4,04 : 100; 0,02 : 100
d) 611,3 : 100; 40,8 : 10; 70,11 : 1000
e) 34,2 : 1000; 70,4 : 100; 3,07 : 1000
f) 1,1 : 10 000; 0,2 : 1000; 0,05 : 1000

► 142

3 Gib die kleinste Zehnerpotenz an, mit der man multiplizieren muss, um eine natürliche Zahl zu erhalten.

a) 0,02 b) 1,003 c) 0,054
d) 3,711 e) 460,60 f) 0,400

4 Durch welche Zahl muss man die erste Zahl dividieren, um die zweite zu erhalten?

a) 1,2; 0,12 b) 56,7; 0,567
c) 225; 0,225 d) 1; 0,0001
e) 0,04; 0,0004 f) 3500; 3,5

5 Ein 1000-m-Läufer erreicht eine Zeit von 3 min 56,67 s. Berechne seine Durchschnittszeit auf 100 m.

I Multiplizieren von Dezimalzahlen

Das Fußballspiel kommt aus England, die Abmessungen beruhen daher auf englischen Maßeinheiten.
Die Innenabmessungen für das Tor betragen in der Höhe 8 Fuß und in der Breite 8 Yards.
Welche Maße hat das Tor in Metern?

1 Fuß = 30,48 cm

Um zu entscheiden, an welcher Stelle im Ergebnis beim Multiplizieren von Dezimalzahlen das Komma gesetzt werden muss, überschlagen wir zunächst das Ergebnis.

Rechnung	Überschlag	Rechnung	Überschlag
3,9 · 5,1 195 39 19,89	Ü.: 4 · 5 = 20 also Komma nach der 19 setzen	1,99 · 3,01 597 000 199 5,9899	Ü.: 2 · 3 = 6 also Komma nach der 5 setzen

Zähle die Nachkommastellen der beiden Faktoren und die im Ergebnis. Was fällt auf?

Um **Dezimalzahlen zu multiplizieren**,
- multipliziere zuerst ohne auf das Komma zu achten und
- setze dann das Komma so, dass das Ergebnis ebenso viele Stellen nach dem Komma hat wie beide Faktoren zusammen.

Beispiele

Tipp
Manchmal muss man noch Nullen im Ergebnis voranstellen, um die Stellen abstreichen zu können.

1 Stelle, 2 Stellen 4,8 · 3,42 144 192 96 16,416 3 Stellen	2 Stellen, 2 Stellen 1,86 · 0,54 830 744 1,0044 4 Stellen	3 Stellen, 3 Stellen 0,031 · 0,072 217 62 0,002232 6 Stellen

Aufgaben

▶ 145

1 Multipliziere im Kopf.

a) 0,2 · 4	0,02 · 4	0,002 · 4
b) 0,3 · 6	0,03 · 6	6 · 0,003
c) 1,2 · 3	3 · 0,12	0,012 · 3
d) 7 · 1,3	0,13 · 7	7 · 0,013
e) 2,1 · 8	8 · 0,21	0,021 · 8

2 Multipliziere im Kopf.

a) 0,01 · 7	7 · 0,01	0,7 · 0,1
b) 0,03 · 5	3 · 0,05	0,3 · 0,5
c) 8 · 0,04	0,08 · 4	0,8 · 0,4
d) 0,2 · 0,3	0,02 · 3	0,03 · 0,2
e) 0,12 · 0,4	0,04 · 1,2	0,012 · 0,04

3 Berechne und vergleiche.

a)		b)	
700	· 5,83	370	· 1,3
70	· 5,83	37	· 1,3
7	· 5,83	3,7	· 1,3
0,7	· 5,83	0,37	· 1,3
0,07	· 5,83	0,037	· 1,3

4 Rechne geschickt.

a)	b)	c)
0,25 · 8	7 · 1,4	900 · 0,3
2,5 · 0,8	70 · 0,14	90 · 3,0
25 · 0,08	0,7 · 14	0,9 · 30

d)	e)	f)
5 · 1,8	12 · 0,6	1,1 · 1,1
50 · 0,018	1,2 · 0,06	0,11 · 1,1
5,0 · 0,18	12 · 0,006	0,11 · 0,11

5 Es ist 426 · 538 = 229 188. Nun kannst du die folgenden Produkte leicht berechnen.

a) 426 · 0,538 b) 0,0426 · 0,538
c) 42,6 · 5,38 d) 0,426 · 0,0538
e) 4,26 · 53,8 f) 426,0 · 53,8
g) 0,426 · 538 h) 4260 · 0,005 38

6 Wo musst du beim zweiten Faktor das Komma setzen, damit das Ergebnis stimmt?

	1. Faktor		2. Faktor	Ergebnis
a)	8,3	·	25	20,75
b)	70,4	·	56	39,424
c)	0,23	·	79	0,018 17
d)	0,076	·	48	0,3648
e)	120,3	·	62	7,4586
f)	12,25	·	35	4,2875

·	1,1	2,2	3,3
1,75			
99,9			
0,84			
1,05			
0,707			
9,09			
90,09			
10,01			

7 a) Hier musst du im Ergebnis Nullen setzen.

0,002 · 0,4 0,45 · 0,002
0,7 · 0,01 0,03 · 0,25
0,03 · 0,02 0,015 · 0,0011

b) Hier kannst du im Ergebnis Nullen streichen.

0,5 · 0,12 0,14 · 5
20 · 0,008 0,3 · 400
150 · 0,04 0,05 · 0,18

8 Berechne schriftlich.

a)	b)
3,4 · 2,6	1,25 · 4,26
1,3 · 4,5	3,04 · 2,15
2,9 · 2,1	8,28 · 1,07

9 Berechne und überprüfe mit dem Taschenrechner.

a)		b)	
0,32 · 0,54	0,1728	24,8 · 0,023	0,5704
0,26 · 0,682	0,17732	112,3 · 0,707	79,3961
0,75 · 0,043	0,03225	476 · 0,039	18,564
0,091 · 0,026	0,002366	0,628 · 1010,1	634,3428

10 Hier wurde einige Male falsch gerechnet. Suche und verbessere die Fehler.

80 · 0,3 = 2,4 0,7 · 0,09 = 0,0063
4 · 0,06 = 4,06 0,05 · 11,1 = 5,555
12 · 0,9 = 10,8 0,33 · 0,33 = 0,1089

11 □,□ · □,□

Setze die Ziffern 1, 3, 5, 0 so in die Kästchen ein, dass
a) ein möglichst großer Wert entsteht.
b) ein möglichst kleiner Wert entsteht.
c) das Produkt den Wert 4,5 hat.

12 Die Klasse 6d hat in diesem Halbjahr Schwimmen. Einige der Jungen tragen Badehosen mit amerikanischer Größenangabe: W 24 W 27 W 32 W 29
W steht für waiste (engl.: Taille).
Berechne den Taillenumfang der Jungen.

13 Die Maße eines Tennisfeldes sind in Yards festgelegt worden.
Das Spielfeld für das Einzel ist 26 Yards lang und 9 Yards breit. Gib die Maße in Metern auf 2 Dezimalen genau an.

14 Der brasilianische Fußballstar Ronaldo Luis Nazario de Lima wurde 1997, wie auch schon im Jahr zuvor, zum Weltfußballer des Jahres gewählt.
Dabei erreichte er die 7,5fache Punktzahl wie sein Landsmann Roberto Carlos, der mit 64 Punkten auf dem zweiten Platz folgte.

15 Beim Fußballspiel war der 11-m-Punkt ursprünglich ein 12-Yard-Punkt. Beim Strafstoß muss die Mauer der gegnerischen Mannschaft 10 Yards vom Ball entfernt sein. Wie viel Meter sind das jeweils?

16 NBA-Scouts suchen für die Center-Position Spieler, die mindestens 7 Fuß groß sind. Versuche eine Begründung zu finden. Wie viel cm bist du von diesem Mindestmaß entfernt?

Übrigens ••••
Scouts nennt man die Leute, die für die Trainer die entsprechenden Spieler aussuchen und für die jeweilige Mannschaft anwerben.

17 Michael Jordan hat eine Reichhöhe von rund 9 Fuß. Wie hoch muss er für einen Dunking (Korbleger) etwa springen? Der Rand des Basketballkorbs befindet sich in einer Höhe von 3,05 m.

18

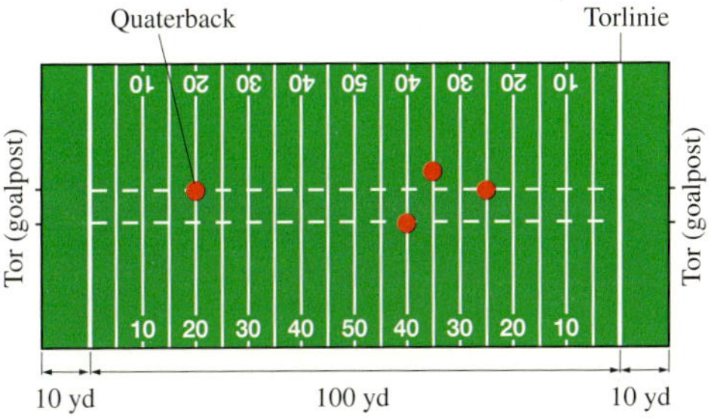

Der Quarterback (das ist der Zuwerfer an der Torlinie) wirft seinen Mitspielern, die nach vorne rennen konnten, den Ball zu. Wie weit muss er jeweils werfen?

19 Wer ist jeweils größer?

	NBA		Bundesliga
a)	Matt Maloney 6 Fuß 3 Inch	oder	Michael Koch 190 cm
b)	Tod Dady 6' 5"	oder	Dennis Wucherer 195 cm
c)	Horace Grant 6' 10"	oder	Tim Nees 208 cm
d)	Vincent Askew 6' 6"	oder	Henrik Rödl 200 cm
e)	Shaq O'Neal 7' 1"	oder	Christian Welp 212 cm

20

Challenge Day
ist ein sportlicher Wettbewerb zwischen Städten verschiedener Länder, bei dem alle Bürgerinnen und Bürger über 24 Stunden Sportpunkte sammeln können.

Als sich die Stadt Dormagen 1993 qualifizierte, beteiligte sich die Gesamtschule ebenfalls mit verschiedenen Stationen, an denen die jüngeren Schülerinnen und Schüler tagsüber und die älteren nachts Punkte sammeln konnten.
An der Station England musste eine Freundschaftsmeile (1,609 km) gelaufen werden. Von der Klasse 6a liefen 27 Schülerinnen und Schüler, von der 6b 25 und von der 6c 28.
Wie viel Kilometer hat jede Klasse zum Gesamtergebnis beigetragen?

I Dividieren durch natürliche Zahlen

Beim Bahnweltcup wurde in der 4000-m-Mannschaftsverfolgung folgende Zeit erzielt:
4:05,664 min.
Für das Training werden häufig die Zeiten pro Runde oder bei längeren Strecken die 1000-m-Zeiten berechnet.

Wie viel Sekunden haben die Fahrer durchschnittlich auf 1000 m, wie viel pro Runde (200 m) gebraucht?

Bei der Division von Dezimalzahlen durch eine natürliche Zahl verfährt man wie bei der Division von natürlichen Zahlen.

```
 E,zh       E,zh
 4,95 : 3 = 1,65
-3
 1 9
-1 8
   15
 - 15
    0
```

Das Komma trennt die Einer und die Zehntel. Hier muss auch im Ergebnis das Komma gesetzt werden.

```
 E,zh        E,zh
 14,20 : 5 = 2,84
-10
  4 2
 -4 0
    20
  - 20
     0
```

Um eine **Dezimalzahl durch eine natürliche Zahl zu dividieren,**
- dividiere die Dezimalzahl wie eine natürliche Zahl und
- setze beim Überschreiten des Kommas auch im Ergebnis das Komma.

Tipp
Zur Berechnung aller Nachkommaziffern müssen manchmal Endnullen ergänzt werden.

Beispiele

a)
```
 27,90 : 6 = 4,65
-24
  3 9
 -3 6
   30
 - 30
    0
```
Komma setzen

b)
```
 0,24 : 6 = 0,04
-0
 0 2
-  0
   24
 - 24
    0
```
Achte auf die Nullen.

Aufgaben

1 Rechne im Kopf.

a) 0,9 : 3	0,09 : 3	9,0 : 3
b) 0,08 : 4	0,8 : 4	8,00 : 4
c) 1,2 : 6	12,6 : 6	0,12 : 6
d) 0,36 : 9	3,6 : 9	0,036 : 9
e) 2,5 : 5	0,25 : 5	0,025 : 5
f) 0,077 : 7	0,77 : 7	0,007 : 7

▸ 145

2 Rechne im Kopf.

a) 14,2 : 2	25,5 : 5	18,6 : 6
b) 8,24 : 4	6,18 : 3	16,32 : 8
c) 18,27 : 9	7,49 : 7	30,42 : 6
d) 0,96 : 12	0,105 : 15	0,65 : 13
e) 0,039 : 13	0,084 : 12	0,042 : 14
f) 1,5 : 2	7,5 : 2	5,5 : 2

:	2	4	5
4,8			
7,6			
10,8			
15,3			
36,3			
49,5			
100,2			
145,6			
200,2			

3 Dividiere.

a) 141,4 : 20
440,4 : 20
186,6 : 30
555,5 : 50

b) 46,8 : 20
86,4 : 20
99,9 : 30
80,8 : 40

4 Wenn du durch 5 oder 50 teilen musst, kannst du geschickt rechnen. Verdopple die Zahl und teile dann durch 10 bzw. durch 100. Rechne im Kopf.

a) 13,5 : 5
17,5 : 5
38,2 : 5
48,6 : 5

b) 102,5 : 50
180,5 : 50
242,2 : 50
421,1 : 50

5 Das Ergebnis von 156 : 6 ist 26. Nun kannst du die folgenden Quotienten leicht berechnen.

a) 15,6 : 6
1,56 : 6
0,156 : 6
0,0156 : 6

b) 156 : 60
15,6 : 60
1,56 : 60
0,156 : 60

6 Wo musst du beim Dividenden das Komma setzen, damit das Ergebnis stimmt?

	Dividend		Divisor	Ergebnis
a)	124	:	4	3,1
b)	395	:	5	7,9
c)	984	:	8	12,3
d)	5472	:	12	4,56
e)	11 835	:	15	0,789

7 Berechne schriftlich und überprüfe mit dem Taschenrechner.

a) 40,3 : 8
6,05 : 5
34,2 : 9

b) 127,5 : 4
322,8 : 5
337,8 : 6

c) 4,32 : 16
54,3 : 12
100,5 : 15

d) 1016,6 : 13
623,9 : 17
1698,6 : 19

e) 34,65 : 21 1,65
53,28 : 24 2,22
86,67 : 27 3,21

f) 0,1524 : 6
0,8757 : 7
0,8984 : 8

g) 0,282 : 12
0,7952 : 14
0,387 : 15

h) 40,5 : 110
325,6 : 120
11,04 : 90

8 Suche die Fehler.

0,5 : 5 = 0,01   0,21 : 7 = 0,3
6,06 : 6 = 1,1   5,6 : 8 = 7
0,99 : 9 = 0,9   0,144 : 12 = 1,2

9 □□,□ : □ = ?

Setze die Ziffern 4, 5, 6 und 1 so in die Kästchen ein, dass
a) ein möglichst großes Ergebnis entsteht.
b) ein möglichst kleines Ergebnis entsteht.
c) das Ergebnis 3,28 ist.
d) das Ergebnis 12,9 ist.

10 Die Gesamtschule am Kiekweg bekommt für die Ausstattung der neuen Sporthalle die Balllieferung:

Ballsorte	Menge	Gesamtgewicht	
Fußball	25	10,500 kg	0,420 kg
Handball	12	4,200 kg	0,350 kg
Volleyball	15	4,050 kg	0,270 kg
Basketball	16	9,792 kg	0,612 kg
Gymnastikball	30	5,400 kg	0,180 kg
Tischtennisball	144	0,144 kg	0,001 kg
Badminton	72	0,252 kg	0,0035 kg
American Football	4	1,680 kg	0,420 kg

Wie viel wiegen die einzelnen Bälle?
Gibt es Ballsorten, die gleich schwer sind?
Überlege, bei welchen Ballsorten die Angabe in Gramm sinnvoll ist.

11 Beim Schulsportfest der Bertha-von-Suttner-Gesamtschule werden Klassenwertungen ermittelt, indem bei den einzelnen Stationen die Ergebnisse der ganzen Klasse zusammengezählt werden.
Bei der Weitwurf-Station wurden folgende Ergebnisse erzielt:

Klasse	Anzahl	Summe	
6d	28	694,40 m	24,80 m
6e	27	677,70 m	25,10 m
6f	29	678,60 m	23,40 m

Um die Ergebnisse vergleichen zu können, wird die durchschnittliche Weite jeder Klasse errechnet. Teile dazu die Summe durch die Anzahl der Schülerinnen und Schüler. Welche Klasse hatte das beste Durchschnittsergebnis?

12 In verschiedenen Laufdisziplinen der Leichtathletik gibt es folgende Weltrekorde (Stand 1998):

4 × 100-m-Staffel Frauen	41,37 s
100 m Frauen	10,49 s
4 × 100-m-Staffel Männer	37,40 s
100 m Männer	9,84 s
4 × 400-m-Staffel Frauen	3:15,17 min
400 m Frauen	47,60 s
4 × 400-m-Staffel Männer	2:54,29 min
400 m Männer	43,29 s

Dividiere die Zeitangaben für die Staffelwettbewerbe jeweils durch 4 und vergleiche die Ergebnisse deiner Rechnung mit den Zeiten in den Einzelwettbewerben.
Kannst du die Abweichungen erklären?

50-m-Lauf Ergebnisliste

Kai, 6c	7,3 s
Andi, 6a	7,4 s
Kirsten, 6a	7,4 s
Karin, 6b	7,5 s
Aishe, 6b	8,1 s
Thorsten, 6a	8,2 s
Khalid, 6c	7,9 s
Sabine, 6a	7,8 s
Angie, 6c	8,5 s
Mustafa, 6b	7,4 s
Philip, 6c	7,5 s
Christine, 6c	7,6 s
Sandra, 6b	7,9 s
Tobias, 6b	7,8 s
Andre, 6b	7,7 s
Peter, 6a	8,2 s
Justine, 6a	8,3 s
Dafina, 6c	8,1 s

Ø ist das Zeichen für Durchschnitt.

! Wenn du alle Werte zusammenzählst und dann durch die Anzahl teilst, erhältst du den **Durchschnitt.**

13 Die Klassen 6a, 6b und 6c einer Gesamtschule schicken je ihre 3 besten Läufer und Läuferinnen über 50 m zum Schulwettkampf.
Welche Klasse hat die beste Durchschnittszeit bei den Jungen, bei den Mädchen und insgesamt?

14 Beim Radrennen Tour de France wechselt jährlich die Strecke. 1926 wurde mit 5743 km die längste Gesamtstrecke gefahren. Sie wurde in 29 Tagen bewältigt. 1998 betrug die Gesamtstrecke der Tour de France 3877 km, sie wurde in 21 Etappen bewältigt.
a) Wie lang war durchschnittlich eine Tagesetappe?
b) Wie lange waren die Fahrer täglich unterwegs, wenn ihre Durchschnittsgeschwindigkeit 1926 etwa 24 km/h und 1998 etwa 39 km/h betrug?
Runde jeweils geeignet.

15

Bei den olympischen Spielen 1998 in Nagano lief Gunda Niemann-Stirnemann als erste Frau im Eisschnelllauf die 5000 m unter der „7-Minuten-Schallgrenze“ in 6:59,65 min.
Ihr herausragender Erfolg wurde jedoch im nächsten Lauf von Claudia Pechstein, die dadurch Gold gewann, noch um 4 Hundertstel unterboten.

Welche Zeit wurde für Claudia Pechstein gestoppt?
Um wie viel liegen die jeweiligen Zeiten unter der bis dahin geltenden „Schallgrenze“?
Um wie viel Sekunden unterscheiden sich die Durchschnittszeiten der beiden Läuferinnen auf 1000 m?

Bei Bundesliga- oder NBA-Spielen werden alle wichtigen Spielaktionen in Tabellen aufgezeichnet und statistisch ausgewertet. Anhand der Ergebnisse werden dann z.B. Trainingspläne aufgestellt.

BAYER LEVERKUSEN 85 Punkte

Spieler	Punkte	2-P	3-P	1-P
Wagner	18	6/8	1/3	3/4
Terdenge	2	1/3	0/1	0/0
Wucherer	13	2/5	1/2	6/8
Smith	11	3/7	0/0	5/6
Taylor	25	5/10	2/3	9/10
Malbeck	6	2/4	0/0	2/2
Kühl	2	1/3	0/0	0/0
Gesamt	77	20/40	4/9	25/30

Schaut euch die Erklärungen dazu an. Findet in einem Sportlexikon heraus, was 2-Punkte-, 3-Punkte- und 1-Punkt-Würfe sind.

Aus dem Basketball-Lexikon:

	2-P	3-P	1-P
	6/8	1/3	3/4
Lies:	6 von 8	1 von 3	3 von 4

Bedeutung:
6 Treffer von insgesamt 8 Zwei-Punkte-Wurfversuchen.

Für Bayer Leverkusen stehen in dem Spielbericht 40 Zwei-Punkte-Wurfversuche, dabei wurden 20 Treffer erzielt. Also genau die Hälfte.
Um die Wurfquote zu errechnen, dividiert man die Anzahl der Treffer durch die Anzahl der Versuche:
20/40, d.h. 20 von 40 20 : 40 = 0,5

Tipp ...für Aufgabe 3.
Am besten geht das im 5er Team:
1 - wirft
2 - zählt die Wurfversuche
3 - zählt die Treffer
4 - reicht die Bälle an
5 - nimmt die Zeit und schreibt auf

1 Nebenstehend findet ihr einen Ausschnitt aus dem Spielbericht der Mannschaft von Bayer Leverkusen in einem Bundesligaspiel.
Wie setzen sich die 18 Punkte bei Wagner zusammen? Wie haben Terdenge und Malbeck ihre Punkte erzielt?

2 Sabrina, Nils, Tanja und Andi aus der 6f ermitteln ihre eigenen Freiwurfquoten.
Jeder hat 10 Würfe. Sabrina trifft davon 4-, Nils 6-, Tanja 5- und Andi 3-mal. Andi rechnet: 3 : 10 = 0,30. Tanja meint: „Wer am nächsten an 1 herankommt, hat gewonnen.“
Berechnet die Quoten der anderen ebenso. Was haltet ihr von Tanjas Feststellung?

Ergebnisse der 6f:

Sabrina	4/10
Nils	6/10
Tanja	5/10
Andi	3/10

3 Ermittelt eure eigene Freiwurfquote. Werft dazu jeweils 2 Minuten lang so viele Freiwürfe, wie ihr schafft, zählt dabei die Anzahl der Wurfversuche und der Treffer.

I Berechnen von Quoten

In der Hallenhandballbundesliga wird eine Tabelle über die erfolgreichsten Torhüterinnen beim Siebenmeterschießen geführt: Torhüterin Müller hat von 30 geworfenen Siebenmetern 8 gehalten, Schmid von 24 Versuchen 6.
Kannst du entscheiden, wer bei den Strafwürfen die bessere Torhüterin ist? Begründe deine Antwort.

! Um eine Quote, z.B. die Trefferquote, auszurechnen, wird die Anzahl der Treffer durch die Gesamtzahl der Würfe dividiert.

Beispiele

a) Schreibe „3 von 4“ als Dezimalzahl.

```
 3 : 4 = 0,75
 3,00 : 4 = 0,75
–0
 30
–28
  20
 –20
   0
```

b) „16 Treffer von 25 Versuchen“
Schreibe als Dezimalzahl.

```
 16 : 25 = 0,64
–00
 160
–150
  100
 –100
    0
```

▶ 139

Bemerkung: Wie beim Dividieren von Dezimalzahlen, wird auch hier das Komma im Ergebnis gesetzt beim Übergang von den Einern zu den Zehnteln.

Aufgaben

1 Berechne die Trefferquote.
a) 4 von 10 Torchancen
b) 3 von 5 Freiwürfen
c) 5 von 8 Zwei-Punkte-Würfen
d) 1 von 4 Drei-Punkte-Würfen

2 Dividiere und schreibe als Dezimalzahl.
a) 1 von 2; 1 von 4; 1 von 5
b) 2 von 5; 4 von 5; 8 von 20
c) 12 von 20; 15 von 25; 35 von 50

3 Schreibe als Dezimalzahl und runde auf Zehntel.
a) 3 von 8; 5 von 8; 5 von 16
b) 13 von 25; 17 von 25; 39 von 50
c) 1 von 3; 5 von 6; 11 von 15

4 Schreibe dezimal und runde auf Hundertstel.
a) 23 von 80; 17 von 40; 38 von 80
b) 24 von 33; 45 von 66; 11 von 18

5 Ausschnitt aus der Mannschaftsstatistik der 1. Bundesliga der Damen.

BC uni Versa Marburg

	Zweier			Dreier			Freiwürfe		
	Tr.	Vers.	Quote	Tr.	Vers.	Quote	Tr.	Vers,	Quote
Rother	41	88	?	3	20	?	26	34	?
Kramer	46	91	?	18	54	?	32	50	?
Lohanas	170	255	?	0	0	?	24	34	?
von Saldern	109	192	?	0	0	?	39	54	?
Brondello	126	206	?	3	4	?	29	33	?
Harder	64	163	?	2	6	?	20	21	?

BTV Wuppertal

Tr. Anzahl der Treffer
Vers. Anzahl der Versuche

Berechne die fehlenden Wurfquoten der Marburgerinnen und vergleiche sie mit denen der Spielerinnen vom BTV Wuppertal.

Die Division durch 0 darfst du nicht durchführen.
Runde in allen Aufgaben auf Zehntel.

7 Beschreibe die Spielberichte der beiden Mannschaften. Welche Informationen kannst du entnehmen?

ALBA Berlin

	Pkt.	*2-P*	*3-P*	*1-P*
Rödl	10	3/5	0/1	4/4
Harnisch	8	2/8	1/3	1/2
Pesic	8	1/3	2/3	0/0
Welp	2	0/5	0/0	2/2
Arigbabu	0	0/0	0/0	0/0
Hammink	10	5/8	0/0	0/0
Alexis	26	8/11	2/3	4/6
Bogojewic	0	0/0	0/0	0/0
Karassev	17	3/8	3/6	2/2
GESAMT	**81**	**22/49**	**8/16**	**13/16**

FC Barcelona

	Pkt.	*2-P*	*3-P*	*1-P*
Navarro	0	0/0	0/0	0/0
Jofresa	1	0/0	0/0	1/2
Esteller	18	6/9	1/3	3/5
Alzomora	6	3/6	0/0	0/1
Fernandez	5	1/1	1/2	0/0
Djordjewic	9	2/3	1/5	2/3
Nicola	16	5/6	1/4	3/3
Mustaf	16	8/15	0/0	0/0
Dela Fuente	7	2/4	1/3	0/0
GESAMT	**78**	**27/44**	**5/17**	**9/14**

Berechne die Wurfquoten der einzelnen Spieler für die 2-Punkte-, 3-Punkte- und 1-Punkt-Würfe. Stelle jeweils eine Rangfolge der Spieler auf.
Berechne die Gesamt-Wurfquote aus Zweier- und Dreier-Würfen sowie die Freiwurfquote für beide Mannschaften und interpretiere das Ergebnis.

6 In den beiden Tabellen sind die erzielten Punkte und die Anzahl der Spiele der besten Bundesligaspielerinnen und -spieler gegeben. Bestimme die beste Korbjägerin und den besten Korbjäger, indem du die durchschnittliche Punktzahl pro Spiel ermittelst.

1. Bundesliga Damen
Korbjägerinnen Stand Feb. 98

	Pkt.	Sp.	Pkt./Sp.
Hendry (Marburg)	447	20	
Askamp (Wuppertal)	411	19	
Fowler-Michel (Würzburg)	410	19	
Jonisova (Berlin)	532	20	
Molcak (Nördlingen)	446	20	

1. Bundesliga Herren
Korbjäger Stand Feb. 98

	Pkt.	Sp.	Pkt./Sp.
Walker (Ulm)	466	23	
Palmer (Bamberg)	493	24	
Dean (Oberelchingen)	488	23	
Kelecevic (Bonn)	426	20	
Gatin (Gießen)	552	24	

Basketball-Weltmeisterschaft der Damen

WM-Teams:
Deutschland
USA
Brasilien
Australien
Argentinien
Volksrepublik China
Japan
Kongo
Korea
Kuba
Litauen
Russland
Senegal
Slowakische Republik
Spanien
Ungarn

Austragungsorte der WM

1 Um die Schnelligkeit und Kondition zu verbessern, werden häufig „Linienpendel" durchgeführt. Dabei müssen die Sportlerinnen zwischen den markanten Spielfeldlinien möglichst schnell hin- und herlaufen. Beim „langen Weg" (siehe obere Spielfeldhälfte) wird immer zur Endlinie zurückgelaufen, beim „kurzen Weg" immer zur nächstliegenden Linie (siehe untere Spielfeldhälfte).

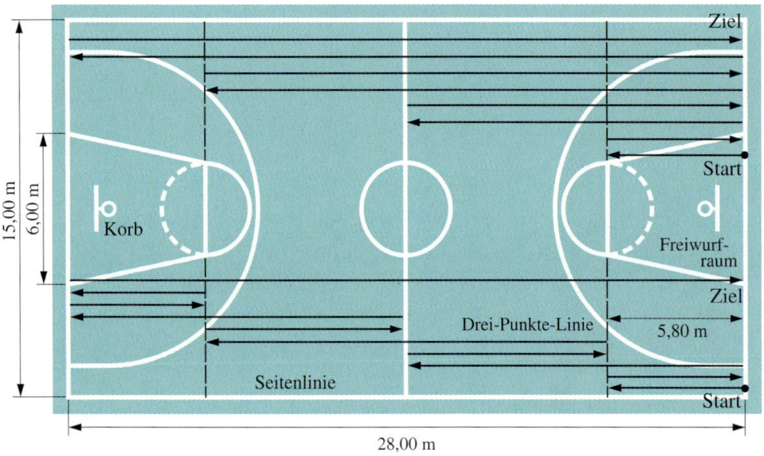

Berechne die Laufstrecken der beiden Linienpendel. Um wie viel Meter unterscheiden sie sich?

2 Spielerinnen des deutschen Teams:

Spielerin	Größe
Petra Kremer	1,89 m
Andrea Hohl	1,71 m
Birgit Eggert	1,86 m
Heike Roth	1,89 m
Stephanie Göttsche	1,88 m

Berechne die Durchschnittsgröße der deutschen Spielerinnen. Runde sinnvoll.

3 Das Team der USA gilt als Favorit der WM. Vergleiche die Durchschnittsgröße der amerikanischen mit denen der deutschen Spielerinnen aus Aufgabe 2.

Spielerin	Größe
Kara Wolters	6 foot 7 inch
Dawn Staley	5 foot 6 inch
Tina Thompson	6 foot 3 inch
Nikki Mc Cray	5 foot 11 inch
Lisa Leslie	6 foot 3 inch

4 Nach dem Spiel der deutschen Mannschaft gegen Brasilien, wird sofort die Teamstatistik eingeblendet.

Brasilien		Deutschland
28/63	Zweier	31/60
5/13	Dreier	2/9
16/26	Freiwürfe	9/12

Berechne den Punktestand. Wer hat das Spiel gewonnen? Berechne jeweils die Wurfquoten. Bei welchen Würfen war Deutschland erfolgreicher?

5 Die beste deutsche Korbjägerin war Heike Roth. Sie erzielte 137 Punkte in 8 Spielen. Die beste Korbjägerin der WM, die Brasilianerin Janeth Arcain, erzielte 182 Punkte in 9 Spielen. Vergleiche.

Zusammenfassung

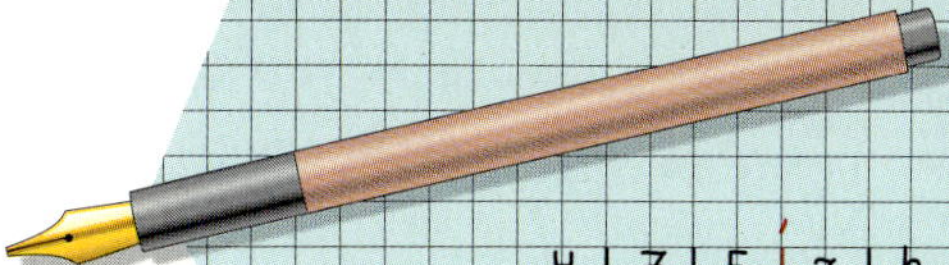

Dezimalzahlen

Eine Zahl, die zwischen zwei ganzen Zahlen liegt, nennt man Dezimalzahl.
Die Schreibweise mit dem Komma wird Dezimalschreibweise genannt.

2 < 2,4 < 3

H	Z	E	z	h	t	
	6	7	9	8		67,98
		0	0	9	9	0,099
1	0	6	5			106,5

Addieren und Subtrahieren

Schreibe die Dezimalzahlen so untereinander, dass Komma unter Komma steht, und addiere bzw. subtrahiere sie stellenweise.

Fehlende Stellen kannst du mit Nullen auffüllen.

$$\begin{array}{r} 23{,}127 \\ +\ 0{,}075 \\ \hline 23{,}202 \end{array} \qquad \begin{array}{r} 6{,}00 \\ -\ 0{,}07 \\ \hline 5{,}93 \end{array}$$

ergänze Nullen

Zehnerpotenzen

$10^1 = 10$
$10 \cdot 10 = 10^2 = 100$
$10 \cdot 10 \cdot 10 = 10^3 = 1000$
usw.

Bei der **Multiplikation** einer Dezimalzahl mit einer Zehnerpotenz brauchst du nur das Komma um die Anzahl der Nullen der Zehnerpotenz nach **rechts** zu verschieben, bei der **Division** verschiebst du das Komma entsprechend nach **links**.

$0{,}75 \xrightarrow{\cdot 10} 7{,}5 \xrightarrow{\cdot 100} 750$

$86{,}2 : 100 = 0{,}862$

Multiplikation

Multipliziere zuerst ohne auf das Komma zu achten und setze dann das Komma so, dass das Ergebnis ebenso viele Stellen nach dem Komma hat wie die beiden Faktoren zusammen.

3 Stellen, 2 Stellen

$$\begin{array}{r} 1{,}525 \cdot 0{,}23 \\ \hline 0000 \\ 3050 \\ 4575 \\ \hline 0{,}35075 \end{array}$$

5 Stellen

Null voranstellen

Division

Dividiere die Dezimalzahl wie eine natürliche Zahl und setze beim Überschreiten des Kommas – beim Übergang von den Einern zu den Zehnteln – auch im Ergebnis das Komma.

E z : E z h t

$$\begin{array}{l} 1{,}7 : 4 = 0{,}425 \\ 0 \\ \hline 17 \\ -16 \\ \hline 10 \\ -8 \\ \hline 20 \\ -20 \\ \hline 0 \end{array}$$

Komma setzen

Durchschnitt berechnen

Den Durchschnitt erhältst du, wenn du alle Werte zusammenzählst und dann durch die Anzahl der Werte dividierst.

Durchschnittszeit von 9,6 s; 9,7 s und 10,1 s.

$$\begin{array}{r} 9{,}6\,s \\ +\ 9{,}7\,s \\ +10{,}1\,s \\ \hline 29{,}4\,s \end{array} \qquad \begin{array}{l} 29{,}4 : 3 = 9{,}8 \\ -27 \\ \hline 24 \\ -24 \\ \hline 0 \end{array}$$

9,8 s

Quoten

Um eine Quote im Sport auszurechnen, wird z.B. die Anzahl der Treffer durch die Anzahl der Würfe dividiert.

Rebecca trifft bei 9 von 12 Freiwurfversuchen.

$$\begin{array}{l} 9 : 12 = 0{,}75 \\ 0 \\ \hline 90 \\ -84 \\ \hline 60 \\ -60 \\ \hline 0 \end{array}$$

Rebeccas Trefferquote beträgt 0,75.

Rückspiegel

Lies vor dem Test die Hinweise auf Seite 6.

1 Setze das richtige Zeichen, > oder <, ein.
a) 4,02 □ 4,19
b) 0,80 □ 0,88

2 Beim Slalom werden beide Läufe zusammengewertet.
1. Lauf 43,30 s
2. Lauf 45,05 s
Berechne die Gesamtzeit.

3 Berechne.
a) $28{,}01 \cdot 10$
b) $0{,}05 \cdot 100$
c) $1{,}7 : 10$
d) $12{,}5 : 100$

4 Multipliziere und dividiere.
a) $0{,}8 \cdot 0{,}4$
b) $5{,}8 \cdot 3{,}42$
c) $1{,}56 : 6$
d) $37{,}2 : 3$

5 Welchen Taillenumfang hat ein Schwimmer mit einer Badehosengröße W 31?

6 Neun Tennisbälle wiegen zusammen 0,495 kg. Welches Gewicht hat einer?

7 Ines trifft bei 4 von 10 Versuchen. Berechne ihre Trefferquote.

1 Setze das richtige Zeichen, > oder <, ein.
a) 0,010 □ 0,10
b) 0,09 □ 0,009

2 Beim Dreisprung erreichte Daniel folgende Einzelsprungweiten: 1,81 m, 1,45 m und 2,34 m. Wie weit sprang er insgesamt?

3 Berechne.
a) $13{,}02 \cdot 1000$
b) $7{,}4 \cdot 100$
c) $0{,}07 : 100$
d) $3{,}05 : 1000$

4 Multipliziere und dividiere.
a) $0{,}02 \cdot 0{,}8$
b) $1{,}86 \cdot 0{,}23$
c) $127{,}5 : 4$
d) $74{,}04 : 6$

5 Ein Footballspieler wirft seinem Mitspieler in 25 Yards Entfernung den Ball zu. Wie weit hat er geworfen?

6 Acht Federbälle haben zusammen ein Gewicht von 0,028 kg. Wie viel wiegt einer?

7 Wolfgang trifft bei 6 von 15 Versuchen. Berechne seine Trefferquote.

1 Ordne der Größe nach.
a) 2,02; 2,20; 2,05
b) 0,6060; 0,6006; 0,6606
c) 89,889; 98,898; 89,899

2 Beim Kunstturnen erhält Karine folgende Wertungen:
Sprung 8,887 Punkte
Barren 8,300 Punkte
Balken 8,975 Punkte
Boden 9,275 Punkte.
Berechne ihre Gesamtwertung.

3 Durch welche Zahl muss man die erste Zahl dividieren, um die zweite zu erhalten?
a) 1,2; 0,12
b) 2,25; 0,225
c) 0,04; 0,0004

4 Multipliziere und dividiere.
a) $0{,}12 \cdot 0{,}05$
b) $0{,}32 \cdot 0{,}043$
c) $0{,}8757 : 7$
d) $85{,}5 : 6$

5 Eine Handballspielerin hat eine Körperhöhe von 5 Fuß 9 inch. Wie groß ist sie?

6 Die Klasse 6e erreicht beim Sportfest 850,5 Punkte. Wie viele Punkte sind das im Durchschnitt für die 27 Schüler und Schülerinnen?

7 Tina trifft bei 2 von 11 Versuchen. Berechne ihre Trefferquote.

 Ermittle anhand der Lösungen auf Seite 167 deine erzielte Punktzahl.

Orientierung mit Karte und Kompass 2

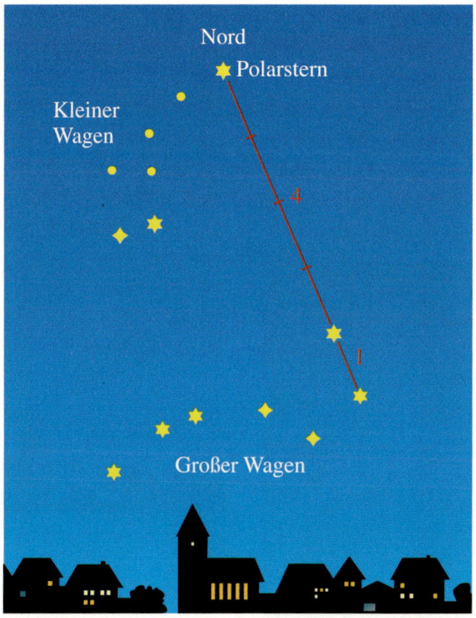

Ob im dichten Verkehrsgewimmel der Großstadt oder auf der Landstraße, ob in der Stille des Waldes oder in der Dunkelheit sternklarer Nächte – wisst ihr immer,

- wie ihr euch im Gelände orientieren könnt?
- wie ihr die Himmelsrichtungen findet?
- wie ihr mit einem Kompass die Richtung bestimmt?
- welche Hinweise auf Entfernungen ihr in der Natur finden könnt?

Sucht im Atlas die magnetischen Pole und die geografischen Pole. Was stellt ihr fest?

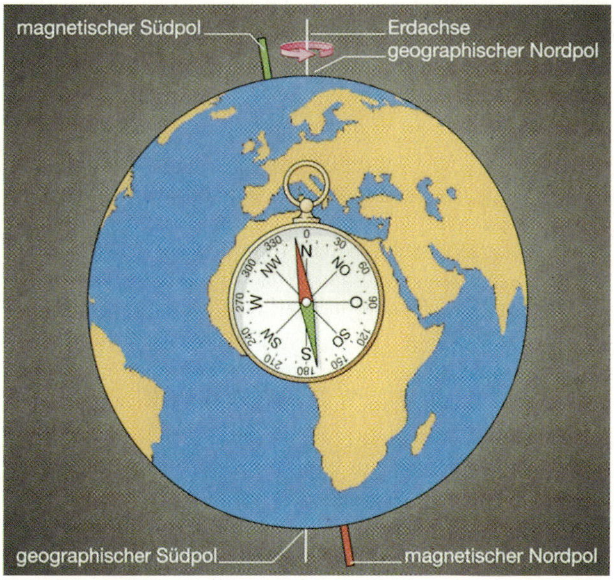

▼ In diesem Kapitel könnt ihr lernen,

- ▶ wie man mit Hilfe der Gestirne oder des Kompasses die Himmelsrichtungen bestimmt.
- ▶ welchen Zusammenhang es zwischen Drehungen und Winkeln gibt.
- ▶ wie man Winkel benennt, misst und zeichnet.
- ▶ welche Winkelarten es gibt.
- ▶ wie man mit Koordinaten die Richtung und Entfernung von Punkten (im Gelände) bestimmen kann.

H Richtungsbestimmung in der Natur

Wenn ihr euch bei eurem nächsten Wandertag im Gelände verlauft und keinen Kompass dabei habt, könnt ihr euch dennoch gut mit Hilfe der Natur orientieren. Auf unserer nördlichen Halbkugel steht die Sonne für uns stets südlich.

1 Frei stehende Bäume haben oft eine Wetterseite, die meist mit Moos bewachsen ist.
In welche Richtung zeigt diese Seite?

2 In welcher Himmelsrichtung geht am 21.6. und am 22.12. jeweils die Sonne auf und unter?
An welchem Tag geht die Sonne genau im Osten auf und im Westen unter?

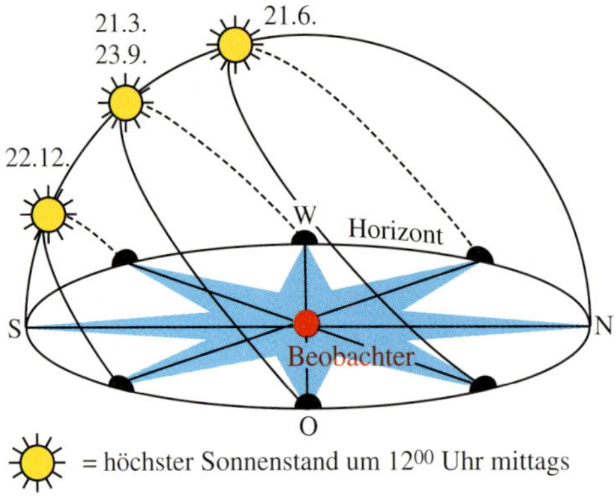

Scheinbare Sonnenbahn auf der nördlichen Halbkugel.

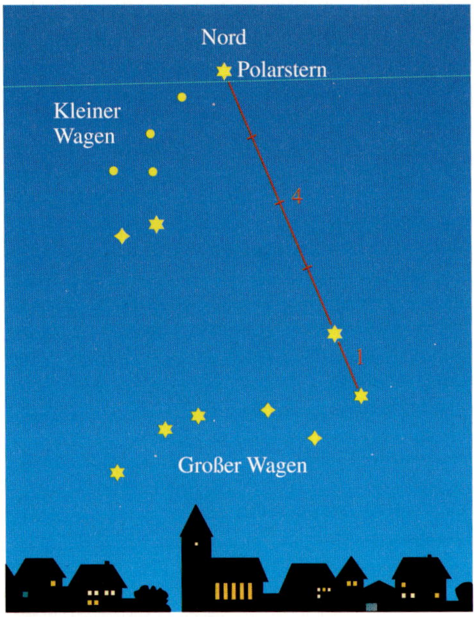

3 Geht um 12 Uhr mittags auf den Schulhof und markiert mit Kreide bei Sonnenschein die Südrichtung.
Bestimmt auch die drei anderen Himmelsrichtungen, indem ihr euch von Süden aus 3-mal um eine $\frac{1}{4}$ Drehung nach rechts dreht.

4 Zu anderen Tageszeiten könnt ihr mit Hilfe der Sonne und einer Armbanduhr auch die Südrichtung genau bestimmen. Beschreibt mit Hilfe der Abbildung, wie ihr dabei vorgehen müsst.
Achtet darauf, dass im Sommer die Uhr um eine Stunde vorgestellt wird (Sommerzeit).

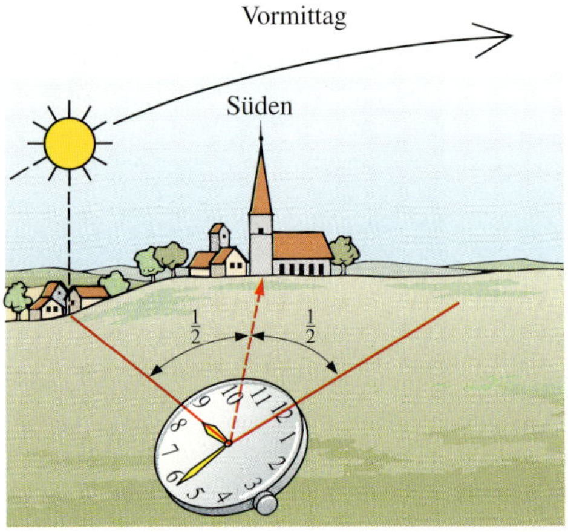

Übrigens ....

Der Frühling beginnt 1999 am 21.3., in anderen Jahren auch manchmal am 20.3. oder am 22.3.
Schau in einem Kalender nach, an welchen Tagen der Sommer, der Herbst und der Winter beginnen.

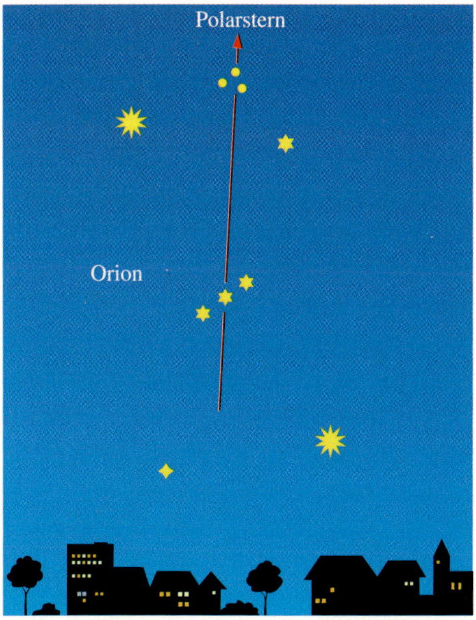

5 Nachts könnt ihr euch bei klarem Himmel gut an den Sternen orientieren. Beschreibt, wie ihr den Polarstern in der Nordrichtung findet. Wie bestimmt ihr dann die anderen Himmelsrichtungen?

M *6* Am schnellsten und genauesten könnt ihr die Nord-Süd-Richtung mit dem Kompass finden.
Findet heraus, wie er funktioniert.
Bestimmt aus dem Klassenzimmer die Himmelsrichtung, in der euer Schulhof, der Haupteingang der Schule, eure Turnhalle oder deine Wohnung liegt.

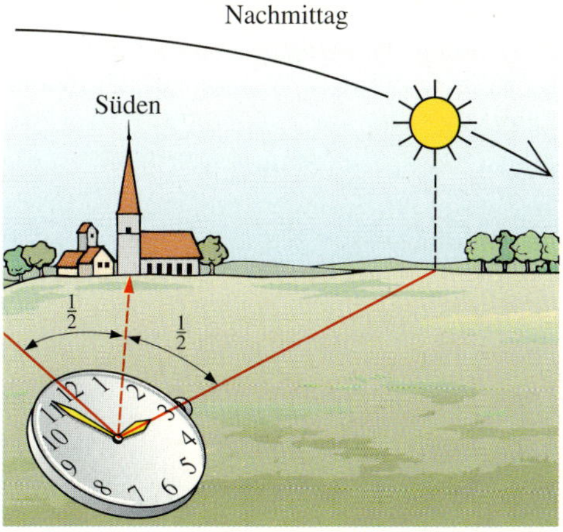

7 In vielen Gegenden Deutschlands wehen die Winde häufig aus westlichen Richtungen. Die Bäume auf dem Foto werden wegen ihrer Form „Windflüchter" genannt.

Gibt es in eurer Umgebung auch solche auffälligen Bäume oder Sträucher?
In welche Himmelsrichtung zeigen sie?
Überprüft mit einem Kompass eure Vermutung.

8 Könnt ihr die fehlenden Richtungsangaben auf der Kompass-Windrose ergänzen?
Fertigt in eurem Heft eine Zeichnung an.

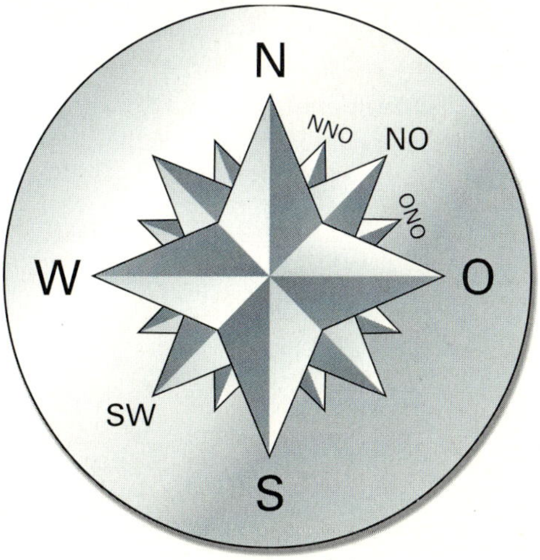

O

I Drehungen und Kompass

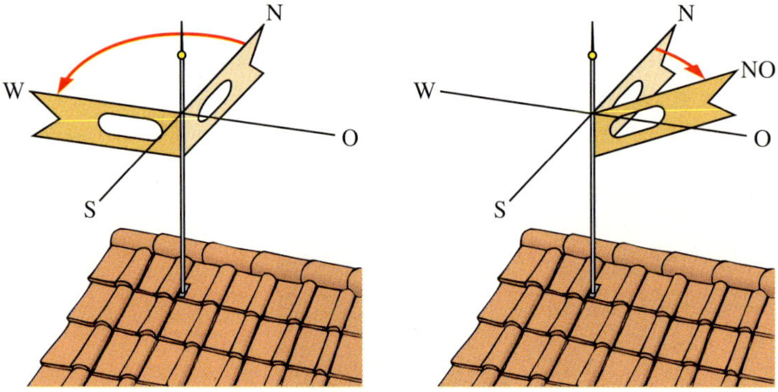

Eine Wetterfahne auf einem Hausdach zeigt genau nach Norden. Der Wind dreht sich im Laufe des Tages.
Beschreibe, wie sich die Fahne in den Abbildungen jeweils gedreht hat.
Wohin zeigt die Fahne, wenn der Wind jeweils aus der entgegengesetzten Richtung weht?

Um Drehungen zu beschreiben, benötigt man zwei Angaben:

1. die **Drehrichtung** rechtsherum

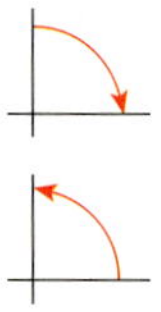

oder linksherum

und

2. **wie weit gedreht** wurde.
Dies kann man durch **Bruchteile einer vollen Umdrehung** angeben, z. B.: $\frac{1}{4}$ Drehung, $\frac{1}{2}$ Drehung,
oder mit Hilfe einer **Kreisskala mit Gradeinteilung,**
z. B.: 45° Drehung, 110° Drehung, 270° Drehung.
1 Grad (kurz 1°) ist der 360ste Teil einer vollen Kreisskala mit 360°.

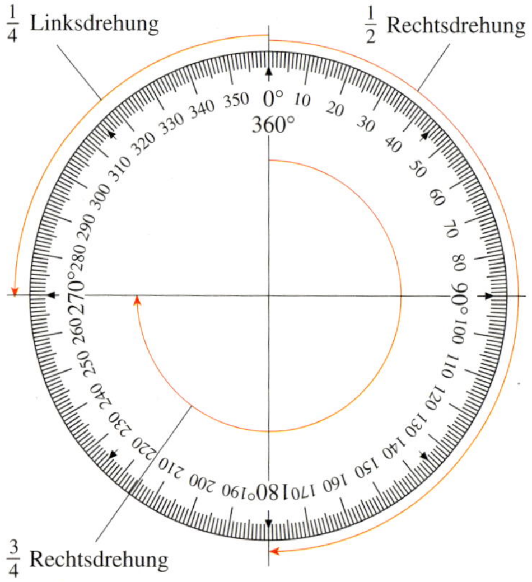

Aufgaben

1 Übertrage die drei letzten Spalten der Tabelle in dein Heft und vervollständige sie.

	von	Drehe dich um	nach	Das sind in Grad	gezeichnet	Jetzt siehst du nach
a)	N	$\frac{1}{4}$ Drehung	rechts	90°		Osten
b)	N	$\frac{1}{2}$ Drehung	links			
c)	S	$\frac{1}{4}$ Drehung	rechts			
d)	O	$\frac{3}{4}$ Drehung	rechts			
e)	W	$\frac{1}{8}$ Drehung	links			

2 Welche Drehungen wurden hier durchgeführt? Gib die Drehrichtung und die Gradzahl an.

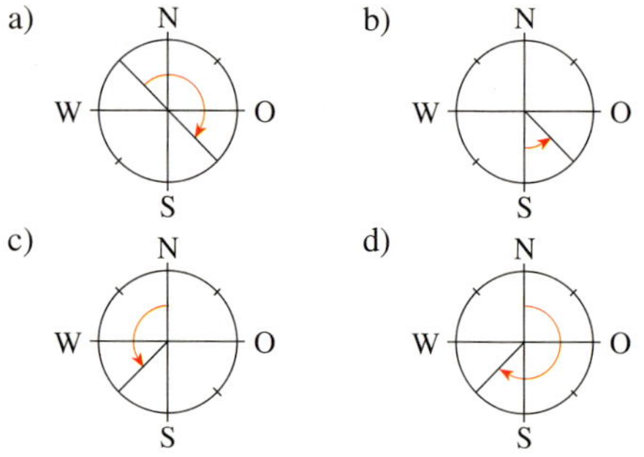

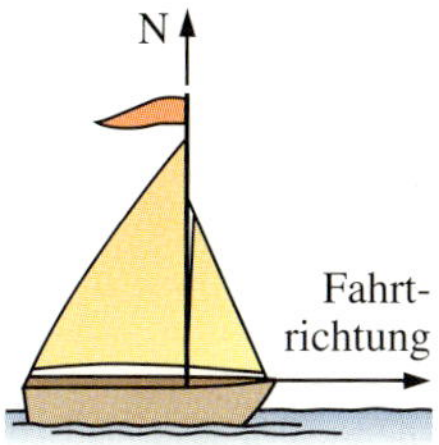

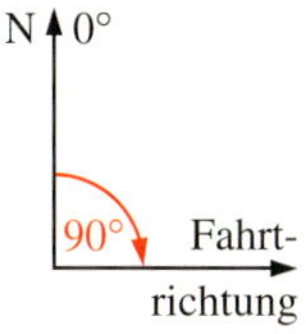

Das Schiff fährt
Kurs 90°

3 Der Wind dreht von
a) NO nach SO. b) NW nach S.
c) S nach SW. d) NW nach ONO.
Um wie viel Grad hat sich dabei der Wind jeweils gedreht?

Richtungs- und Kursangaben auf modernen Kompassen werden grundsätzlich als **Rechtsdrehung mit 360°-Einteilung** angegeben.
Beispiel:
- Kurs 90° heißt – von Norden (= 0°) 90° Rechtsdrehung nach Osten.
- Kurs 225° heißt – von Norden 225° Rechtsdrehung nach Südwesten.

4 Gib wie im Beispiel an:
a) Kurs 45° b) Kurs 135° c) Kurs 180°
d) Kurs 225° e) Kurs 270° f) Kurs 315°.

5 In welche Richtung zeigt die Kompassnadel? Gib die Richtung auch in Grad an (= Kurs).

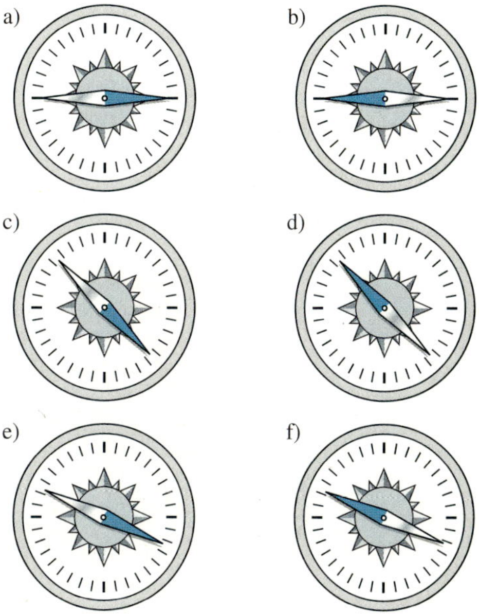

INFO

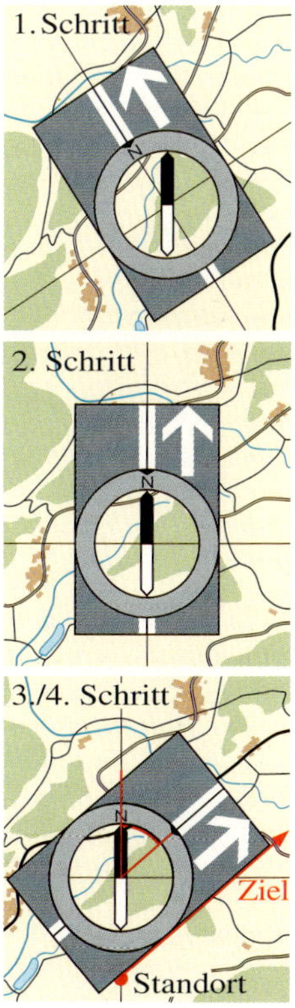

Umgang mit dem Kompass

So kannst du mit einem Kompass deinen Wanderkurs auf einer Karte bestimmen:

1. Schritt:
Kompassdose so drehen, bis N = 0° und der Richtungsanzeiger übereinstimmen. Nun den Kompass mit der Anlegekante an eine der senkrechten Linien anlegen.

2. Schritt: (= **Einnorden der Karte**)
Nun die Karte samt Kompass so lange drehen, bis die farbige Nadelspitze nach Norden zeigt. Jetzt ist die Karte exakt nach dem Gelände orientiert.

3. Schritt:
Anlegekante des Kompasses jetzt vom Standort aus in die Marschrichtung legen und Kompassdose so lange drehen, bis die Nadelspitze wieder auf Nord zeigt.

4. Schritt:
Gradzahl des Wanderkurses am Richtungsanzeiger ablesen.

6
Hier ist ein Wanderweg in ein Waldgelände eingezeichnet.
Gib für alle Streckenabschnitte den Wanderkurs in Grad und die Wanderrichtung an.
Benutze dazu einen Kompass.

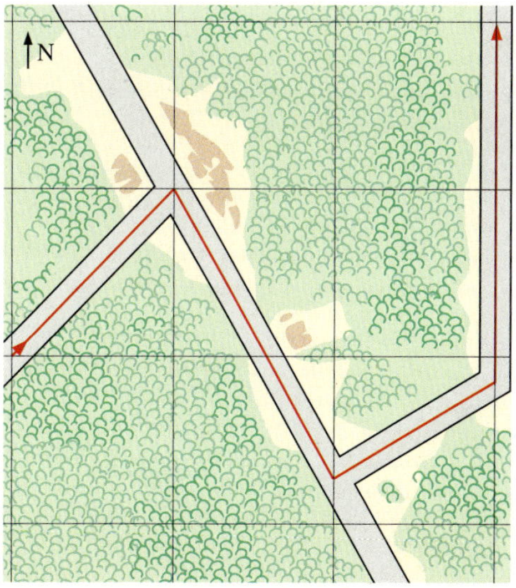

(Achte darauf, dass zu Beginn die Nadel nach Norden zeigt.)

I Winkel benennen

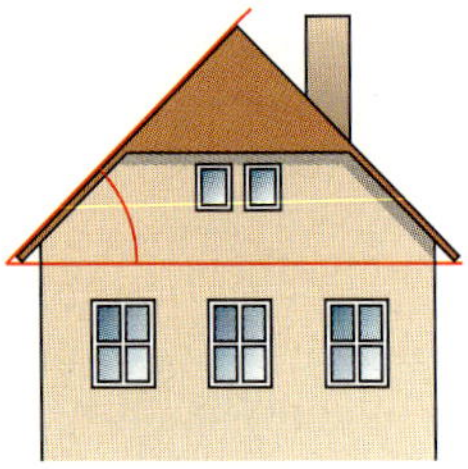
Neigungswinkel

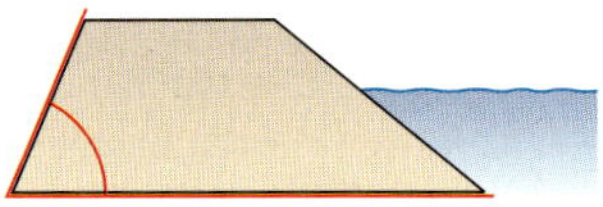
Böschungswinkel

Steigungswinkel

Abwurfwinkel

Der Begriff Winkel taucht im Alltag in vielen Situationen auf. Zeige oder schreibe auf, wo dir Winkel begegnen.

Übrigens ....
Eine Linksdrehung heißt auch mathematisch positiv, eine Rechtsdrehung mathematisch negativ.

αβγδεφ

Ein Winkel wird von zwei Schenkeln mit gemeinsamen Anfangspunkt S begrenzt. Dieser Punkt heißt **Scheitel**.
Üblicherweise ist die Drehrichtung eine **Linksdrehung vom 1. zum 2. Schenkel**.

Winkel werden kurz mit kleinen griechischen Buchstaben bezeichnet:

α	β	γ	δ	ε
Alpha	Beta	Gamma	Delta	Epsilon

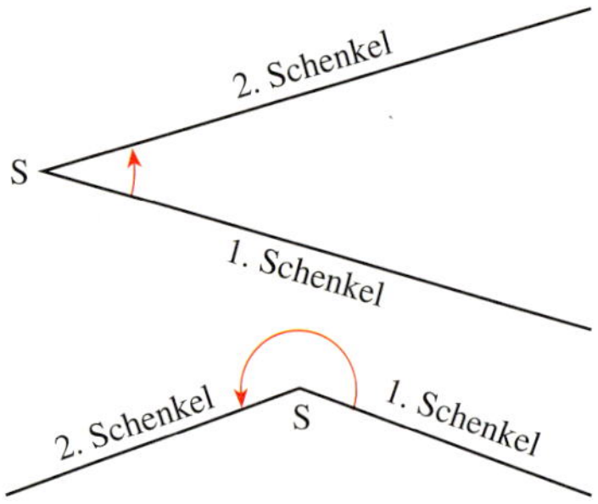

Bemerkung: Bei dem in 1) eingezeichneten Winkel liegt der Punkt B auf dem ersten und C auf dem zweiten Schenkel, A ist der Scheitel. Daher bezeichnen wir den Winkel α mit ∢BAC.

Entsprechend bezeichnen wir den Winkel β in 2) mit ∢CAB, hier liegt C auf dem ersten und B auf dem zweiten Schenkel.

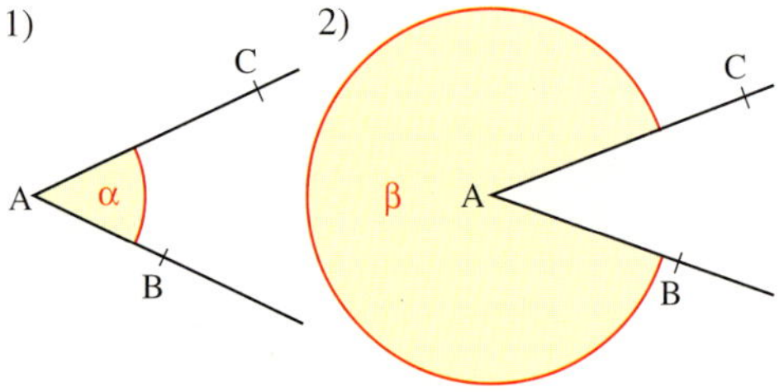

Aufgaben

1 Übertrage die Schenkel nach Augenmaß in dein Heft und kennzeichne die Winkel mit einem Kreisbogen.

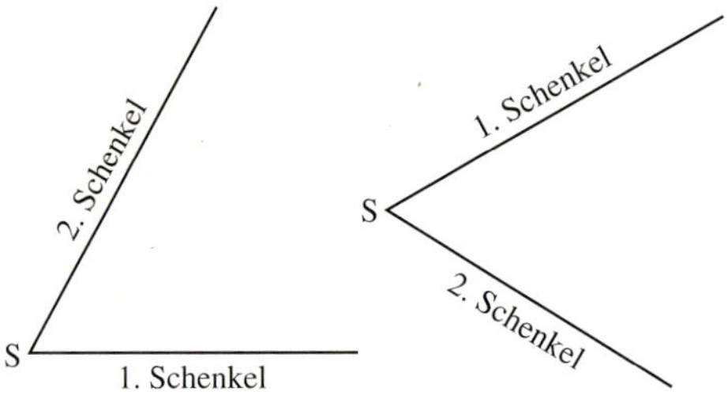

2 Übertrage die Winkel nach Augenmaß in dein Heft und zeichne den ersten Schenkel rot und den zweiten blau.

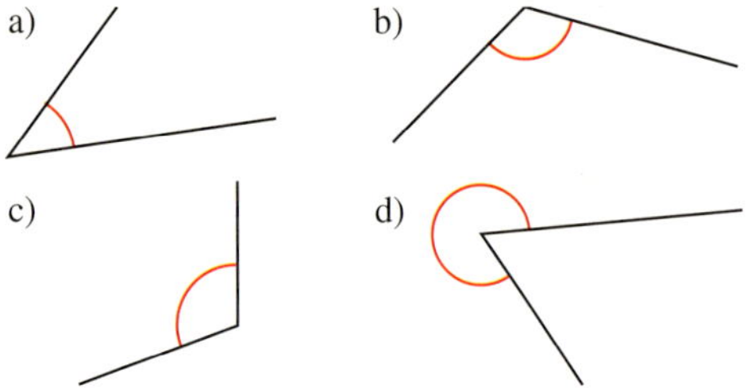

3 Benenne die Winkel wie im Beispiel.

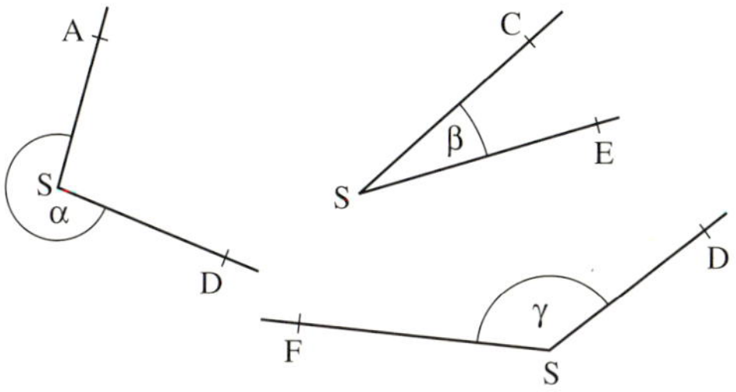

4 Schreibe alle Winkel in der Form wie $\alpha = \sphericalangle BAC$ auf.

a)

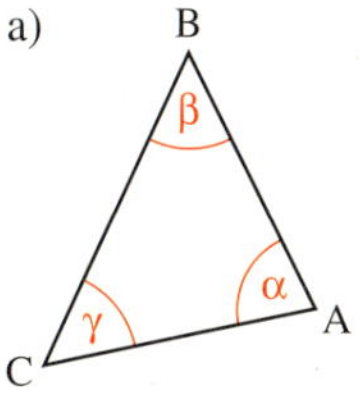

b)

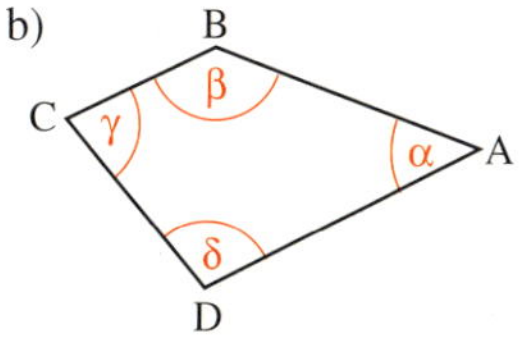

c)

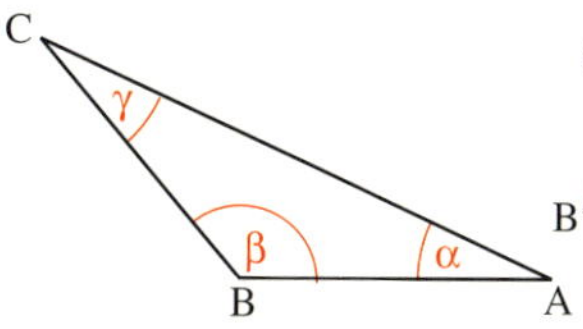

d)

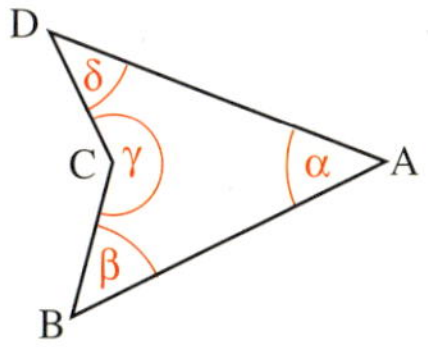

5 Übertrage die Figur in dein Heft. Zeichne die folgenden Winkel ein und bezeichne sie mit den griechischen Buchstaben.

$\alpha = \sphericalangle BAE$, $\beta = \sphericalangle AEB$, $\gamma = \sphericalangle CBE$, $\delta = \sphericalangle CFD$, $\varepsilon = \sphericalangle CDF$

a)

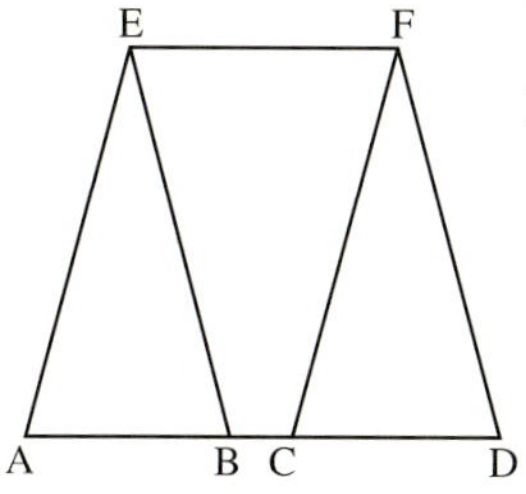

b)

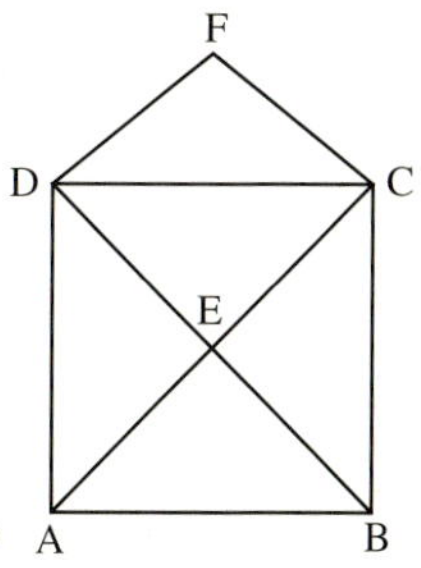

6 Die Zeiger auf den abgebildeten Skalen haben sich unterschiedlich weit gedreht. Ordne die markierten Winkel der Größe nach. Beginne mit dem kleinsten Winkel.

Drehzahlmesser

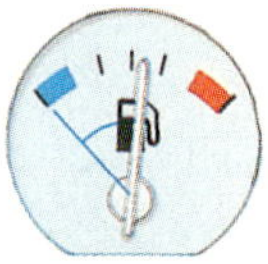
Tankanzeige

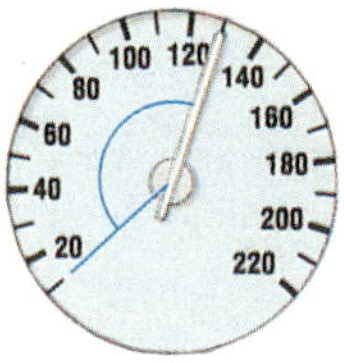

Tachometer

7 Zeichne das Rechteck in doppelter Größe ins Heft. Unterteile es so, dass die Winkel $\sphericalangle FBA$, $\sphericalangle BFE$ und $\sphericalangle DEF$ entstehen.

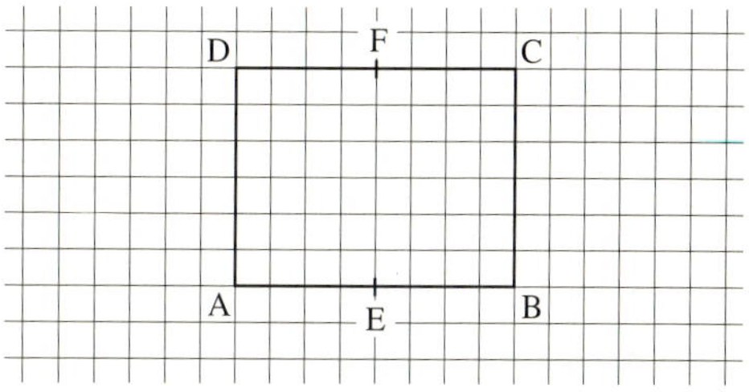

8

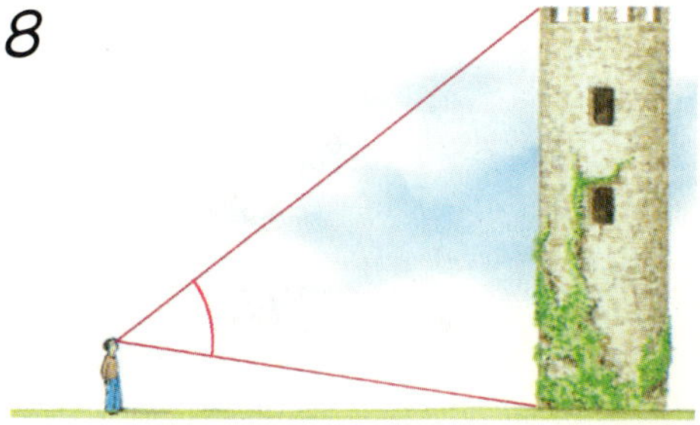

Inge steht vor einem Turm. Sie sieht ihn unter dem eingezeichneten Winkel. Wie verändert sich der Winkel, wenn Inge

a) sich dem Turm nähert

b) sich von dem Turm entfernt?

INFO

Der „tote" Winkel

Es gibt Situationen, in denen Radfahrer von Autofahrern übersehen werden können. Dies ist oft der Fall, wenn sich der Radfahrer neben einem Fahrzeug befindet und der Fahrer ihn nicht im Rückspiegel sehen kann. Der Radfahrer ist dann im **„toten" Winkel**.

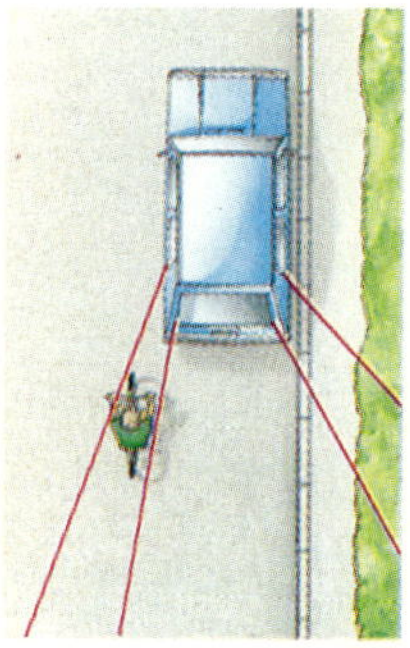

I Winkel messen und zeichnen

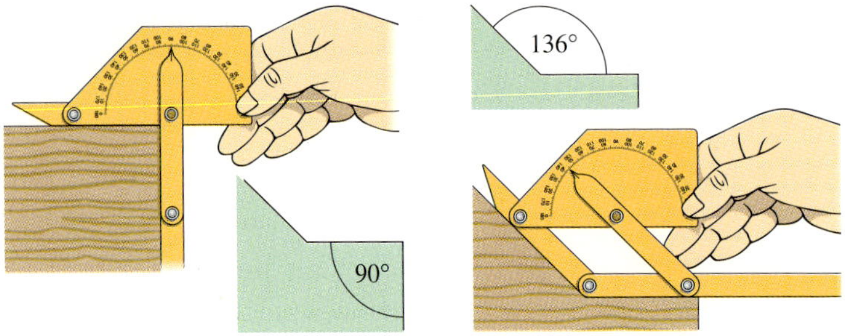

In einer Werkstatt dürfen gute Messgeräte nicht fehlen.
Mit diesem Winkelmesser kann man jeden beliebigen Winkel messen oder auch auf Material zeichnen.
Frage in deiner Schulwerkstatt nach, ob dort ein solches Gerät vorhanden ist.
Versuche herauszufinden, wie du damit Winkel messen kannst.

Die Größe eines Winkels gibt an, um wie viel Grad man vom 1. Schenkel zum 2. Schenkel drehen muss. Die Größe des Winkels hängt nicht von der Länge seiner Schenkel ab.

Messen eines Winkels:

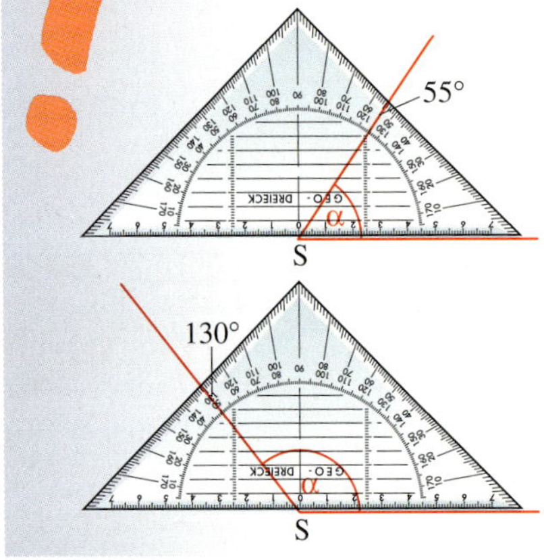

Zeichnen eines Winkels, z. B. $\alpha = 60°$:

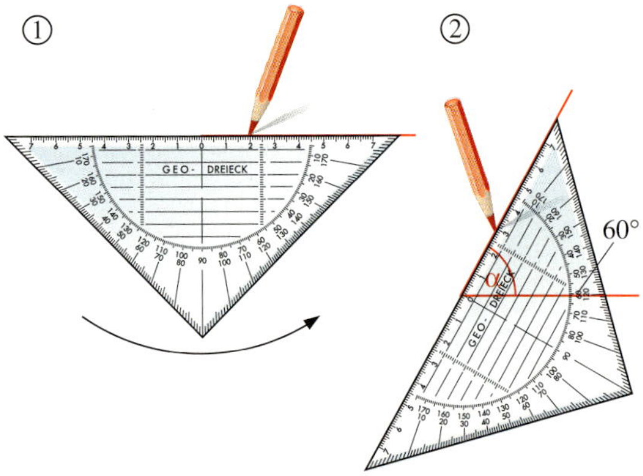

Beachte: Die meisten Geodreiecke haben zwei Skalen. Du musst die Skala benutzen, deren Nullpunkt auf dem ersten Schenkel liegt.

Aufgaben

1 Bestimme mit dem Geodreieck die Größe der Winkel α und β.

a)

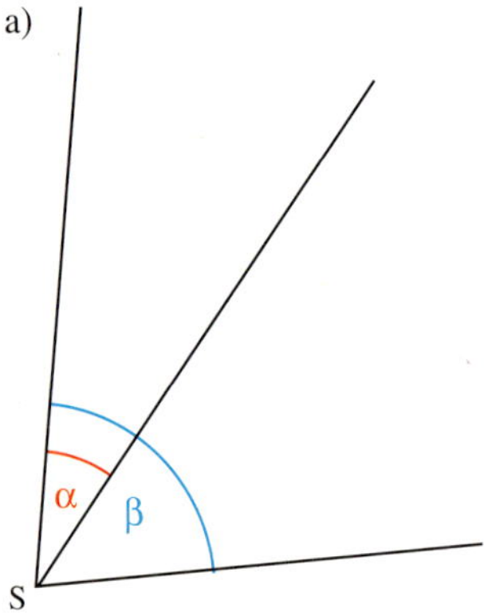

b)

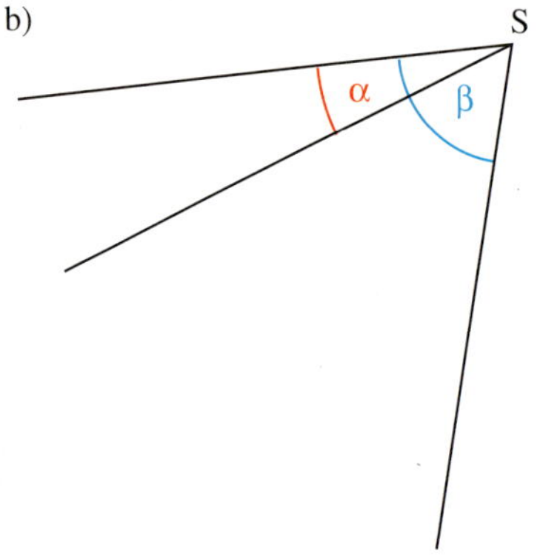

c)

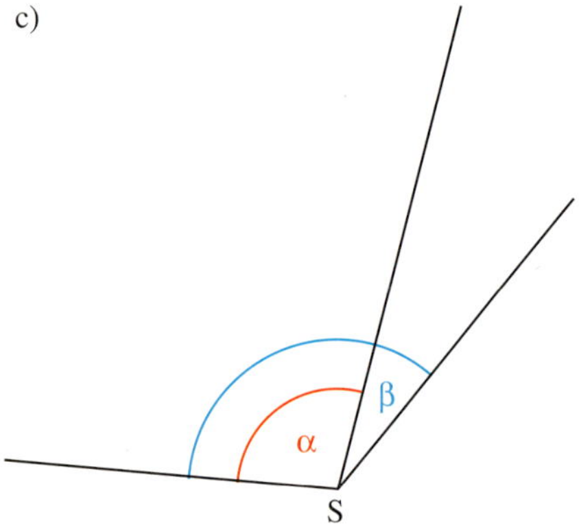

2 Die Winkelweite kannst du mit Transparentpapier vergleichen. Ordne die Winkel der Größe nach.

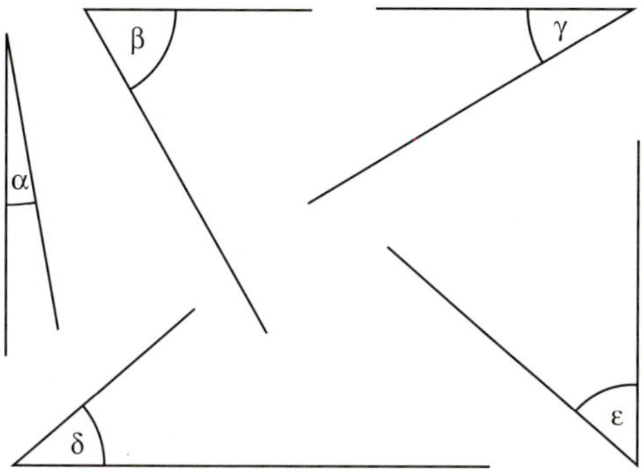

Übrigens ••••

Winkel lassen sich bei gestrecktem Arm schätzen:

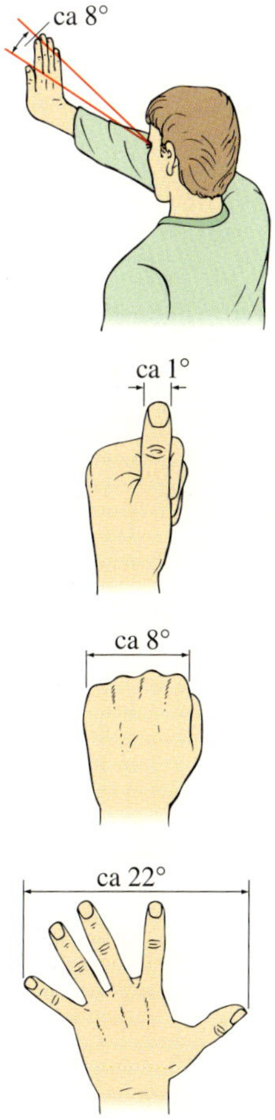

3 Schätze die Größe der Winkel, übertrage sie in dein Heft und miss sie.

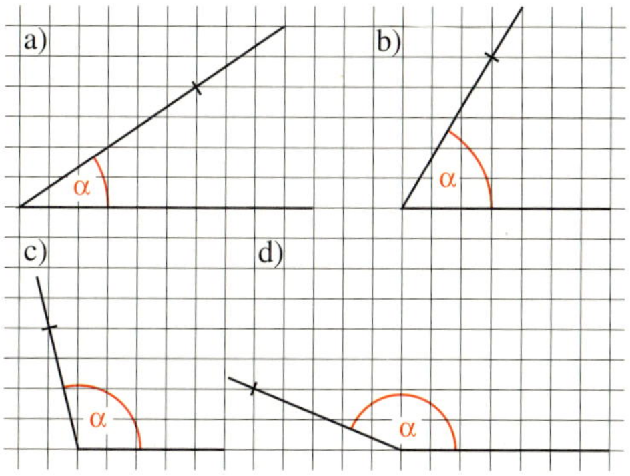

M 4 Stelle dir eine Winkelscheibe her. Dazu benötigst du zwei gleich große Kreise aus Karton, die du jeweils vom Rand zum Mittelpunkt einmal einschneidest. Danach steckst du die beiden Scheiben ineinander. Du kannst nun verschieden große Winkel einstellen.

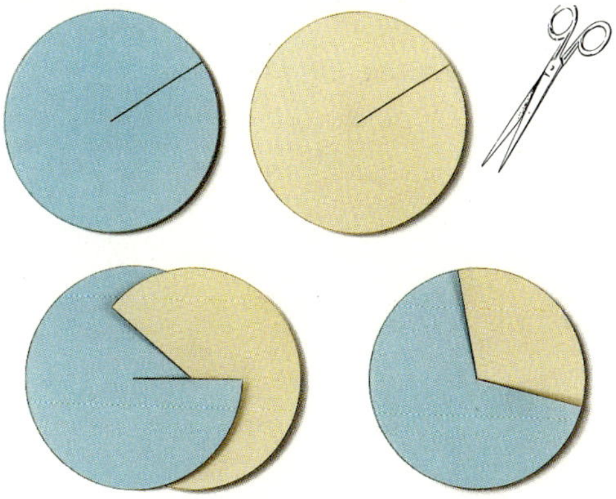

M 5 Stelle auf der Winkelscheibe zunächst nach Augenmaß die Winkel ein. Prüfe danach mit dem Geodreieck.

a) 60°	b) 30°	c) 45°	d) 70°
10°	80°	20°	50°
110°	135°	150°	120°

6 Zeichne einen Winkel von

a) 30° b) 60° c) 45°
d) 117° e) 150° f) 178°.

7 Übertrage die Figur in doppelter Größe ins Heft.
Schätze zunächst und miss die Winkel.
Manche Seiten musst du verlängern.

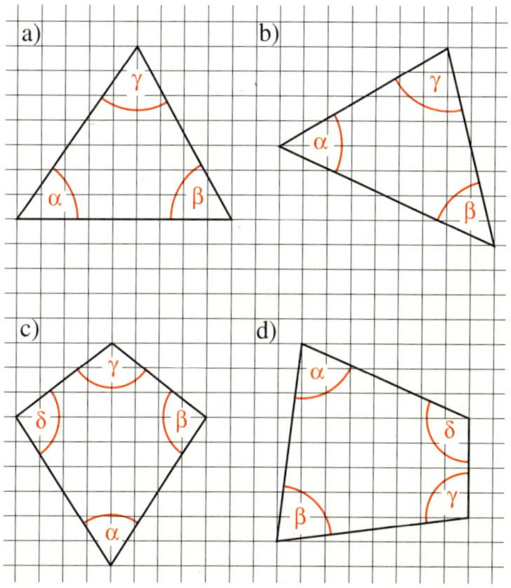

8 Die Figur zeigt, wie du ein Dreieck mit der Seite c und den Winkeln $\alpha = 50°$ und $\beta = 30°$ zeichnen kannst.

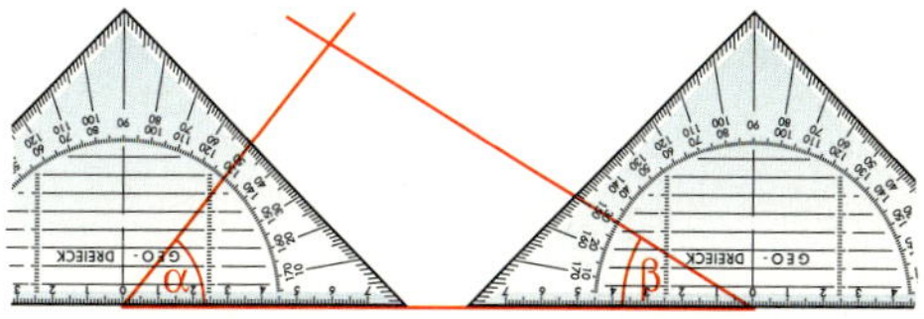

Grundseite

Zeichne ebenso Dreiecke mit der Grundseite 8 cm und den angegebenen Winkeln.

	a)	b)	c)	d)	e)	f)	g)
α	40°	70°	25°	67°	90°	120°	20°
β	30°	70°	65°	15°	45°	25°	111°

Winkel messen und zeichnen

Winkel werden nach ihrer Größe eingeteilt und erhalten einen Namen.

Winkelgröße

kleiner als 90°	90°	zwischen 90° und 180°	180°	zwischen 180° und 360°	360°

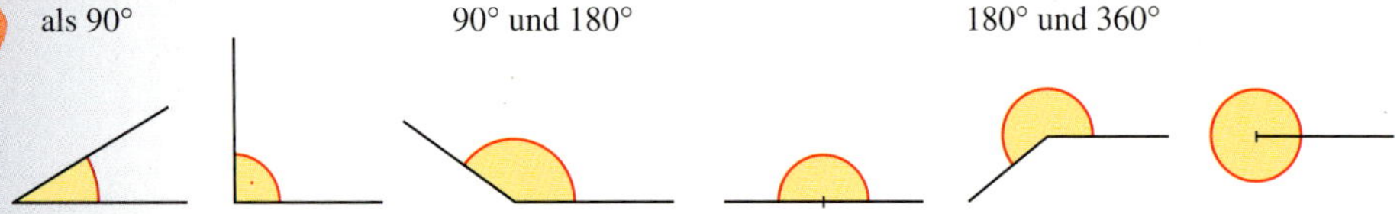

spitzer	rechter	stumpfer	gestreckter	überstumpfer	voller

Winkel

Beispiel

Am 1. Schenkel g wird ein überstumpfer Winkel von 210° angetragen. Dazu denkst du dir den gestreckten Winkel und fügst an dessen zweiten Schenkel einen Winkel von 210° – 180°, also von 30° an. Entsprechend werden überstumpfe Winkel gezeichnet und gemessen.

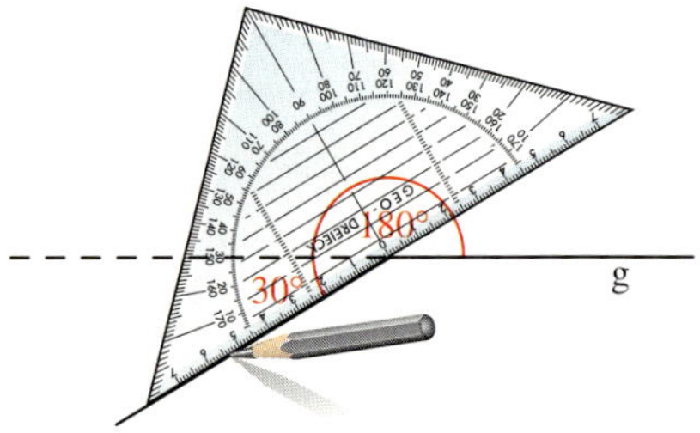

Aufgaben

9 Benenne die Winkel, ohne sie zu messen.

a) b) c) d)

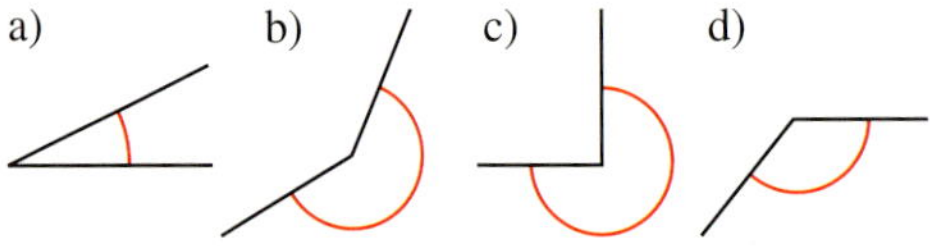

10 Von welcher Art sind die Winkel?

a)	b)	c)	d)
70°	150°	179°	1°
200°	100°	330°	270°
99°	123°	295°	359°
110°	190°	95°	175°

11 Von welcher Art sind die Winkel in den Dreiecken? Was fällt dir auf? Welche Winkel kommen nicht vor?

a)

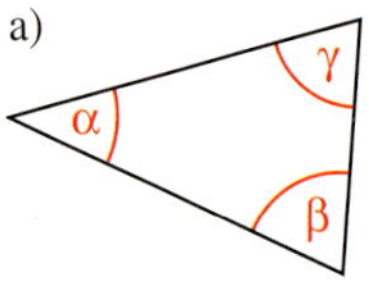

b)

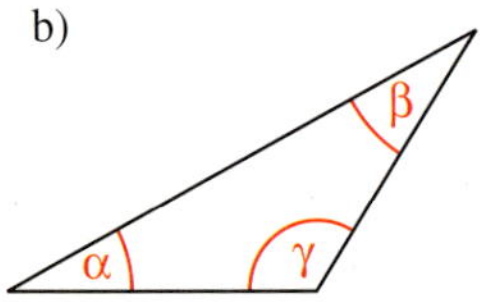

c)

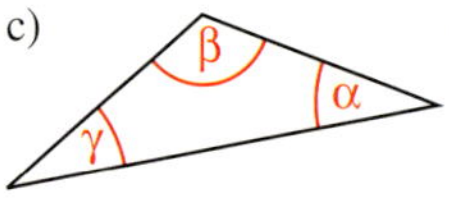

d)

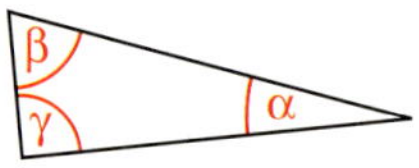

12 a) Zeichne zwei Geraden, die einen Winkel von $\alpha = 150°$ bilden. Wie groß sind die Winkel β, γ, δ?

b) Welche Zusammenhänge kannst du feststellen? Stelle eine Vermutung auf. Überprüfe mit einer ähnlichen Zeichnung.

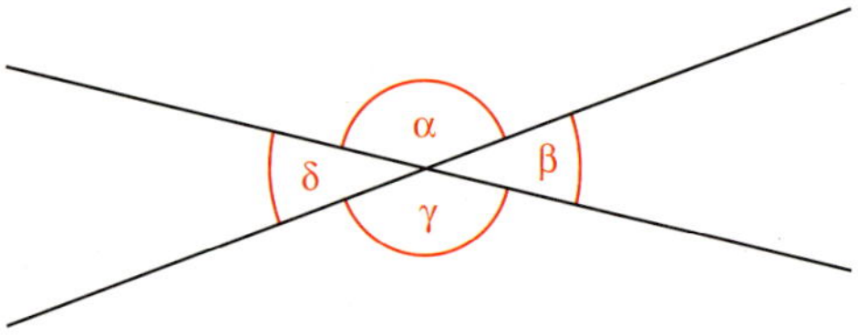

13 Berechne den Winkel α, ohne zu messen.

Beispiel:

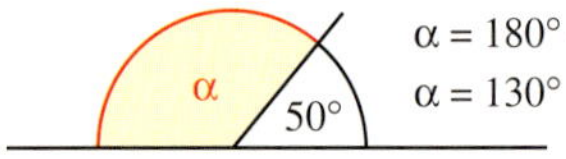

$\alpha = 180° - 50°$

$\alpha = 130°$

a)

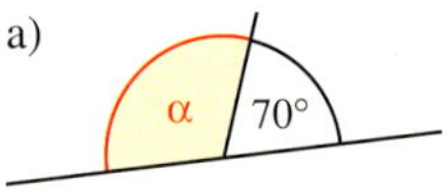

b)

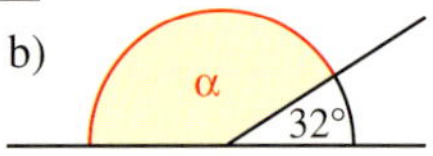

c)

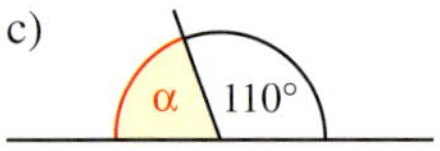

d)

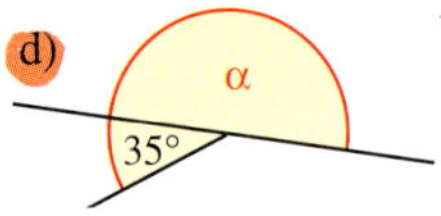

Übrigens ••••

Für sehr kleine Winkel benutzt man die Maße:
1′ (1 Winkelminute)
1″ (1 Winkelsekunde).
Die Umrechnung ist:
1° = 60′
1′ = 60″.

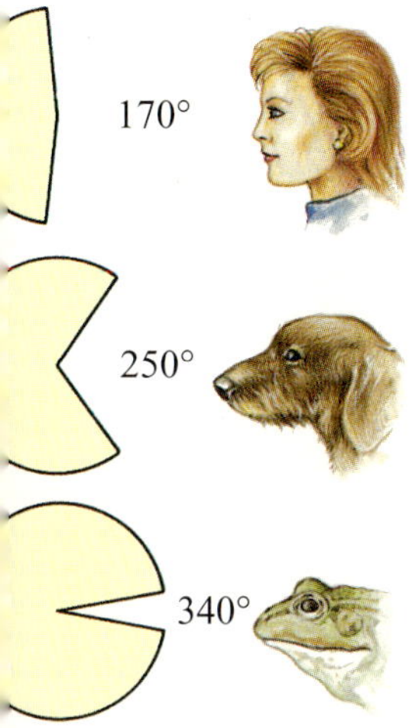

14 Zeichne die Gesichtsfelder der Tiere.
Schleiereule 160° Scholle 360°
Krokodil 295° Turmfalke 300°

15 Zeichne Streckenzüge aus 10 Strecken. Die erste Strecke ist 10 cm lang und jede weitere um $\frac{1}{2}$ cm kürzer. Die Winkel zwischen aneinander stoßenden Strecken sollen a) 90° b) 120° c) 100° betragen.

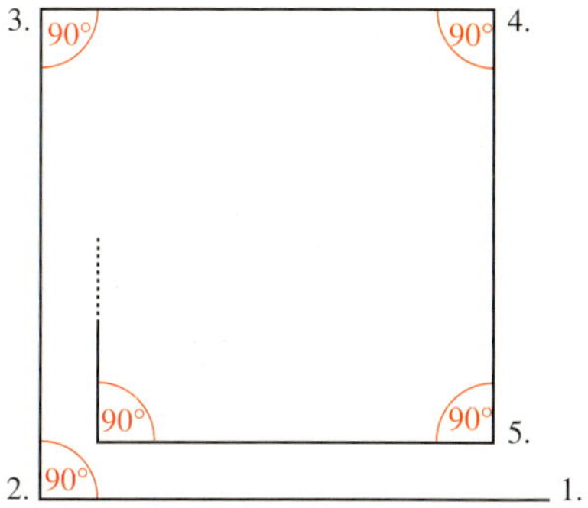

16

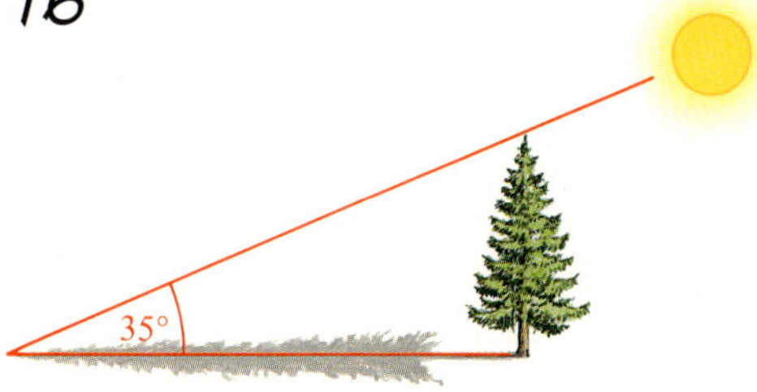

Der Baum wirft einen 60 m langen Schatten, wenn die Sonne 35° hoch steht.
a) Zeichne im Maßstab 1 : 1000 und lies die Höhe des Baumes ab.
b) Wie lang ist der Schatten, wenn der Winkel 60° beträgt?

17 Bei einer Vermessung werden von Mittelheim aus fünf Orte angepeilt. Wie groß sind jeweils die Winkel zwischen den Orten? Wie kannst du die Ergebnisse prüfen? Zeichne im Heft.

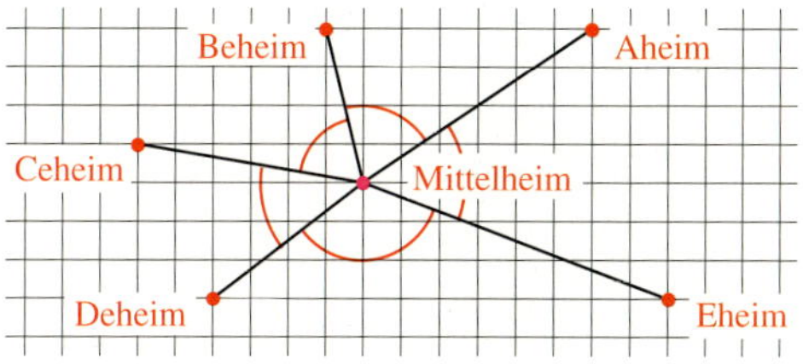

18 Zeichne ein Viereck
a) mit vier rechten Winkeln.
b) mit zwei rechten, einem spitzen und einem stumpfen Winkel.
c) mit zwei spitzen und zwei stumpfen Winkeln.

ZUM BASTELN

Steigungswinkel

Ein Weg mit Treppe soll durch eine gleichmäßig ansteigende Rampe ersetzt werden. In welchem Winkel steigt die Rampe von A nach B?

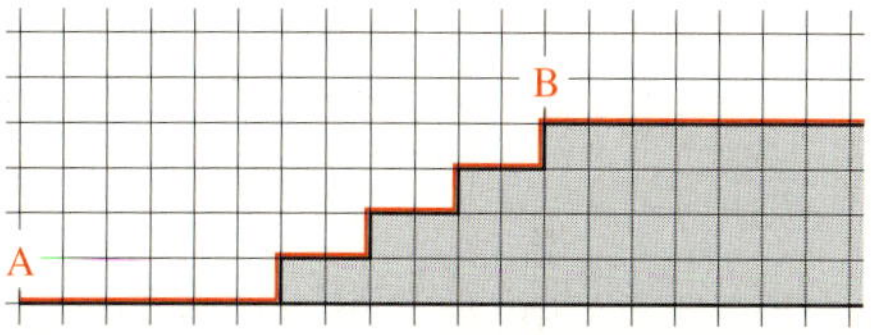

Aus einem dünnen Karton kannst du ein Messgerät für Steigungswinkel herstellen. Im Mittelpunkt des Halbkreises ist ein Faden mit Gewicht befestigt.

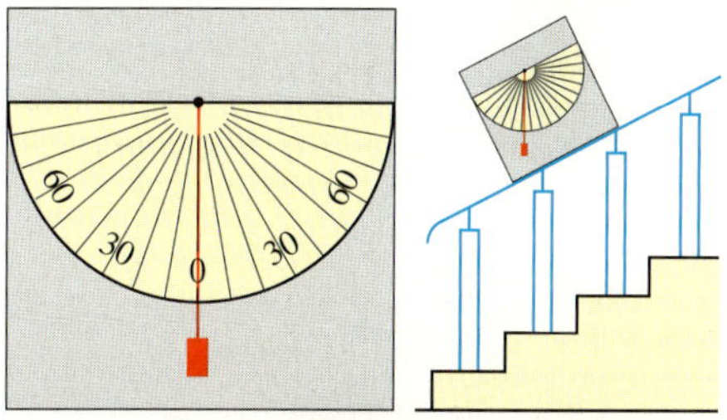

a) Lege die Unterkante deines Messgerätes auf ein Treppengeländer in deiner Schule. Lies den Steigungswinkel ab.
b) Miss ebenso den Steigungswinkel von steilen Straßen, Dächern oder Treppen.
c) Du kannst auch den Höhenwinkel, unter dem du Baumspitzen, Kirchturmspitzen o.Ä. siehst, mit einem Auge über der Oberkante anpeilen.

H Hinweisschilder auf Versorgungsleitungen

In einem Wohnhaus brennt es!
Schnell muss die Feuerwehr einen Wasseranschluss (Hydranten) auf der Straße finden. Mit Hilfe der Hinweisschilder für Versorgungsleitungen ist dies möglich.
Weißt du, was die Zahlen 0,4 und 4,0 auf dem Hinweisschild bedeuten?

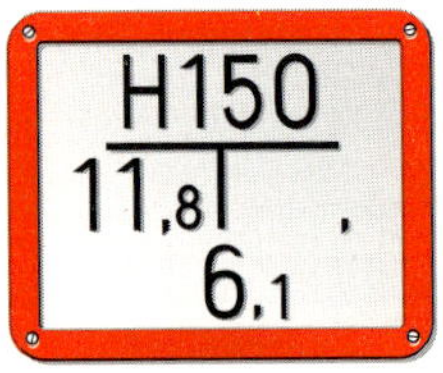

Hydranten

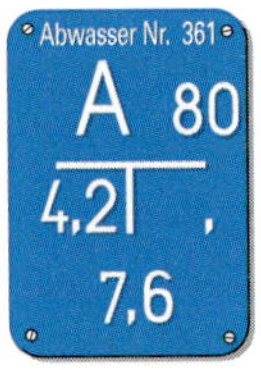

Abwasserleitungen

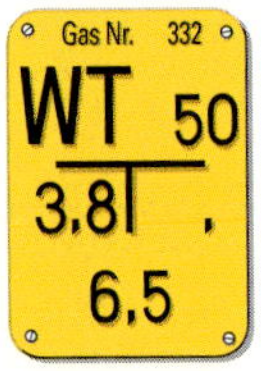

Gasleitungen

Kabelleitungen

1 Geht in Gruppen in die Nachbarstraßen eurer Schule.

- Sucht Hinweisschilder auf Versorgungsleitungen.
- Versucht mit Hilfe der Entfernungsangaben unter dem ┬ die Versorgungsanschlüsse zu finden (Kanaldeckel, Metalldeckel, Kabelschränke u. Ä.).
- Schätzt mit diesen Entfernungsangaben die Breite der Straßen, der Häuser und der Bürgersteige.
- Überprüft die Angaben mit eurem Schrittmaß, mit Schnüren oder mit Bandmaßen.

!! Achtet auf den Straßenverkehr !!
!! Betretet keine Privatgrundstücke !!

2 Versucht herauszufinden, was die Angaben auf den nebenstehenden Hinweisschildern bedeuten. Bei euren Stadtwerken könnt ihr Auskünfte über den Einsatz und Nutzen solcher Schilder erhalten.

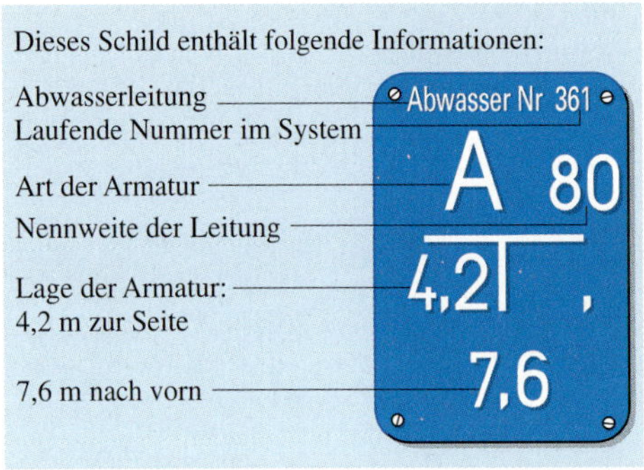

3 Sucht auf eurem Schulgelände nach Hinweisschildern für Hydranten.

- Zeichnet die Lage der Hydranten möglichst genau in eine Karte von eurem Schulgrundstück ein.
- Erkundigt euch an eurer Schule über die Sicherheitsvorschriften im Brandfall (Freihalten von Fluchtwegen, Zufahrtswege für die Feuerwehr, Parkverbote über Hydranten u. Ä.).

4 Sucht ein Hinweisschild wie auf der Randspalte in der Nähe eurer Wohnung.

- Notiert euch die Entfernungsangaben.
  Zeichnet auf Karopapier (1 m = 1 cm).

Beispiel:

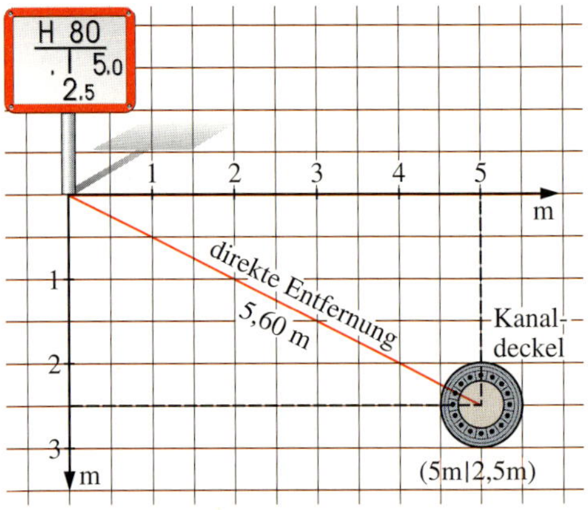

- Messt wie im Beispiel die direkte Entfernung zum Versorgungsanschluss.
- Warum wird diese direkte Entfernungsangabe nicht auf den Hinweisschildern benutzt?

I Umwandlung von Koordinaten in Richtungs- und Entfernungsangaben

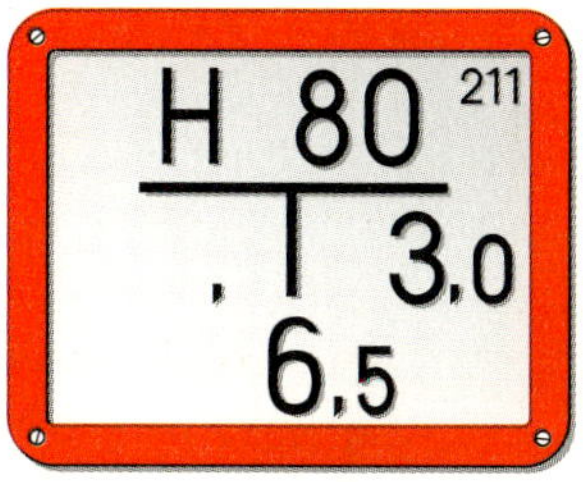

Dieses Schild weist darauf hin, dass ein Hydrant vom Schild aus in einer Entfernung von 3,0 m nach links und 6,5 m nach vorn im Gelände zu finden ist.
Zeichne im Maßstab 1 : 100 (1 m = 1 cm).
Miss aus, wie weit der Hydrant vom Ausgangspunkt (= Schild) entfernt ist, und zeichne diese Strecke ein.

! Die Lage von Punkten im Gelände, auf Karten oder im Quadratgitter lässt sich auf verschiedene Arten beschreiben.

1. Durch **Koordinaten** (Gitterpunkte), z. B. von Punkt A (0|0) 5 cm nach Osten und 3 cm nach Norden zu Punkt B (5|3) oder
2. durch direkte **Entfernungs- und Richtungsangaben**, z. B.: B ist von A ungefähr 5,8 cm in Kursrichtung 59° entfernt (N = 0°).

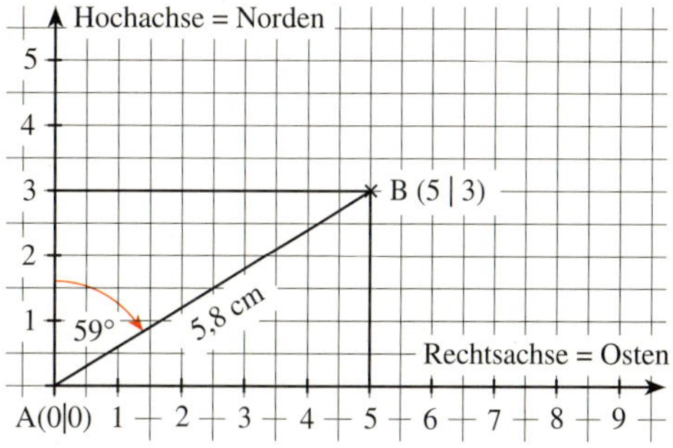

Aufgaben

1 Übertrage das Quadratgitter mit den Punkten in dein Heft.
a) Gib die Koordinaten der einzelnen Punkte an.
b) Miss ihre Entfernung vom Nullpunkt A und die Kursrichtung.
Beispiel: 1. Punkt S (1|5),
2. Strecke $\overline{AS}$ = 5,2 cm
Kurs: 12°

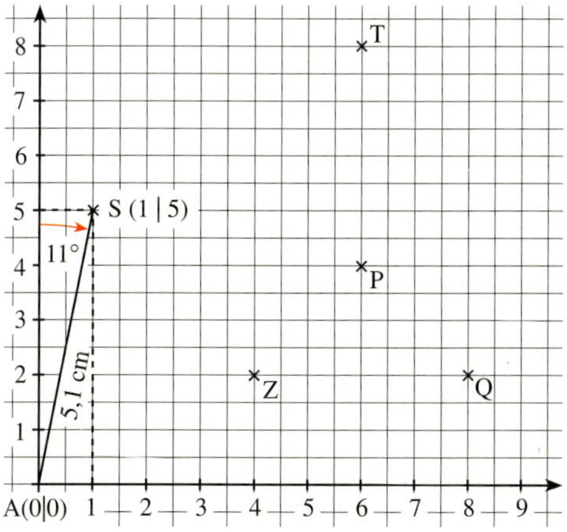

Tipp
So kannst du die Punkte nacheinander eintragen (Aufgabe 3).

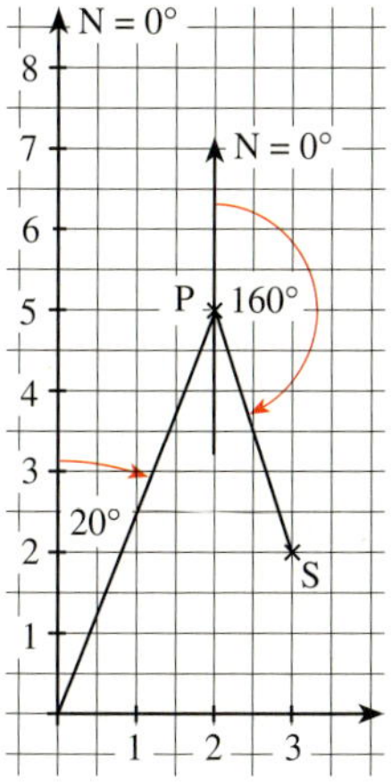

2 Zeichne in ein Quadratgitter (Einheit 1 cm) die Punkte B (2|3); C (1|5); D (5|4) und E (7|4) ein.
a) Zeichne nun vom Nullpunkt A aus jeweils eine direkte Verbindungslinie zu den Punkten.
b) Miss jeweils ihre Länge und Kursrichtung und trage die Messwerte in die Zeichnung ein.

3 Trage in ein Quadratgitter (Einheit 1 cm) folgende Punkte ein:
B: Entfernung vom Nullpunkt A: 3,6 cm
Kursrichtung 34°
C: Entfernung vom Punkt B: 4,0 cm
Kursrichtung 60°
D: Entfernung vom Punkt C: 3,2 cm
Kursrichtung 160°
a) Welche Koordinaten haben die Punkte? Wenn du genau gezeichnet hast, erhältst du auch genaue Gitterpunkte.
b) Wie weit ist Punkt D von A entfernt und in welcher Richtung liegt er von A aus?

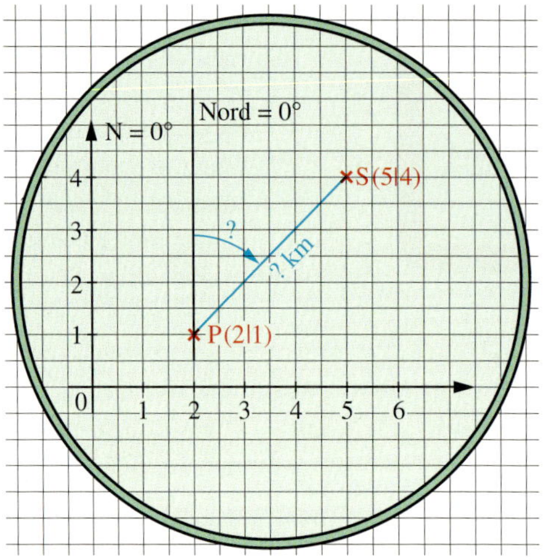

4 Auf einem Radarschirm hat sich ein Flugzeug vom Punkt P (2 | 1) zum Punkt S (5 | 4) bewegt. Übertrage das Gitter in dein Heft und miss aus, wie weit (1 cm = 1 km) und in welchem Kurs das Flugzeug geflogen ist.

5 Ein Pilot will mit seinem Flugzeug von Düsseldorf nach Münster fliegen.
a) Wie weit und in welcher Kursrichtung muss er fliegen?
b) Welche Kursrichtung müsste er auf dem Rückflug einhalten?
c) Lege mit Hilfe der abgebildeten Karte selbst verschiedene Flugrouten fest und bestimme jeweils die Entfernung und die Kursrichtung für Hin- und Rückflug.

6 Ingo läuft über die Punkte A bis E zu seinem Freund Klaus.
a) Wie viel Meter muss er zu seinem Freund laufen (1 cm auf der Karte entspricht 50 m)?
b) Wie weit wohnen die beiden Freunde auseinander (Luftlinie)?
c) In welcher Richtung liegt die Wohnung von Klaus aus Ingos Sicht?

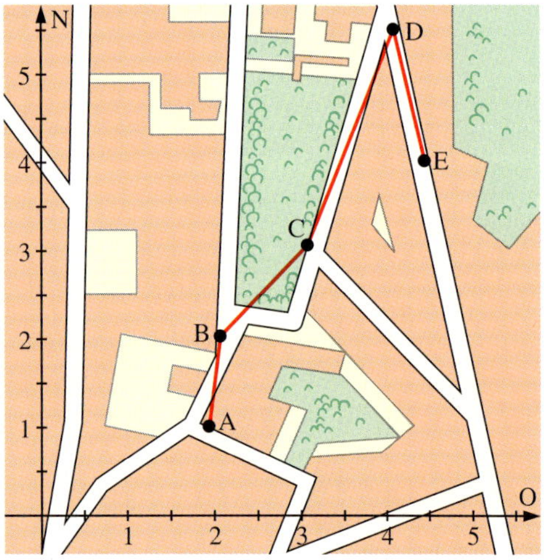

ZUM SCHMUNZELN

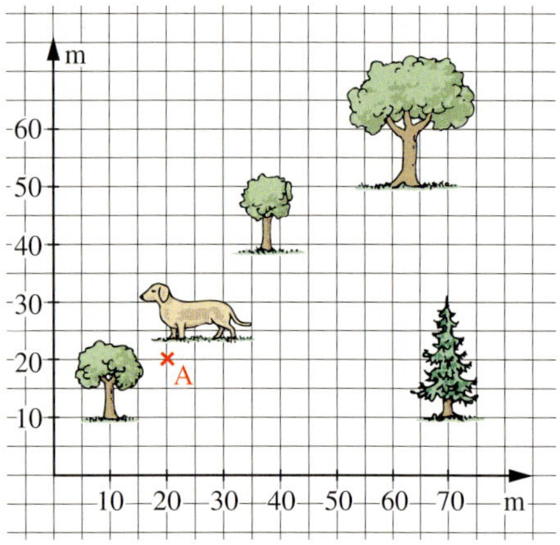

Dackel Waldi läuft von Punkt A aus durch den Park und zwar
40 m mit Kurs 90°, dann
21 m mit Kurs 45°, dann
40 m mit Kurs 315° und dann
25 m mit Kurs 180°.
Vor welchem Baum bleibt er stehen?
Übertrage das Gitter in dein Heft und zeichne den Weg ein (1 cm = 10 m).

Schatzsuche im Gelände

Die Schüler der Klasse 6d planen mit ihrer Lehrerin eine Schatzsuche im Gelände. Zehra, Jan und Nicole gehören zur Vorbereitungsgruppe. Gut ausgerüstet ziehen sie los. In die Wanderkarte haben sie schon einen geeigneten Startpunkt eingezeichnet. Mit Hilfe von Karte und Kompass beginnen sie im Gelände zu messen, um eine möglichst genaue **Wegbeschreibung zur Schatzsuche** für ihre Klassenkameraden anfertigen zu können.
Sie schreiben auf:

Schatzsuche

- Startet die Suche am Baumstumpf an der Kreuzung zum See und geht 200 m in Richtung NO
- dort dreht ihr euch 90° nach SO und lauft bis zum Wegweiser ca. 125 m weit
- dort müsst ihr um 90° nach links abbiegen, um zwischen den beiden Teichen
- bis zum Kreuzdenkmal zu kommen
- dort müsst ihr . . .

???

1 Am Kreuzdenkmal fing es stark an zu regnen, so dass die Gruppe für den Rest des Weges bis zur Hütte nur noch das Wichtigste in die Karte eintrug. Erst zu Hause wollten sie dann die Wegbeschreibung beenden.
Führt die Wegbeschreibung bis zur Hütte, in der der Schatz liegt, fort. Benutzt dazu Geodreieck und Kompass.

2 Wie viel Meter wäre der Weg zur Hütte kürzer gewesen, wenn die Gruppe am Teich den Weg durch die Felsen geradeaus gegangen wäre?

3 Notiert die Wegbeschreibung für den Rückweg von der Hütte zum Baumstumpf am See.
Überlegt, ob ihr die Richtungen auch ohne zu messen angeben könnt?

4 Denkt euch selber eine Route für eine Schatzsuche aus.
Legt dazu Transparentpapier auf die Karte und zeichnet die Route ein.
Gebt die Entfernungen und Marschrichtungen für die einzelnen Streckenabschnitte eurer Route möglichst genau an.
Versucht nun das Versteck des Schatzes eurer Mitschüler zu finden.

Schatzsuche im Gelände

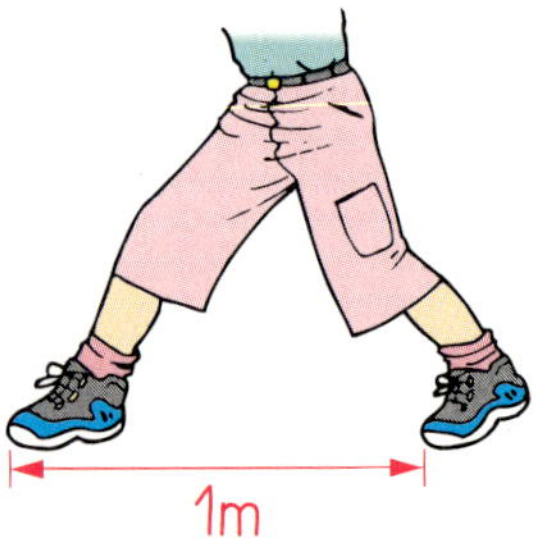

5 Besorgt euch von eurem Schulgelände, der Umgebung, einem nahegelegenen Park oder Waldstück möglichst genaue Karten.
a) Plant selbst eine Schatzsuche oder einen Orientierungslauf.
b) Lasst eure Mitschüler nur mit der Karte, einem Kompass und eurer Wegbeschreibung die Route entdecken.

6
Oft enthalten Verkehrszeichen Entfernungsangaben oder sind in bestimmten Abständen so aufgestellt, dass man mit ihrer Hilfe Entfernungen im Gelände bestimmen kann.

Leitpfosten an Landstraßen — Seitenbaken an Bahnübergängen

a) An Landstraßen lassen sich mit Hilfe der Leitpfosten am Straßenrand leicht Entfernungen bestimmen.
Wie kannst du auf einer Landstraße eine Entfernung von 100 m, 500 m oder 1 km ermitteln?
b) Seitenbaken stehen seitlich vor Bahnübergängen.
In welchen Abständen stehen sie?
Wie viel Meter bleiben von der ersten Bake bis zum Bahnübergang?

7 Sucht selbst im Umfeld eurer Schule oder auf dem Weg nach Hause nach Verkehrszeichen, die euch bei der Schätzung von Entfernungen oder Abständen helfen können.
Notiert eure Entdeckungen.

INFO

Entfernungen schätzen im Gelände

Größere Mühe als die Richtungen mit Karte und Kompass zu bestimmen, habt ihr sicher mit den **Entfernungsbestimmungen im Gelände** – denn ein Bandmaß ist meist nur 20 m lang. Für Fachleute ist das heute mit moderner Elektronik kein Problem mehr, aber auch ihr kennt schon einige Hilfen zur Entfernungsmessung, z. B.:
- euer Schrittmaß
- Messschnur und Bandmaß
- Fahrradtacho

Auch mit unseren bloßen Augen können wir bei Normallicht Entfernungen abschätzen und uns damit im Gelände helfen – dazu bedarf es aber einiger Übung.

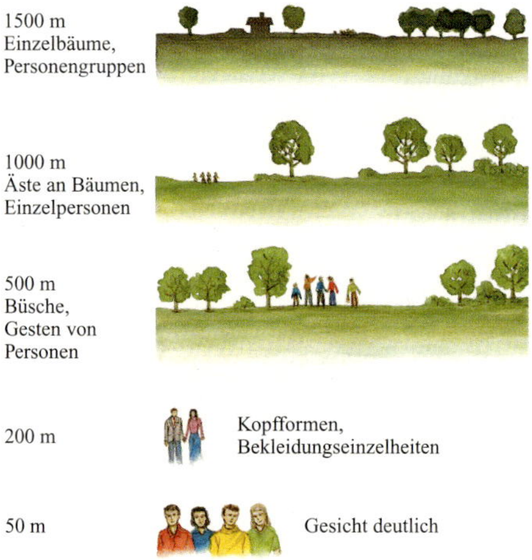

Übungen zum Schätzen:
Stellt euch auf eurem Schulhof in zwei Gruppen möglichst weit voneinander entfernt auf.
- Notiert, wie genau ihr auf diese Entfernung Gesichtszüge, Kopfformen und Bekleidungseinzelheiten erkennen könnt und schätzt die Entfernung.
- Messt dann nach, wie weit die andere Gruppe entfernt war und vergleicht eure Schätzungen und Messungen.
- Stellt euch nun in 200 m, 300 m und 500 m Entfernung auf und notiert, was ihr noch voneinander erkennen könnt.

Zusammenfassung

Drehungen

Drehungen lassen sich durch ihre **Drehrichtung** (links, rechts) und ihren Anteil an einer voller Umdrehung beschreiben. Gewöhnlich misst man die Drehung mit einer **Kreisskala mit einer 360°-Einteilung**.

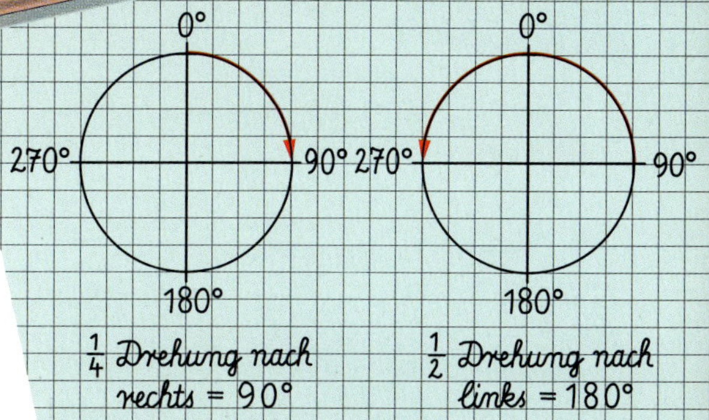

Winkel

Ein Winkel wird von zwei Schenkeln begrenzt, die einen gemeinsamen Anfangspunkt, den **Scheitel**, haben.
Üblicherweise ist ihre Drehung eine **Linksdrehung** vom 1. zum 2. Schenkel.

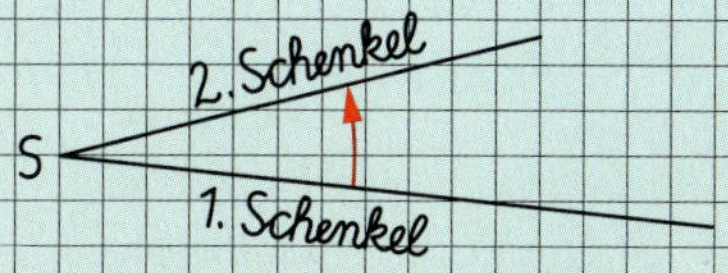

Linksdrehung: mathematisch positiv
Rechtsdrehung: mathematisch negativ

Winkel lassen sich mit dem **Geodreieck** sowohl messen als auch zeichnen.

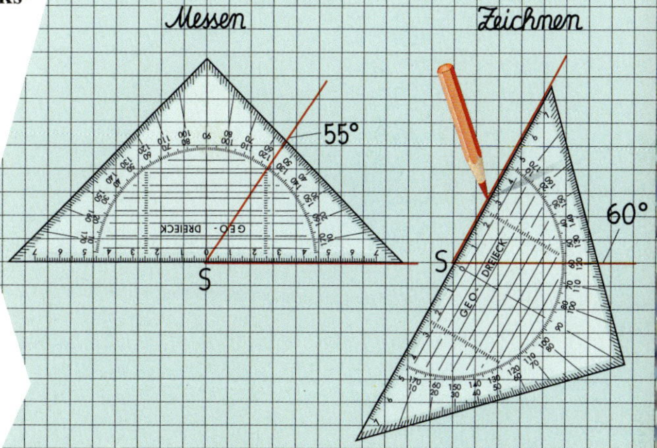

Winkel werden nach ihrer Größe in verschiedene Arten eingeteilt und benannt:

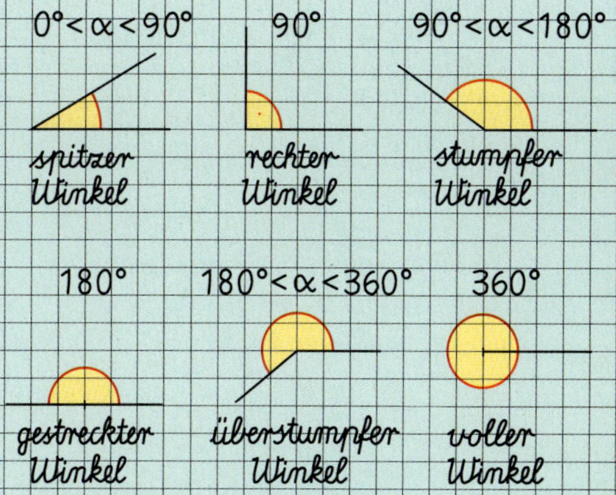

Lage von Punkten

Die Lage von Punkten im Quadratgitter oder **Achsenkreuz** lässt sich durch **Koordinaten** angeben.
Beispiel: P(4 | 2) bedeutet
4 nach rechts
2 nach oben
Die Lage von Punkten lässt sich aber auch durch **Richtungs- und Entfernungsangaben** bestimmen.
Beispiel: Punkt B ist von Punkt A etwa 5,3 cm in Kursrichtung 50° entfernt (N = 0°).

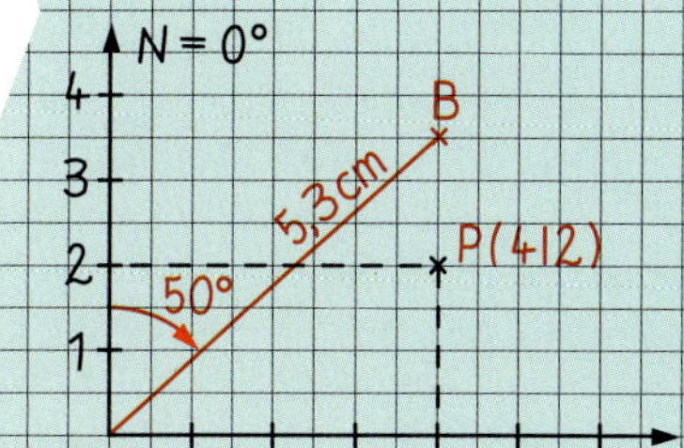

Rückspiegel

Lies vor dem Test die Hinweise auf Seite 6.

★★

1 Welche Drehungen wurden hier durchgeführt?

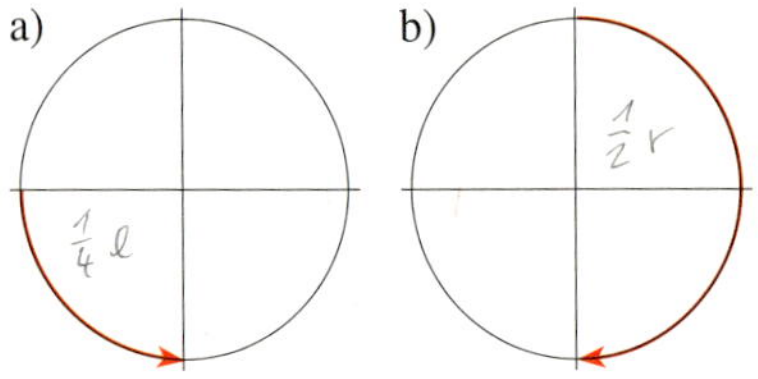

2 Übertrage die Figur doppelt so groß in dein Heft und miss die Größe aller Winkel.

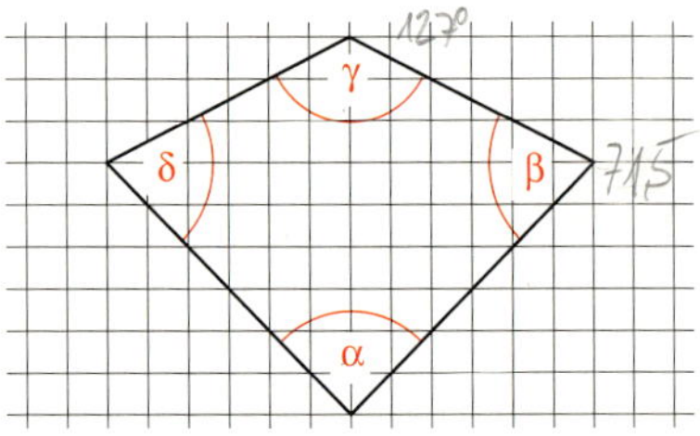

3 Zeichne folgende Winkel:
$\alpha = 25°$, $\beta = 80°$, $\gamma = 15°$ und $\delta = 72°$.
Von welcher Art sind die Winkel?

4 Zeichne in ein Quadratgitter (Einheit 1 cm) die Punkte A (2|3), B (3|4) und C (4|5) ein. Liegen die Punkte alle auf einer Geraden?

5 Wie weit ist der Punkt B von A entfernt und in welcher Richtung liegt er? Übertrage ins Heft.

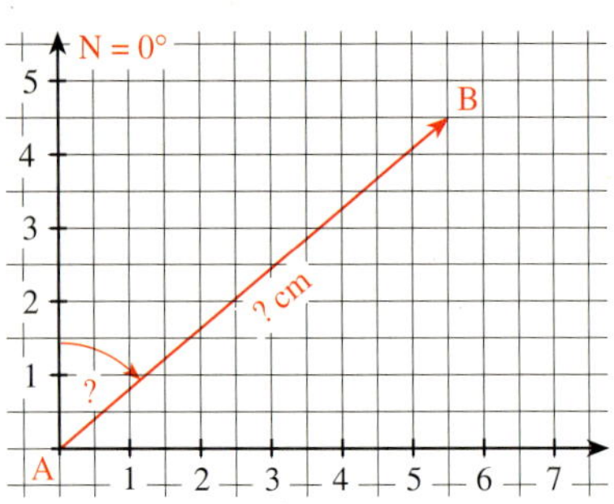

★★★

1 Welche Drehungen wurden hier durchgeführt?

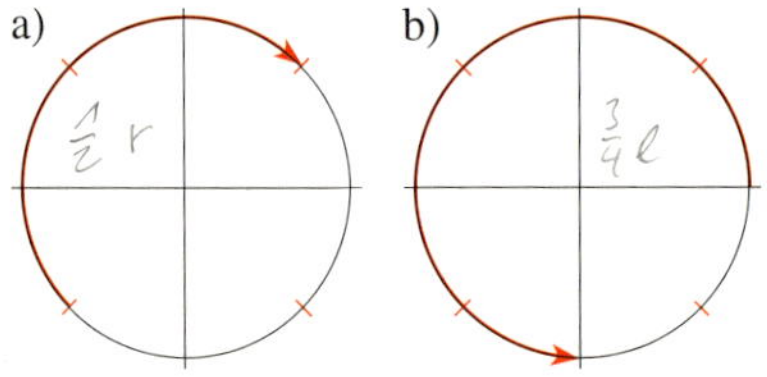

2 Übertrage die Figur doppelt so groß in dein Heft und miss die Größe aller Winkel.

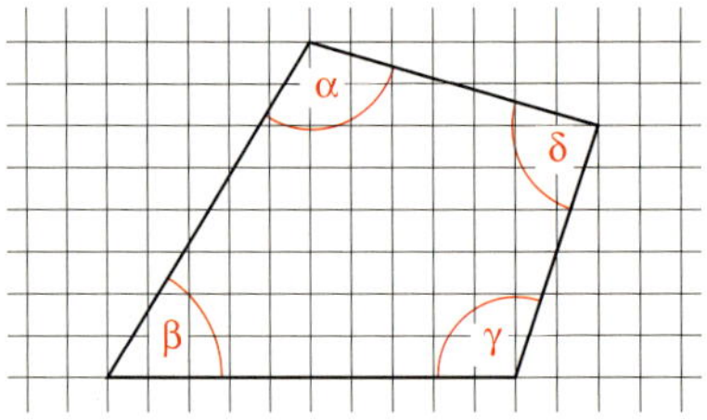

3 Zeichne folgende Winkel:
$\alpha = 15°$, $\beta = 98°$, $\gamma = 155°$ und $\delta = 178°$.
Von welcher Art sind die Winkel?

4 Zeichne in ein Quadratgitter (Einheit 1 cm) die Punkte A (1|2), B (5|2) und C (3|6).
Verbinde die Punkte miteinander und miss die Winkel in dem entstandenen Dreieck.

5 Zeichne in ein Quadratgitter (Einheit 1 cm) die Punkte A (1|2) und B (5|4).
Wie weit sind sie voneinander entfernt?
In welcher Richtung liegt Punkt B von Punkt A aus gesehen?

★★★★

1 Welche Drehungen wurden hier durchgeführt?

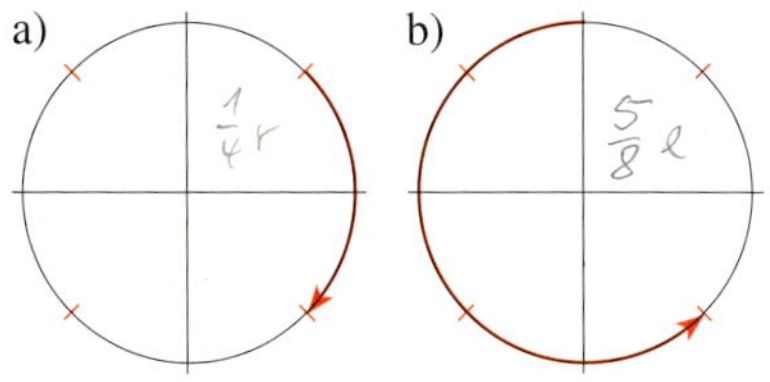

2 Zeichne die Brücke in dein Heft ab und miss die Winkel α, β, γ, δ und ε.

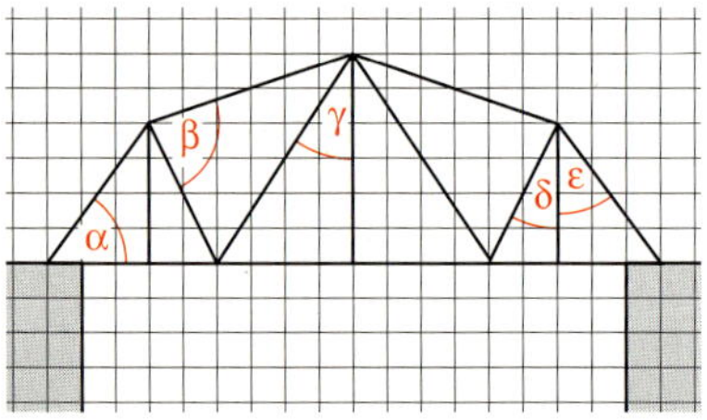

3 Zeichne folgende Winkel:
$\alpha = 5°$, $\beta = 111°$, $\gamma = 183°$ und $\delta = 299°$.
Von welcher Art sind die Winkel?

4 Zeichne in ein Quadratgitter (Einheit 1 cm) die Punkte A (1|5), B (1|2) und C (4|2).
Welche Koordinaten hat der Eckpunkt D des Rechtecks ABCD?

5 In einem Quadratgitter (Einheit 1 cm) liegt ein Punkt A im Nullpunkt, der Punkt B ist 7,8 cm in 50° Richtung von A entfernt und Punkt C ist 4 cm in 120° Richtung von B entfernt.
Wie weit und in welcher Richtung liegt Punkt C von A entfernt?

 Ermittle anhand der Lösungen auf Seite 167/168 deine erzielte Punktzahl.

Mandalas und andere Kreismuster 3

Kennt ihr Mandalas?

Der Begriff „Mandala“ (altindisch „Kreis“) deutet es bereits an: unter Mandalas versteht man eine besondere Art von Kreisbildern. Die Form des Kreises steht für unsere Welt, die gleichmäßigen Muster darauf für ein friedvolles, glückliches Leben.
Ursprünglich verwendeten die Inder Mandalas zur Meditation. Bei der Betrachtung konnten sie sich besonders gut konzentrieren und entspannen. Später entdeckten auch andere Völker, wie interessant und vergnüglich es sein kann, Mandalas zu malen und damit zu meditieren.

Die Blume

– das Mandala für die Erneuerung, die Schönheit und die Vergänglichkeit

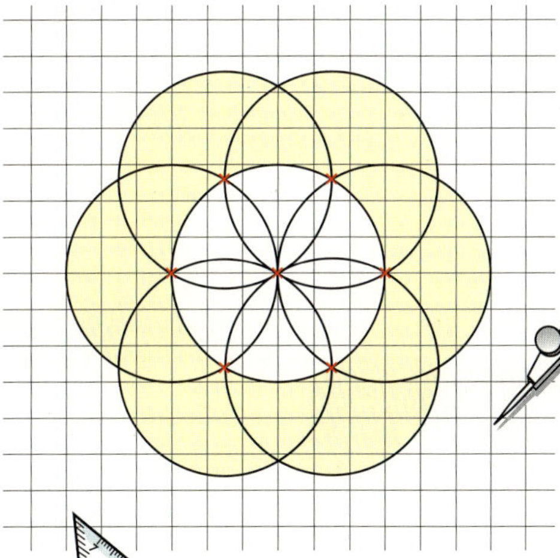

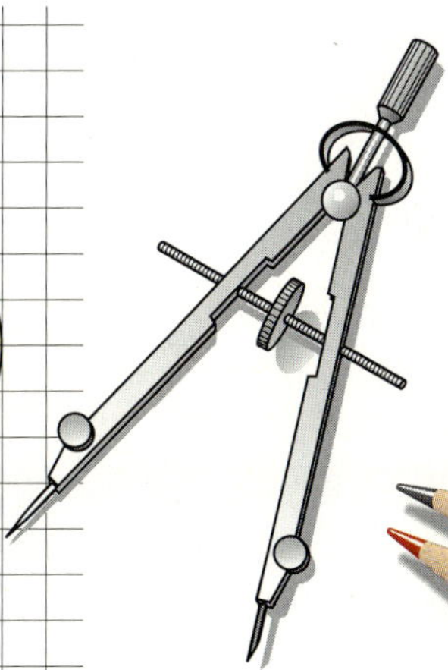

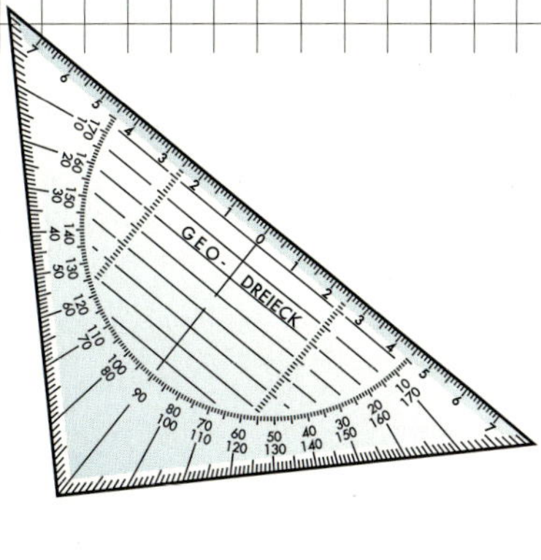

▼ In diesem Kapitel lernt ihr
- ▶ verschiedene Arten von Mandalas und anderen Kreismustern kennen.
- ▶ wie Kreismuster aufgebaut sein können.
- ▶ wie ihr selbst mit Hilfe von Zirkel und Geodreieck Kreismuster zeichnen könnt.

H Kreismuster und Mandalas

1 Zeichnet Bilder mit Kreisen in eure Hefte oder auf Zeichenpapier.
Welche Möglichkeiten, Kreise zu zeichnen, findet ihr?

2 Stellt auch auf andere Arten eigene Kreisbilder her und beschreibt, wie ihr sie angefertigt habt.

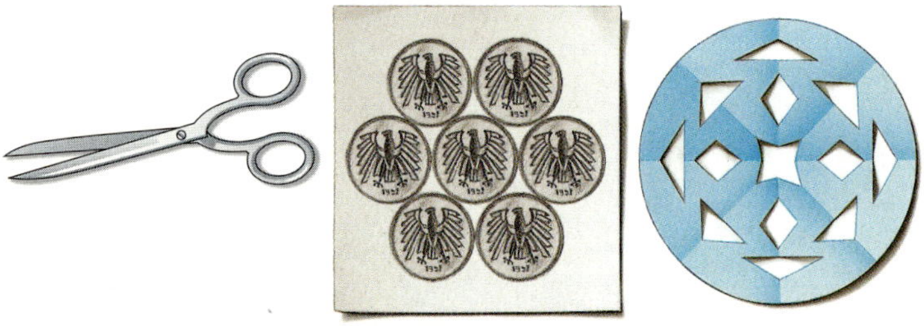

3 Versucht, große Kreise mit Kreide auf dem Schulhof zu zeichnen. Wie geht ihr vor?

4 Überlegt, welche Vor- bzw. Nachteile die verschiedenen Zeichenmöglichkeiten haben.

SPIELE

Kreisspiele auf dem Schulhof

Zielscheibe – ein Geschicklichkeitsspiel

Zeichnet eine große Zielscheibe mit Kreide auf den Schulhof. Rollt oder werft abwechselnd mit einem Softball. Gewertet wird die Punktzahl des Feldes, auf dem der Ball liegen bleibt. Gewonnen hat, wer zum Schluss die meisten Punkte sammeln konnte.

Kreise braucht man auch zur Markierung von Spielfeldern verschiedener anderer Spiele wie z. B. Basketball, Fußball usw.

Denkt euch doch mal eigene Schulhofspiele aus. Viel Spaß dabei!

5 Wo seht ihr in eurer Umgebung oder auf eurem Schulweg Kreise?
Bei welchen Sportarten könnt ihr Kreise entdecken?
Denkt an die Leichtathletik oder an Ballsportarten. Welche Bedeutung haben Kreise dort?
Viele Firmensymbole sind mit Kreismustern aufgebaut. Sammelt sie und versucht selbst sie zu zeichnen oder entwerft eure eigenen Symbole.

6 a) Sammelt aus Zeitschriften oder Prospekten, Abbildungen von kreisförmigen Gegenständen, Kreismustern, Mandalas usw.
b) Wie sind die unterschiedlichen Kreismuster aufgebaut? Vergleicht mit euren eigenen Bildern.

7 Untersucht eure Kreisbilder auf Symmetrie. Beschreibt die jeweiligen Symmetrieeigenschaften.

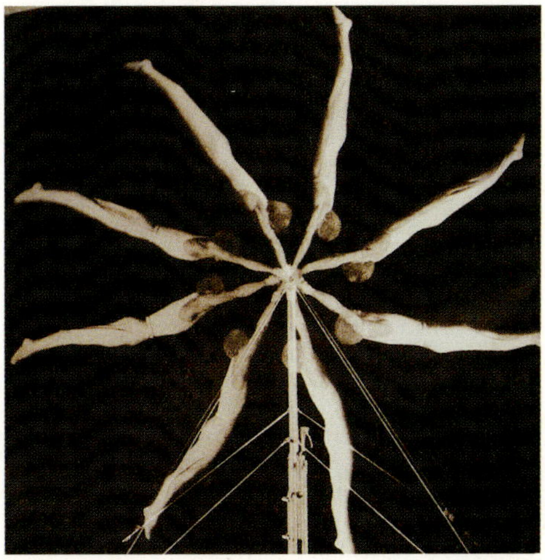

Tipp

Stellt eure Kreisbilder in eurer Schule aus. Vielleicht erfindet ihr auch ein paar Bilder, die zum Schmunzeln einladen. Begleitend zur Ausstellung könnt ihr den Bildern passende Geschichten, Gedichte oder eigene Texte zuordnen.

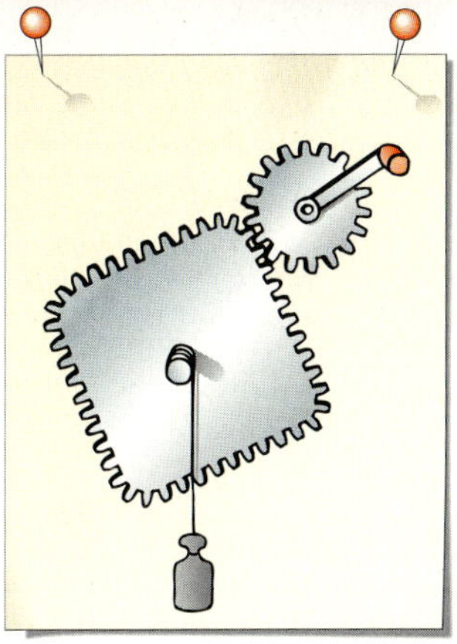

I Der Kreis

Das Kreisbild rechts erinnert an einen Tropfen, der auf die Wasseroberfläche fällt. Zeichne das Kreisbild mit Hilfe deines Zirkels in dein Heft. Worauf musst du beim Zeichnen achten?

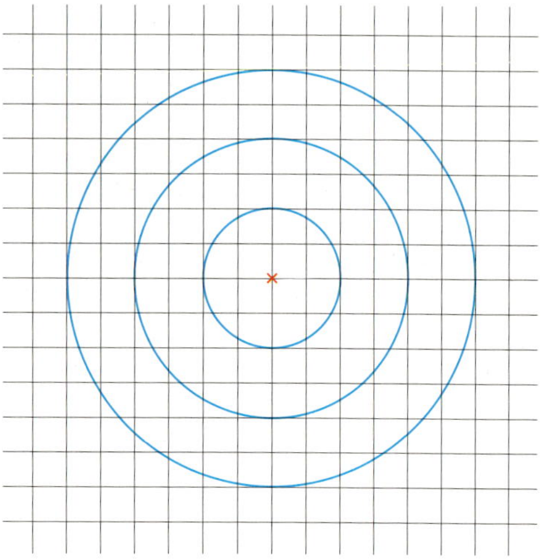

Tipp

Achte darauf, dass die Zirkelmine richtig eingespannt ist.

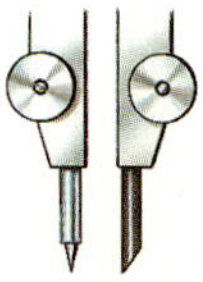

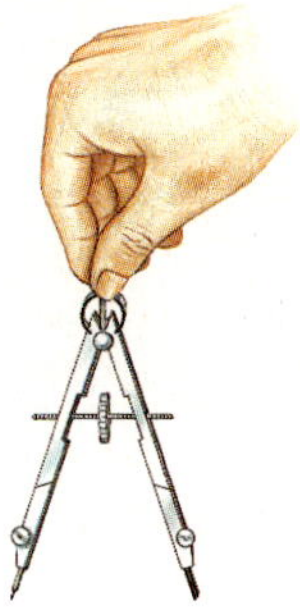

Einen Kreis zeichnest du mit dem Zirkel, indem du
- den **Mittelpunkt M** markierst,
- die Länge des **Radius r** auf den Zirkel überträgst,
- mit dem Zirkel einen **Kreis** um den Mittelpunkt M zeichnest.

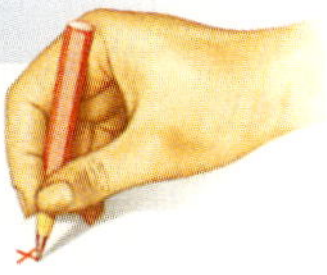

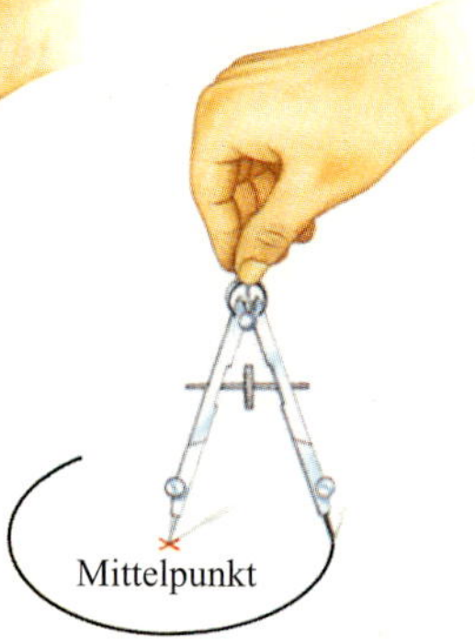

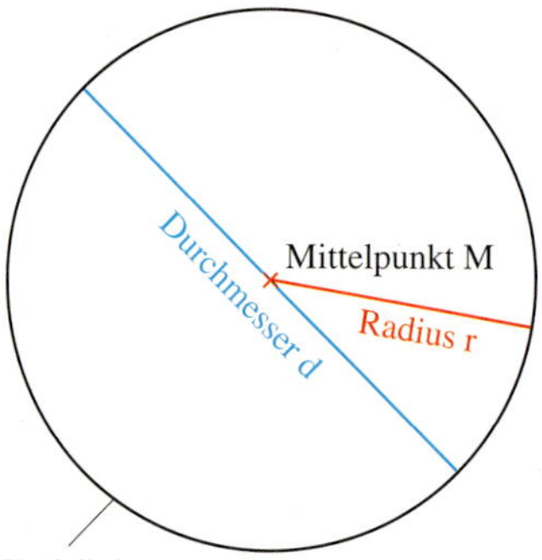

Aufgaben

1 Zeichne in dein Heft die Kreise mit
a) Radius r = 4 cm b) Radius r = 1,5 cm
c) Durchmesser d = 5 cm.

▶ 164

2 Markiere in deinem Heft einen Mittelpunkt M und zeichne um M Kreise mit
a) r = 2 cm b) r = 2,5 cm
c) r = 3,7 cm d) d = 6 cm
e) d = 3 cm f) d = 8,4 cm.

3 Zeichne zwei Kreise mit den Radien r_1 = 2 cm und r_2 = 3,5 cm. In welcher Lage zueinander können sie sich befinden?

4 Zeichne mit einem runden Gegenstand einen Kreis auf ein Blatt Papier und schneide ihn aus. Bestimme Durchmesser, Radius und Mittelpunkt.

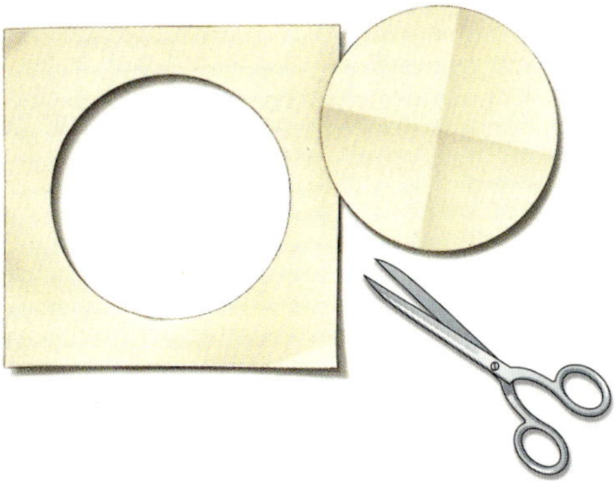

Übrigens

Die Mehrzahl von **Radius** heißt **Radien**.

5 Übertrage die Kreisbilder mit dem Zirkel in dein Heft und male sie farbig aus.

Das Quadrat

– das Mandala der Wirklichkeit und der Materie

a)

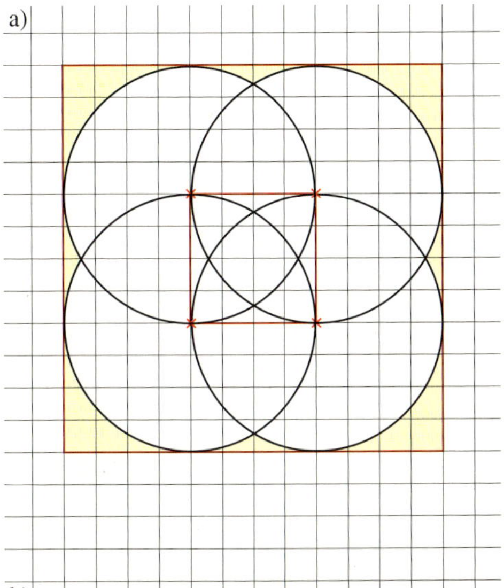

Das Kreuz

– ein Mandala der Gegensätze: Himmel und Erde, Geist und Materie, . . .

b)

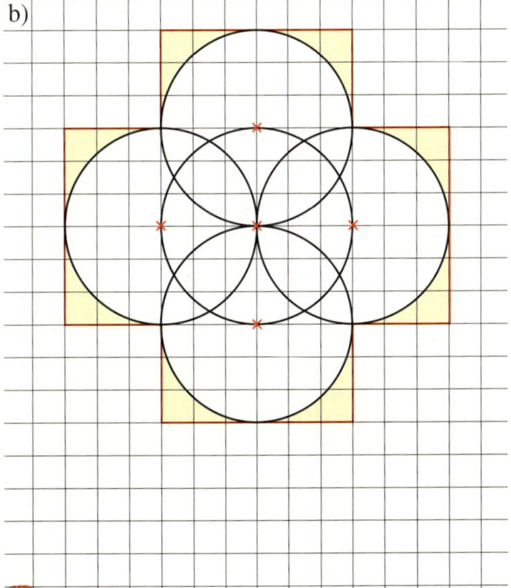

Die Blume

– das Mandala für die Erneuerung, die Schönheit und die Vergänglichkeit

c)

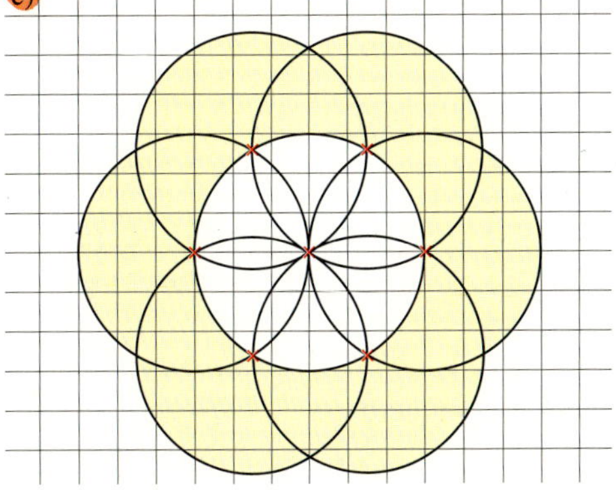

6 Schülerinnen und Schüler der Krefelder Gesamtschule am Kaiserplatz haben die folgenden Kreisbilder erfunden.

a) Zeichne die Kreisbilder in dein Heft.

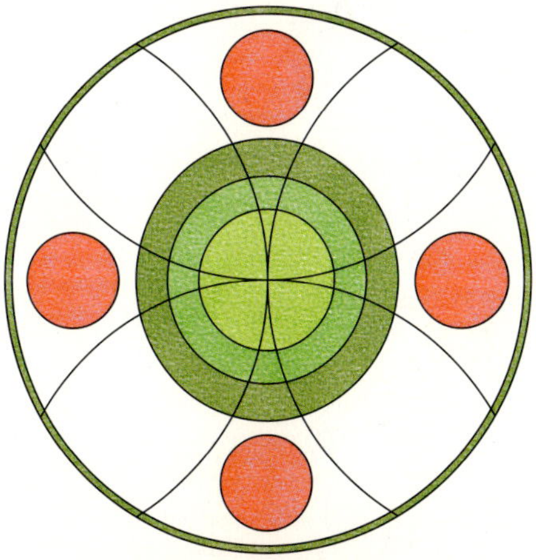

b) Erfinde eigene Kreisbilder.

7 Zeichne die folgenden Kreisbilder auf unliniertes Papier und male sie aus.

Ying und Yang

– das Mandala der Gegensätze:
weiß und schwarz,
glücklich und traurig,
Leben und Tod, . . .

a)

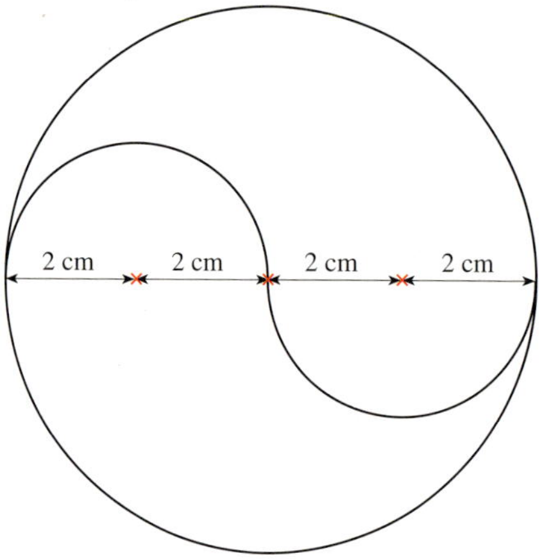

Der Baum

– ein Mandala des Lebens

b)

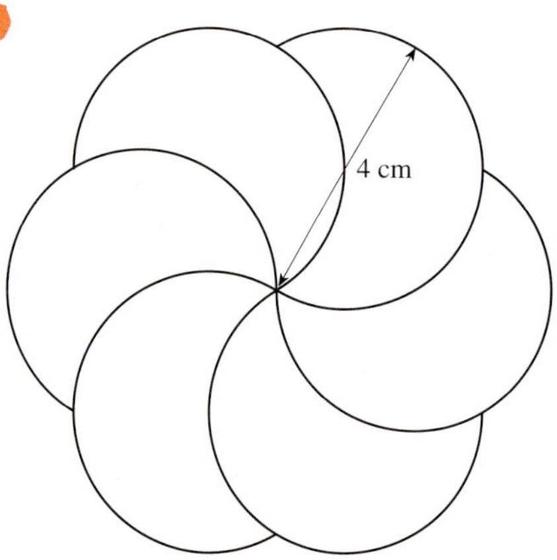

Das Auge

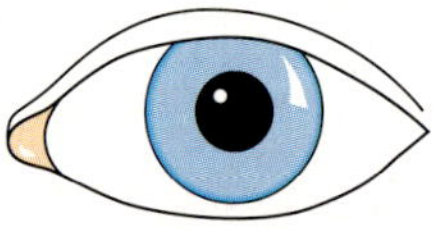

– ein ganz besonderes Mandala
als Vermittler zwischen dem Inneren des Menschen, der Seele, und der Außenwelt

c)

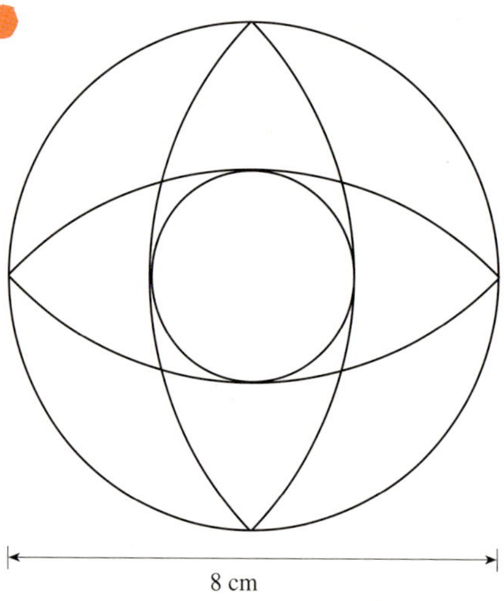

Tipp: Sieh dir für b) die Aufgabe 5c) und für c) die Aufgabe 5 a) an.

ZUM KNOBELN

So oder so ?

Eine quadratische Fläche (Seitenlänge 11 cm) soll mit möglichst vielen 1-Pf-Stücken ausgelegt werden.
Welches ist die günstigste Anordnung?

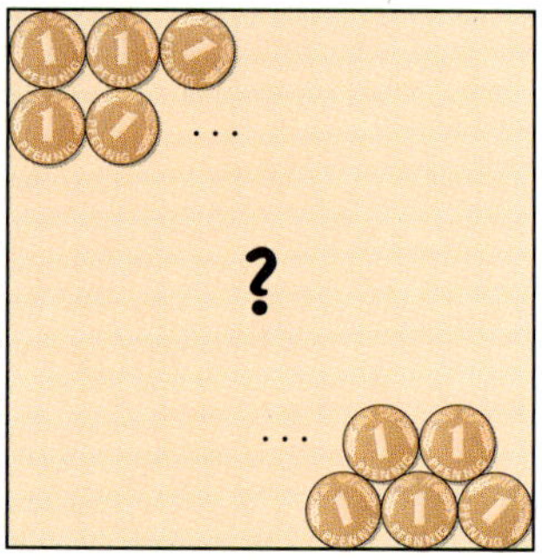

Was meinst du?

Gibt es große und kleine Eurostücke?

. . . und noch eine Knobelaufgabe

Lege 14 Münzen zu einem Dreieck und lasse eine beliebige Stelle frei. Du darfst nun jeweils über eine benachbarte Münze springen. Die übersprungene Münze nimmst du aus dem Spiel. Schaffst du es, dass zum Schluss nur noch eine Münze liegt?

Noch kniffliger wird es, wenn du genau die Spitze des Dreiecks frei lässt. Dort soll sich zum Schluss die letzte Münze befinden.
Schaffst du es?

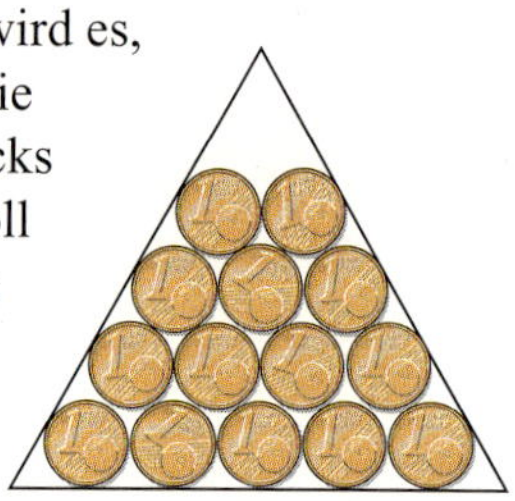

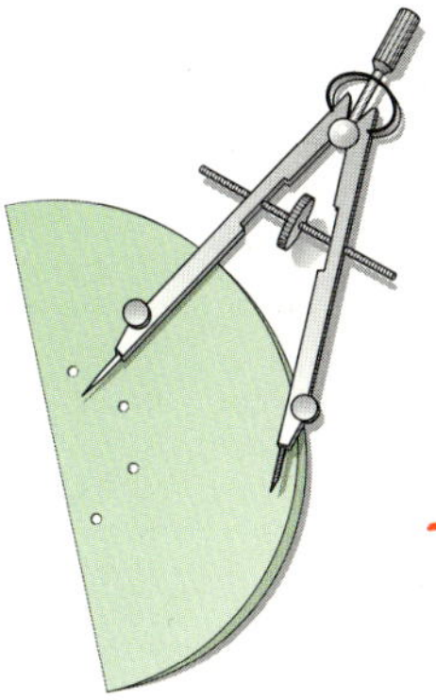

1 Schneidet euch ein Blatt Papier kreisrund aus. Faltet es symmetrisch und stellt ein Scherenschnitt-Mandala her.

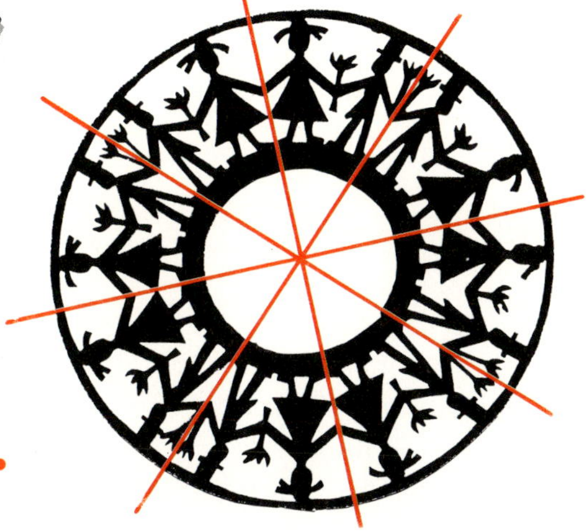

M 2 Mit Wasserfarbe könnt ihr symmetrische Mandalas malen.
Probiert es einmal aus!

Tipp
Ihr könnt mit der Zirkelspitze kleine Markierungen einstechen, die ihr als Hilfslinien zum Schneiden oder Zeichnen nutzt.

Mit Hilfe des Falt-Tricks könnt ihr Mandala-Fensterbilder oder Klappkarten anfertigen.

M 3 Überlegt euch noch andere Möglichkeiten für die Herstellung symmetrischer Mandalas und probiert diese aus.

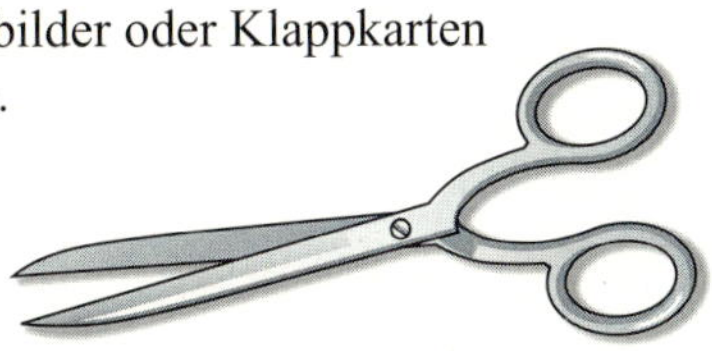

I Kreise spiegeln

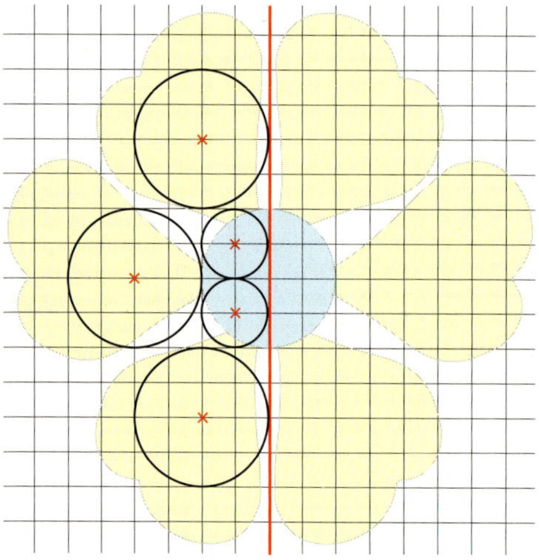

Übertrage die Figur in dein Heft und ergänze zu einem achsensymmetrischen Kreisbild.
Du kannst die Kreise auch farbig ausmalen.

Das **Spiegelbild eines Kreises mit dem Radius r** zeichnest du, indem du

- den Abstand des **Mittelpunktes M** zur Spiegelachse auf die andere Seite der Spiegelachse überträgst und den **gespiegelten Punkt M′** einzeichnest,
- um den gespiegelten Mittelpunkt M′ einen **Kreis mit dem Radius r** zeichnest.

Punkt M und Bildpunkt M′ haben denselben Abstand zur Spiegelachse und liegen auf einer Senkrechten zu ihr. Kreis und gespiegelter Kreis sind gleich groß.

▶ 164

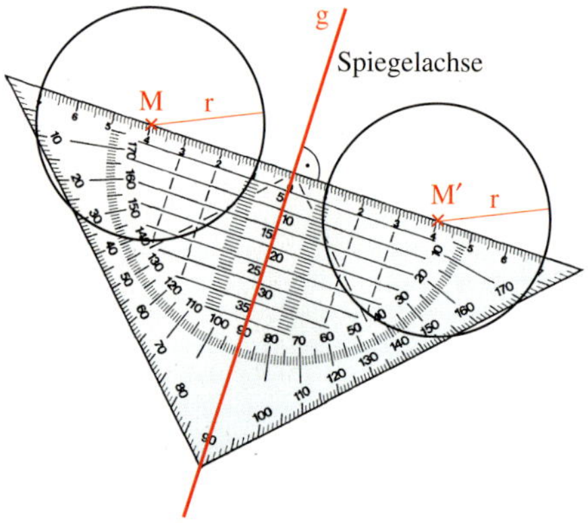

Aufgaben

1 Übertrage die Figuren in dein Heft und ergänze zu achsensymmetrischen Kreisbildern.

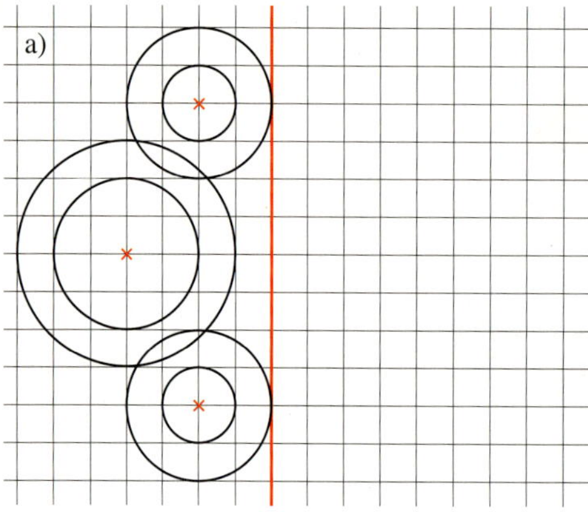

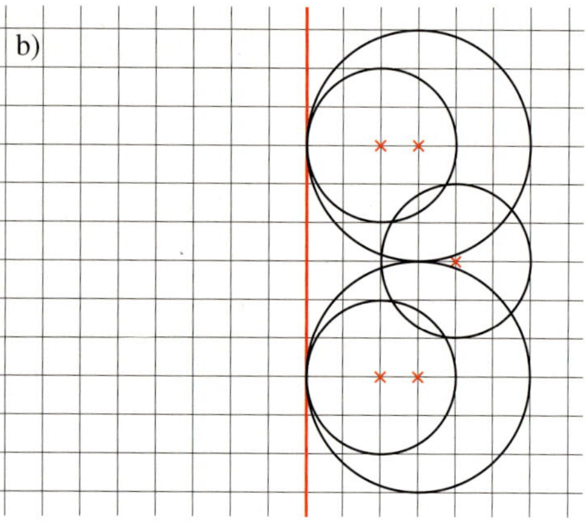

c) Wie viele Symmetrieachsen kannst du bei a) und b) entdecken?

2 a) Ergänze in deinem Heft zu achsensymmetrischen Kreisbildern.

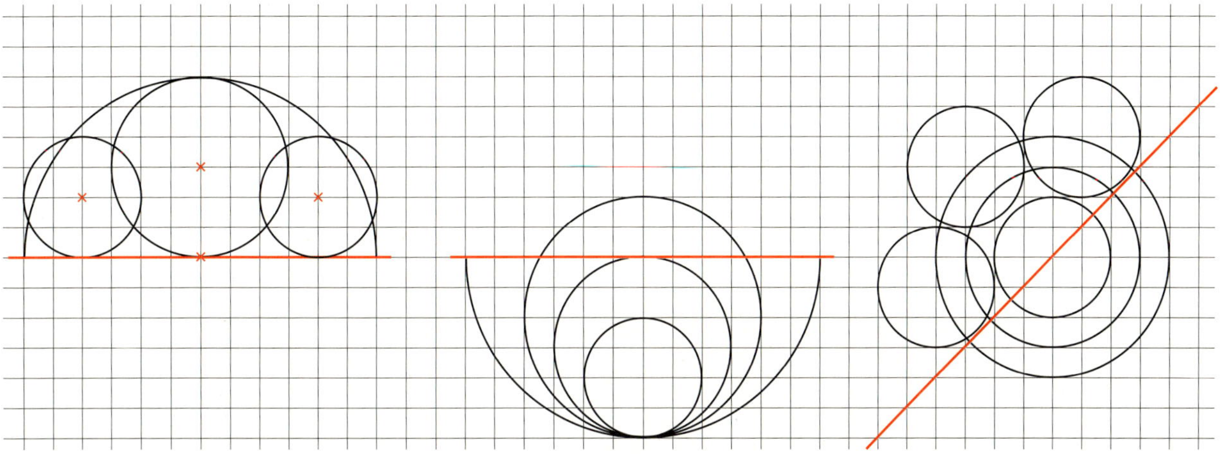

b) Bestimme die Lage und die Anzahl aller Symmetrieachsen.

3 Übertrage in dein Heft und ergänze zu achsensymmetrischen Kreisbildern.

a)

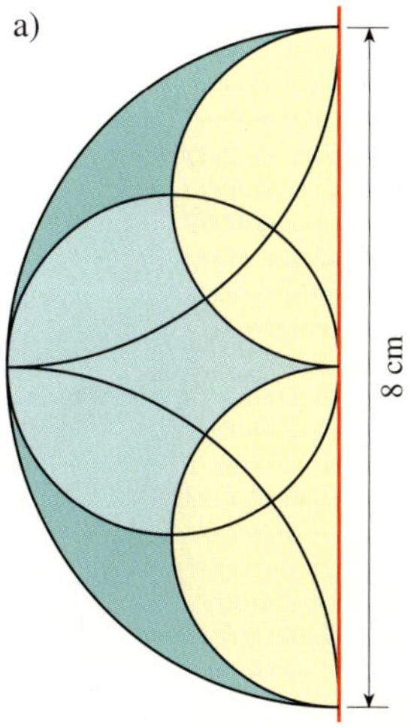

b)

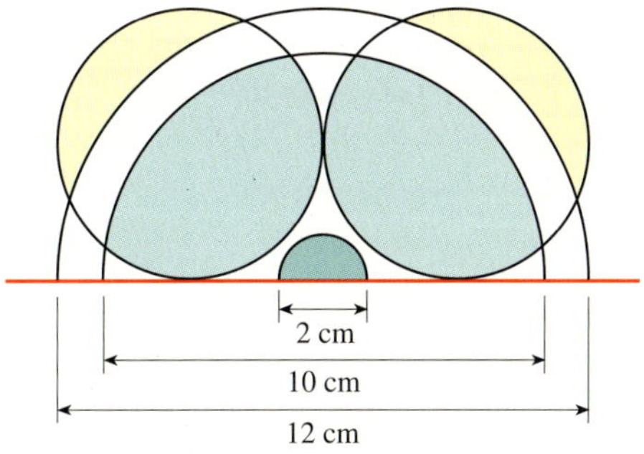

c)

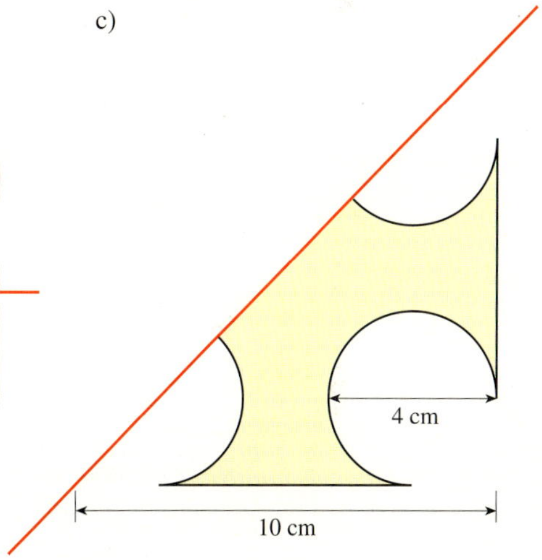

4 Übertrage die rechte Figur in dein Heft und zeichne durch mehrfaches Spiegeln ein Kreisbild.

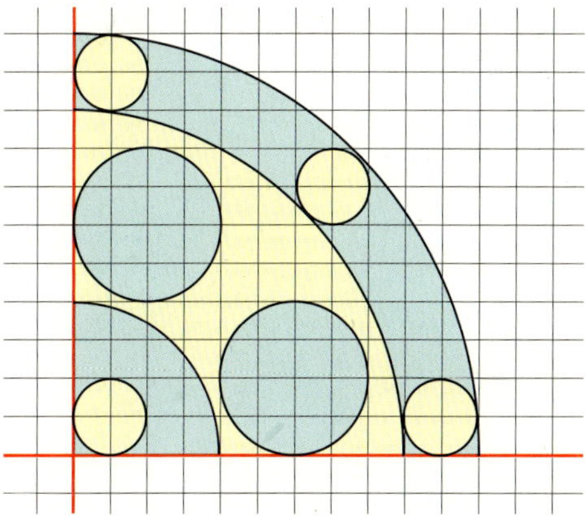

5 Erfinde eigene achsensymmetrische Kreisbilder mit und ohne Quadratgitter.

6 Zeichne achsensymmetrische Kreisbilder, die aus zwei (drei, sechs, neun) Kreisen bestehen.

7 Überlege: Wie viele Symmetrieachsen hat ein Kreis?

H Jetzt geht's rund herum!

Die Spirale als besondere Mandalaform steht für den Weg in unsere Mitte, das heißt, bis in unsere innere Gedanken- und Gefühlswelt. Gleichzeitig ist sie ein Symbol für unseren Lebensweg.

1 Zeichnet auf verschiedene Arten Spiralen, freihändig von außen nach innen, dann von innen nach außen.

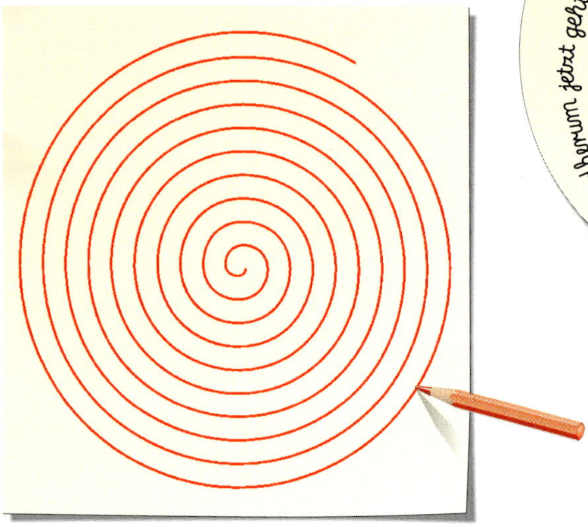

Kreisel
Klebe deine Spiralzeichnungen auf Pappe und stecke einen Zahnstocher genau in die Mitte. Fertig ist ein Kreisel.

Was stellst du beim Drehen fest?

M 2 Schneidet Spiralenmandalas aus kreisrunden, farbigen Pappen. Ihr könnt daraus ein Mobile für euren Klassenraum herstellen.

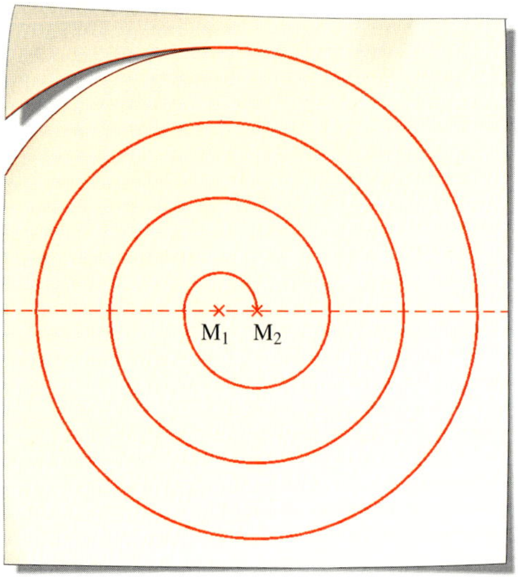

3 Stellt euch ein kreisrundes Briefpapier her, auf dem ihr einen „Spiralen-Brief“ vom äußeren Rand nach innen schreibt.

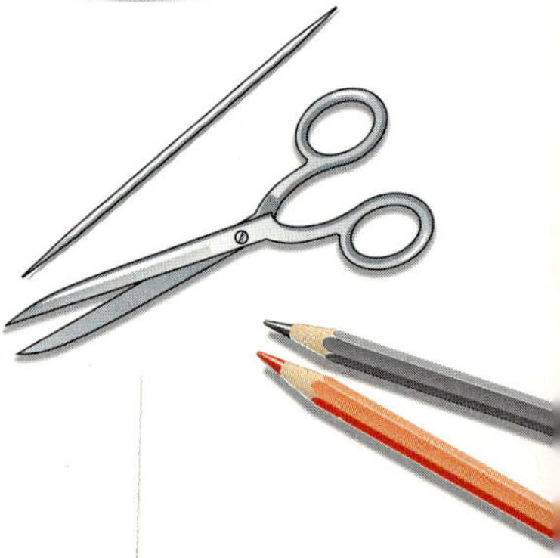

I Spiralen zeichnen

Übertrage das Spiralenmandala mit Hilfe deines Zirkels und der Zahlenfolge 1, 2, 3, 4, 5, 6, . . . in dein Heft.
Beschreibe, wie die Spirale entsteht.

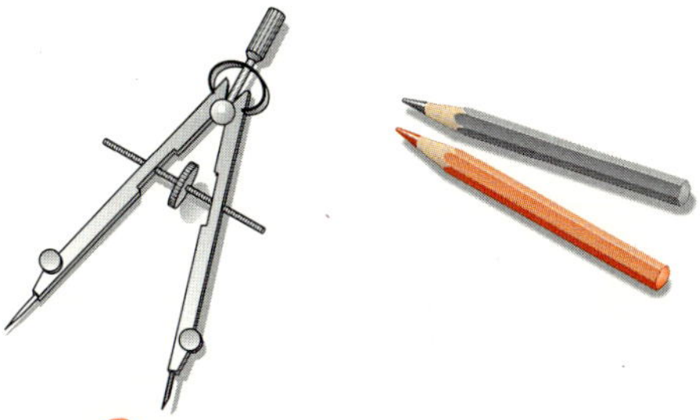

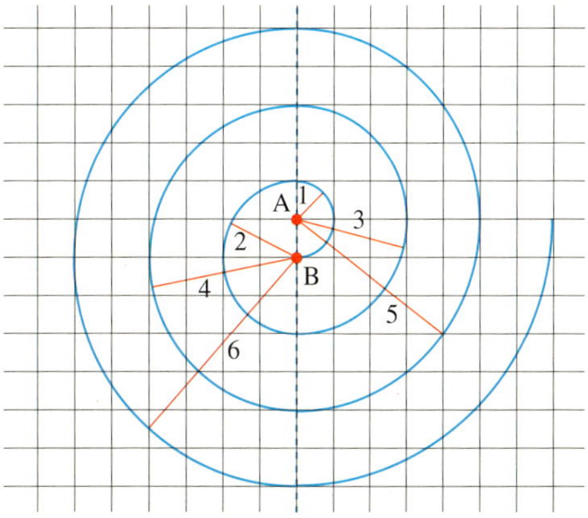

! **Spiralen** kannst du auch **mit Hilfe deines Zirkels** zeichnen. Verschiedene Mittelpunkte und eine Zahlenfolge beschreiben die Spirale. Dabei entsprechen die Zahlen den Radien der benötigten Kreise (Halbkreise, Viertelkreise).

Aufgaben

1 Zeichne aus Halbkreisen um die Mittelpunkte A und B eine Spirale, die zu der Zahlenfolge 1, 3, 5, 7, 9, 11, . . . gehört.

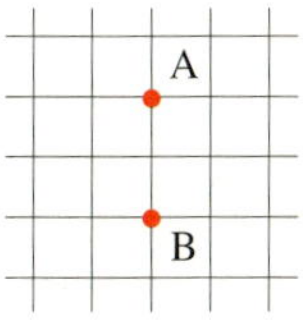

2

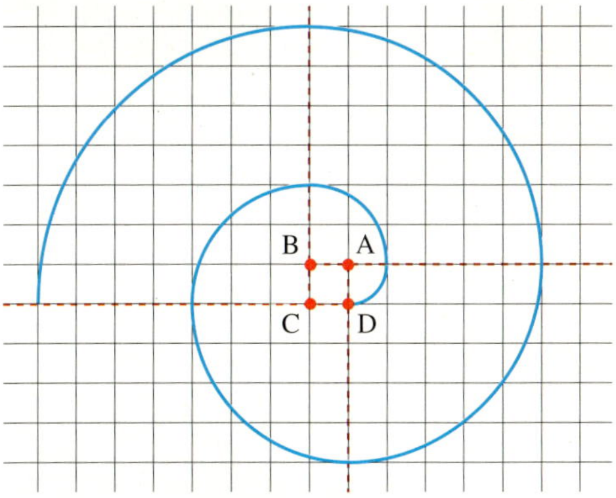

a) Auch dieser Spirale liegt die Zahlenfolge 1, 2, 3, 4, 5, . . . zugrunde.
Wie ist sie entstanden?
b) Übertrage die Spirale in dein Heft und zeichne sie weiter.

3 Dieser Spirale liegt die Zahlenfolge 2, 1, 3, 2, 4, 3, 5, 4, 6, . . . zugrunde. Übertrage sie in dein Heft.

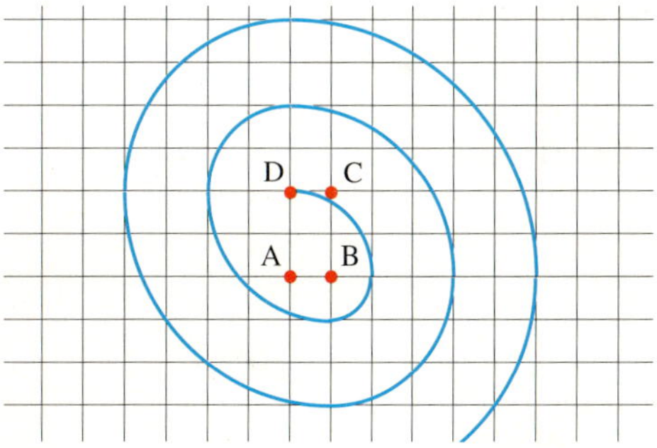

4 a) 1, 2, 3, 4, 1, 2, 3, 4, 1, . . . ergibt eine Spirale. Zeichne in deinem Heft.
b) Erhältst du mit 1, 2, 3, 1, 2, 3, 1, 2, 3, . . . auch eine Spirale?

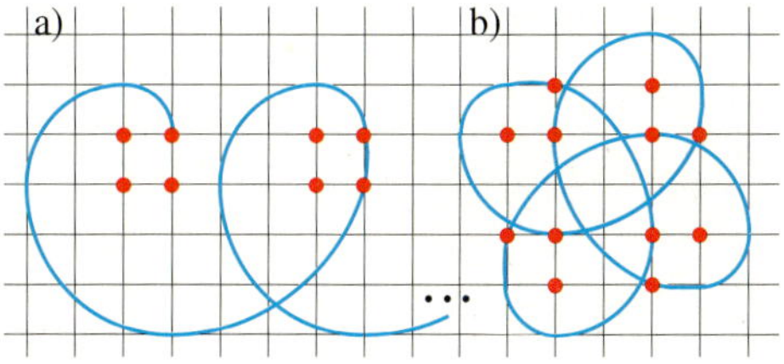

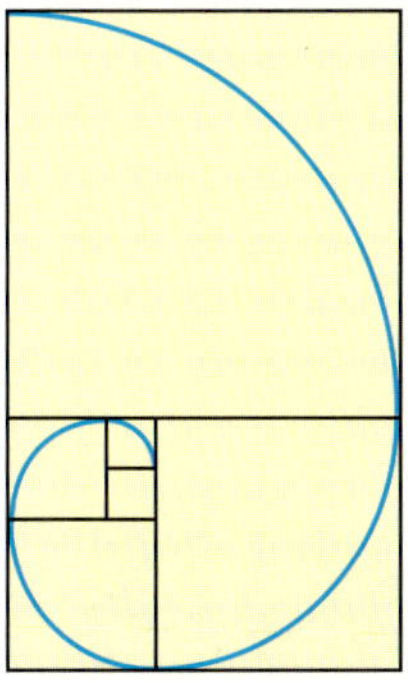

Fast so ähnlich und doch ein klein wenig anders – kannst du es entdecken?

H Windmühlen, Mandalas und anderes

1 Was hat dieses Mandala mit einer Windmühle gemeinsam?

Nennt sowohl Gemeinsamkeiten als auch Unterschiede.

2 Stellt euch aus Pappe Schablonen her, mit denen ihr drehsymmetrische Mandalas zeichnen könnt.

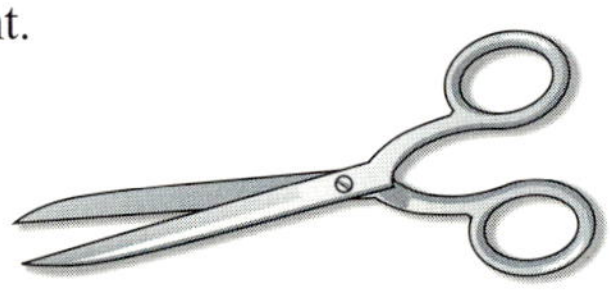

Auf Pappe geklebt und einen Zahnstocher durch die Mitte gesteckt, könnt ihr aus euren Mandalas bunte Kreisel herstellen. Beobachtet und beschreibt, ob sich die Farben und Formen beim Drehen der Kreisel ändern.

M *3* Viele Gegenstände des Alltags – wie die Windmühle oder ein Kugellager – funktionieren nur, weil sie drehsymmetrisch aufgebaut sind.

a) Sammelt drehsymmetrische Gegenstände oder Fotos solcher Gegenstände.

b) Vergleicht eure Sammelobjekte.
Welche typischen Merkmale haben alle gemeinsam?
Beschreibt die Symmetrieeigenschaften eurer Beispiele.
Welche Unterschiede stellt ihr fest?

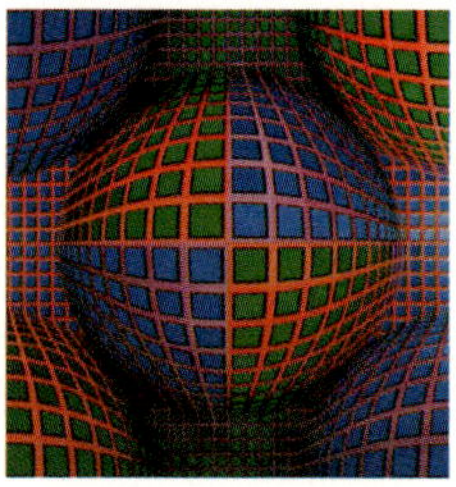

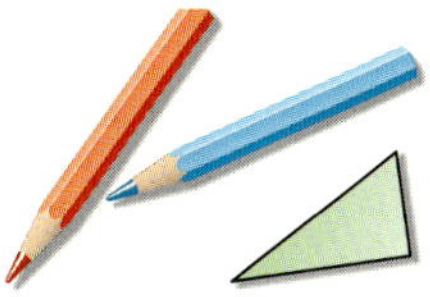

I Drehwinkel bestimmen

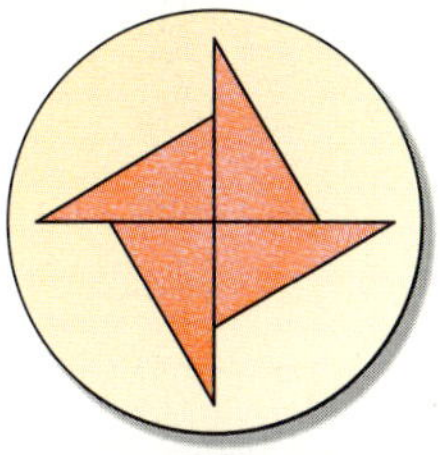

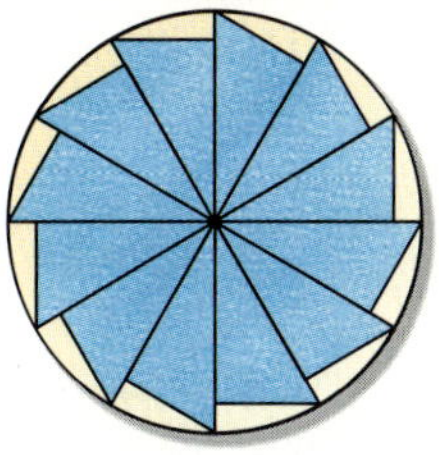

Übertrage die Dreiecksschablone auf Pappe und schneide sie aus.
Fertige Kreisscheiben von 14 cm Durchmesser an und zeichne mit Hilfe deiner Schablone verschiedene drehsymmetrische Kreisbilder darauf.
Welche Möglichkeiten findest du?

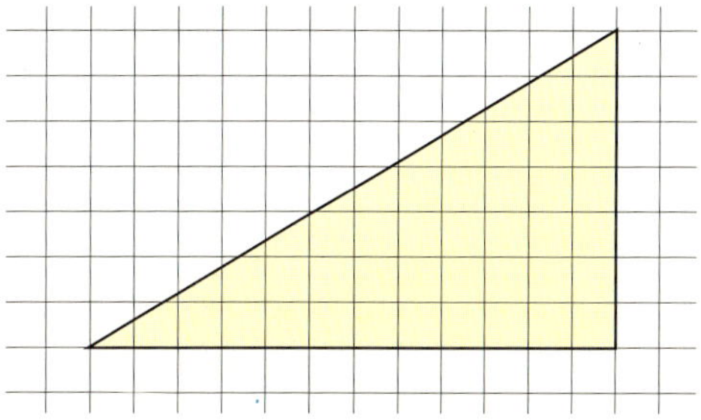

Eine drehsymmetrische Figur wird durch den **Drehpunkt Z** und die Größe des **Drehwinkels** α bestimmt, um den der **Kreisausschnitt** gedreht wird.

Eine **Volldrehung** beträgt 360°.
Bei drehsymmetrischen Kreisbildern entspricht der Drehpunkt Z dem Mittelpunkt des Kreises.

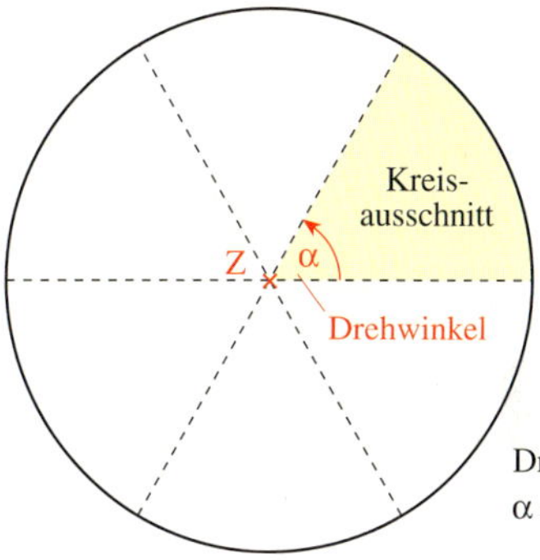

Drehwinkel α:
$\alpha = 360° : 6 = 60°$

Aufgaben

1 Wie groß ist der Drehwinkel bei einer
a) Vierteldrehung
b) Halbdrehung
c) Dreivierteldrehung?

▶ 164

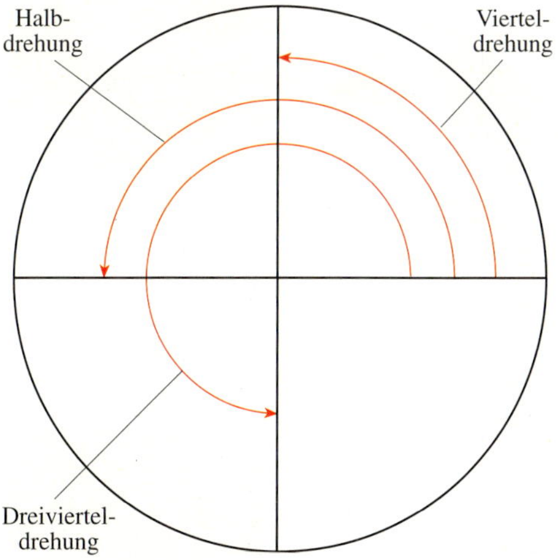

2 Wie groß ist der Drehwinkel, wenn ein Mandala aus drei (fünf, neun) gleichen Kreisausschnitten besteht?

3 Nenne verschiedene Möglichkeiten für geeignete Drehwinkel von Kreisbildern. Wie oft wird dann jeweils gedreht?

4 Welche Kreisbilder sind drehsymmetrisch? Bestimme die Drehwinkel. Wie viele Drehungen muss man durchführen, bis die ursprüngliche Lage wieder erreicht ist?

Tipp
Den Drehwinkel kannst du berechnen, indem du 360° durch die Anzahl der Drehungen dividierst, die notwendig sind, um eine Volldrehung zu erhalten.

I Drehsymmetrische Zeichnungen

Die Anzahl der Kreisausschnitte eines Mandalas wählt der Zeichner oft ganz bewusst, um etwas Besonderes auszudrücken. Einige Beispiele dafür findest du auf den Rändern der beiden Seiten.

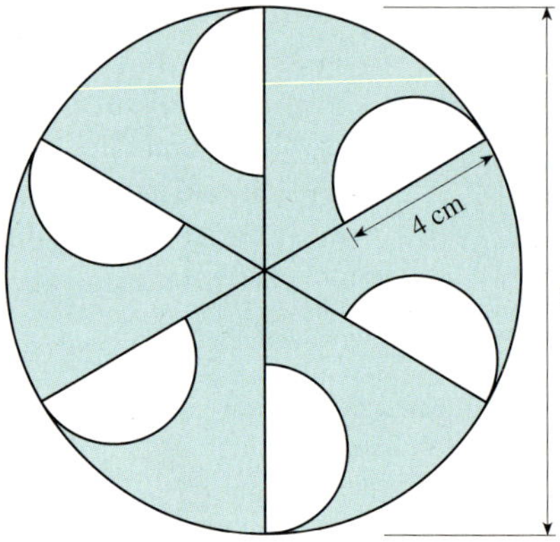

Zeichne das Mandala in dein Heft.
Bestimme dazu den Drehwinkel.

Die Drehung eines Punktes M einer Figur kannst du durchführen, indem du
- den Winkel α im Drehpunkt Z an der Strecke $\overline{MZ}$ anträgst und einzeichnest,
- um den Drehpunkt Z einen Kreis durch den Punkt M im Drehpunkt Z zeichnest.

Der entstandene Schnittpunkt von der Kreislinie und dem Schenkel $\overline{M'Z}$ des Winkels α ist der gedrehte Punkt P.

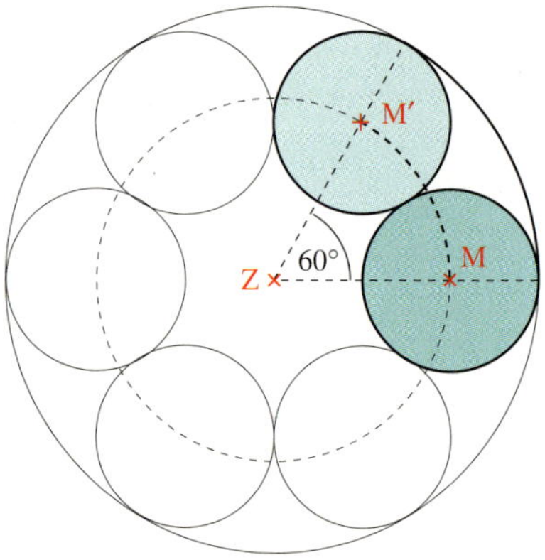

Aufgaben

1 Zeichne einen Kreis mit dem Radius $r = 5\,cm$ und teile ihn in
a) drei b) neun c) acht
gleich große Kreisausschnitte.
Bestimme vor dem Zeichnen den jeweiligen Drehwinkel.

2 Bestimme die Drehwinkel der Kreismuster, die du auf den Rändern dieser Doppelseite siehst.

3 Zeichne einen Kreisausschnitt mit dem Radius $r = 4\,cm$ und dem Winkel $\alpha = 72°$ (36°).
Zeichne daran anliegend den gleichen Kreisausschnitt usw., bis du einen ganzen Kreis erhältst.

4 Zeichne diese Kreisbilder mit dem Radius $r = 4\,cm$ in dein Heft.

a)
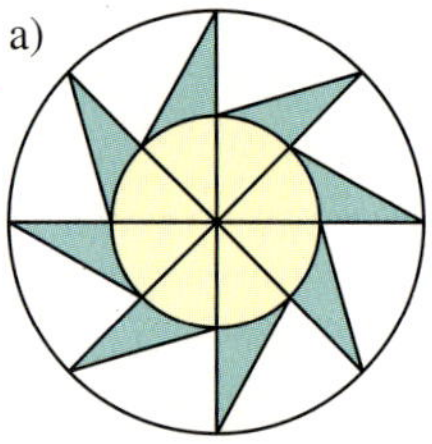

b)
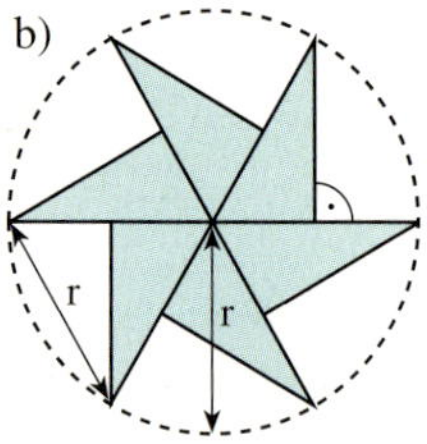

c)
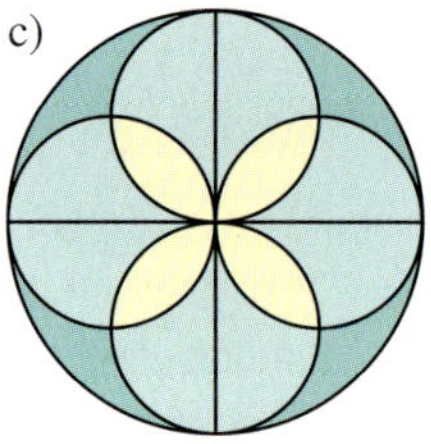

d)
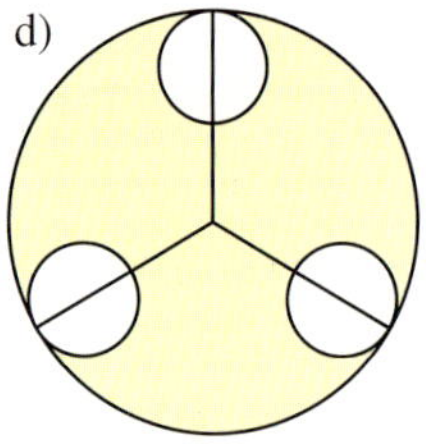

Zahlensymbolik

Eins

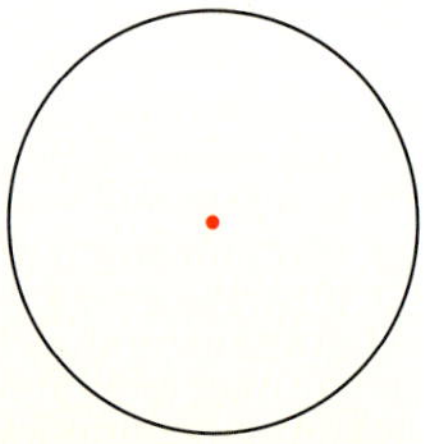

Zeichen für Einheit und Ganzheit

Zwei

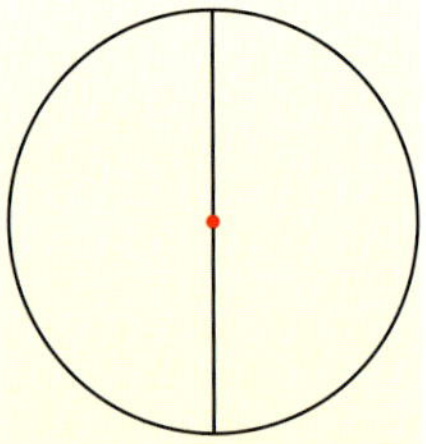

Zeichen für Gegensätzlichkeit und Zusammenhalt

Drei

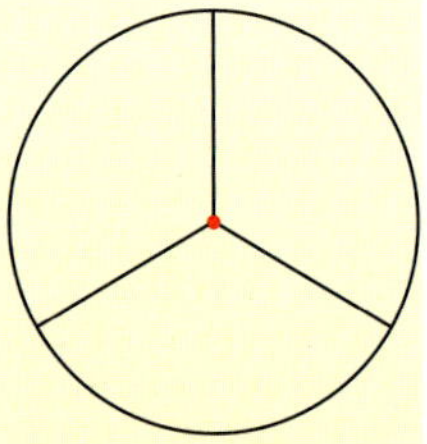

Zeichen für Energie und die Dreieinigkeit Gottes

Vier

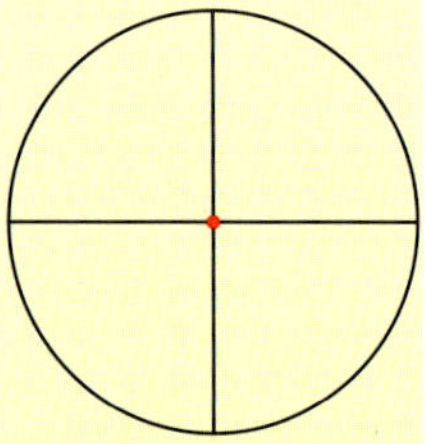

Zeichen für die Ordnung und die vier Elemente Feuer, Wasser, Luft und Erde

5 Zeichne das Kreisbild viermal in dein Heft. Färbe es so, dass es durch
a) sechs b) vier
c) drei d) zwei
Drehungen wieder in sich selbst überführt werden kann.

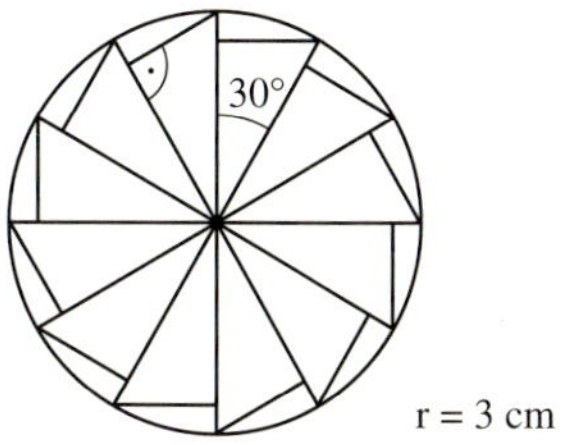

6 Übertrage die Figuren in dein Heft und ergänze mit Hilfe deines Geodreiecks und des Zirkels zu drehsymmetrischen Kreisbildern.

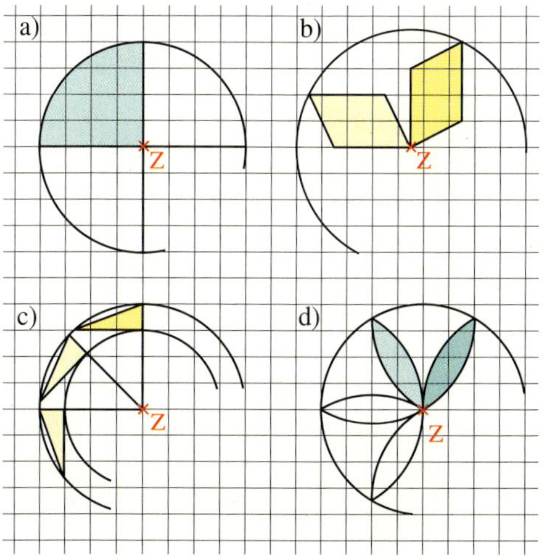

7 Erfinde eigene Mandalas mit den Drehwinkeln 90°; 60°; 120°.

ZUM STAUNEN

Wie man sich mit Kreisen täuschen kann!

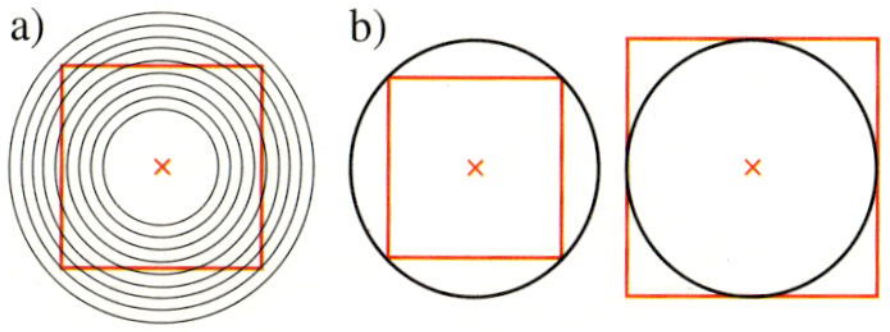

Zeichne doch selbst einmal solch eine „optische Täuschung“.

8 Ergänze in deinem Heft zu drehsymmetrischen Kreisbildern. Miss vor dem Zeichnen die Drehwinkel.

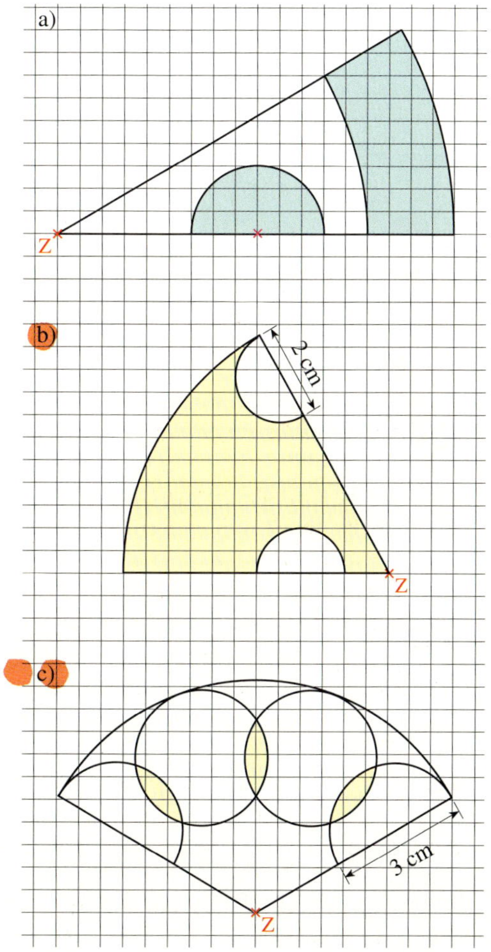

9 Zeichne das zu dem Kreisausschnitt gehörende drehsymmetrische Kreisbild in dein Heft.

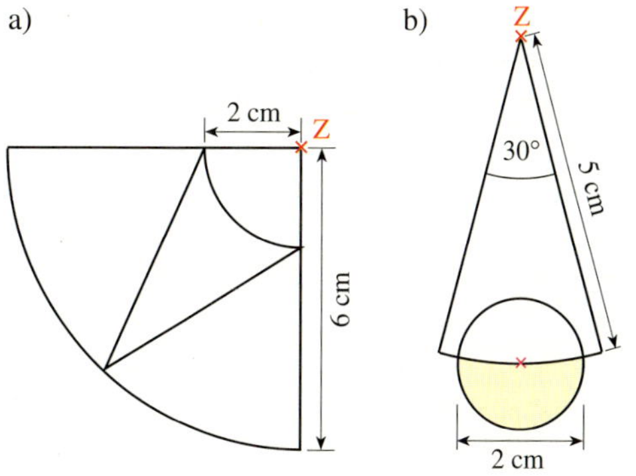

. . . und noch mehr symbolische Zahlen

Fünf

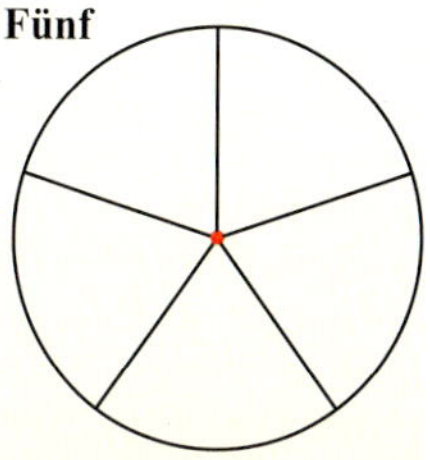

Zeichen für Gesundheit und Lebenslust

Sechs

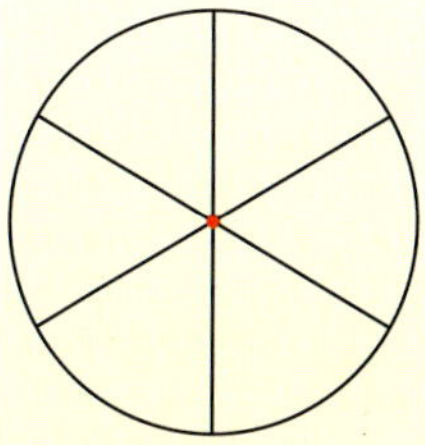

Zeichen für Ausgewogenheit und Zufriedenheit

Zehn

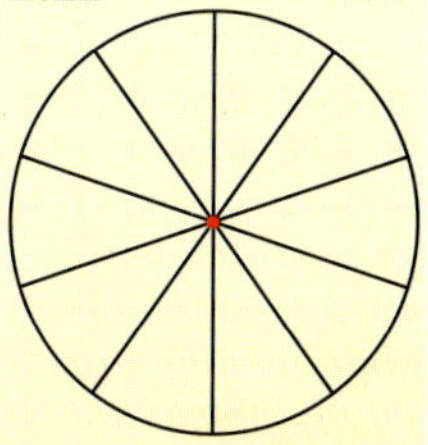

Zeichen für die Realität und die Vielheit (10 Finger)

Zwölf

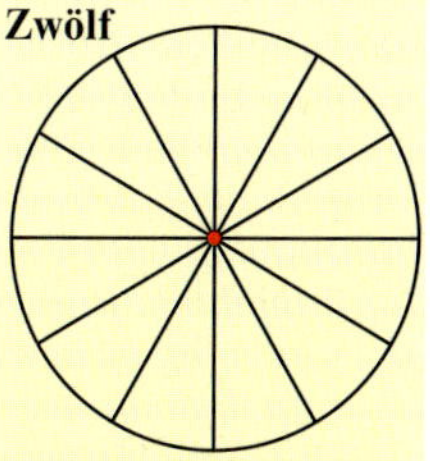

Zeichen der kosmischen Ordnung, der regelmäßigen Kreisläufe und der Zeit (12 Sternzeichen, 12 Monate, 12 Stunden)

I Punktspiegelung

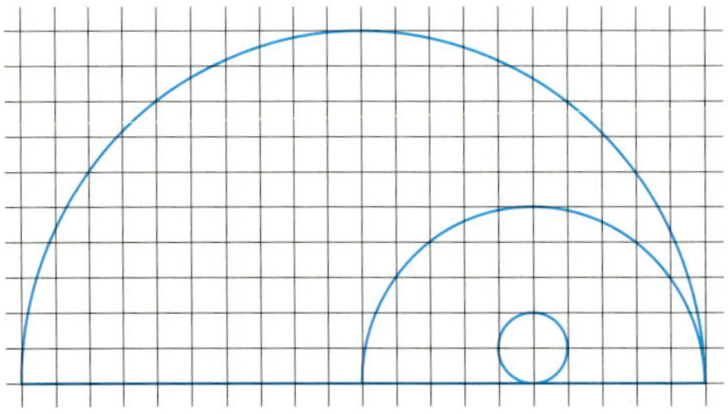

Ergänze die Figur in deinem Heft zu einem drehsymmetrischen Kreisbild.

Die Halbdrehung (Drehung um 180°) nennt man auch **Punktspiegelung**, der Drehpunkt heißt dann **Spiegelpunkt**. Bei der Punktspiegelung liegen jeder Punkt P, sein Bildpunkt P′ und der Spiegelpunkt Z auf einer Linie.

Punkt und Bildpunkt sind vom Spiegelpunkt gleich weit entfernt.

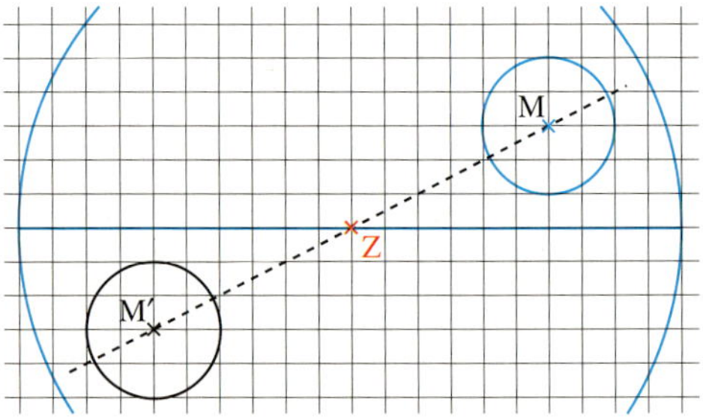

Aufgaben

Übrigens

Eine Figur heißt punktsymmetrisch, wenn sie durch eine Punktspiegelung entstanden ist.

1 Welche der Kreisbilder sind punktsymmetrisch?

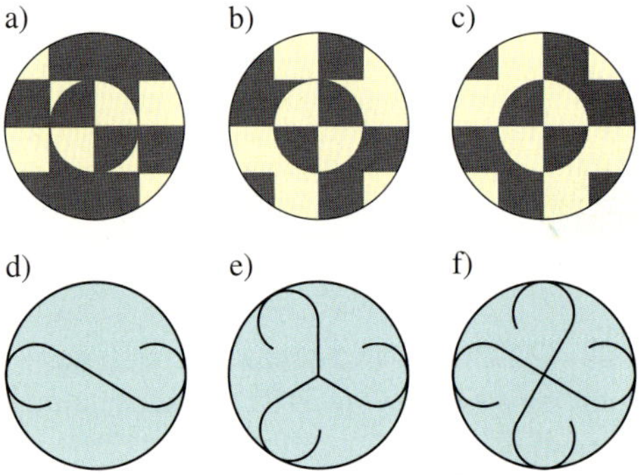

2 Übertrage die Figur in dein Heft und ergänze durch Punktspiegelung zu einem drehsymmetrischen Kreisbild.

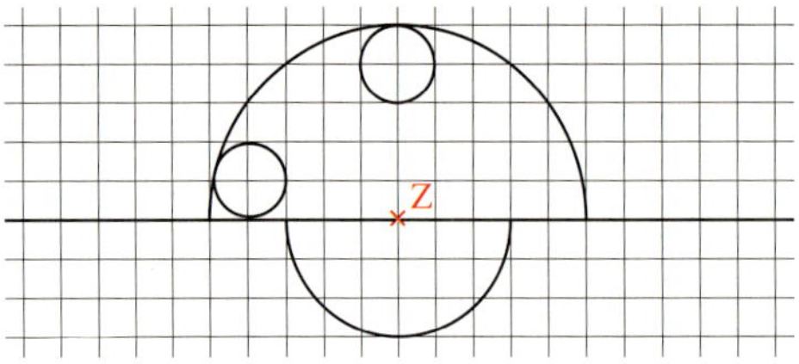

3 Ergänze durch Punktspiegelung in deinem Heft zu drehsymmetrischen Kreisbildern. Überlege dir jeweils zuerst, wo die gespiegelten Mittelpunkte liegen.

a)

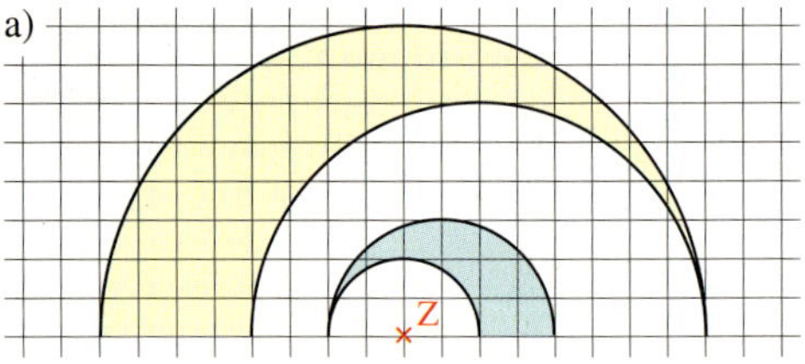

b)

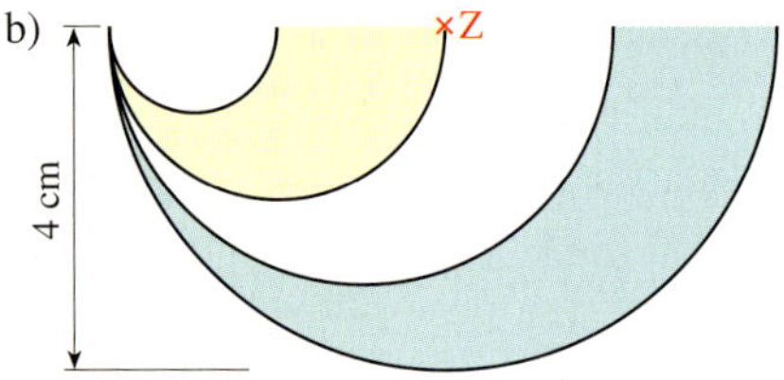

c)

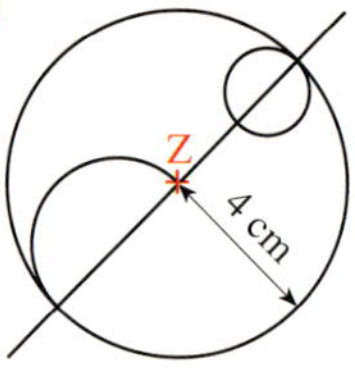

d)

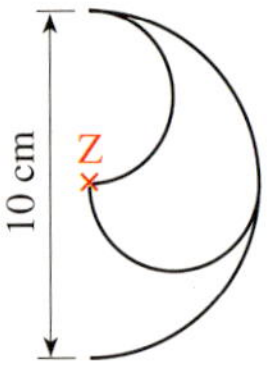

Der Kölner Dom gehört zu den größten gotischen Kathedralen.

Habt ihr schon einmal die farbig leuchtenden Fenster alter gotischer Kirchen bewundert?

1 Sammelt Abbildungen und Fotografien oder seht euch eine solche Kirche direkt aus der Nähe an. Untersucht die Fenster auf Symmetrien.

2 Versucht selbst, Zeichnungen der schönsten Fenster anzufertigen.

▲ Fenster der Kathedrale von Chartres, Frankreich

◀ Hasenfenster, Dom zu Paderborn

▼ Fenster der Kathedrale von Reims, Frankreich

3 Einige Fensterformen seht ihr hier abgebildet. Zeichnet die Fensterbögen mit Zirkel und Lineal ins Heft.

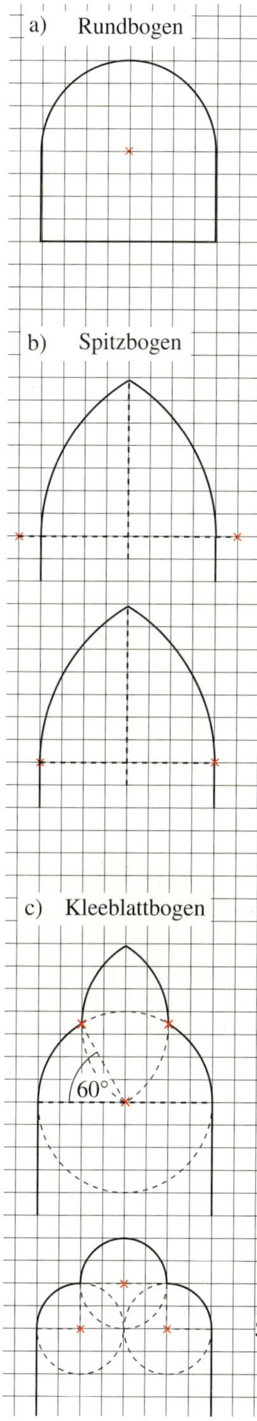

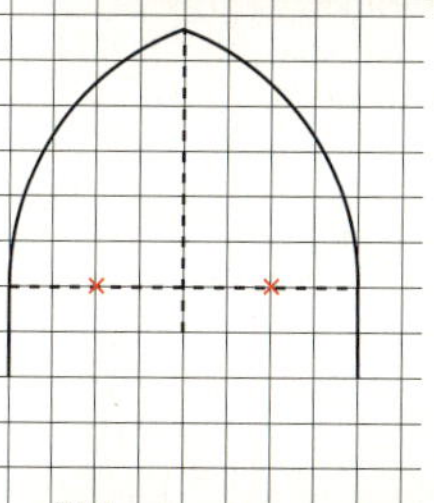

Übrigens ....

Da die steinernen Verzierungen der Fenster mit Zirkel und Lineal sorgfältig entworfen wurden, nennt man sie „Maßwerk“.

4 Ergänze die Grundmuster der achsensymmetrischen Maßwerke in deinem Heft.

a) Vierpass b) Sechspass

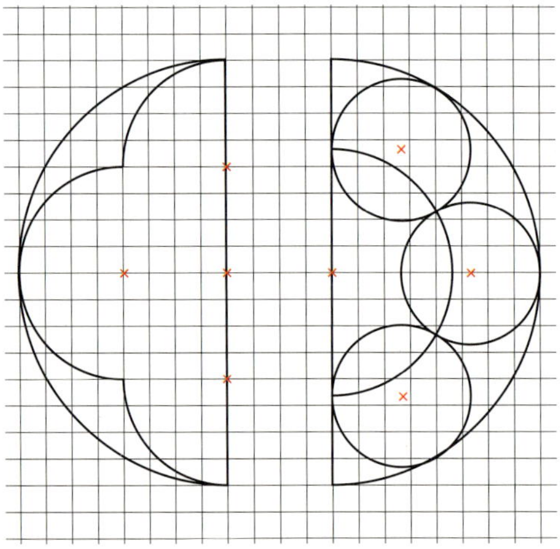

5 Welche Symmetrie kannst du hier erkennen? Zeichne die „Fischblasen“-Fenster mit dem Durchmesser d = 8 cm in dein Heft.

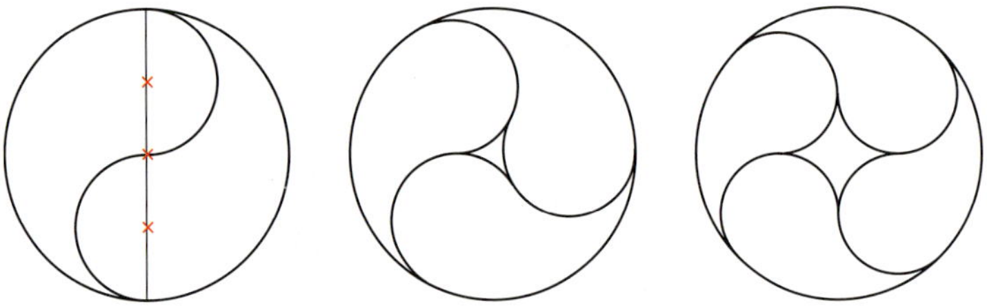

6 Kannst du den Dreipass zeichnen?

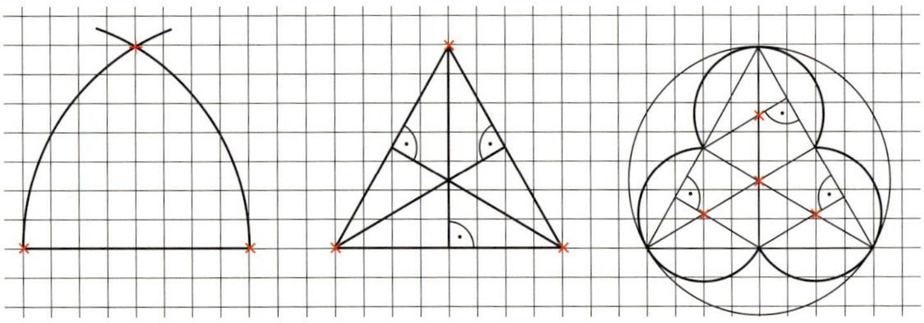

7 Überlege, wie die Fenster gezeichnet wurden. Versuche es auch einmal.

a) Dreiblatt

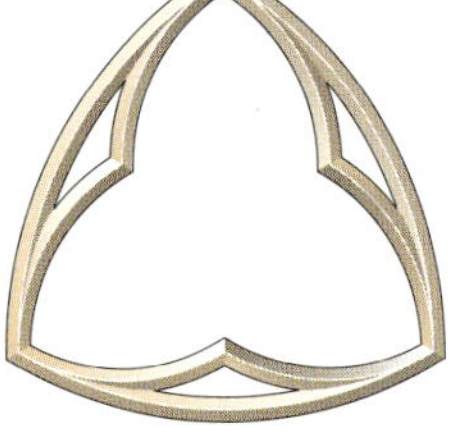

b) Vierblatt

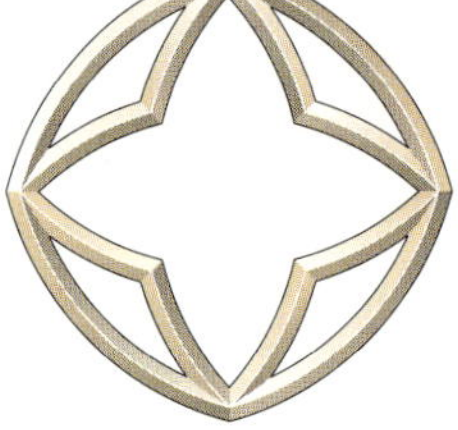

c) Fünfblatt

d) Fischblasen

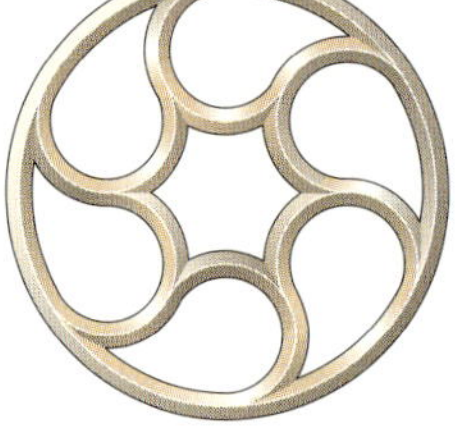

Zusammenfassung

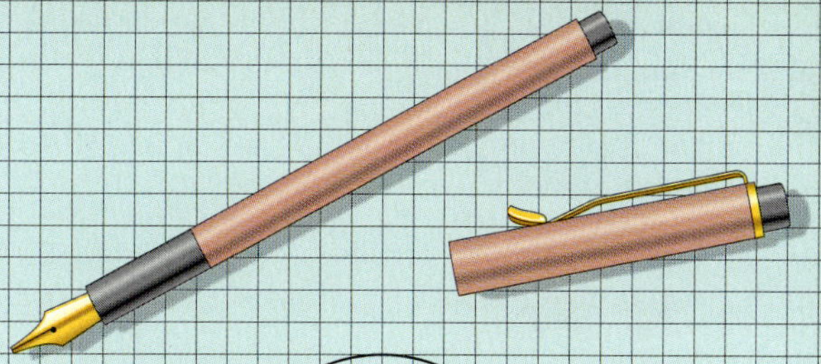

Kreis

Im **Kreis** haben alle Punkte der **Kreislinie** denselben Abstand zum **Mittelpunkt M**. Diesen Abstand nennt man **Radius r** des Kreises.
Der **Durchmesser d** ist genau doppelt so lang wie der Radius r und verläuft immer durch den Mittelpunkt M.

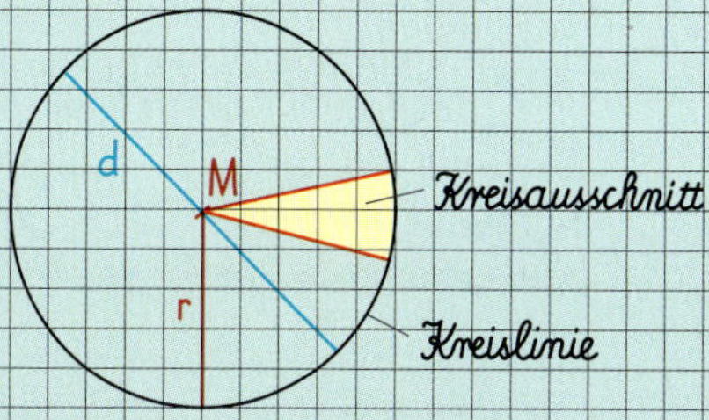

Spiegeln eines Kreises

Um einen Kreis mit dem Radius r an einer Symmetrieachse zu spiegeln,

- spiegle zuerst den Mittelpunkt M,
- zeichne dann um den gespiegelten Mittelpunkt M′ den gespiegelten Kreis mit dem gleichen Radius r.

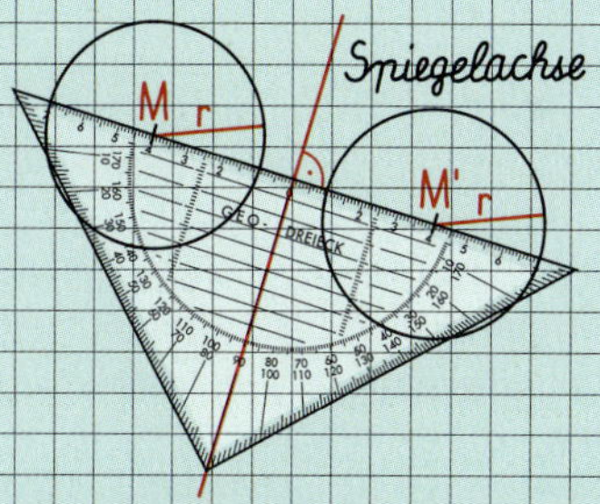

Spiralen zeichnen

Mit dem Zirkel und mit Hilfe von Zahlenfolgen kannst du Spiralen zeichnen. Der Zeichnung rechts liegt die Zahlenfolge 1, 2, 3, 4, 5, . . . zugrunde. Die Zahlen geben jeweils an, mit welchem Radius der nächste Halbkreis gezeichnet werden muss.

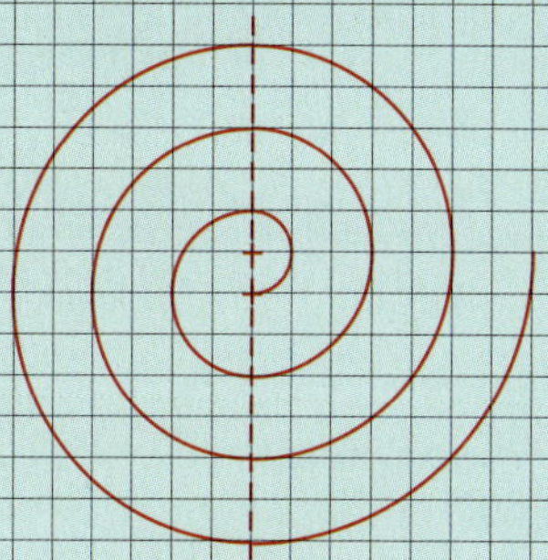

Drehsymmetrische Figuren

Eine **drehsymmetrische Figur** wird durch den Drehpunkt Z und die Größe des Drehwinkels bestimmt.

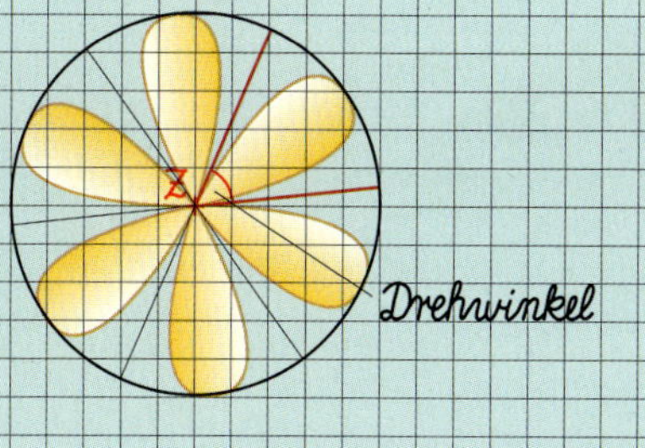

Drehen einer Figur

Die Drehung eines Punktes P einer Figur kannst du durchführen, indem du

- den Winkel α im Drehpunkt Z an der Strecke $\overline{PZ}$ anträgst und einzeichnest,
- um den Drehpunkt Z einen Kreis durch den Punkt P im Drehpunkt Z zeichnest.

Der entstandene Schnittpunkt von der Kreislinie und dem Schenkel $\overline{P'Z}$ des Winkels α ist der gedrehte Punkt P.

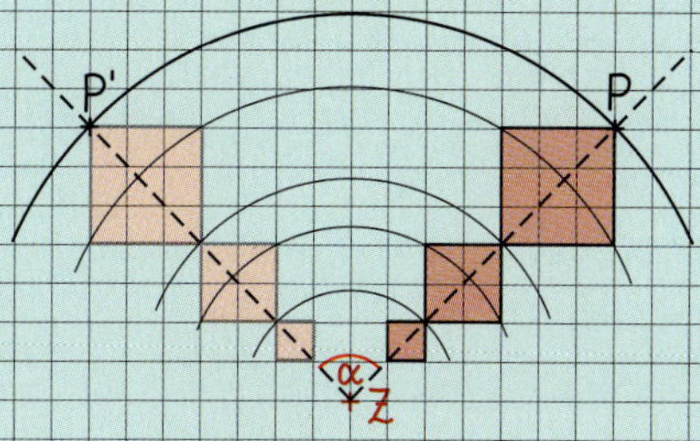

Punktspiegelung

Eine Drehung um 180° nennt man auch **Punktspiegelung** oder Halbdrehung.

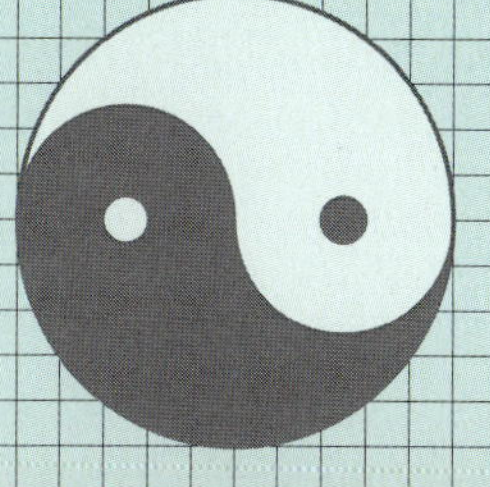

Rückspiegel

Lies vor dem Test die Hinweise auf Seite 6.

**

1 Zeichne in deinem Heft einen Kreis mit
a) Radius r = 5 cm
b) Durchmesser d = 8 cm.

2 Ergänze durch Spiegelung in deinem Heft zu einem Kreisbild.

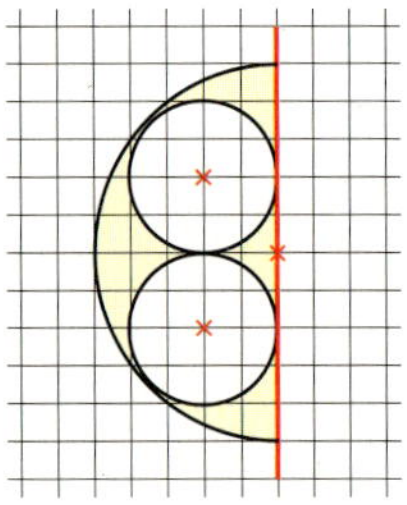

3 Übertrage die Spirale in dein Heft und zeichne weitere drei Windungen.

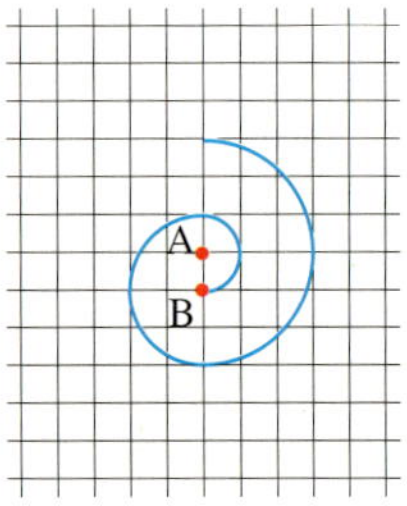

4 Zeichne einen Kreis mit dem Radius r = 6 cm in dein Heft und teile ihn in sechs gleich große Kreisausschnitte.

***

1 Übertrage den Regenschirm mit Hilfe deines Zirkels ins Heft.

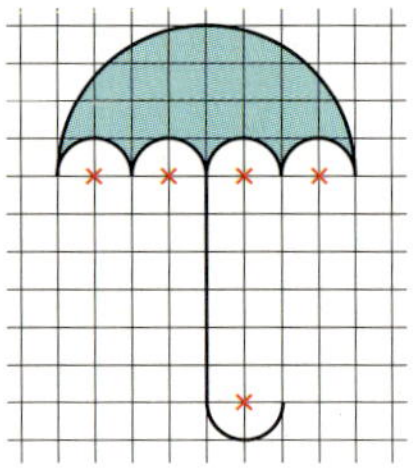

2 Ergänze in deinem Heft zu einer achsensymmetrischen Figur.

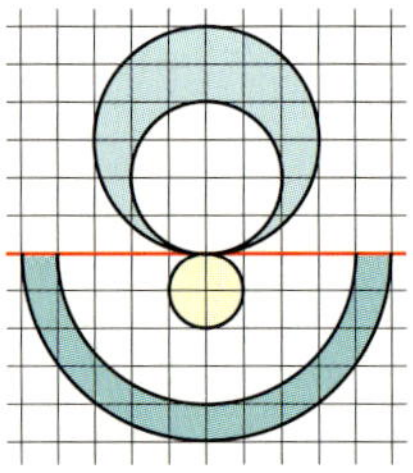

3 Zeichne eine Spirale aus Viertelkreisen zur Zahlenfolge 1, 2, 3, 4, . . .

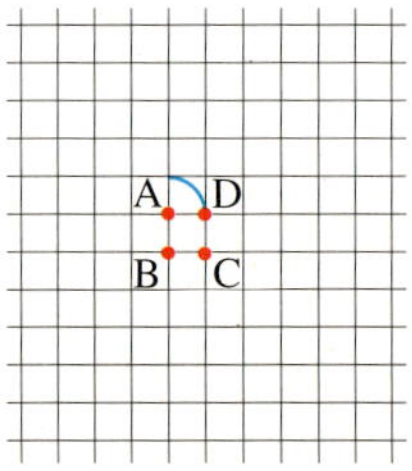

4 Ergänze in deinem Heft zu einem drehsymmetrischen Kreisbild.

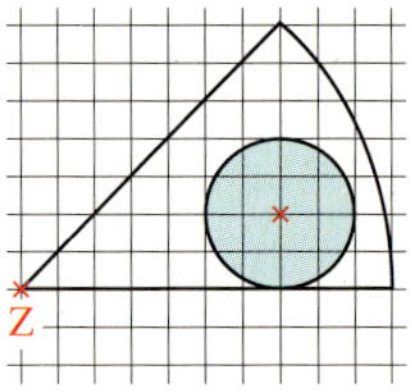

****

1 Übertrage die Brezel in dein Heft.

2 Ergänze durch mehrfaches Spiegeln in deinem Heft zu einem achsensymmetrischen Kreisbild.

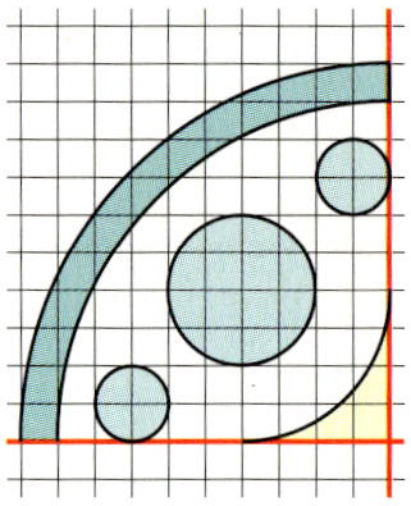

3 Zeichne eine Spirale aus Dreiviertelkreisen zur Zahlenfolge 1, 2, 3, 4, . . .

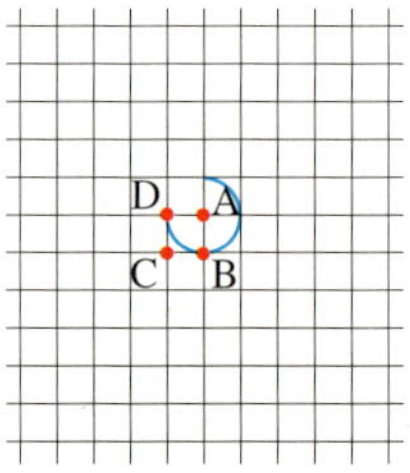

4 Übertrage die Figur in dein Heft und ergänze zu einem Kreisbild.

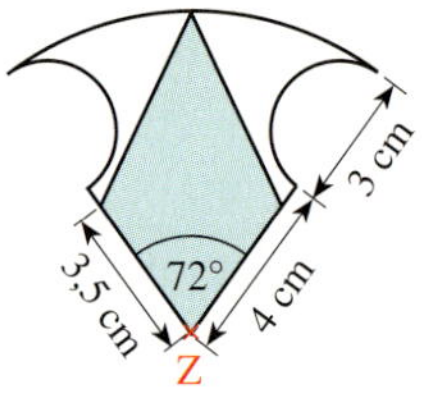

Glück und Zufall 4

Wisst ihr, wie der Schiedsrichter auslost, welche Mannschaft den Anstoß hat?

Glück muss man haben. Dies gilt nicht nur an der Losbude auf der Kirmes.
Es gibt viele Situationen, in denen der Zufall darüber entscheidet, ob man Glück hat oder nicht.

Oft sollen aber auch Entscheidungen vom Zufall abhängig gemacht werden. Kinder losen aus, wer ein Spiel beginnen darf, Sportler losen die Spielfeldseite aus usw.

Mit Hilfe von Würfeln, Münzen, Losen, Streichhölzern, Glücksrädern oder Ähnlichem werden Entscheidungen getroffen.

▼ In diesem Kapitel könnt ihr lernen,

- ► wie mit verschiedenen Zufallsgeräten umgegangen wird.
- ► wie Brüche zur Beschreibung der Gewinnchancen dienen.
- ► wie groß die Wahrscheinlichkeit ist, bei einem Spiel zu gewinnen oder zu verlieren.
- ► wie man seine Gewinnchancen verbessern kann.

H Spiele, Spiele, Spiele

1 Spiele haben die Menschen seit jeher begeistert. Ziel eines Spiels ist es fast immer, einen Sieger zu ermitteln.
Um als Sieger aus einem Spiel hervorzugehen, braucht man entweder Geschick, Wissen, eine gute Strategie, Übung oder einfach nur Glück
Bei manchen Spielen braucht man auch von jedem etwas.
Untersucht die aufgeführten Spiele daraufhin und beschreibt jeweils, wie der Sieger ermittelt wird.
Sucht weitere Spiele und beschreibt sie.

2 In den letzten Jahren kamen immer mehr elektronische Spiele auf den Markt. Der Computer oder Gameboy ersetzt dabei meist den Spielpartner.
Beschreibt solche Spiele.
Welche Möglichkeiten habt ihr dabei, den Spielverlauf zu beeinflussen?

M3 Um zu ermitteln, ob jemand Glück hat oder nicht, werden Hilfsmittel, so genannte **Zufallsgeräte**, wie z. B. Würfel, Lostrommeln usw., benutzt.
Nennt andere Hilfsmittel und gebt dazu passende Spiele an.
Bringt von zu Hause Spiele mit und beschreibt sie.
Welche Zufallsgeräte werden bei euren Spielen benutzt?

4 Sucht euch verschiedene Zufallsgeräte aus. Erfindet dazu ein einfaches Spiel und testet es.

5 Sucht geeignete Zufallsgeräte, um folgende Situationen entscheiden zu können, und ermittelt damit eure Entscheidung.

- Welche Fußballmannschaft hat den Anstoß?
- Du möchtest mit zwei Freunden Dart spielen. Wer hat den ersten Wurf?
- Du bist Mitglied einer Volleyballmannschaft. Wer ist der erste Aufgeber?
- Sieben Mannschaften starten zur Stadtrallye. Welche Mannschaft startet als erste, welche als zweite usw.?
- Deine Klasse möchte im Klassenraum ein Aquarium aufstellen. Wer geht den Direktor um Erlaubnis fragen?
- Eine Zahl von 0 bis 999 soll zufällig gebildet werden.

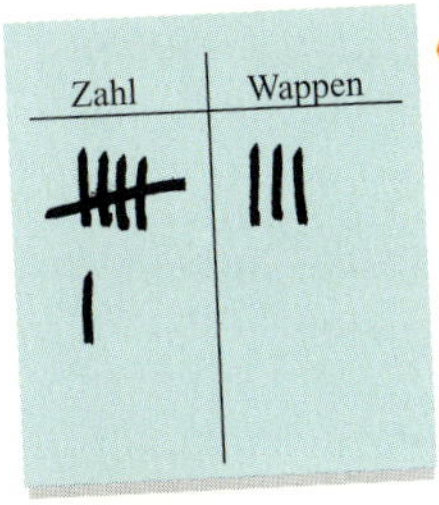

6 Werft das Zufallsgerät Münze 50-mal und notiert das Ergebnis in einer Strichliste in eurem Heft.
Vergleicht untereinander, wie häufig jeweils Zahl bzw. Wappen vorgekommen ist.
Was könnt ihr aus dem Vergleich schließen?

Wappen

Zahl

7 Wer von den beiden hat Recht? Begründet eure Meinung. Stellt euch ähnliche Aufgaben und spielt sie nach.

8 In der Klasse 6b werfen 28 Schülerinnen und Schüler je 30-mal einen Würfel und notieren das Ergebnis in einer Strichliste. Anschließend werden alle Ergebnisse an der Tafel zusammengefasst. Das Ergebnis seht ihr in der Tabelle.
Was lässt das Ergebnis vermuten?
Wie müsste die Tabelle ergänzt werden, damit sich eure Vermutung bestätigt?

Augenzahl / Name	1	2	3	4	5	6
Erwin	4	8	5	3	4	6
Inga	5	4	7	5	6	3
Aishe	6	5	5	3	6	5
Olga	2	8	1	7	6	6
Fred	4	6	5	5	7	3
Irmgard	2	6	6	4	6	6
Theo	6	5	5	4	5	5
Izmir	5	4	3	5	6	7
Abdul	6	5	5	6	4	4
Gerda	5	7	6	5	2	5
Thorsten	3	6	5	6	5	5
Klaus	8	5	4	4	5	4
Silke	5	2	7	2	7	
Anke	4	6	3	7	5	
Julia	7	2	4	6	6	
Heike	6	6	3	5	7	
Katrin	5	7	4	4	4	
Paul	7	4	3	8	2	
Lilli	5	5	4	6	5	
Hannah	6	3	5	6	6	
Stefan	4	4	8	3	4	
Tim	9	1	2	8	10	
Christoph	3	5	8	5	4	
Manfred	4	6	5	6	4	
Jochen	6	5	6	5	3	
Helmut	5	3	7	6	3	
Lydia	7	4	3	2	5	
Tanner	5	4	3	7		
Summe	**144**	**136**	**132**	**143**		

...?

Ihr könnt den Versuch in eurer Klasse auch selbst durchführen.

I Zufälle

Die Worte „Zufall“ oder „zufällig“ werden im täglichen Leben häufig benutzt.
Sucht Beispielsätze, in denen vom Zufall die Rede ist.

Ob man eine Drei oder eine Sechs würfelt, ist zufällig. Zufall ist es auch, das „große Los“ statt einer Niete zu ziehen.
Aber *dass* jemand beim Knobeln gewinnt, ist kein Zufall, sondern sicher. Nur *wer* beim Knobeln gewinnt, ist vom Zufall abhängig.

! Immer wenn das **Ergebnis** einer **Handlung** nicht vorhergesagt werden kann, spricht man von einem **Zufall**.
Mit Hilfe von **Zufallsgeräten** können Zufälle nachgeahmt werden. In diesem Fall spricht man von einem **Zufallsversuch**.

Beispiel

Wird ein Wasserhahn aufgedreht, so fließt das Wasser. Das Ergebnis dieser Handlung ist nicht zufällig, es ist vorhersehbar.
Wird ein Würfel geworfen, so ist die gewürfelte Zahl zufällig, das Ergebnis dieser Handlung kann nicht vorhergesagt werden.

Aufgaben

1 Beschreibe die möglichen Ergebnisse der folgenden Handlungen. Welche sind zufällig, welche nicht?
a) Eine Münze wird geworfen.
b) Eine Kerze wird ausgeblasen.
c) Ein Los wird gezogen.
d) Eine Freundin wird begrüßt.
e) Eine Karte wird gezogen.
f) Das Radio wird eingeschaltet.

2 Welche möglichen Ergebnisse haben folgende Zufallsversuche?
a) Der Münzwurf.
b) Das Drehen des abgebildeten Glücksrades.
c) Ziehen einer Karte aus dem Skatspiel.
d) Der Wurf mit zwei Würfeln.

3 Vier Kinder möchten Verstecken spielen. Welche der abgebildeten Zufallsgeräte würdet ihr nehmen, um zu ermitteln, wer als Erster suchen muss? Begründet eure Entscheidung.

I Chancen und Wahrscheinlichkeiten

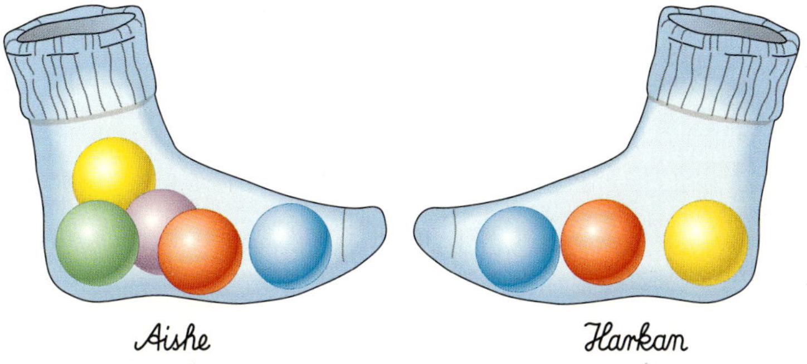

Aishe und Harkan ziehen jeweils aus ihrem Strumpf eine Kugel.
Harkan meint, dass die Chance eine rote Kugel zu ziehen, für ihn genauso groß ist, wie die Chance eine gelbe Kugel zu ziehen.
Aishe meint das für ihren Strumpf auch.
Was meint ihr?
Wer von den beiden hat die größere Chance, als erste Kugel eine rote Kugel zu ziehen?
Begründet eure Meinung.

Stammbrüche

Haben alle möglichen Ergebnisse eines Zufallsversuchs die gleiche Chance, so sagt man, dass jedes Ergebnis **gleich wahrscheinlich** ist.
Der Wert, mit dem ein bestimmtes Ergebnis erwartet wird, heißt **Wahrscheinlichkeit** des Ergebnisses und wird als **Bruch** geschrieben.

$$\text{Wahrscheinlichkeit eines Ergebnisses} = \frac{1}{\text{Anzahl aller möglichen Ergebnisse}}$$

Je mehr Möglichkeiten es gibt, desto geringer sind die Gewinnchancen.

Beispiele

▶ 148

Beim Münzwurf das Wappen zu werfen ist *eine von zwei* Möglichkeiten, beim Würfel die Augenzahl vier zu werfen ist *eine von sechs* Möglichkeiten.

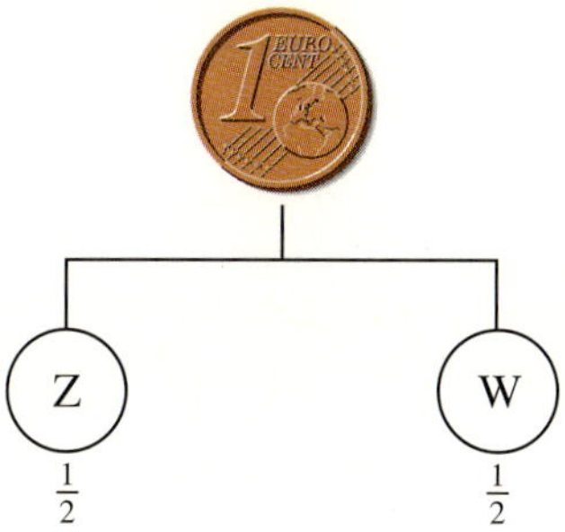

relativ große Chance

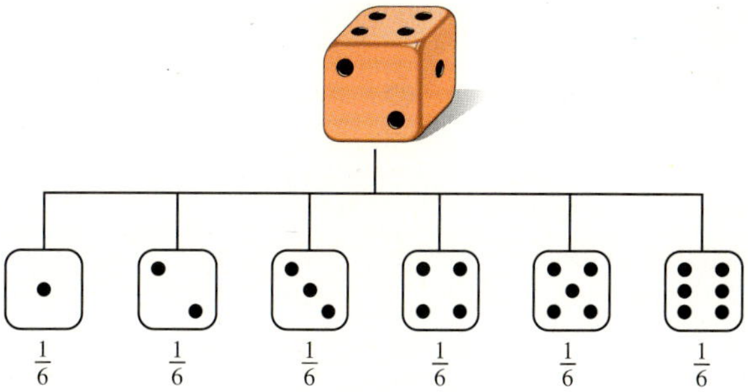

kleinere Chance

Aufgaben

1 Wie groß ist die Wahrscheinlichkeit
a) eine Eins zu würfeln?
b) von 5 Streichhölzern das kurze zu ziehen?
c) von 98 Losen den Hauptgewinn zu ziehen?
d) aus einem Skatspiel das Herzass zu ziehen?
d) beim Roulette die 12 zu erhalten?

2 Welche Wahrscheinlichkeit ist jeweils größer?
a) Eine Drei mit dem Würfel oder ein Wappen mit der Münze zu werfen?
b) Aus einem Strumpf mit fünf verschieden farbigen Kugeln die rote Kugel zu ziehen oder bei vier Streichhölzern das kurze zu ziehen?

Wie groß ist die Wahrscheinlichkeit, dass jemand am 29. Februar Geburtstag hat?

3 Welche Wahrscheinlichkeit ist kleiner?
a) An einem Sonntag oder in einem Schaltjahr geboren zu sein?
b) Auf einem zweistelligen Zahlenlos die Ziffer 13 zu haben oder im Lotto als erste Zahl eine 13 zu ziehen?
c) Aus einem Skatspiel ein Kreuzass zu ziehen oder beim Roulette die Null zu erhalten?

4 Beim Lotto sind bereits die Zahlen 12, 18, 22, 23 und 48 gezogen worden.
Wie groß ist die Wahrscheinlichkeit, dass als letzte Zahl die 15 gezogen wird?

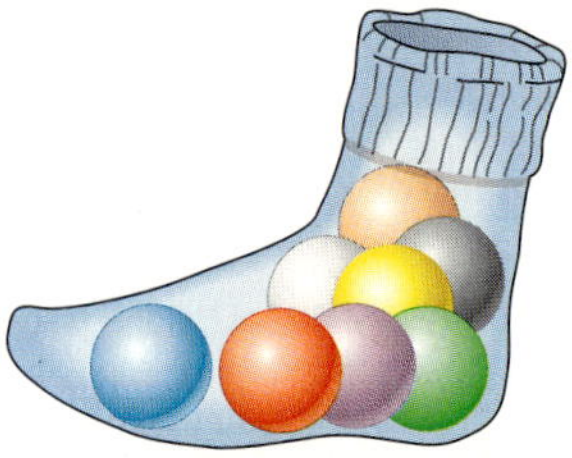

5 In einem Strumpf sind 8 verschieden farbige Kugeln, darunter eine gelbe.
a) Es werden nacheinander drei Kugeln gezogen und zur Seite gelegt. Darunter befindet sich die gelbe Kugel nicht. Wie groß ist die Wahrscheinlichkeit, als Nächstes die gelbe Kugel zu ziehen?
b) Wie groß ist die Wahrscheinlichkeit, im vierten Zug die gelbe Kugel zu ziehen, wenn die drei zuvor gezogenen Kugeln jedes Mal wieder zurückgelegt wurden?

6 Aus einem Strumpf mit farbigen Kugeln wird 580-mal eine Kugel gezogen und wieder zurückgelegt.
Dabei wird 263-mal eine rote, 57-mal eine blaue, 61-mal eine gelbe und 199-mal eine weiße Kugel gezogen.
a) Welche Farbe ist wahrscheinlich am häufigsten vertreten?
b) Welche Farben sind wahrscheinlich gleich oft vertreten?
c) Könnte es auch noch schwarze Kugeln im Strumpf geben?

7 Ein Farbwürfel wird 1000-mal geworfen. Welche Farben haben sehr wahrscheinlich jeweils die anderen, nicht sichtbaren Flächen?
a) Es erscheint 486-mal rot und 514-mal blau.
b) Es erscheint 663-mal rot, 337-mal blau.
c) Es erscheint 853-mal rot, 147-mal blau.

8 Setze das richtige Zeichen, < oder >.
a) $\frac{1}{2} \square \frac{1}{7}$ b) $\frac{1}{6} \square \frac{1}{8}$ c) $\frac{1}{7} \square \frac{1}{5}$
d) $\frac{1}{5} \square \frac{1}{9}$ e) $\frac{1}{36} \square \frac{1}{49}$ f) $\frac{1}{18} \square \frac{1}{17}$

9 Sortiere die Wahrscheinlichkeiten der Größe nach. Beginne mit der kleinsten Wahrscheinlichkeit.
a) $\frac{1}{3}; \frac{1}{5}; \frac{1}{2}; \frac{1}{7}; \frac{1}{18}; \frac{1}{12}$
b) $\frac{1}{4}; \frac{1}{16}; \frac{1}{10}; \frac{1}{8}; \frac{1}{11}; \frac{1}{9}$
c) $\frac{1}{49}; \frac{1}{17}; \frac{1}{111}; \frac{1}{6}; \frac{1}{250}; \frac{1}{24}$
d) $\frac{1}{113}; \frac{1}{2400}; \frac{1}{75}; \frac{1}{4118}; \frac{1}{64}$

10 Nenne für die angegebenen Wahrscheinlichkeiten geeignete Zufallsversuche.
$\frac{1}{2}; \frac{1}{3}; \frac{1}{4}; \frac{1}{8}; \frac{1}{37}; \frac{1}{49}$

ZUM KNOBELN

Stein, Schere und Papier

In der Zeichnung ist das Spiel „Stein, Schere und Papier" erklärt. Wie groß ist die Wahrscheinlichkeit, bei diesem Spiel zu gewinnen?

Hinweis: Der Fall „unentschieden" soll nicht berücksichtigt werden, er zählt also nicht.

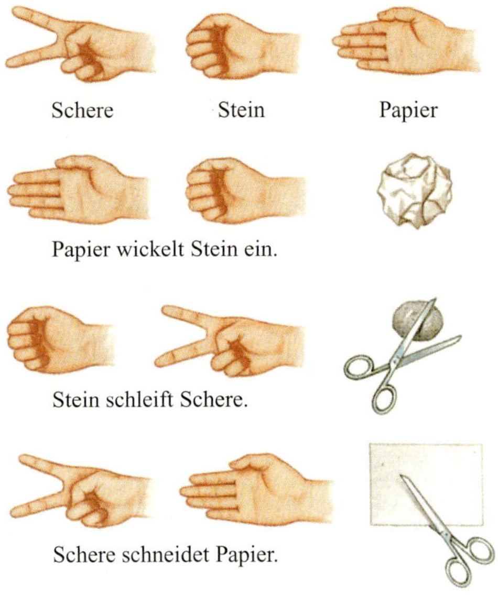

BINGO H

Bingo ist ein Glücksspiel, das vor allem in den USA und Großbritannien gerne gespielt wird. Dabei hat jeder Mitspieler Bingokarten vor sich liegen, auf denen Zahlen in beliebiger Folge aufgedruckt sind.
Ein Ausrufer zieht nacheinander aus einer Art Lostrommel Zahlen und gibt sie bekannt. Wer als Erster alle Zahlen seiner Karte abstreichen konnte, ruft BINGO und gewinnt.

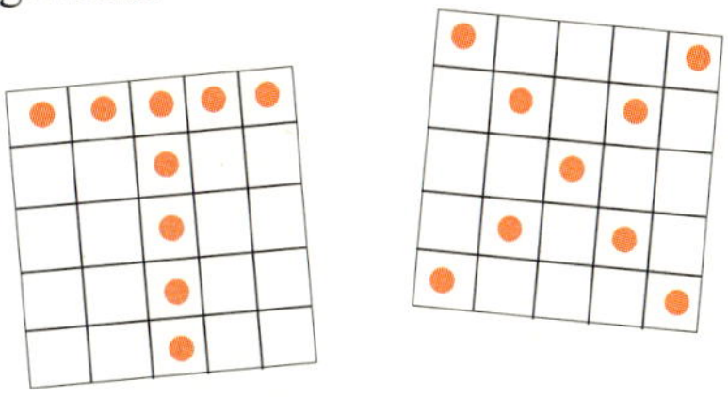

Es gibt auch Spiele, bei denen ein bestimmtes Muster wie etwa ein X, ein T, ein U usw. zum BINGO führt.

3	18	5
19	2	7
4	13	12

1 Stellt euch ein vereinfachtes Bingospiel her. Zeichnet dazu Bingokarten wie abgebildet. Schreibt in die Kärtchen beliebige Zahlen von 1 bis 20. Dabei darf keine Zahl doppelt vorkommen. Zum Ausrufen benutzt ihr die 20 roten Karten des Elfer-Raus-Spiels und zum Abdecken der ausgerufenen Zahlen Spielchips o. Ä.

Gewonnen hat, wer als Erster eine Zeile, eine Spalte oder eine Diagonale belegt hat.

Ihr könnt auch andere Gewinnbilder festlegen. Spielt in Gruppen von 5 bis 8 Schülerinnen und Schülern.

3	12	19
2	16	4
7	18	6

Jan

9	12	7
4	3	8
15	20	10

Katarina

14	19	17
6	18	11
3	12	2

Julia

19	15	20
4	18	7
3	5	17

Bernd

2	20	7
11	1	17
12	18	15

Achmed

2 a) Bei dem vereinfachten Bingospiel von Aufgabe 1 sind in einer Gruppe schon die acht Zahlen 1, 3, 4, 5, 9, 13, 14 und 18 gezogen worden. Wer hat jetzt die größte, wer die kleinste, wer keine Chance, bei der nächsten gezogenen Zahl zu gewinnen?
b) Könnt ihr die Wahrscheinlichkeiten, mit der die einzelnen Mitspieler BINGO haben werden, angeben?

3 a) Nachdem die Zahlen wie in Aufgabe 2 gezogen wurden, wird als Nächstes die Zahl 12 aufgerufen. Wie groß sind jetzt die Gewinnwahrscheinlichkeiten für die fünf Spieler?
b) Welche Zahlen dürften danach als Nächstes aufgerufen werden, damit kein Spieler gewinnt? Wie groß ist die Wahrscheinlichkeit dafür?

I Wir vergrößern unsere Chancen

Angelika spielt mit den grünen, Dirk mit den roten Spielsteinen. Wer hat die größere Chance, seinen Spielstein beim nächsten Wurf sicher ins Haus zu bringen? Begründet eure Meinung.

Echte Brüche

▸ 148

Bei vielen Spielen können mehrere mögliche Ergebnisse zum Erfolg führen. Diese Ergebnisse heißen **günstige Ergebnisse**. Alle günstigen Ergebnisse zusammen bilden ein **Ereignis**. Wir können also sagen:

$$\text{Wahrscheinlichkeit eines Ereignisses} = \frac{\text{Anzahl der günstigen Ergebnisse}}{\text{Anzahl der möglichen Ergebnisse}}$$

Die Wahrscheinlichkeit eines Ereignisses wird häufig als **Bruch** angegeben. Die Zahl über dem Bruchstrich heißt **Zähler**, sie zählt die günstigen Ergebnisse. Die Zahl unter dem Bruchstrich heißt **Nenner**, sie nennt die Anzahl aller möglichen Ergebnisse eines Zufallsversuchs.

Beispiel

Es gibt acht Möglichkeiten, aus einem Skatspiel (32 Karten) eine Herzkarte zu ziehen, aber nur vier Möglichkeiten, eine Dame zu ziehen. Man hat also acht günstige Ergebnisse für das Ereignis „Herzkarte" und vier günstige Ergebnisse für das Ereignis „Dame".
Die Wahrscheinlichkeit für das Ereignis „Herzkarte" beträgt demnach $\frac{8}{32}$ und für das Ereignis „Dame" $\frac{4}{32}$.

Aufgaben

1 Wie groß ist die Wahrscheinlichkeit, dass aus dem nebenstehenden Behälter eine blaue Kugel gezogen wird? $\frac{7}{11}$

2 In einem Musikgeschäft werden zum Jubiläum CDs verlost. Man kann an 78 Fäden ziehen. An 11 Fäden hängt ein Gewinn. Wie groß ist die Wahrscheinlichkeit zu gewinnen? $\frac{11}{78}$

3 Beim Schulfest fand eine Verlosung statt. Dabei wurde eine Kugel aus einem Eimer mit 65 schwarzen, 18 roten und 3 weißen Kugeln gezogen.
Wie groß ist die Wahrscheinlichkeit, eine schwarze (rote, weiße) Kugel zu ziehen?
$\frac{65}{86}$ $\frac{18}{86}$ $\frac{3}{86}$

4 Mit dem im Netz angegebenen Würfel bestimmen Jochen und Tina, wer beim Abtrocknen hilft.
a) Wie groß ist die Wahrscheinlichkeit, dass Jochen helfen muss, wenn er würfelt? $\frac{4}{6}$
b) Wie wäre das Ergebnis für Jochen, wenn Tina würfelt? $\frac{4}{6}$
c) Wie groß ist die Wahrscheinlichkeit, dass beide helfen müssen? $\frac{2}{6}$

Ein Ikosaeder hat 20 Flächen.

5 Wie groß ist die Wahrscheinlichkeit, mit dem abgebildeten Ikosaederwürfel
a) eine gerade Zahl zu werfen?
b) eine durch 5 teilbare Zahl zu werfen?
c) eine durch 3 teilbare Zahl zu werfen?
d) eine zweistellige Zahl zu werfen?

6 Aus einem Skatspiel wurden bereits alle vier Asse, die Karozehn und die Karodame gezogen. Wie groß ist Wahrscheinlichkeit, jetzt noch
a) eine rote Karte
b) eine Karokarte
c) eine Zehn
d) ein Ass
e) einen Bauern
f) eine Sieben
zu ziehen?

(WZW)

7 Eine Münze wird dreimal hintereinander geworfen. Dabei sind die acht gleichwahrscheinlichen Ergebnisse (WWW), (WWZ), (WZW), (ZWW), (WZZ), (ZWZ), (ZZW) und (ZZZ) möglich. Wie groß ist jeweils die Wahrscheinlichkeit
a) genau zwei Wappen zu haben?
b) mindestens zwei Wappen zu haben?
c) höchstens zwei Wappen zu haben?
d) kein Wappen zu haben?

8 Beim Spiel 17 und 4 hat man unter anderem mit zwei Assen oder mit einer Zehn und einem Ass gewonnen.

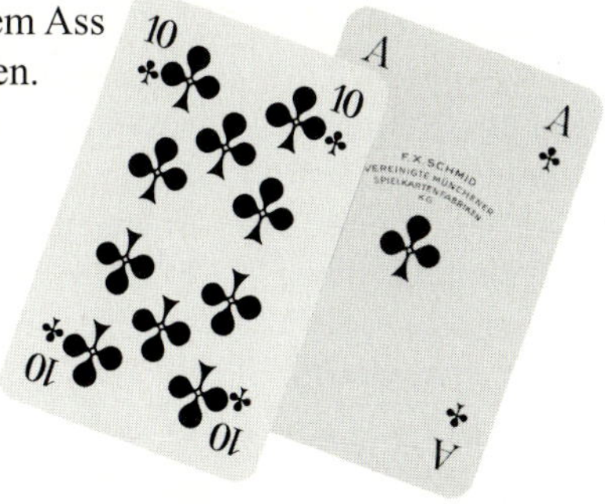

Wie groß ist die Wahrscheinlichkeit zu gewinnen, wenn man ein Ass hat und weiß, dass noch kein weiteres Ass bzw. Zehn gezogen wurde?
a) Es sind noch 30 Karten im Spiel.
b) Es sind noch 25 Karten im Spiel.
c) Wie ändern sich die Wahrscheinlichkeiten in den Aufgaben a) und b), wenn bereits zwei Zehnen ausgespielt wurden?

9 Die Wahrscheinlichkeit, mit einem Farbwürfel Rot zu werfen, beträgt $\frac{1}{2}$, Blau $\frac{1}{3}$ und Gelb $\frac{1}{6}$.
Welche Farben haben die nicht sichtbaren Seiten?

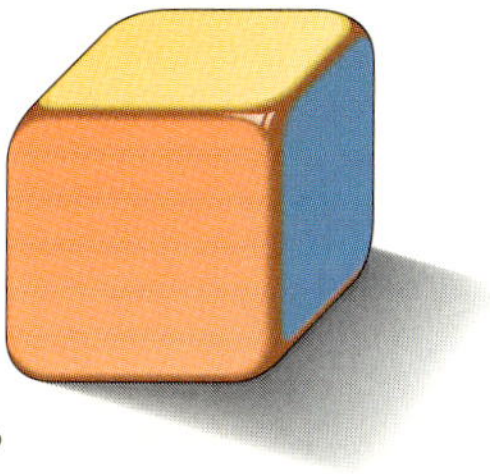

10 Die Wahrscheinlichkeit, aus einer Lostrommel einen Gewinn zu ziehen, beträgt $\frac{5}{12}$.
a) Wie viele Lose und wie viele Gewinne befinden sich mindestens in der Lostrommel?
b) Gib mindestens fünf weitere Möglichkeiten für die Anzahl der Lose und die Anzahl der Gewinne in der Lostrommel an.

11 Die Wahrscheinlichkeit, beim Mensch-ärgere-Dich-nicht-Spiel eine Spielfigur sicher ins Haus zu bringen, beträgt $\frac{1}{3}$. Überlege dir unterschiedliche Spielsituationen. Gib für jede Situation an, welche Augenzahl gewürfelt werden muss.

INFO

a) Was meint Peter mit „fifty–fifty"?
b) Wo kommt der Ausspruch „fifty–fifty" her? Was bedeutet er wörtlich?

Wahrscheinlichkeiten werden oft auch in **Prozent** angegeben. Prozent heißt **„von Hundert"**. Beträgt die Wahrscheinlichkeit z. B. 25 %, so heißt dies eigentlich, dass man bei 100 möglichen Ergebnissen 25 günstige hat.

$$25\,\% = \frac{25}{100}$$

Wie viele günstige Ergebnisse von hundert möglichen Ergebnissen hat man bei 10 %, 20 %, 40 % und 75 %?

Ordne die Wahrscheinlichkeiten der Größe nach. Beginne mit der kleinsten.
54 %, 28 %, 17 %, 96 %, 3 %, 15 %, 74 %
Schreibe als Bruch: 15 %, 50 %, 87 %.

I Ein Ereignis kommt selten allein

Bei einer Lotterie wurden 1000 von 000 bis 999 durchnummerierte Lose verkauft. Die Endziffer 8 gewinnt 2,00 DM, die Endziffer 32 gewinnt 10,00 DM und die Zahl 756 gewinnt 100,00 DM. Tobias hat ein Los gekauft.
Wie groß ist die Wahrscheinlichkeit, dass er etwas gewonnen hat?

Ein Ereignis kann sich aus mehreren, voneinander verschiedenen Teilereignissen zusammensetzen. Werden die Wahrscheinlichkeiten der einzelnen Teilereignisse addiert, so ergibt die Summe die Wahrscheinlichkeit des zusammengesetzten Ereignisses.

▶ 156

Dabei werden die Brüche mit gleichem Nenner **addiert**, indem ihre Zähler addiert werden. Ebenso werden Brüche mit gleichem Nenner **subtrahiert**, indem ihre Zähler subtrahiert werden.

Beispiele

a) In einem Hut befinden sich 100 Lose. Davon sind 30 kleine Gewinne, 10 große Gewinne und 2 Hauptgewinne. Wie groß ist die Wahrscheinlichkeit, überhaupt etwas zu gewinnen?
Wir haben die Wahrscheinlichkeiten:

kleiner Gewinn: $\frac{30}{100}$

großer Gewinn: $\frac{10}{100}$

Hauptgewinn: $\frac{2}{100}$

irgendein Gewinn: $\frac{30}{100} + \frac{10}{100} + \frac{2}{100} = \frac{42}{100}$

b) In einem Hut mit 120 Losen sind 38 Gewinnlose. Es gibt 3 Hauptgewinne, der Rest sind Trostpreise. Wie groß ist die Wahrscheinlichkeit, einen Trostpreis zu ziehen?
Wir haben folgende Wahrscheinlichkeiten:

irgendein Gewinn: $\frac{38}{120}$

Hauptgewinn: $\frac{3}{120}$

Trostpreis: $\frac{38}{120} - \frac{3}{120} = \frac{35}{120}$

Aufgaben

1 In einer Lostrommel befinden sich 400 Lose. Zu gewinnen gibt es 100 Kugelschreiber, 30 CDs, 10 Walkmen und einen Fernseher.
Bestimme folgende Wahrscheinlichkeiten.
a) Wenigstens etwas zu gewinnen.
b) Eine CD oder einen Walkman zu gewinnen.
c) Nichts zu gewinnen.
d) Etwas außer dem Kugelschreiber zu gewinnen.
e) Den Fernseher oder nichts zu gewinnen.

2 Bei einer Tombola ist die Wahrscheinlichkeit etwas zu gewinnen $\frac{23}{100}$. Ein Hauptgewinn hat die Wahrscheinlichkeit $\frac{3}{100}$.
Welche Wahrscheinlichkeit haben die restlichen Gewinne?

Ein Dodekaeder hat 12 Flächen.

3 Wie groß ist die Wahrscheinlichkeit, aus einem Skatspiel folgende Karten zu ziehen?
a) Eine Herz- oder Kreuzkarte.
b) Einen Buben oder eine Dame.
c) Eine Kreuzkarte oder einen König.

4 Berechne die Wahrscheinlichkeiten der angegebenen Ereignisse beim Würfeln mit dem Dodekaeder (Zwölfflächner).
a) Eine ungerade Zahl oder eine durch vier teilbare Zahl zu werfen.
b) Eine durch drei oder fünf teilbare Zahl zu werfen.
c) Keine ungerade oder durch sieben teilbare Zahl zu werfen.
d) Alles, nur keine durch drei teilbare Zahl zu werfen.

5 In einer Kiste befinden sich die abgebildeten Legosteine.

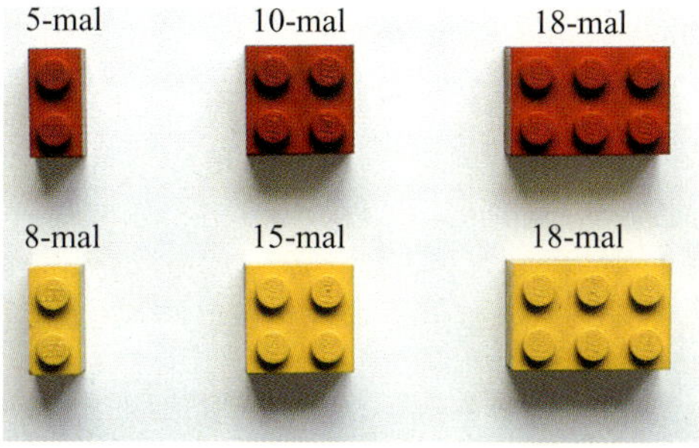

Wie groß ist die Wahrscheinlichkeit
a) einen „Sechserstein" zu ziehen?
b) einen roten Stein zu ziehen?
c) einen roten „Zweier-" oder gelben „Viererstein" zu ziehen?
d) keinen „Viererstein" zu ziehen?

6 Beim Spiel „Schiffe versenken" gibt es anfangs 100 Felder, auf die man zielen kann. Auf dem Spielplan befinden sich ein Fünfer-, ein Vierer-, zwei Dreier- und drei Zweierschiffe.

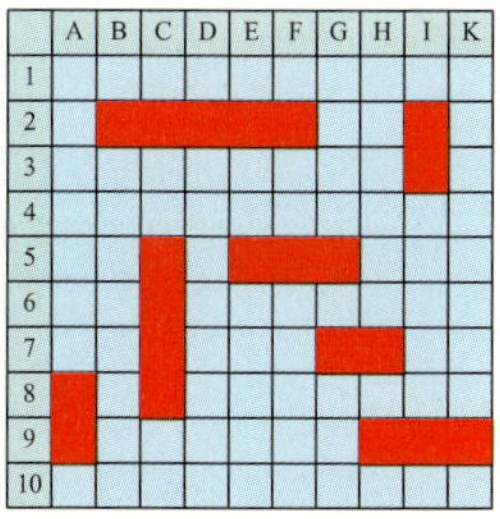

Wie groß ist die Wahrscheinlichkeit, beim ersten Schuss
a) das Fünferschiff zu treffen?
b) ein Zweierschiff zu treffen?
c) irgendein Schiff zu treffen?
d) kein Schiff zu treffen?
e) Wie ändern sich die Wahrscheinlichkeiten in den Aufgaben a) bis d), wenn bereits fünf Schuss ins Wasser abgegeben wurden?

7 Addiere die Brüche.

a) $\frac{3}{5}+\frac{1}{5}$; $\quad \frac{2}{11}+\frac{5}{11}$; $\quad \frac{4}{13}+\frac{7}{13}$

b) $\frac{8}{27}+\frac{14}{27}$; $\quad \frac{12}{45}+\frac{31}{45}$; $\quad \frac{24}{73}+\frac{38}{73}$

8 Wohin fährt der Zug?

$\frac{3}{7}+\frac{1}{7}$ (L) $\quad \frac{8}{9}-\frac{3}{9}$ (B) $\quad \frac{16}{38}-\frac{9}{38}$ (N)

$\frac{6}{17}+\frac{4}{17}$ (I) $\quad \frac{24}{36}-\frac{9}{36}$ (E) $\quad \frac{14}{19}-\frac{6}{19}$ (R)

9 Subtrahiere die Brüche.

a) $\frac{6}{10}-\frac{1}{10}$; $\quad \frac{14}{15}-\frac{6}{15}$; $\quad \frac{23}{31}-\frac{16}{31}$

b) $\frac{48}{95}-\frac{39}{95}$; $\quad \frac{17}{24}-\frac{11}{24}$; $\quad \frac{114}{215}-\frac{68}{215}$

c) $\frac{117}{250}-\frac{83}{250}$; $\quad \frac{44}{98}-\frac{31}{98}$; $\quad \frac{145}{163}-\frac{76}{163}$

10 Bestimme die fehlenden Zähler oder Nenner.

a) $\frac{\square}{12}+\frac{5}{12}=\frac{11}{12}$ $\qquad$ b) $\frac{26}{38}-\frac{\square}{38}=\frac{5}{38}$

$\frac{3}{14}+\frac{8}{\square}=\frac{11}{14}$ $\qquad$ $\frac{19}{26}-\frac{\square}{26}=\frac{7}{\square}$

$\frac{4}{7}+\frac{\square}{\square}=\frac{6}{7}$ $\qquad$ $\frac{\square}{31}-\frac{17}{\square}=\frac{6}{31}$

11 In einem Zauberquadrat ist die Summe in jeder Zeile, jeder Spalte und den Diagonalen gleich groß. Übertrage das Zauberquadrat in dein Heft und fülle es aus.

$\frac{10}{40}$	$\frac{8}{40}$	$\frac{15}{40}$	$\frac{5}{40}$
		$\frac{6}{40}$	
		$\frac{4}{40}$	$\frac{14}{40}$
$\frac{16}{40}$	$\frac{2}{40}$		

INFO

Ereignis – Gegenereignis

In einem Strumpf mit zehn Legosteinen befinden sich vier rote Legosteine. Bestimme die Wahrscheinlichkeit für folgende Ereignisse:
a) Ein roter Legostein wird gezogen.
b) Kein roter Legostein wird gezogen.
c) Irgendein Legostein wird gezogen.
Vergleicht die drei Ergebnisse. Was fällt euch auf?

Zu jedem **Ereignis** (roter Legostein) gibt es ein **Gegenereignis** (kein roter Legostein). Werden die Wahrscheinlichkeiten vom Ereignis und dem zugehörigen Gegenereignis addiert, so sind Zähler und Nenner immer gleich groß.

Sucht weitere Beispiele und zeigt, dass die Behauptung stimmt.

H Wir drehen am Glück

Glücksräder sind ideale Zufallsgeräte, da mit ihnen eine Vielzahl unterschiedlichster Situationen nachgeahmt werden können.

1 Wo sind euch bereits Glücksräder begegnet? Beschreibt, wie sie aussahen und wie sie eingesetzt wurden.

2 Für Glücksräder können unterschiedliche Ereignisse gefragt sein. Sucht solche Ereignisse für verschiedene Glücksräder und bestimmt die Wahrscheinlichkeit dafür.

M 3 Glücksräder könnt ihr auch selbst herstellen. Nachfolgend seht ihr die Bastelanleitung zur Herstellung eines neuneckigen Glücksrads.

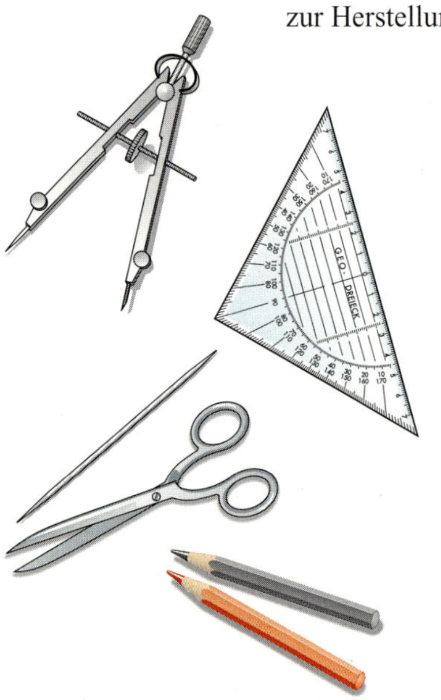

- Zeichnet einen Kreis mit einem Radius von 4 cm.
- Unterteilt den Kreis in 9 gleich große Ausschnitte. Tragt dazu den Winkel von 40° (360° : 9 = 40°) mit dem Geodreieck ab.
- Färbt die Flächen wie angegeben und nummeriert die Felder von 1 bis 9 durch.
- Wenn ihr entlang der gestrichelten Linie schneidet, wird aus dem Kreis ein regelmäßiges Neuneck.
- Stecht genau in die Mitte mit einer dicken Nadel ein Loch.
- Durch dieses Loch steckt ihr einen abgebrochenen Schaschlikspieß oder etwas Ähnliches mit der Spitze nach unten.

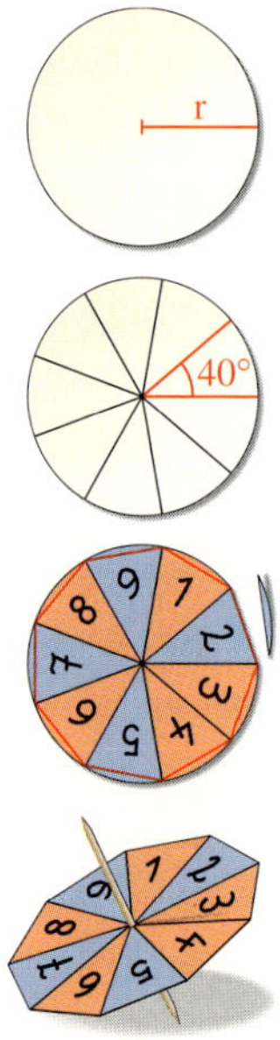

4 Ihr könnt nun zu zweit euer Glück versuchen. Jeder hat zu Beginn des Spiels fünf Spielmarken. Der Gewinner erhält vom Verlierer jeweils eine Spielmarke. Spielt so lange, bis einer von euch keine Spielmarken mehr hat.

1. Spiel: Ein Spieler gewinnt bei einer geraden, der andere bei einer ungeraden Zahl.

2. Spiel: Ein Spieler gewinnt bei rot, der andere bei blau.
Beurteilt die beiden Spiele!

M 5 Baut euch weitere Glücksräder, wie z. B. ein regelmäßiges Fünfeck, Sechseck, Zwölfeck oder Fünfzehneck. Welchen Winkel müsst ihr jeweils für die Ausschnitte abtragen?

I Dem Glück auf der Spur

Anke und Sven haben den Auftrag, für ein Sommerfest ein Glücksrad so zu färben, dass die Gewinnwahrscheinlichkeit $\frac{1}{3}$ beträgt. Sven möchte $\frac{1}{3}$ der Kreisscheibe rot, den Rest weiß anmalen. Anke ist das zu langweilig. Sie möchte das Glücksrad in mehrere Felder unterteilen, damit es schön bunt wird.
Könnt ihr einen Vorschlag machen? Zeichnet in euer Heft.

Je nachdem, welches Glücksrad man benutzt, wird die Wahrscheinlichkeit gleich wahrscheinlicher Ereignisse durch unterschiedliche Brüche beschrieben.

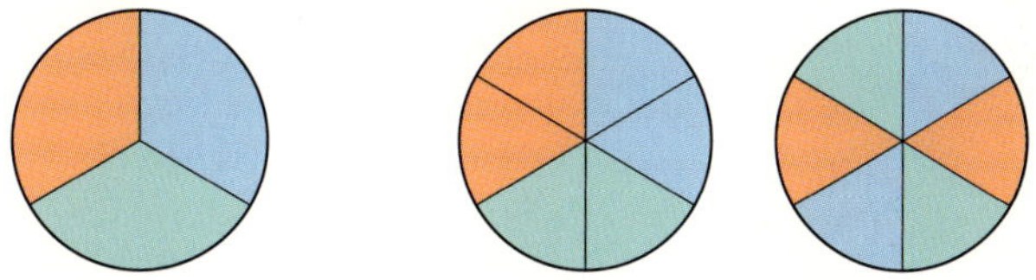

Wahrscheinlichkeit für „Rot“: $\frac{1}{3}$ $\quad \frac{2}{6}$ oder $\frac{2}{6}$

Da beide Wahrscheinlichkeiten gleich groß sind, kann man sagen: $\frac{1}{3} = \frac{2}{6}$.

▶ 152

Der Wert eines Bruches (die Wahrscheinlichkeit) ändert sich nicht, wenn Zähler und Nenner mit der gleichen Zahl multipliziert oder durch die gleiche Zahl dividiert werden.
Im ersten Fall spricht man vom **Erweitern** eines Bruches, im zweiten Fall vom **Kürzen** eines Bruches.

Beispiele

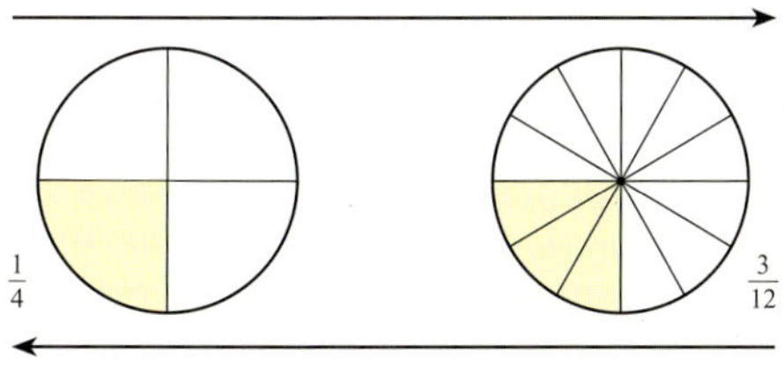

a) **Erweitern**: $\frac{1}{4} = \frac{1 \cdot 3}{4 \cdot 3} = \frac{3}{12}$ Kurz: $\frac{1}{4} \overset{\cdot 3}{=} \frac{3}{12}$

Kürzen: $\frac{3}{12} = \frac{3:3}{12:3} = \frac{1}{4}$ Kurz: $\frac{3}{12} \underset{:3}{=} \frac{1}{4}$

b) Die Wahrscheinlichkeit, mit dem Würfel eine gerade Zahl zu werfen, ist $\frac{3}{6} = \frac{1}{2}$.
„Drei von sechs“ oder die „Hälfte“ der möglichen Augenzahlen beim Würfel sind gerade.

Aufgaben

1 Wie viele Felder müssen auf dem nebenstehenden Glücksrad rot gefärbt werden, wenn das Ereignis „Rot“ mit den folgenden Wahrscheinlichkeiten eintreten soll?

a) $\frac{1}{2}$ b) $\frac{1}{4}$ c) $\frac{1}{3}$ d) $\frac{3}{8}$ e) $\frac{5}{12}$

Gib für jede Lösung unterschiedliche Muster auf dem Glücksrad an. Zeichne in dein Heft.

2 Finde mindestens drei weitere, gleich große Wahrscheinlichkeiten.

a) $\frac{4}{6}$ b) $\frac{2}{7}$ c) $\frac{1}{12}$ d) $\frac{8}{10}$ e) $\frac{32}{72}$

3 Die Zahl der möglichen Ergebnisse betrage 120. Wie viele günstige Ergebnisse müssen die Zufallsversuche haben, wenn sie folgende Wahrscheinlichkeiten haben?

a) $\frac{1}{2}$; $\frac{1}{4}$; $\frac{1}{6}$; $\frac{1}{8}$; $\frac{1}{10}$; $\frac{1}{24}$

b) $\frac{7}{12}$; $\frac{5}{8}$; $\frac{3}{4}$; $\frac{3}{5}$; $\frac{2}{15}$; $\frac{7}{24}$

c) $\frac{13}{40}$; $\frac{13}{15}$; $\frac{11}{60}$; $\frac{17}{120}$; $\frac{11}{30}$; $\frac{19}{24}$

4 Die Klasse 6c möchte vier Volleyballmannschaften aufstellen. Nachdem die vier Spielführer gewählt sind, soll mit einem Zufallsversuch ermittelt werden, welcher Spielführer als Erster einen Mitspieler aussuchen darf.

a) Suche geeignete Zufallsversuche.

b) Wie muss man vorgehen, wenn nur Münzen zur Verfügung stehen?

c) Wie lässt sich diese Frage mit einem Würfel entscheiden?

5 Erweitere die Brüche mit 3, 7 und 12.

18 Aufg. a) $\frac{1}{3}$; $\frac{4}{7}$; $\frac{5}{8}$ b) $\frac{11}{12}$; $\frac{17}{18}$; $\frac{13}{25}$

6 Kürze die Brüche durch 2, 3 und 6.

18 Aufg. a) $\frac{18}{36}$; $\frac{72}{90}$; $\frac{90}{126}$ b) $\frac{54}{72}$; $\frac{180}{216}$; $\frac{270}{378}$

7 Kürze so weit wie möglich.

6 Aufg. a) $\frac{18}{27}$; $\frac{24}{36}$ b) $\frac{48}{144}$; $\frac{45}{105}$ c) $\frac{54}{84}$; $\frac{72}{128}$

8 Erweitere die Brüche so, dass die Nenner jeweils gleich groß sind.

a) $\frac{1}{2}$ und $\frac{1}{4}$; $\frac{2}{3}$ und $\frac{5}{9}$; $\frac{2}{5}$ und $\frac{2}{15}$; $\frac{5}{6}$ und $\frac{7}{18}$

b) $\frac{3}{6}$ und $\frac{7}{30}$; $\frac{1}{4}$ und $\frac{1}{6}$; $\frac{2}{3}$ und $\frac{3}{4}$; $\frac{2}{5}$ und $\frac{3}{8}$

9 Bestimme die fehlenden Zahlen. Die richtigen Zahlen führen auf das Lösungswort.

a) $\frac{\square}{18} = \frac{1}{2}$ b) $\frac{\square}{36} = \frac{5}{6}$ c) $\frac{8}{15} = \frac{\square}{45}$

d) $\frac{\square}{3} = \frac{4}{12}$ e) $\frac{16}{64} = \frac{\square}{8}$ f) $\frac{3}{8} = \frac{27}{\square}$

g) $\frac{30}{\square} = \frac{6}{5}$ h) $\frac{9}{\square} = \frac{27}{45}$ i) $\frac{12}{52} = \frac{3}{\square}$

30	2	25	13	24	15	9	72	1
L	K	R	D	Ü	A	G	S	C

INFO

Wichtige Prozentsätze

Einige Prozentsätze lassen sich durch Kürzen in einfache Brüche umwandeln.
Beispiel: $25\,\% = \frac{25}{100} = \frac{1}{4}$

Umgekehrt können einige Brüche durch Erweitern leicht in die Prozentschreibweise überführt werden.
Beispiel: $\frac{1}{5} = \frac{20}{100} = 20\,\%$

Folgende Zusammenhänge solltest du auswendig können:

$\frac{1}{100} = 1\,\%$ $\frac{1}{20} = 5\,\%$ $\frac{1}{4} = 25\,\%$

$\frac{1}{50} = 2\,\%$ $\frac{1}{10} = 10\,\%$ $\frac{1}{2} = 50\,\%$

$\frac{1}{25} = 4\,\%$ $\frac{1}{5} = 20\,\%$

Aus diesen Stammbrüchen kannst du weitere einfache Prozentsätze schnell herleiten.

Beispiele:

$\frac{2}{5} = \frac{1}{5} + \frac{1}{5} = 2 \cdot \frac{1}{5} = 2 \cdot 20\,\% = 40\,\%$

$\frac{3}{25} = \frac{1}{25} + \frac{1}{25} + \frac{1}{25} = 3 \cdot \frac{1}{25} = 3 \cdot 4\,\% = 12\,\%$

Auch diesen wichtigen Prozentsatz solltest du noch kennen: $\frac{1}{8} = 12{,}5\,\%$.
Kannst du das auch zeigen?

I Wir vergleichen Ereignisse

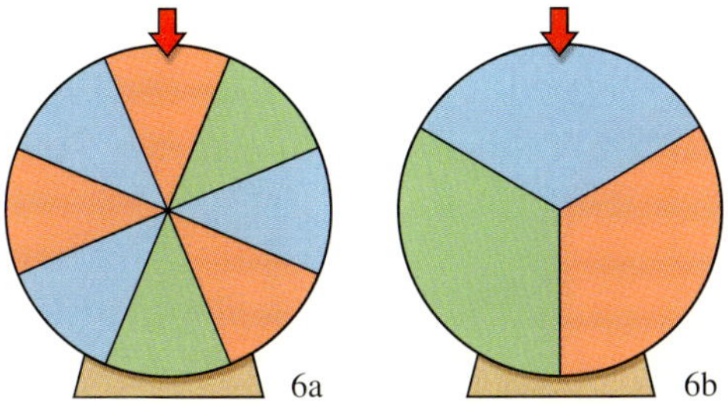

Bei einem Schulfest hat jede der beiden Klassen 6a und 6b ein Glücksrad aufgestellt. Wird rot gedreht, so gewinnt man ein kleines Lesebuch.
Gebt jeweils die Wahrscheinlichkeit für einen Gewinn an.
Bei welcher Klasse würdet ihr euer Glück versuchen?

Für die beiden Glücksräder ist die Anzahl der günstigen Ergebnisse und die Anzahl der möglichen Ergebnisse nicht gleich. Deshalb lassen sich die Wahrscheinlichkeiten nicht direkt miteinander vergleichen.

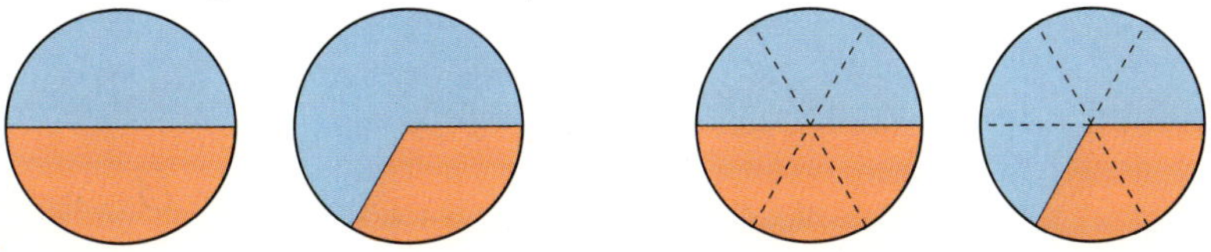

Um **Wahrscheinlichkeiten miteinander vergleichen** zu können, müssen sie entweder in der Anzahl der günstigen oder in der Anzahl der möglichen Ergebnisse übereinstimmen. Dies kann man durch Erweitern oder Kürzen immer erreichen.
Das Kürzen entspricht dabei dem Zusammenfassen von Feldern auf dem Glücksrad, das Erweitern dem weiteren gleichmäßigen Unterteilen der Felder.

Beispiele

Die Wahrscheinlichkeiten $\frac{3}{7}$ und $\frac{2}{5}$ sollen verglichen werden.

a) Wir bilden durch Erweitern die gleiche Anzahl günstiger Ergebnisse.

$\frac{3}{7} \overset{\cdot 2}{=} \frac{6}{14}$ und $\frac{2}{5} \overset{\cdot 3}{=} \frac{6}{15}$ Da $\frac{6}{14} > \frac{6}{15}$, folgt $\frac{3}{7} > \frac{2}{5}$

b) Wir bilden durch Erweitern die gleiche Anzahl möglicher Ergebnisse.

$\frac{3}{7} \overset{\cdot 5}{=} \frac{15}{35}$ und $\frac{2}{5} \overset{\cdot 7}{=} \frac{14}{35}$ Da $\frac{15}{35} > \frac{14}{35}$, folgt $\frac{3}{7} > \frac{2}{5}$

▶ 152

Um Brüche vergleichen zu können, werden sie in der Regel so erweitert, dass die **Nenner** gleich sind. Solche Brüche heißen dann **gleichnamig**.
Ein Vergleich gleichnamiger Brüche ist leicht mit Hilfe der Zähler möglich. Je größer der Zähler, desto größer der Bruch.

Aufgaben

1 Zeichne Glücksräder
a) mit der Wahrscheinlichkeit $\frac{1}{4}$ für rot.
b) mit den Wahrscheinlichkeiten $\frac{1}{3}$ für rot, $\frac{1}{2}$ für gelb und $\frac{1}{6}$ für blau.
c) mit den Wahrscheinlichkeiten $\frac{1}{6}$ für rot, $\frac{1}{3}$ für weiß, $\frac{1}{8}$ für schwarz und $\frac{3}{8}$ für gelb.

2 Auf der Kirmes stehen drei Losverkäufer. Der erste Verkäufer hat unter 120 Losen drei, der zweite unter 180 Losen vier und der dritte unter 60 Losen zwei Hauptteffer. Wo sind die Gewinnchancen am größten, wo am geringsten?

3 Gib für die folgenden Ereignisse die Wahrscheinlichkeiten an und nenne die Ereignisse, die gleich wahrscheinlich sind.
a) Mit dem Würfel eine ungerade Zahl werfen.
b) Mit zwei Münzen genau zwei Wappen werfen.
c) Aus einem Skatspiel eine Sieben ziehen.
d) Mit drei Münzen genau drei Wappen werfen.
e) Von vier Streichhölzern das einzige kurze ziehen.
f) Mit dem Würfel eine durch zwei teilbare Zahl werfen.
g) Von 120 Losen einen der 15 Gewinne ziehen.
h) Beim Roulette eine der Zahlen 4, 5, 7 oder 8 treffen.

4 Was ist wahrscheinlicher?
a) Aus einem Elfer-raus-Spiel eine gelbe Karte oder aus einem Skatspiel eine Herzkarte zu ziehen.
b) Aus einem Skatspiel eine 7 oder ein Ass zu ziehen.
c) An einem 10. oder an einem 31. Geburtstag zu haben.
d) Aus einem Strumpf mit neun roten, sechs weißen und drei grünen Kugeln eine grüne Kugel zu ziehen oder aus einem Strumpf mit zwölf roten, vier weißen und vier blauen Kugeln eine weiße Kugel zu ziehen.
e) Bei einem Zahlenlos die Endziffer acht zu haben oder beim Lotto als erste gezogene Ziffer die Endziffer acht zu haben.
f) Beim Roulette eine der ersten acht ungeraden Zahlen zu erhalten oder mit einem Würfel eine Sechs zu werfen.

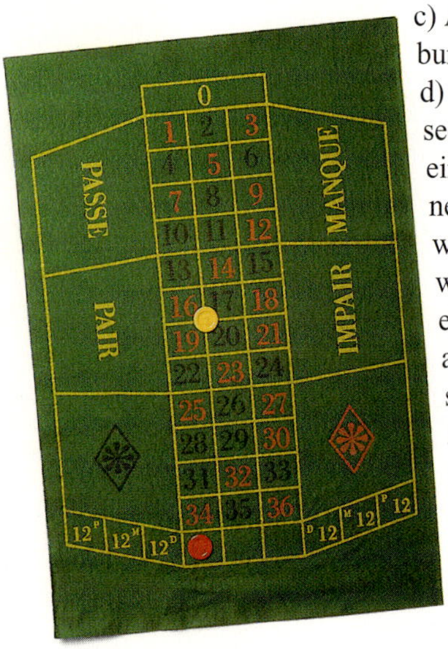

5 Setze > oder < ein.

a) $\frac{3}{8} \square \frac{5}{8}$; $\frac{5}{13} \square \frac{6}{13}$; $\frac{7}{23} \square \frac{7}{25}$
b) $\frac{4}{5} \square \frac{15}{20}$; $\frac{11}{27} \square \frac{4}{9}$; $\frac{8}{15} \square \frac{23}{45}$
c) $\frac{10}{12} \square \frac{14}{18}$; $\frac{6}{20} \square \frac{5}{15}$; $\frac{12}{50} \square \frac{4}{20}$

6 Vergleiche die Brüche, mache sie dazu gleichnamig.
a) $\frac{1}{6}$ und $\frac{5}{12}$; $\frac{2}{5}$ und $\frac{7}{15}$; $\frac{3}{5}$ und $\frac{9}{25}$
b) $\frac{4}{5}$ und $\frac{3}{4}$; $\frac{2}{3}$ und $\frac{5}{6}$; $\frac{3}{4}$ und $\frac{1}{5}$
c) $\frac{3}{14}$ und $\frac{8}{21}$; $\frac{5}{18}$ und $\frac{3}{12}$; $\frac{7}{35}$ und $\frac{3}{10}$
d) $\frac{7}{16}$ und $\frac{9}{20}$; $\frac{9}{14}$ und $\frac{16}{21}$; $\frac{7}{12}$ und $\frac{8}{15}$

7 Welche Brüche sind gleich groß?
a) $\frac{3}{8}$ und $\frac{6}{16}$; $\frac{4}{7}$ und $\frac{12}{28}$; $\frac{1}{7}$ und $\frac{5}{35}$
b) $\frac{4}{10}$ und $\frac{12}{40}$; $\frac{5}{9}$ und $\frac{30}{54}$; $\frac{3}{12}$ und $\frac{5}{15}$
c) $\frac{4}{20}$ und $\frac{7}{35}$; $\frac{4}{14}$ und $\frac{12}{42}$; $\frac{5}{13}$ und $\frac{30}{78}$

8 Welcher Bruch ist größer?
a) $\frac{2}{3}$ oder $\frac{3}{4}$; $\frac{2}{9}$ oder $\frac{4}{27}$; $\frac{1}{7}$ oder $\frac{3}{21}$
b) $\frac{4}{12}$ oder $\frac{12}{24}$; $\frac{8}{50}$ oder $\frac{14}{100}$; $\frac{4}{15}$ oder $\frac{11}{45}$
c) $\frac{4}{24}$ oder $\frac{1}{8}$; $\frac{5}{30}$ oder $\frac{20}{90}$; $\frac{12}{25}$ oder $\frac{48}{75}$

9 Welcher Bruch ist größer? Zeige dies auf zwei Arten!
Beispiel: $\frac{2}{5}$ und $\frac{3}{8}$

1. Möglichkeit: Vergleich der Zähler.

$\frac{2}{5} \overset{\cdot 8}{=} \frac{16}{40}$ und $\frac{3}{8} \overset{\cdot 5}{=} \frac{15}{40}$

also $\frac{2}{5} > \frac{3}{8}$, da $\frac{16}{40} > \frac{15}{40}$

2. Möglichkeit: Vergleich der Nenner.

$\frac{2}{5} \overset{\cdot 3}{=} \frac{6}{15}$ und $\frac{3}{8} \overset{\cdot 2}{=} \frac{6}{16}$

also $\frac{2}{5} > \frac{3}{8}$, da $\frac{6}{15} > \frac{6}{16}$

a) $\frac{1}{3}$ und $\frac{3}{5}$
b) $\frac{7}{12}$ und $\frac{5}{8}$
c) $\frac{3}{5}$ und $\frac{7}{12}$
d) $\frac{7}{15}$ und $\frac{5}{8}$
e) $\frac{8}{25}$ und $\frac{3}{10}$
f) $\frac{7}{18}$ und $\frac{5}{12}$
g) $\frac{7}{24}$ und $\frac{6}{21}$
h) $\frac{18}{50}$ und $\frac{27}{70}$

10 Sortiere die Brüche der Größe nach. Beginne mit dem kleinsten Bruch.
a) $\frac{5}{24}$; $\frac{3}{8}$; $\frac{12}{18}$; $\frac{3}{4}$; $\frac{5}{6}$; $\frac{1}{3}$
b) $\frac{4}{9}$; $\frac{2}{5}$; $\frac{7}{15}$; $\frac{2}{3}$; $\frac{3}{10}$; $\frac{18}{45}$
c) $\frac{8}{17}$; $\frac{4}{11}$; $\frac{2}{7}$; $\frac{12}{31}$; $\frac{6}{19}$; $\frac{3}{23}$

I Zusammengesetzte Ereignisse

Bei einem Straßenfest kann unter anderem an einem Glücksrad gespielt werden.
a) Wie groß ist die Wahrscheinlichkeit, ein Tierposter bzw. einen Luftballon zu gewinnen?
b) Zum Ende des Straßenfestes, sind nur noch einige Tierposter übrig. Jetzt kann jeder, der den Zeiger auf ein rotes oder blaues Feld dreht, ein Tierposter gewinnen. Wie groß ist nun die Wahrscheinlichkeit für diesen Gewinn?

Die **Wahrscheinlichkeit eines zusammengesetzten Ereignisses** berechnet man, indem man die Wahrscheinlichkeiten der Teilereignisse addiert.
Um die **Brüche addieren** zu können, müssen sie zunächst durch Erweitern oder Kürzen gleichnamig gemacht werden. Anschließend werden die Zähler addiert.
Ebenso werden **Brüche subtrahiert**, indem sie zunächst gleichnamig gemacht werden und dann die Zähler subtrahiert werden.

Beispiele

a) Die Wahrscheinlichkeit für grün beträgt $\frac{1}{3}$. Die Wahrscheinlichkeit für gelb beträgt $\frac{3}{8}$.
Wie groß ist die Wahrscheinlichkeit, grün oder gelb zu erhalten?

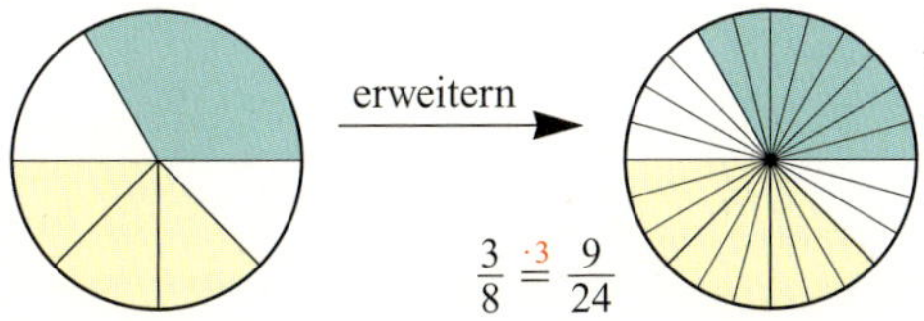

$\frac{1}{3} \overset{\cdot 8}{=} \frac{8}{24}$

$\frac{3}{8} \overset{\cdot 3}{=} \frac{9}{24}$

$\frac{1}{3} + \frac{3}{8}$ $\qquad$ $\frac{8}{24} + \frac{9}{24} = \frac{17}{24}$

▶ 156

b) $\frac{2}{5} + \frac{4}{9} = \frac{2 \cdot 9}{5 \cdot 9} + \frac{4 \cdot 5}{9 \cdot 5} = \frac{18}{45} + \frac{20}{45} = \frac{38}{45}$

c) $\frac{21}{24} - \frac{1}{4} = \frac{21 : 3}{24 : 3} - \frac{1 \cdot 2}{4 \cdot 2} = \frac{7}{8} - \frac{2}{8} = \frac{5}{8}$

Aufgaben

1 Ein Glücksrad hat die Farben gelb, rot, grün und blau. Die Wahrscheinlichkeit für gelb ist $\frac{2}{5}$, für rot $\frac{1}{6}$, für grün $\frac{3}{10}$ und für blau $\frac{2}{15}$. Berechne die Wahrscheinlichkeit für folgende Ereignisse:
a) gelb oder rot zu erhalten
b) rot, grün oder blau zu erhalten
c) nicht rot zu erhalten.

2 Bei einem Glücksrad beträgt die Wahrscheinlichkeit
a) rot oder gelb zu bekommen, $\frac{3}{8}$.
Die Wahrscheinlichkeit für gelb beträgt $\frac{1}{3}$.
Berechne die Wahrscheinlichkeit für rot.
b) blau oder weiß zu bekommen, $\frac{7}{9}$.
Die Wahrscheinlichkeit für weiß beträgt $\frac{5}{12}$.
Berechne die Wahrscheinlichkeit für blau.

Siegwette
Geht das Pferd, auf das man gesetzt hat, als Erstes durchs Ziel, so hat man gewonnen.

3 Beim Pferderennen gibt es verschiedene Wettmöglichkeiten. Eine davon ist die Siegwette. Nun hat aber jedes Pferd unterschiedliche Gewinnchancen, die vorher jedoch abgeschätzt werden können.
In einem Rennen liegen nach Schätzung folgende Gewinnwahrscheinlichkeiten für die einzelnen Pferde vor:

Acapulco: $\frac{1}{12}$	Adlerflug: $\frac{1}{4}$	Blessi: $\frac{1}{45}$
Dimpli: $\frac{7}{180}$	Falke: $\frac{1}{24}$	Inka: $\frac{3}{20}$
Latus: $\frac{1}{8}$	Pegasus: $\frac{1}{5}$	Wirbel: $\frac{4}{45}$

Wie groß ist die Gewinnwahrscheinlichkeit, wenn auf folgende Pferde gesetzt wird?
a) Adlerflug, Falke und Latus
b) Dimpli, Inka, Pegasus und Wirbel
c) Nenne die drei Pferde mit der größten (kleinsten) Gewinnchance und gib die Gewinnwahrscheinlichkeit an, wenn auf diese drei Pferde gesetzt wird.

4 Bei dem Spiel „Buchstabensuppe" müssen aus einem Vorrat Buchstaben gezogen werden, um daraus ein Wort zu bilden. In diesem Spiel sei die Wahrscheinlichkeit für das Ziehen der Vokale wie folgt verteilt:
a: $\frac{1}{25}$ e: $\frac{1}{10}$ i: $\frac{3}{50}$ o: $\frac{1}{100}$ u: $\frac{2}{75}$
Mit welcher Wahrscheinlichkeit wird
a) ein a oder e gezogen?
b) ein Vokal gezogen?
c) ein Konsonant gezogen?
d) ein Konsonant oder ein i gezogen?

5 Addiere die Brüche. Mache sie vorher gleichnamig.

a)	b)	c)
$\frac{1}{6}+\frac{1}{3}$	$\frac{2}{6}+\frac{1}{3}$	$\frac{1}{3}+\frac{1}{2}$
$\frac{1}{16}+\frac{1}{4}$	$\frac{3}{15}+\frac{2}{5}$	$\frac{1}{5}+\frac{1}{8}$
$\frac{1}{3}+\frac{2}{9}$	$\frac{15}{25}+\frac{1}{5}$	$\frac{1}{7}+\frac{1}{3}$
$\frac{5}{6}+\frac{1}{18}$	$\frac{5}{45}+\frac{2}{9}$	$\frac{1}{10}+\frac{1}{4}$

6 Berechne.

a)	b)	c)
$\frac{2}{9}+\frac{3}{5}$	$\frac{7}{30}+\frac{5}{12}$	$\frac{2}{13}+\frac{3}{5}$
$\frac{2}{3}+\frac{3}{4}$	$\frac{7}{15}+\frac{4}{9}$	$\frac{5}{12}+\frac{7}{18}$
$\frac{5}{22}+\frac{2}{11}$	$\frac{5}{33}+\frac{5}{6}$	$\frac{3}{10}+\frac{5}{11}$
$\frac{5}{14}+\frac{4}{21}$	$\frac{13}{21}+\frac{5}{14}$	$\frac{3}{80}+\frac{5}{30}$

7 Addiere die Brüche. Mache sie vorher gleichnamig.
a) $\frac{1}{12}+\frac{7}{30}+\frac{4}{15}+\frac{1}{4}+\frac{1}{20}$
b) $\frac{7}{45}+\frac{3}{10}+\frac{5}{18}+\frac{13}{90}+\frac{1}{12}$
c) $\frac{3}{5}+\frac{1}{10}+\frac{1}{5}+\frac{3}{50}+\frac{1}{25}$
d) $\frac{1}{8}+\frac{5}{24}+\frac{5}{12}+\frac{1}{6}+\frac{1}{16}$
e) $\frac{2}{15}+\frac{1}{6}+\frac{2}{9}+\frac{3}{10}+\frac{3}{45}$

8 Subtrahiere die Brüche. Mache sie vorher gleichnamig.

a)	b)	c)
$\frac{5}{6}-\frac{4}{9}$	$\frac{13}{18}-\frac{8}{15}$	$\frac{3}{7}-\frac{4}{11}$
$\frac{6}{8}-\frac{1}{2}$	$\frac{11}{12}-\frac{4}{5}$	$\frac{5}{9}-\frac{2}{30}$
$\frac{5}{12}-\frac{1}{30}$	$\frac{11}{15}-\frac{13}{25}$	$\frac{23}{42}-\frac{1}{6}$

9 Übertrage die Zauberquadrate in dein Heft und fülle sie aus.
Hinweis: In der Summe sind jeweils Zähler und Nenner gleich groß.

a)

$\frac{4}{15}$		$\frac{2}{15}$
	$\frac{1}{3}$	
$\frac{8}{15}$		$\frac{2}{5}$

b)

	$\frac{1}{18}$	$\frac{5}{9}$
	$\frac{1}{3}$	

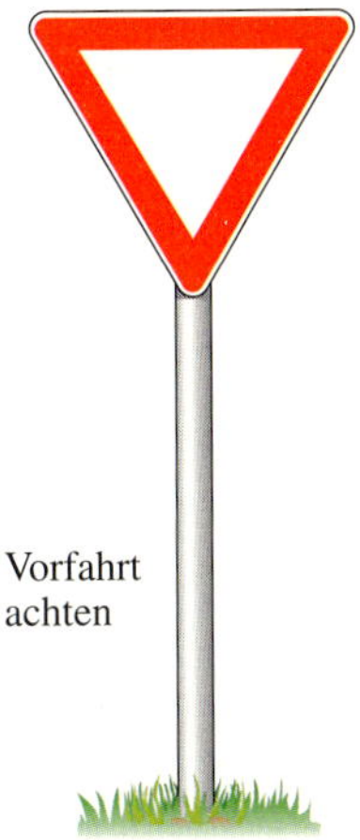

Vorfahrt achten

Mann über Bord

1001011

Computer ASCII-Code für „K“

EAN-Code

Internationales Winkeralphabet Buchstabe „X“

Überall im täglichen Leben könnt ihr verschlüsselte Botschaften entdecken. Ob Verkehrszeichen, Schiffsflaggen oder Strichcodes auf den Verpackungen, sie alle sind verschlüsselte Botschaften, die nur der versteht, der den jeweiligen Code kennt. Aber auch das Läuten der Glocken oder die Sirene der Feuerwehr enthält eine Botschaft.

1 Sucht weitere verschlüsselte Botschaften und beschreibt sie.

Manche Codes dienen nur dazu, ein Geheimnis zu bewahren. Den geheimen Text soll kein Fremder lesen können.
Seit der Antike kennt man solche geheimen Botschaften.

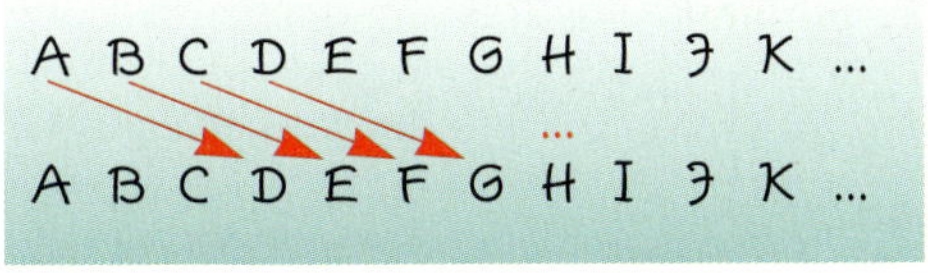

Der römische Kaiser Julius Cäsar (100–44 v. Chr.) verschlüsselte seine Botschaften dadurch, dass er jeden Buchstaben durch den drei Stellen weiteren im Alphabet ersetzte.

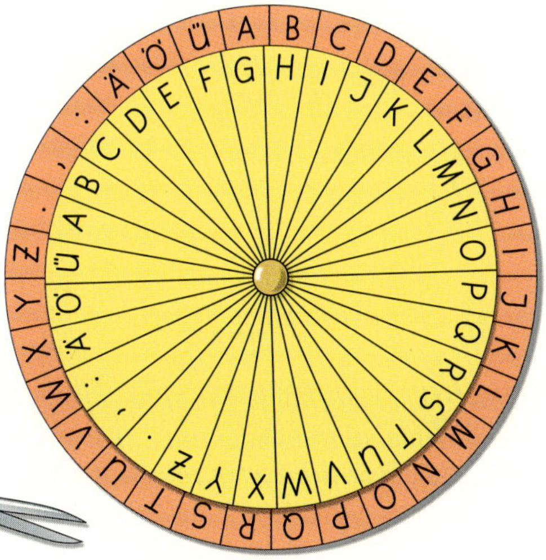

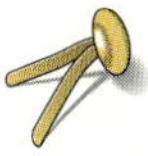

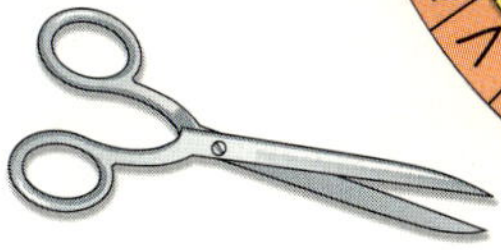

Im 16. Jahrhundert benutzte der Italiener Porta eine Scheibe, um Geheimbotschaften zu verschlüsseln. Der Code kann durch Drehen der inneren Scheibe eingestellt bzw. verändert werden.

M 2 Stellt euch aus zwei Pappscheiben ein Kodiergerät mit 32 Feldern her. In die Felder tragt ihr die Buchstaben A bis Z ein. Die verbleibenden Felder könnt mit Satzzeichen belegen. Mit der Scheibe verschlüsselt ihr eure Nachricht, indem ihr einen beliebigen Buchstaben unter das A der großen Scheibe dreht. Soll jemand die Botschaft lesen, so muss er nur wissen, welcher Buchstabe der kleinen Scheibe unter dem A stand.

Tipp

Der Buchstabe „F“ wird mit 

„P“ wird mit 

„Y“ wird mit  verschlüsselt.

3 Ein einfache, jedoch geheimnisvolle Geheimschrift ist der im 16. Jahrhundert benutzte Schweinestall-Code.
Er heißt so, weil die Buchstaben durch Linien getrennt stehen wie die Schweine im Stall. Versucht die Botschaft zu entziffern.

Geheimbotschaften

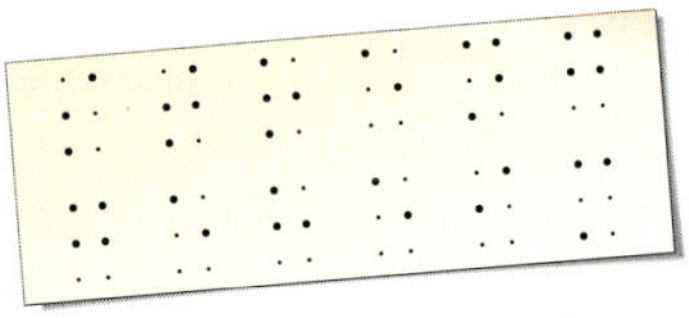

???

Um Nachrichten übermitteln zu können, werden auch heute noch Codes benutzt. Sie sollen keine Geheimschrift sein, sondern dienen einem besonderen Zweck.
Dazu zählen z. B. die Gebärdensprache für Gehörlose oder die Blindenschrift von Louis Braille (1809 – 1852).

Auch das Morsealphabet von Samuel Morse (1791 – 1872) findet heute noch Anwendung, wenn eine Nachricht durch Ton- oder Lichtsignale übermittelt werden muss. Da die Nachrichten möglichst schnell und einfach übermittelt werden sollen, werden Buchstaben, die häufiger vorkommen, also wahrscheinlicher sind, einfacher codiert als andere.

A	·–	M	––	Y	–·––
B	–···	N	–·	Z	––··
C	–·–·	O	–––	1	·––––
D	–··	P	·––·	2	··–––
E	·	Q	––·–	3	···––
F	··–·	R	·–·	4	····–
G	––·	S	···	5	·····
H	····	T	–	6	–····
I	··	U	··–	7	––···
J	·–––	V	···–	8	–––··
K	–·–	W	·––	9	––––·
L	·–··	X	–··–	0	–––––

4 Welche Buchstaben des Morsealphabets sind besonders einfach codiert? Sind es die Buchstaben mit der größten Wahrscheinlichkeit? Wie sind seltene Buchstaben codiert?
Übermittelt durch Klopfzeichen oder mit der Taschenlampe die nebenstehende Botschaft.

Geheimtreffen auf Inas Dachboden um 16 Uhr

Wahrscheinlichkeit der Buchstaben in der deutschen Sprache:

e	0,181061
n	0,104125
r	0,080820
i	0,075155
s	0,063501
t	0,055757
a	0,053933
d	0,051684
h	0,051330
u	0,040985
l	0,034545
c	0,031506
g	0,031434
m	0,025145
o	0,022383
b	0,018824
z	0,016765
w	0,016736
f	0,016026
k	0,011264
v	0,008662
p	0,005883
j	0,001942
y	0,000207
q	0,000171
x	0,000156

Dadurch dass man weiß, welche Buchstaben häufiger vorkommen, ist es möglich, einfach verschlüsselte Botschaften zu entschlüsseln (dechiffrieren). Das Symbol, welches am häufigsten vorkommt, ist das „e“, gefolgt von dem „n“. Auch die Buchstabenkombinationen „ch“, „sch“ oder „ei“ lassen sich leicht ausmachen. Es ist dabei jedoch wichtig zu wissen, in welcher Sprache die Nachricht abgefasst ist, da die Wahrscheinlichkeit für die einzelnen Buchstaben und Buchstabenkombinationen in jeder Sprache anders sind. So kommt z. B. in der englischen Sprache die Kombination „th“ sehr häufig vor, in der deutschen Sprache jedoch sehr selten.

5 Versucht, den verschlüsselten Satz zu dechiffrieren. Welche Symbole tauchen häufig auf, welche nur selten? Benutzt zum Dechiffrieren auch die Tabelle auf dem Rand. Natürlich kann auch Probieren und Knobeln zum Ziel führen.

Zusammenfassung

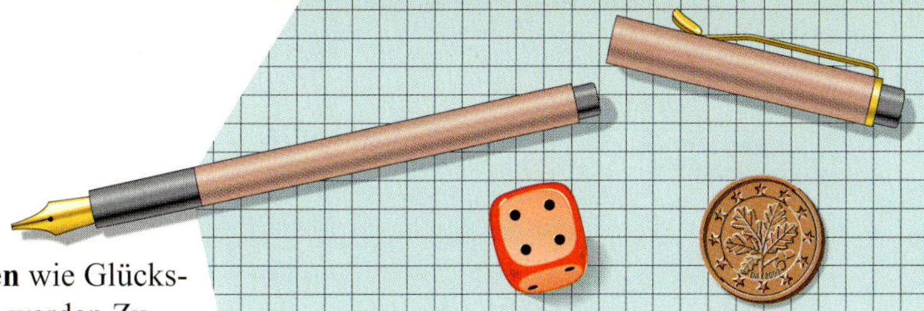

Zufallsversuch

Mit Hilfe von **Zufallsgeräten** wie Glücksrädern, Würfeln, Losen usw. werden Zufallsversuche durchgeführt. Das Ergebnis eines Zufallsversuchs ist zufällig und nicht vorhersagbar.

Der Münzwurf hat zwei mögliche Ergebnisse mit der jeweiligen Wahrscheinlichkeit $\frac{1}{2}$.

Wahrscheinlichkeit eines Ergebnisses

Sind alle **möglichen Ergebnisse** eines Zufallsversuchs gleich wahrscheinlich, so gibt der Bruch $\frac{1}{\text{Anzahl aller möglichen Ergebnisse}}$ die Wahrscheinlichkeit eines jeden Ergebnisses an.

WW	WZ	ZW	ZZ
$\frac{1}{4}$	$\frac{1}{4}$	$\frac{1}{4}$	$\frac{1}{4}$

Wahrscheinlichkeit eines Ereignisses

Führen mehrere gleich wahrscheinliche Ergebnisse eines Zufallsversuchs zum Ziel, so nennt man diese Ergebnisse **günstig**. Alle **günstigen Ergebnisse** zusammen bilden ein **Ereignis**.

Der Bruch $\frac{\text{Anzahl der günstigen Ergebnisse}}{\text{Anzahl der möglichen Ergebnisse}}$ stellt die Wahrscheinlichkeit eines Ereignisses dar.

Das Ereignis „mindestens ein Wappen" hat die drei günstigen Ergebnisse (WW), (WZ) und (ZW) und somit die Wahrscheinlichkeit $\frac{3}{4}$.

Brüche
Zähler – Nenner

Ein **Bruch** besteht aus einem **Zähler** und einem **Nenner**.

$\frac{\text{Zähler}}{\text{Nenner}}$ z. B. $\frac{1}{5}$; $\frac{2}{7}$; $\frac{5}{13}$

Stammbruch (Zähler = 1) – echte Brüche (Zähler < Nenner)

Gleichnamige Brüche

Haben mehrere Brüche den gleichen Nenner, so sind sie **gleichnamig**.

$\frac{5}{12}$; $\frac{3}{12}$; $\frac{7}{12}$ gleichnamig

gleicher Nenner

Erweitern und Kürzen

Brüche werden erweitert bzw. gekürzt, indem Zähler **und** Nenner mit der gleichen Zahl multipliziert bzw. durch die gleiche Zahl dividiert werden. Der Wert des Bruches ändert sich dabei nicht.

Erweitern: $\frac{4}{7} \overset{\cdot 3}{=} \frac{4 \cdot 3}{7 \cdot 3} = \frac{12}{21}$

Kürzen: $\frac{18}{24} \underset{:6}{=} \frac{18 : 6}{24 : 6} = \frac{3}{4}$

Wichtig: Der Wert des Bruchs ändert sich nicht!

Addition und Subtraktion von Brüchen

Gleichnamige Brüche werden addiert bzw. subtrahiert, indem die Zähler addiert bzw. subtrahiert werden. Der Nenner bleibt stets gleich.

Ungleichnamige Brüche müssen vor dem Addieren bzw. Subtrahieren gleichnamig gemacht werden.

gleichnamige Brüche:

$\frac{3}{7} + \frac{2}{7} = \frac{3+2}{7} = \frac{5}{7}$; $\frac{15}{23} - \frac{9}{23} = \frac{15-9}{23} = \frac{6}{23}$

ungleichnamige Brüche:

$\frac{2}{5} + \frac{3}{8} = \frac{16}{40} + \frac{15}{40} = \frac{31}{40}$

erweitert mit 8 5

$\frac{15}{18} - \frac{2}{3} = \frac{5}{6} - \frac{4}{6} = \frac{1}{6}$

gekürzt mit 3

erweitert mit 2

Rückspiegel

Lies vor dem Test die Hinweise auf Seite 6.

1 Anne besitzt ein Los der Glücksspirale.
Wie groß ist die Wahrscheinlichkeit, dass die letzte Ziffer, die beiden letzten, die drei letzten Ziffern richtig sind?

2 Jedes vierte Los gewinnt.
a) Wie groß ist die Wahrscheinlichkeit für einen Gewinn?
b) Arno kauft vier Lose. Hat er genau einen Gewinn? Wie viele Gewinne kann er haben?

3 Mit welcher Zahl wurde erweitert bzw. gekürzt?
a) $\frac{1}{4} = \frac{3}{12}$ b) $\frac{8}{15} = \frac{24}{45}$ c) $\frac{60}{144} = \frac{5}{12}$
$\frac{4}{9} = \frac{16}{36}$ $\frac{63}{72} = \frac{7}{8}$ $\frac{16}{104} = \frac{2}{13}$

4 Mache die Brüche gleichnamig.
a) $\frac{2}{3}$ und $\frac{5}{6}$ b) $\frac{2}{7}$ und $\frac{1}{5}$
$\frac{4}{10}$ und $\frac{3}{5}$ $\frac{5}{9}$ und $\frac{7}{15}$

5 Setze das Zeichen < oder > richtig ein.
a) $\frac{1}{4} \square \frac{1}{8}$; $\frac{1}{5} \square \frac{1}{9}$; $\frac{1}{3} \square \frac{1}{7}$
b) $\frac{1}{12} \square \frac{1}{18}$; $\frac{1}{115} \square \frac{1}{82}$; $\frac{1}{312} \square \frac{1}{425}$

6 Berechne.
a) $\frac{1}{5} + \frac{3}{5}$ b) $\frac{8}{15} + \frac{6}{15}$
c) $\frac{7}{98} + \frac{36}{98}$ d) $\frac{41}{77} + \frac{32}{77}$

7 Berechne.
a) $\frac{7}{12} - \frac{5}{12}$ b) $\frac{10}{13} - \frac{8}{13}$
c) $\frac{27}{30} - \frac{26}{30}$ d) $\frac{44}{63} - \frac{29}{63}$

1 Ein Glücksrad besteht aus 48 Feldern.
Bestimme jeweils die Wahrscheinlichkeit für das Ereignis „Rot“, wenn 3, 10, 12, 16 Felder rot gefärbt sind.

2 Aus einem Elfer-Raus-Spiel mit 80 Karten soll eine Karte gezogen werden. Bestimme die Wahrscheinlichkeit für folgende Ereignisse:
a) Eine grüne oder gelbe Karte.
b) Keine blaue Karte.

3 Erweitere auf die angegebenen Nenner.
a) 20: $\frac{1}{5}$; $\frac{3}{10}$; $\frac{3}{4}$; $\frac{1}{2}$; $\frac{4}{5}$
b) 42: $\frac{2}{7}$; $\frac{5}{6}$; $\frac{3}{14}$; $\frac{6}{21}$; $\frac{2}{3}$

4 Gib zwei Brüche an, die zwischen den beiden vorgegebenen Brüchen liegen.
$\frac{3}{8}$ und $\frac{6}{8}$; $\frac{4}{9}$ und $\frac{5}{9}$; $\frac{2}{5}$ und $\frac{4}{7}$

5 Welche Brüche sind wertgleich?
$\frac{5}{15}$; $\frac{12}{30}$; $\frac{6}{8}$; $\frac{15}{18}$; $\frac{6}{15}$; $\frac{3}{9}$; $\frac{40}{48}$

6 Berechne.
a) $\frac{1}{3} + \frac{1}{4}$ b) $\frac{7}{9} + \frac{2}{21}$
c) $\frac{5}{18} + \frac{11}{27}$ d) $\frac{4}{9} + \frac{5}{12}$

7 Berechne.
a) $\frac{8}{9} - \frac{1}{6}$ b) $\frac{10}{18} - \frac{1}{4}$
c) $\frac{19}{20} - \frac{13}{15}$ d) $\frac{1}{3} - \frac{1}{12}$

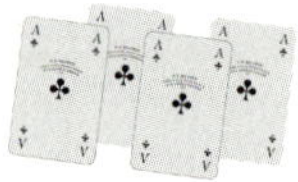

1 Die Wahrscheinlichkeit für das Ziehen einer roten Kugel beträgt $\frac{1}{6}$, einer weißen $\frac{2}{9}$, einer gelben $\frac{1}{3}$ und einer blauen $\frac{5}{18}$.
Wie viele Kugeln jeder Farbe müssen sich mindestens im Strumpf befinden?

2 Die Wahrscheinlichkeit, mit zwei Würfeln einen Pasch zu werfen, ist genauso groß wie mit einem Würfel eine Sechs zu werfen. Begründe.

3 Ergänze die fehlenden Zähler oder Nenner.
a) $\frac{21}{28} = \frac{\square}{4}$ b) $\frac{48}{72} = \frac{\square}{6}$ c) $\frac{18}{45} = \frac{2}{\square}$

4 Mache die folgenden fünf Brüche gleichnamig.
a) $\frac{1}{2}$; $\frac{1}{4}$; $\frac{1}{3}$; $\frac{1}{12}$; $\frac{1}{6}$
b) $\frac{1}{4}$; $\frac{1}{9}$; $\frac{1}{10}$; $\frac{1}{15}$; $\frac{1}{12}$

5 Ordne die Brüche der Größe nach. Beginne mit dem Kleinsten.
a) $\frac{4}{5}$; $\frac{3}{7}$; $\frac{9}{14}$; $\frac{8}{10}$; $\frac{1}{2}$; $\frac{16}{35}$
b) $\frac{9}{21}$; $\frac{8}{15}$; $\frac{7}{12}$; $\frac{3}{10}$; $\frac{5}{6}$; $\frac{1}{7}$

6 Berechne.
a) $\frac{2}{9} + \frac{3}{15} + \frac{1}{6} + \frac{3}{10}$
b) $\frac{1}{3} + \frac{5}{25} + \frac{6}{36} + \frac{6}{21}$

7 Berechne.
a) $\frac{19}{20} - \frac{2}{5} - \frac{1}{4} - \frac{4}{15}$
b) $\frac{10}{11} - \frac{1}{2} - \frac{13}{77} - \frac{3}{14}$

Ermittle anhand der Lösungen auf Seite 170 deine erzielte Punktzahl.

Wie wir wohnen 5

In eurer Klasse kommen viele Kinder aus verschiedenen Gegenden zusammen. Wisst ihr, wie sie wohnen, wie ihre Zimmer und Wohnungen eingerichtet sind, ob sie schon einmal umgezogen sind?
In Deutschland zieht jeder im Laufe seines Lebens mindestens zwei- bis dreimal um. Sei es, weil die Wohnung zu klein oder zu groß ist, weil der Arbeitsplatz gewechselt oder ein gemeinsamer Haushalt gegründet wird. Bei einem Umzug gibt es allerhand zu tun und zu beachten.

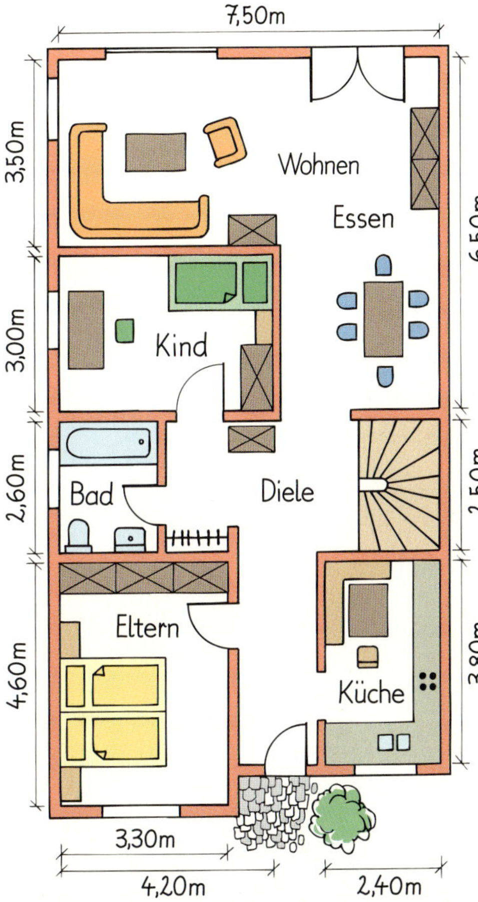

▼ In diesem Kapitel lernt ihr,

- ▶ wie man einen Grundriss liest und zeichnet.
- ▶ wie man Wohnflächen und andere Flächeninhalte vergleicht und berechnet.
- ▶ wie man den Bedarf an Tapeten, Farbe, Fußbodenbelägen, Leisten usw. bei einem Umzug oder einer Renovierung ermittelt.
- ▶ wie Rauminhalte verglichen und berechnet werden können.

H Hier wohnen und arbeiten wir

1 Wisst ihr, wie eure Klassenkameraden wohnen? Wie sehen ihre Wohnung und ihre Zimmer aus? Haben sie ein Zimmer für sich oder teilen sie es sich mit anderen Geschwistern? Welche Möbel stehen in den Zimmern?

Übrigens ....

Unter einer Skizze versteht man eine Zeichnung ohne genaue Maße. Sie kann mit oder ohne Lineal erfolgen.

Fertigt Skizzen von euren Zimmern und Wohnungen an und erklärt sie euch gegenseitig.

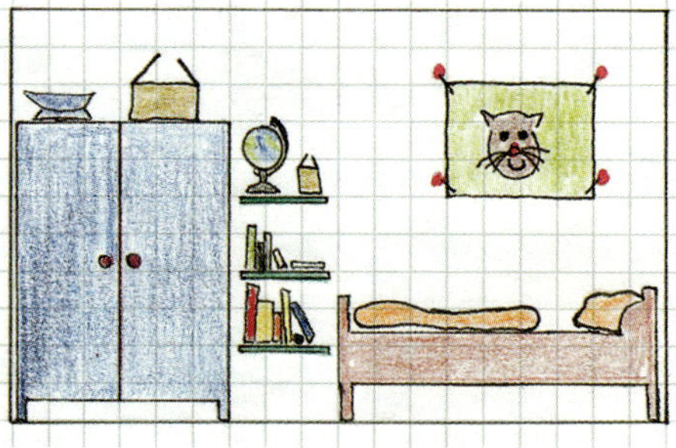

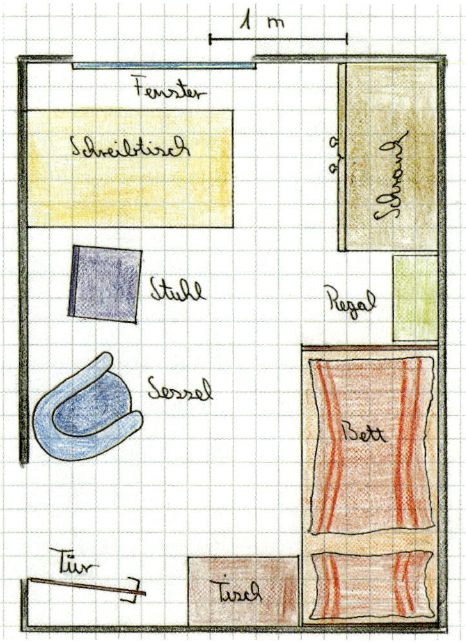

M 2 Besorgt euch Zeichnungen von Kinder- und Jugendzimmern (z. B. in Möbelgeschäften). Vergleicht sie miteinander: Welche Unterschiede, welche Gemeinsamkeiten entdeckt ihr?
Wo könnte man schlafen, wo Hausaufgaben machen? Kann man in diesen Zimmern auch essen? Welches Zimmer würdet ihr bevorzugen?
Begründet eure Meinungen.

Zeichnungen von Zimmern und Wohnungen können sehr unterschiedlich sein.
Einzelne Zimmer können von der Seite oder auch von oben, aus der Vogelperspektive, gezeichnet werden.

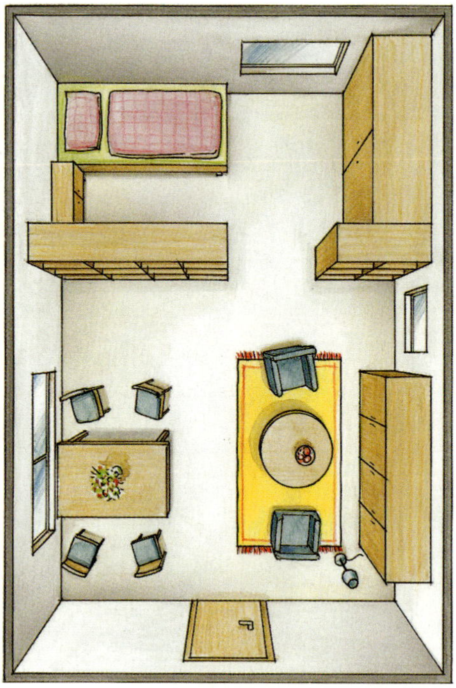

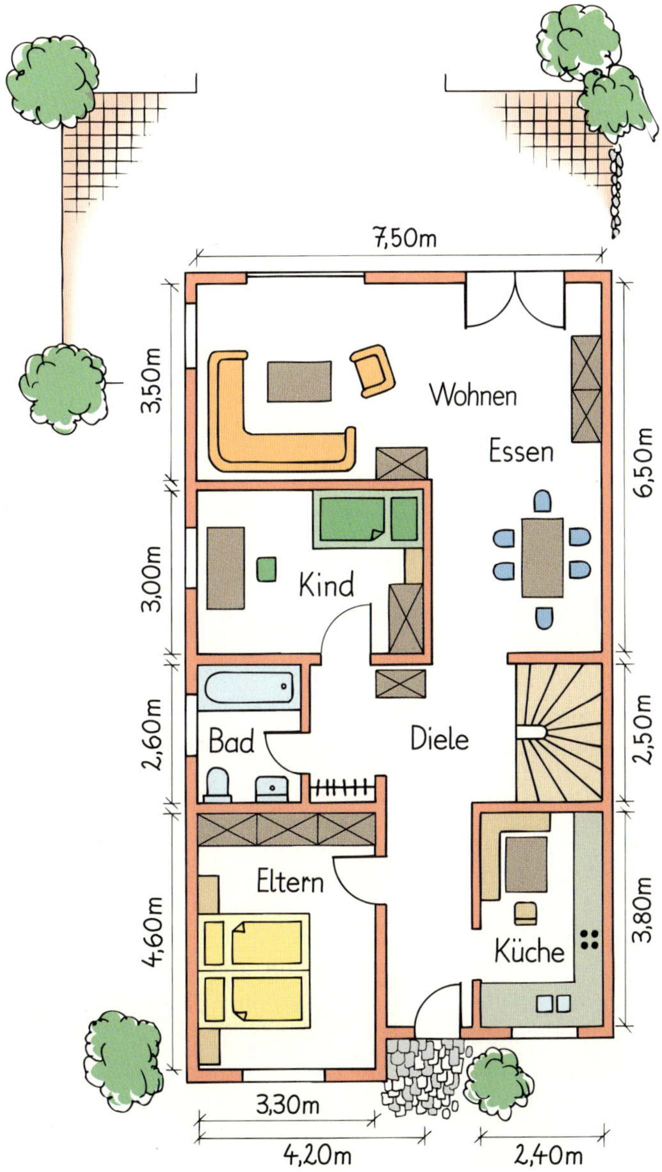

Planen und Einrichten

INFO

Der Innenarchitekt verwendet bei der Planung einer Wohnungseinrichtung häufig einen Plan im Maßstab 1 : 50 (1 cm auf dem Plan entsprechen 0,50 m in Wirklichkeit oder 2 cm entsprechen 1 m). Die ausgeschnittenen Möbelbilder können im Plan verschoben werden, bis eine gute Lösung vorliegt.

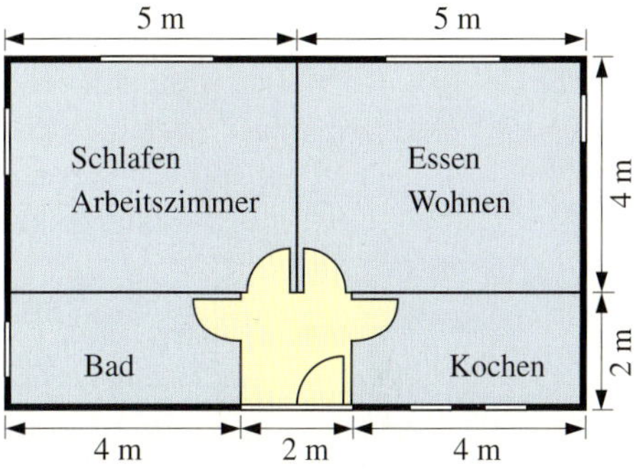

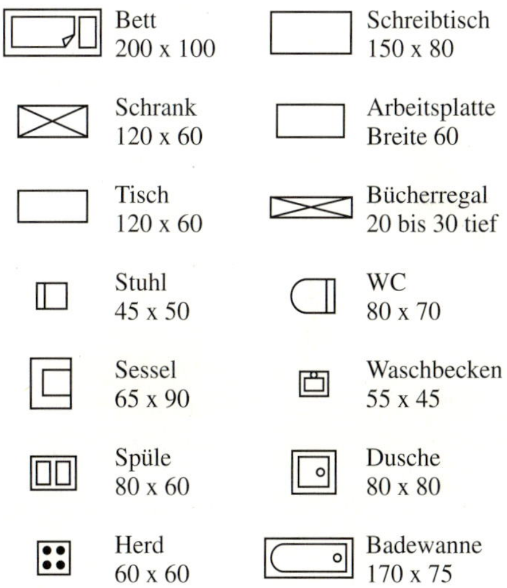

M3 **Grundrisse** sind maßstabsgenaue Zeichnungen aus der Vogelperspektive. Besorgt euch Grundrisse von Wohnungen (z. B. bei Baufirmen, Möbelgeschäften oder aus der Zeitung).

a) Wie breit und wie lang sind die Kinderzimmer?

b) Wie werden Türen und Fenster eingezeichnet?

c) Welche Einrichtungsgegenstände könnt ihr erkennen?

M4 Ermittelt die Maße eures Klassenzimmers (eures Zimmers oder der Wohnung aus der Info-Box) und zeichnet den Grundriss im Maßstab 1 : 50.
Schneidet aus Pappe im gleichen Maßstab die Möbel aus.
Welche Möglichkeiten gibt es, die Möbel im Plan anzuordnen? Vergleicht sie miteinander.

I Flächen vergleichen

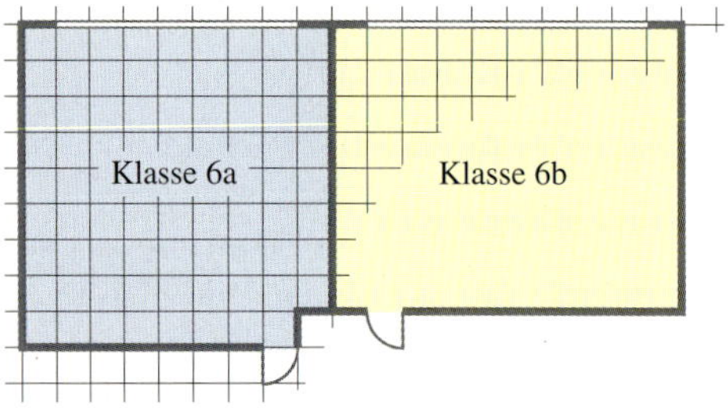

Der Grundriss des Klassenzimmers der 6a sieht anders aus als der der 6b. Finde heraus, welche Klasse mehr Platz hat.

Um die Aufgabe zu lösen, kannst du eine eigene Zeichnung anfertigen und – wenn du möchtest – deine Schere benutzen.

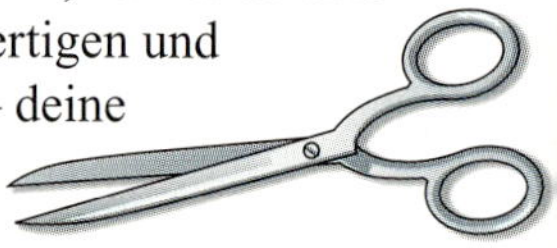

! Aus gleichen Teilstücken zusammengesetzte Flächen sind auch bei unterschiedlichem Aussehen gleich groß. Wir sagen, sie haben den gleichen **Flächeninhalt**.

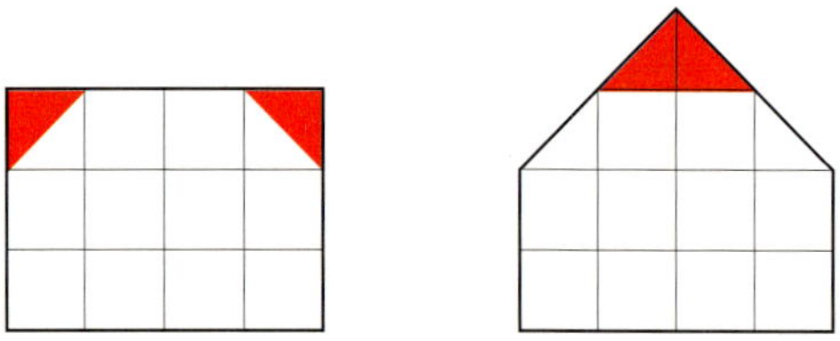

Beispiele

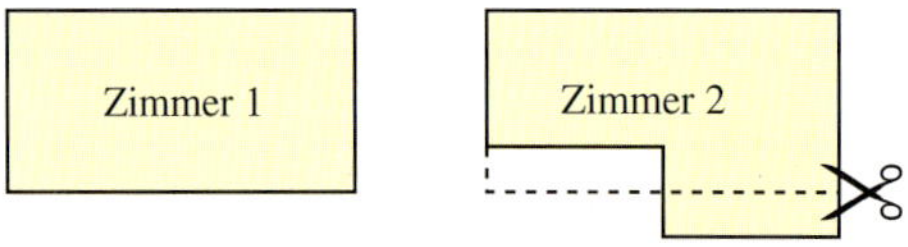

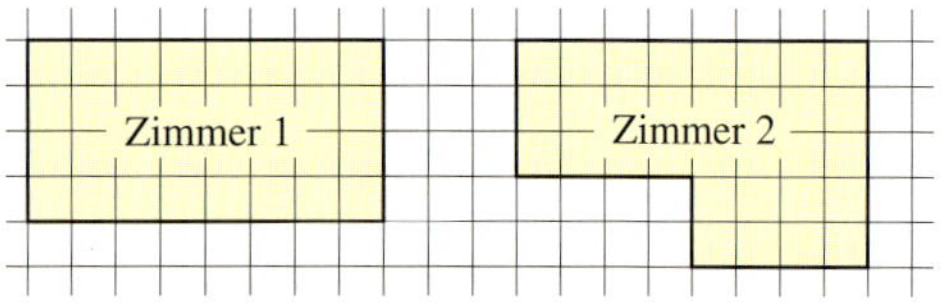

a) Durch **Zerschneiden** und Aufeinanderlegen kannst du erkennen, dass beide Zimmer den gleichen Flächeninhalt haben.

b) Flächen auf Gitternetzen können leicht durch **Abzählen der Kästchen** verglichen werden: Beide Zimmer im Beispiel sind gleich groß, sie umschließen 32 Kästchen.

Tipp

Du kannst das Abzählverfahren auch auf Grundrisszeichnungen ohne Kästchenraster übertragen, indem du z. B. eine Kästchenfolie darüber legst.

Aufgaben

1 Übertrage die Grundrisse der beiden Kinderzimmer auf unliniertes Papier und ermittle durch Zerschneiden und Aufeinanderlegen, welches das größere Zimmer ist (1 cm soll dabei 1 m entsprechen).

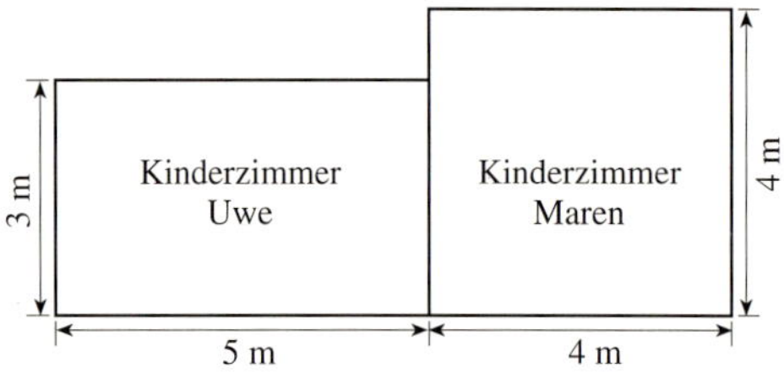

M 2 Besorge dir Grundrisse (z. B. von Baufirmen oder Möbelgeschäften). Vergleiche die Flächen der verschiedenen Zimmer, indem du sie entweder zerschneidest oder über ein Kästchenraster abzählst.

3 a) Die Robert-Jungk-Gesamtschule hat zwei Schulhöfe. Auf welchem Schulhof haben die Schülerinnen und Schüler mehr Platz zum Spielen? Begründe.

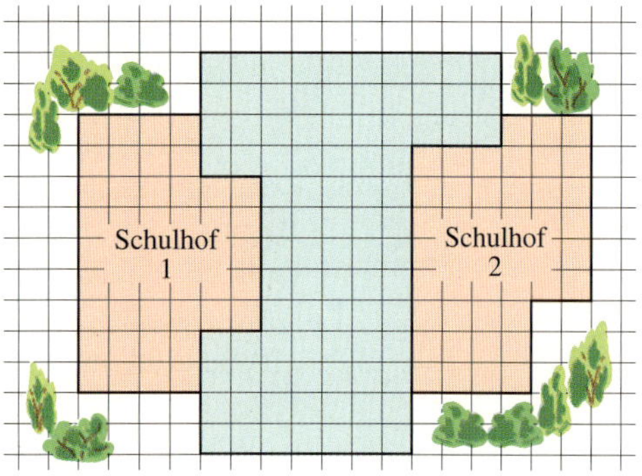

b) Denke dir ähnliche Aufgaben aus und mache dazu eigene Zeichnungen im Quadratgitter.

4 Die gelben Zellen der Bienenwabe sind mit Honig gefüllt.
Sind mehr gefüllt oder leer? Schätze zuerst und zähle dann.

5 Zeichne die Figuren in dein Heft.
Gib an, aus wie vielen Kästchen jede Figur zusammengesetzt wurde.

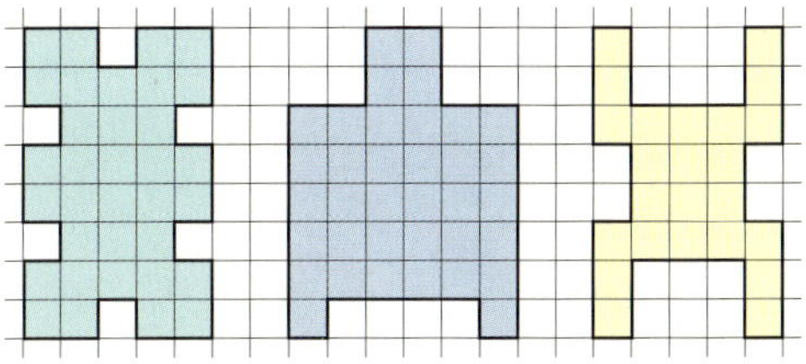

6 Zeichne in deinem Heft fünf verschiedene Flächen, deren Flächeninhalt genauso groß ist wie der Flächeninhalt der abgebildeten Figur.

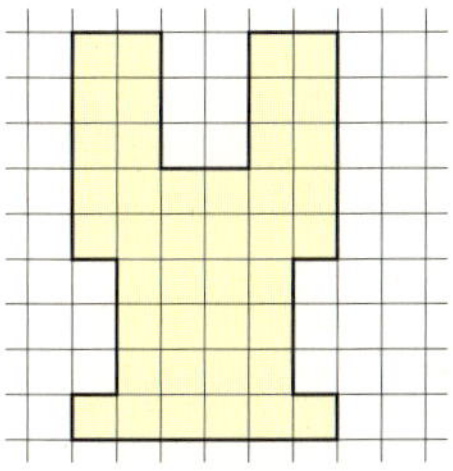

7 Zeichne ein Rechteck, das denselben Flächeninhalt hat wie dieses Achteck.

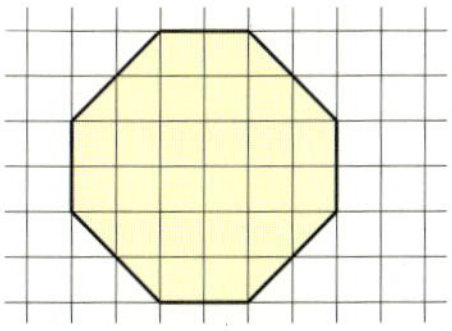

8 a) Zeichne fünf verschiedene Figuren, deren Fläche jeweils 12-mal so groß ist wie ein Kästchen in deinem Heft.
b) Zeichne drei verschiedene Vierecke, deren Fläche jeweils 24-mal so groß ist wie ein Kästchen in deinem Heft.

9 Zeige, dass das Dreieck und das Quadrat denselben Flächeninhalt haben.
Zerlege dazu beide Flächen in möglichst wenige gleiche Teile. Lege aus diesen Teilen weitere Figuren.

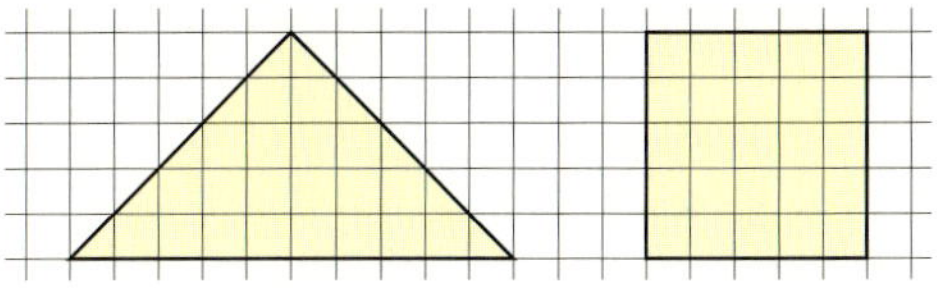

10 Vergleiche die Flächeninhalte der Figuren.

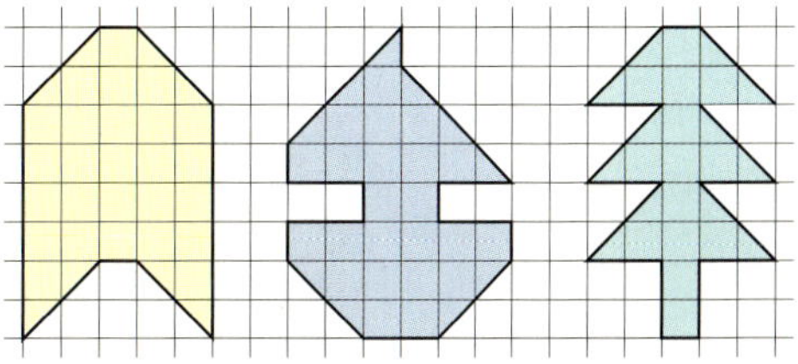

11 Übertrage die Figuren in dein Heft.
Vergleiche die Löcher im Gitter. Welches ist das größte, welches das kleinste Loch?

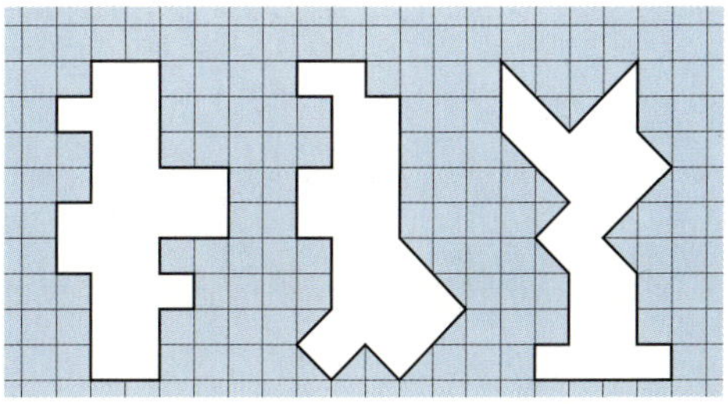

ZUM BASTELN UND STAUNEN

Wundersame Flächenvergrößerung

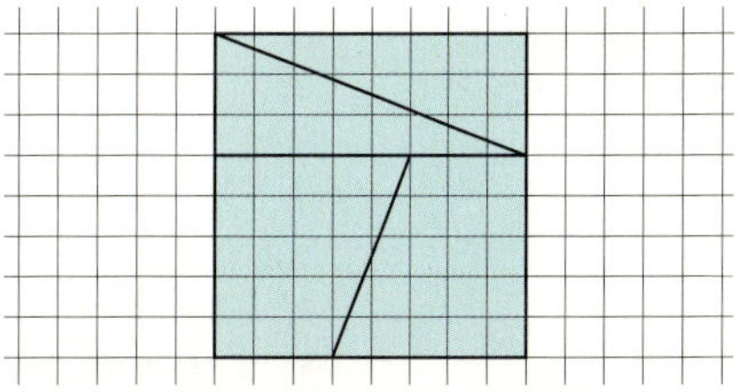

Übertrage das Quadrat auf Kästchenpapier und zerschneide es entlang der angegebenen Linien in vier Teile. Füge die vier Teile so zusammen, dass das folgende Rechteck entsteht.

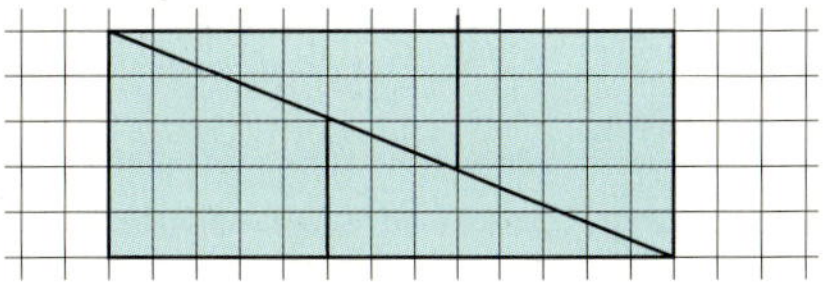

Durch Auszählen kannst du feststellen, dass das Quadrat aus 64 Karos, das Rechteck aus 65 Karos besteht.
Wirklich? Was stellst du fest, wenn die Seitenlängen der Kästchen 2 cm oder mehr betragen?

H Wohnen und mieten

1 a) Schaut euch den Grundriss an. Wie werden die Flächeninhalte der Zimmer angegeben? Welches Zimmer ist das größte, welches das kleinste?

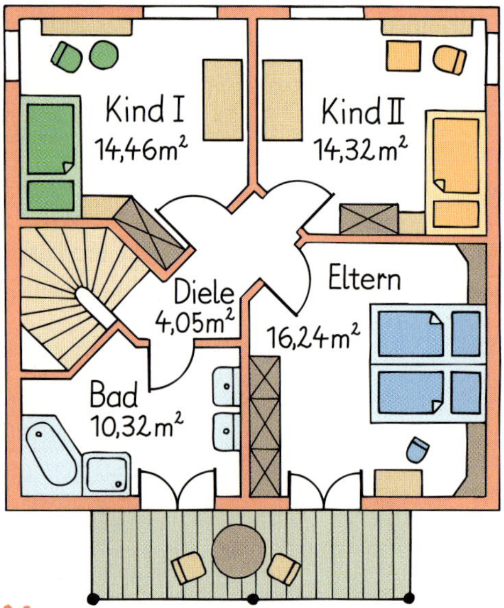

b) Besorgt euch ähnliche Grundrisszeichnungen. Vergleicht die Flächeninhalte der Zimmer miteinander.

2 Besorgt euch Mietangebote aus Zeitungen.
a) Welche Angaben könnt ihr den Zeitungsangeboten entnehmen? Was bedeuten die Abkürzungen? Welche Angaben fehlen?
b) Vergleicht die Angebote: Wie viel Miete zahlt man pro m²? Wie kommt es zu den Unterschieden?
Was interessiert euch, wenn ihr eine Wohnung mieten wollt?
Welche Wohnung würdet ihr euch gerne anschauen, welche nicht? Begründet eure Meinungen.

2 ZKDB, Nachm. f. ruhige 54 m²- ges. KM € 270,– + NK ☎ KR 18500

2 ZKDB, Balkon, Hochparterre, Erstbezug n. San., ca. 55 m², € 330,– + NK, **Immob. Schmid,** ☎ KR 61066

2 ZKDB, Balkon, 3. Etg., Nähe Stadtpark, kompl. renoviert nach Umbau, 45 m², € 250,– + NK ☎ KR 48371

2 ZKDB, DG, Ostwall, KM € 265 + NK, **Lorenzo Immob.** ☎ KR 22000

Su. Nachm. f. 2 Zi., Kochni., DB, WM 275,– € ab sofort ☎ KR 18383

2 ZKDB, 60 m², € 360,– WM + € 50,– Hz., ab 1.7. ☎ KR 59973

3 ZKDB, 56 m², Parkstr., 266,– €, frei z. 1.6. ☎ KR 12345

3 ZKDB, 70 m², Stefanusstr. 107, WM 525,– €, ab 1.8. von Privat.
Besichtigung: Samstag, 25.5., 11–12 Uhr ☎ KR 19285

3 ZKDB, Balkon, Gartenben., 59 m², zum 1.6. in Uerdingen KM 295,– ☎ KR 12345

3 ZKDB, 110 m², Stadtrand, WM 690,– € ☎ KR 73551

80 m², 3 ZKDB, 9 m² Balkon, frei z. 1.7., KM 506,– € ☎ KR 12345 bis 17 Uhr

3 Zi, Kü., Diele, Bad, Etagenheizung, 55 m² 1. OG, Stadtmitte, ab sofort zu vermieten, KM 304,50 € + NK 50,– € ☎ KR 92841

3 ZKDB, 84 m², mit Terr. + Garten, Nähe Ostwall, zum 1.7. zu verm., KM 555,– €, ☎ KR 86752

3 ZKDB, Balkon, 78 m², für 390,– DM + NK und Garage 50,– €, 2 MM Kaution Info unter **Immob. Schäfer** ☎ KR 23678 ab Montag 8.00 Uhr

3 ZKDB, überdachte Terr. und kleiner Garten, 70 m², ruhige Lage, ab sofort von Privat KM 385,– € + NK ☎ KR 36785

Abkürzungen und was sie bedeuten

Z/Zi.	Zimmer	Etg.	Etage	WM	Warmmiete	Hz.	Heizung
K/Kü.	Küche	DG	Dachgeschoss	KM	Kaltmiete	Nachm.	Nachmieter
D	Diele, Flur	OG	Obergeschoss	NK	Nebenkosten	ges.	gesucht
B	Bad	EG	Erdgeschoss	MM	Monatsmiete	verm.	vermietet
Balk.	Balkon	Sout.	Souterrain, Keller	Ren.	Renovierung	Immob.	Immobilien
Terr.	Terrasse			San.	Sanierung	KR	Krefeld

Wisst ihr, wie groß bestimmte Zimmer sein müssen?
Wenn ein Architekt eine Wohnung plant, liegen ihm bestimmte Vorgaben für angemessene Raumgrößen vor. Sie ergeben sich aus den notwendigen Raumausstattungen der Zimmer. Zum Beispiel wird angenommen, dass Betten und Kleiderschränke im Schlafzimmer notwendig sind, zusätzlich muss Platz zum Bewegen und Öffnen der Schranktüren verbleiben. Für Kinderzimmer rechnet man zusätzlich noch eine bestimmte Spiel- und Bewegungsfläche an.

Raumprogramm und Wohnungsgrößen für unterschiedliche Haushaltsgrößen

Raumart	Haushaltsgröße (Personen/m²)													
	1	2		3		4			5			6		
Wohnzimmer mit Essplatz	18	20	–	20	–	20	–	–	22	–	–	24	–	–
Wohnzimmer ohne Essplatz	–	–	18	–	18	–	18	18	–	18	20	–	18	22
Essplatz	–	–	5	–	5	–	6	6	–	7	7	–	8	8
Küche	5	7	7	7	7	8	8	8	8	8	8	9	9	9
Zwischensumme m²	23	27	30	27	30	28	32	32	30	33	35	33	35	39
1-Bett-Zimmer	7	–	–	8	8	–	–	2×8	8	8	8	–	2×8	2×8
2-Bett-Zimmer	–	14	14	13	13	13	13	13	13	13	13	13	13	13
2-Bett-Zimmer als Kinderzimmer	–	–	–	–	–	12	12	–	12	12	12	2×12	12	12
Zwischensumme m²	7	14	14	21	21	25	25	29	33	33	33	37	41	41
Bad	4,5	4,5	4,5	4,5	3,5	4,5	3,5	3,5	3,5	4,5	3,5	3,5	4,5	3,5
Fläche für zweiten Waschtisch	–	–	–	–	–	–	–	–	–	–	1,5	–	–	1,5
WC	–	–	–	–	2	–	2	2	2	2	2	2	2	2
Zwischensumme m²	4,5	4,5	4,5	4,5	5,5	4,5	5,5	5,5	5,5	6,5	7	5,5	6,5	7
Abstellraum	1	1	1	1	1	1	1	1	1,5	1,5	1,5	1,5	1,5	1,5
Balkon	1,5	1,5	1,5	2	2	2	2,5	2,5	2,5	2,5	2,5	3	3,5	3,5
Flur	3	5	5	6,5	6,5	6,5	7	8	7,5	8	8,5	9	9,5	10
Wohnungsgröße insgesamt m²	?	?		?		?			?			?		

???
Welche Größen sind für ein Kinderzimmer vorgesehen, welche für ein Badzimmer, wie viel Platz ist in der Küche?

3 a) Berechnet die angemessenen Wohnungsgrößen, die sich aus der Tabelle für die unterschiedlichen Personenzahlen ergeben.
b) Wie viel m² stehen jedem Familienmitglied eines 2-Personenhaushaltes (6-Personenhaushaltes) jeweils durchschnittlich zur Verfügung?

4 In anderen Ländern gelten die angegebenen Raumgrößen nicht. In China beispielsweise liegt die durchschnittliche Wohnfläche für eine Person bei etwa 5 m².
Vergleicht dies mit euren in Aufgabe 3 aufgestellten Berechnungen.
Wie viel steht einer Person in den verschiedenen Haushaltsgrößen zur Verfügung?

I Flächeneinheiten

Calvin und Doreen möchten gerne wissen, wessen Schule den größeren Schulhof hat.

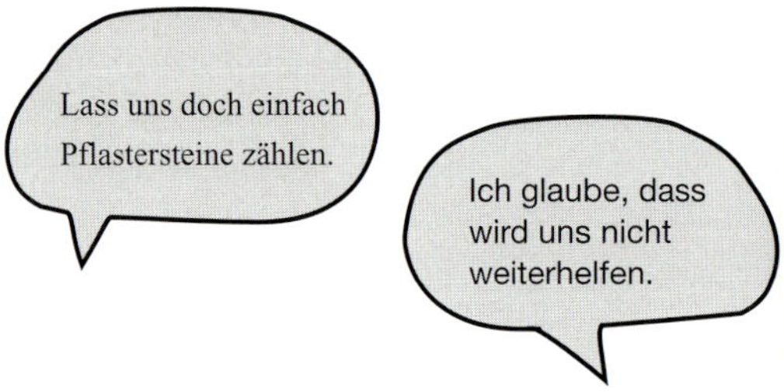

Was meinst du?

! Wenn verschiedene Flächen verglichen werden, muss mit denselben **Flächeneinheiten** gemessen werden. Die bei uns üblichen Flächeneinheiten können durch Quadrate beschrieben werden. Wohnflächen geben wir üblicherweise in **Quadratmetern** (kurz: **m²**) an. Ein Quadratmeter ist der Flächeninhalt eines Quadrates mit der Seitenlänge 1 m.

Hat ein Quadrat die Seitenlänge	so heißt sein Flächeninhalt
1 km	$1\,km^2$
100 m	1 ha (Hektar)
10 m	1 a (Ar)
1 m	$1\,m^2$
1 dm	$1\,dm^2$
1 cm	$1\,cm^2$
1 mm	$1\,mm^2$

$\mathbf{1\,km^2} = 100\,ha$

$\mathbf{1\,ha} = 100\,a$

$\mathbf{1\,a} = 100\,m^2$

$\mathbf{1\,m^2} = 100\,dm^2$

$\mathbf{1\,dm^2} = 100\,cm^2$

$\mathbf{1\,cm^2} = 100\,mm^2$

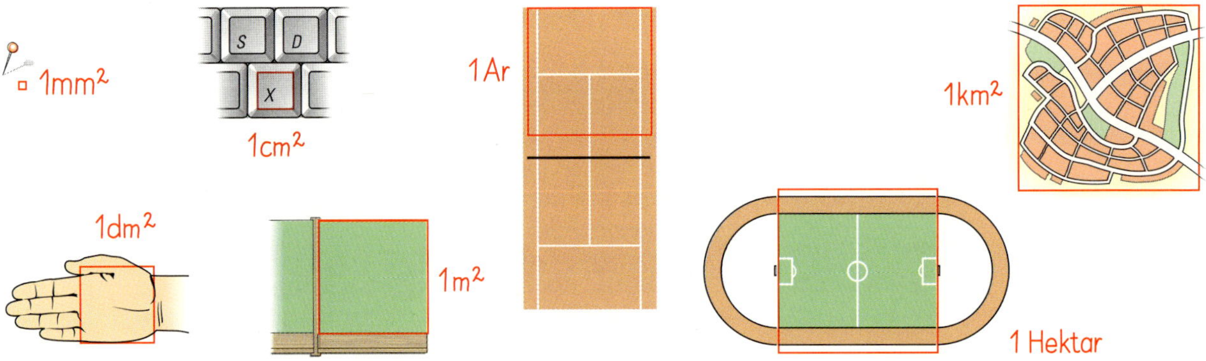

Aufgaben

1 Welche Flächeneinheiten würdest du verwenden, um folgende Flächeninhalte anzugeben?

a) Kinderzimmer
b) Fußballplatz
c) Waldstück
d) Schulgelände
e) Foto
f) Teppich
g) Plakat
h) Briefmarke
i) Nordrhein-Westfalen
k) Postkarte

2 Hier sind die Maße vertauscht worden. Schreibe jeweils die richtigen Angaben in dein Heft.

Wandtafel	$6\,cm^2$
Sportplatz	$6\,dm^2$
Briefmarke	$2\,m^2$
Passfoto	$40\,m^2$
Klassenzimmer	1 ha
Heft	$16\,cm^2$

3 a) Wie viel Quadratmillimeter (mm^2) passen in einen Quadratzentimeter?
b) Wie viel dm^2 passen in $1\,m^2$?

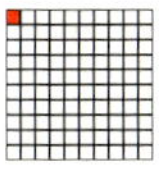

$1\,cm^2$ $1\,mm^2$

4 Wandle in eine kleinere Einheit um.
a) $3\,m^2$; $15\,cm^2$; 34 ha; $212\,km^2$; 7 a
b) 14 a; $65\,m^2$; $56\,dm^2$; $24\,cm^2$; $76\,km^2$
c) 439 a; $568\,m^2$; $458\,dm^2$; $3497\,cm^2$

5 Wandle in eine größere Einheit um.
a) $500\,cm^2$; $200\,dm^2$; $800\,mm^2$; $400\,dm^2$
b) $5700\,m^2$; $4300\,dm^2$; $64\,000\,cm^2$
c) 700 a; 5400 ha; 98000 a; 7000 ha

6 Schreibe in einer möglichst großen Flächeneinheit ohne Komma.
Beispiel: $60\,000\,cm^2 = 600\,dm^2 = 6\,m^2$
a) $70\,000\,cm^2$; $990\,000\,m^2$; $130\,000\,mm^2$
b) $850\,000\,cm^2$; $10\,050\,000\,m^2$; 230 000 a
c) $430\,000\,dm^2$; $3\,560\,000\,mm^2$; $230\,000\,cm^2$

Beim Umwandeln in die nächstkleinere Einheit **verschiebst** du das **Komma** um zwei Stellen nach rechts, beim Umwandeln in die nächstgrößere Einheit entsprechend nach links.

Bei der Umwandlung von Flächenmaßen in andere Flächeneinheiten oder in die **Kommaschreibweise** hilft dir auch die Darstellung in einer Stellenwerttafel:

km^2		ha		a		m^2		dm^2		cm^2		mm^2	
Z	E	Z	E	Z	E	Z	E	Z	E	Z	E	Z	E
					5,	3	2	1	4				
					5	3	2,	1	4				
					5	3	2	1	4				

5,3214 a = 5 a $32\,m^2$ $14\,dm^2$
$532{,}14\,m^2 = 532\,m^2\;14\,dm^2$
$53\,214\,dm^2$

7 Wandle in die angegebene Einheit um.
Beispiel: $3\,m^2\,7\,dm^2 = 300\,dm^2 + 7\,dm^2$
$= 307\,dm^2$
a) $9\,dm^2\;80\,cm^2 = \square\,cm^2$
$90\,dm^2\;76\,cm^2 = \square\,cm^2$
$130\,dm^2\;19\,cm^2 = \square\,cm^2$
b) $4\,m^2\;60\,dm^2 = \square\,dm^2$
$13\,m^2\;55\,dm^2 = \square\,dm^2$
$154\,m^2\;19\,dm^2 = \square\,dm^2$
c) $7\,a\;20\,m^2 = \square\,m^2$
$14\,a\;50\,m^2 = \square\,m^2$
$155\,a\;75\,m^2 = \square\,m^2$

8 Wandle schrittweise um.
Beispiel: $98\,500\,m^2 = 985\,a$
$= 9\,ha\;85\,a$
a) $27\,500\,cm^2$ b) $79\,800\,mm^2$
c) 17 000 a d) $5870\,m^2$
e) $653\,000\,m^2$ f) 999 a

9 Ergänze in deinem Heft.
a) $12{,}52\,m^2 = 12\;\square\;52\,dm^2$
b) $6{,}5\,dm^2 = 6{,}5\,dm^2\;\square\;cm^2$
c) $12\;\square\;5\;\square = 12{,}05\,a$
d) $1{,}225\;\square = \square\,km^2\;22\,ha\;\square\,a$

10 Suche die Fehler und wandle richtig um. Welche Angaben sind richtig?

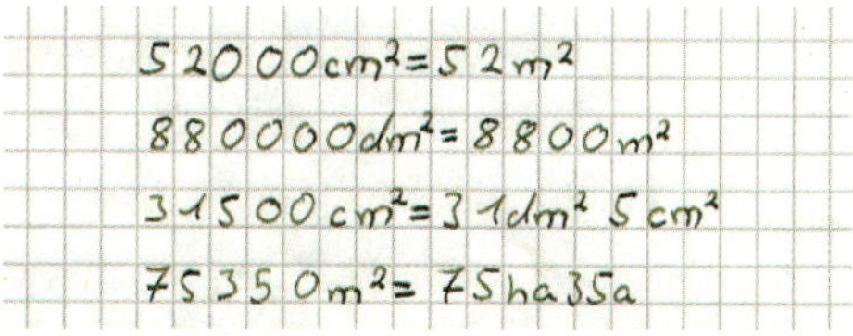

11 Setze <, > oder = im Heft ein.
a) $15\,m^2\;5\,dm^2$ $\square$ $1550\,dm^2$
b) 7 ha 7 a $7\,m^2$ $\square$ $777\,m^2$
c) $8{,}92\,dm^2$ $\square$ $89{,}2\,cm^2$
d) $12{,}12\,m^2$ $\square$ $1212\,dm^2$

12 Schreibe mit Komma in der größeren der beiden Einheiten.
a) 12 a $45\,m^2$; $9\,km^2$ 30 ha; $2\,m^2\;14\,dm^2$
b) 27 ha 12 a; $10\,dm^2\;5\,cm^2$; $8\,cm^2\;8\,mm^2$
c) $70\,km^2$ 1 ha; 200 a $2\,m^2$; $1\,m^2\;1\,cm^2$

13 Wandle in die angegebene Einheit um. Schreibe mit Komma
a) in $\mathbf{m^2}$: $350\,dm^2$ b) in $\mathbf{dm^2}$: $836\,cm^2$
c) in $\mathbf{cm^2}$: $34\,007\,mm^2$ d) in **a**: $54\,999\,dm^2$

!
Auch bei den Flächeneinheiten tauchen manchmal Angaben mit Brüchen auf.

$\frac{1}{2}m^2 = 0{,}5\,m^2 = 50\,dm^2$

Wandle um:
$\frac{1}{2}m^2 = \square\,cm^2$
$\frac{1}{2}dm^2 = \square\,mm^2$
$\frac{3}{4}a = \square\,m^2$
$\frac{1}{4}ha = \square\,m^2$

Die im Mittelmeergebiet wachsenden Korkeichen können alle 8 bis 10 Jahre einmal geschält werden.

14 Die Kinderzimmer sollen einen Bodenbelag aus Kork bekommen. Ennos Zimmer ist 12,40 m² groß. Fabian hat ein 13,70 m² großes Zimmer und Gerhild hat eines mit 14,10 m².
Wie viel m² Korkfliesen müssen eingekauft werden?

15 Familie Wagner kauft ein Grundstück von 450 m² Größe. Der Preis für 1 m² beträgt 220 €. Je m² kommen noch 40 € Erschließungskosten hinzu.
Wie viel DM kostet das Grundstück?

16 Olgas Familie hat den Bau eines neuen Hauses geplant.
a) Wie groß sind die Flächen des Erdgeschosses und des Obergeschosses?
b) Der Flächeninhalt des Kellers wird 84 m² betragen. Wie groß ist die Wohn- und Nutzfläche (das ist die Gesamtfläche einschließlich des Kellers) des neuen Hauses?
c) In der ersten Zeit möchten Olgas Eltern das Obergeschoss vermieten. Sie berechnen 6,50 € pro m².
Wie hoch wird die Miete sein? Runde auf 10 € genau.

Erdgeschoss

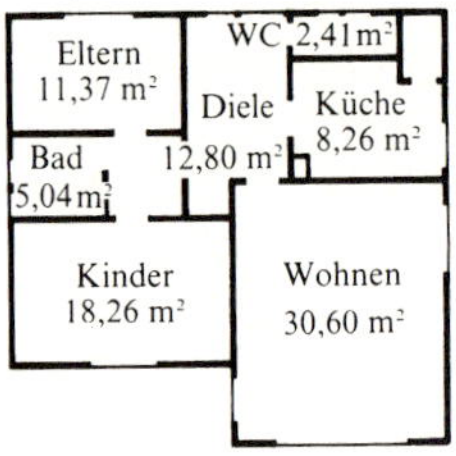

Obergeschoss

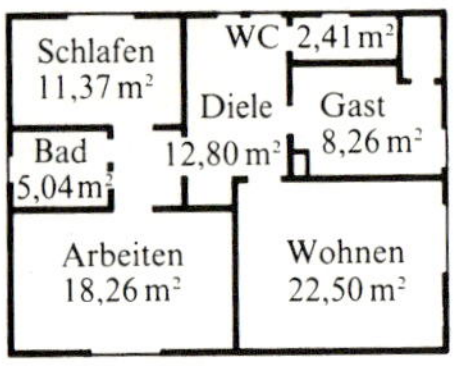

17 In einem Neubaugebiet von 7 ha wurden für Grünflächen, Straßen und Kinderspielplätze 7,5 a eingeplant.
Wie viel ha können zur Bebauung freigegeben werden?

18 Die größte deutsche Insel ist Rügen in der Ostsee mit 926,4 km². Sylt, die größte nordfriesische Insel, ist 99,2 km² groß.
Um wie viel km² ist Rügen größer als Sylt?

19 Von den rund 8540 km² Wald in Nordrhein-Westfalen sind ungefähr 312 564 ha durch Umwelteinflüsse geschädigt. Wie viel ha Wald sind noch gesund?

20 Der Regierungsbezirk Köln hat eine Gesamtfläche von 7365 km², davon werden 352 777 ha landwirtschaftlich genutzt. 1931 ha bestehen aus Wald- und Grünland. Der Rest sind Verkehrs- und Siedlungsflächen, Ödland und Wasserflächen.
Wie viel ha sind das?

21 Im Jahre 1997 gab es in Nordrhein-Westfalen 2158 km Autobahnen. Für jeden Kilometer Autobahn werden fast 6 ha Land benötigt.
a) Wie viel ha Natur wurden durch den Autobahnbau bis 1997 in Nordrhein-Westfalen zerstört?
b) Wie viele Fußballfelder (ungefähr 1 ha) entsprechen dieser Fläche?

INFO

Wusstest du ...

... dass die Hautoberfläche eines erwachsenen Menschen ungefähr 2 m² beträgt? Auf einem cm² der Haut befinden sich durchschnittlich 5000 Nervenzellen.

... dass die menschliche Lunge etwa 100 Millionen Lungenbläschen besitzt, und jedes eine Oberfläche von etwa 1 mm² hat?
Wie groß ist die gesamte Oberfläche der Lunge?
Vergleiche mit einem Grundstück der Größe 5 Ar.

1 Malte darf sich für sein Zimmer einen neuen Bodenbelag aussuchen.

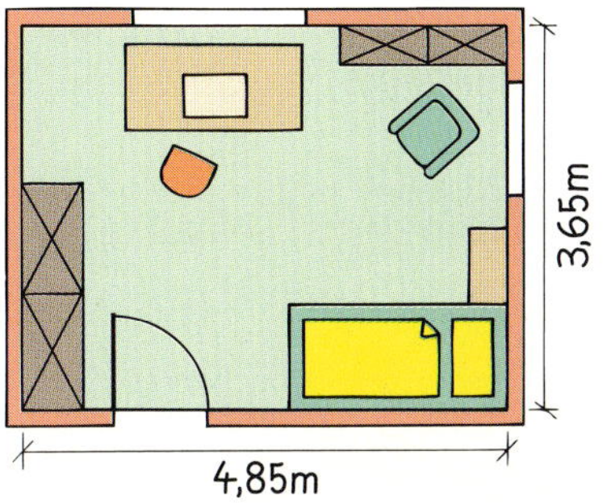

In einem Baumarkt-Prospekt hat er quadratische Teppichfliesen mit der Seitenlänge 50 cm entdeckt. Wie viele Fliesen braucht Malte für sein Zimmer?

M 2 Stellt euch vor, ihr dürft für eure Zimmer einen neuen Bodenbelag wählen.
a) Besorgt euch Prospekte mit Angeboten und vergleicht die Angebote bezüglich der Qualität, der Preise usw.
b) Überlegt gemeinsam, wie viel ihr von dem jeweiligen Bodenbelag benötigt. (Beachtet dabei, dass auf Teppichrollen angebotene Auslegeware immer in bestimmten Breiten – meist 4 m oder 5 m – gekauft werden muss.)
c) Berechnet die Kosten für verschiedene Fußbodenbeläge, die euch gefallen, und vergleicht sie miteinander.

Bodenbelag (Sorte)	So viel m^2 müsste ich davon kaufen	Kosten

Kennzeichnungen auf Teppichböden

- Ruhebereich
- Wohnbereich
- Arbeitsbereich
- Stuhlrollen-geeignet
- Treppen-geeignet
- Feuchtraum-geeignet
- Antistatisch
- Fußboden-heizung

SCHÖNER WOHNEN MIT QUALITÄTS-BÖDEN!

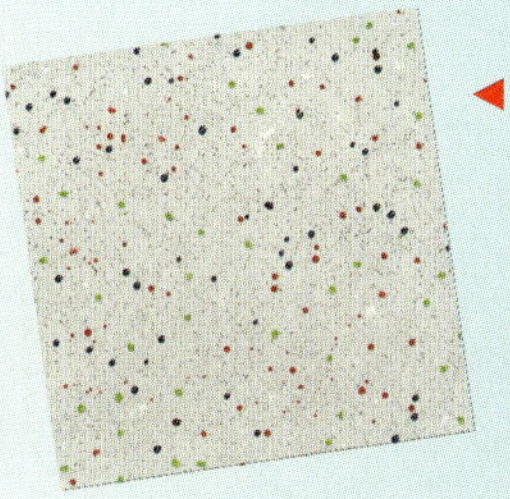

Velour-Teppichfliesen
unempfindlich, modischer Konfetti-Effekt, steingrau, 50 x 50 cm
m^2 **€ 8,95**

WIR FEGEN DIE PREISE UNTER DEN TEPPICH!

Schlingen-Auslegeware
100% Polyamid, robust, modisch gemustert, blau, rot, grün, 400 cm breit
m^2 **€ 6,95**

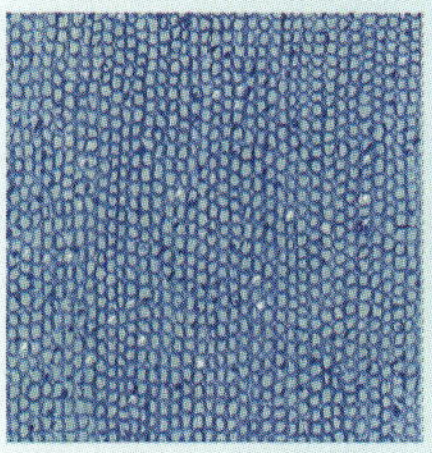

Feinschlingen-Auslegeware
100% Polypropylen, unempfindlich, rustikal, mittelblau, 500 cm breit
m^2 **€ 12,95**

Berberschlinge Auslegeware
100% Schurwolle, natürliche Schönheit, 5 Naturtöne, 400 oder 500 cm breit
m^2 **€ 14,95**

I Flächeninhalt des Rechtecks

Die Klasse 6c möchte die Größe ihres Klassenraums bestimmen.

Wie würdet ihr den Flächeninhalt ermitteln?

Will man den **Flächeninhalt eines Rechtecks** bestimmen, so kann man es erst einmal in gleich große Streifen zerlegen. Der Flächeninhalt berechnet sich dann aus

dem Flächeninhalt eines Streifens mal der Anzahl der Streifen.

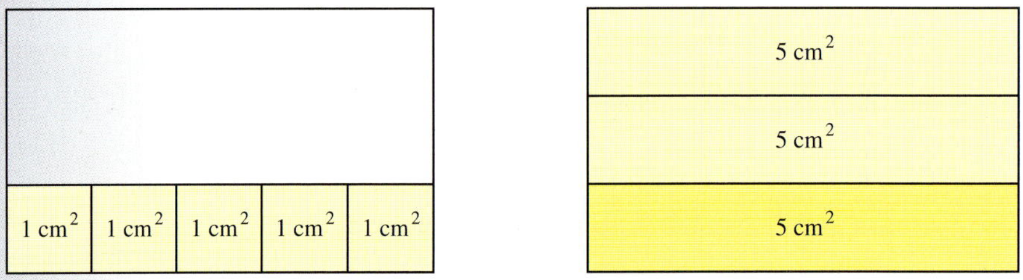

Der Flächeninhalt dieses Rechtecks beträgt also $3 \cdot 5\,\text{cm}^2 = 15\,\text{cm}^2$.

Kurz: **Flächeninhalt gleich Länge mal Breite**.

Wandle vor dem Multiplizieren – wenn nötig – erst in dieselbe Flächeneinheit um.

Beispiele

a) Der Flächeninhalt des Klassenraums der 6a mit den Seitenlängen 12 m und 10 m beträgt $12 \cdot 10\,\text{m}^2 = 120\,\text{m}^2$.

b) Ein Rechteck ist 3 cm lang und 8 mm breit. Die Länge von 3 cm wird in 30 mm umgewandelt. Der Flächeninhalt beträgt dann $30 \cdot 8\,\text{mm}^2 = 240\,\text{mm}^2 = 2{,}40\,\text{cm}^2$.

Aufgaben

1 Zeichne die Flächen mit den folgenden Seitenlängen in dein Heft und gib jeweils den Flächeninhalt an.

a) 2 cm; 3 cm b) 4 cm; 3 cm
c) 5 cm; 6 cm d) 4 cm; 5 cm
e) 7 cm; 3 cm f) 2 cm; 8 cm

2 Berechne die Flächeninhalte der Rechtecke mit folgenden Seitenlängen:

a) 7 cm; 11 cm b) 8 m; 17 m
c) 13 mm; 6 mm d) 21 dm; 9 dm
e) 12 cm; 43 cm f) 13 m; 104 m
g) 24 km; 18 km h) 43 cm; 38 cm

3 Berechne die Flächeninhalte der Rechtecke. Wandle vor dem Rechnen, wenn nötig, alle Werte in eine Einheit um.

a) 4 dm; 15 cm b) 8 cm; 25 mm
c) 120 cm; 3 dm d) 37 dm; 9 cm
e) 3 km; 450 m f) 34 mm; 3 dm
g) 45 m; 6 cm h) 8 km; 12 m

4 Zum 800. Geburtstag des Hamburger Hafens bemalte eine Künstlergruppe eine 15 m hohe und 260 m lange Außenwand eines Docks einer Schiffswerft. Welche Fläche hat das Gemälde?

Das Kunstgemälde „Kunstprojekt Dock 10" gilt als das größte schwimmende Kunstgemälde. Rund 5000 *l* Schiffslack wurden für die Dockbemalung verbraucht.

5 Hanna meint: „Mein Zimmer ist 4 m lang und 3,50 m breit." Ivan sagt: „Mein Zimmer ist 4,60 m lang und 3 m breit. Es ist größer als Hannas Zimmer." Hat Ivan Recht?

6 Gib die Flächeninhalte der bezeichneten Räume in m² an.

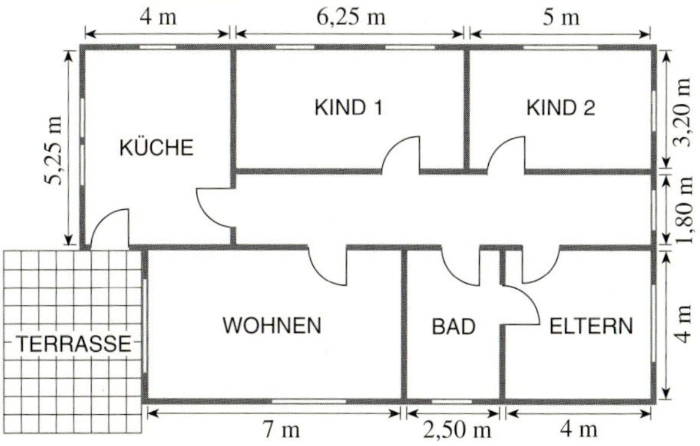

7 Ein Quadrat hat eine Seitenlänge von 9 cm. Berechne den Flächeninhalt.

! Den Flächeninhalt eines Quadrats kannst du berechnen, indem du die Seitenlänge quadrierst.
$4 \cdot 4\,cm^2 = 16\,cm^2$

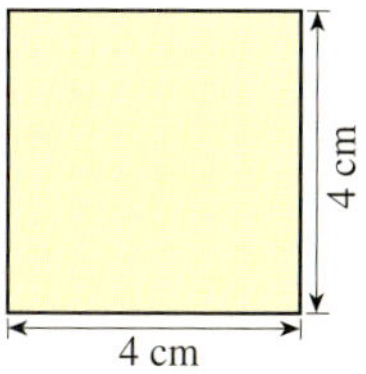

8 Berechne den Flächeninhalt der Quadrate mit der Seitenlänge

a) 12 cm b) 18 dm
c) 27 mm d) 104 m.

9 Bestimme die Breite der Rechtecke.
Beispiel: Länge der 1. Seite: 14 m
Flächeninhalt: 126 m²
Länge der 2. Seite: (126 : 14) m = 9 m
Die Breite des Rechtecks beträgt 9 m.

	a)	b)	c)	d)
Länge 1. Seite	3 m	14 cm	5 dm	60 m
Flächeninhalt	60 m²	126 cm²	5 m²	3 ha

10 Übertrage die Tabelle in dein Heft und fülle sie aus.

	a)	b)	c)	d)
Länge	12 dm		40 cm	
Breite	14 cm	8 cm		25 m
Flächeninhalt		12 dm²	2 m²	10 a

11 Ein Zimmer mit einem Flächeninhalt von 38 m² hat eine Länge von 9,50 m. Wie breit ist das Zimmer?

12 a) Ein Quadrat hat einen Flächeninhalt von 49 cm². Gib die Seitenlänge an.
b) Zeichne ein Quadrat mit einem Flächeninhalt von 144 cm².

13 Wie verändert sich der Flächeninhalt eines Rechtecks, wenn man
a) die Länge verdoppelt?
b) die Breite verdoppelt?
c) die Länge und die Breite verdoppelt?

Flächeninhalte **rundet** man meist auf zwei Stellen hinter dem Komma.

Rundungsstelle

ab 5 aufrunden

3,4759 m ≈ 3,48 m

3,4749 m ≈ 3,47 m

bis 4 abrunden

14 Berechne die Flächeninhalte der Bodenflächen folgender Räume einer Wohnung. Runde auf 2 Stellen hinter dem Komma.

Raum	Länge	Breite
a) Küche	3,82 m	3,56 m
b) Bad	2,57 m	3,15 m
c) Flur	4,13 m	2,34 m
d) Kinderzimmer	2,75 m	4,26 m
e) Elternzimmer	4,41 m	3,89 m
f) Wohnzimmer	5,94 m	6,10 m

15 Berechnet für die Deckenfläche eures Klassenzimmers den Flächeninhalt. Rundet das Ergebnis sinnvoll. Würde die Farbe des Eimers reichen, um die Decke zu streichen?

16 Miss zu Hause die Seitenlängen der verschiedenen Zimmer aus und berechne den Flächeninhalt der Wohnflächen.

17 Berechne, ob du mit den Seiten einer großen Tageszeitung das Klassenzimmer auslegen kannst.

18 Die Miete für die drei Wohnungen beträgt 7,75 € pro m². Berechne die jeweiligen Mietpreise. Rechne geschickt.

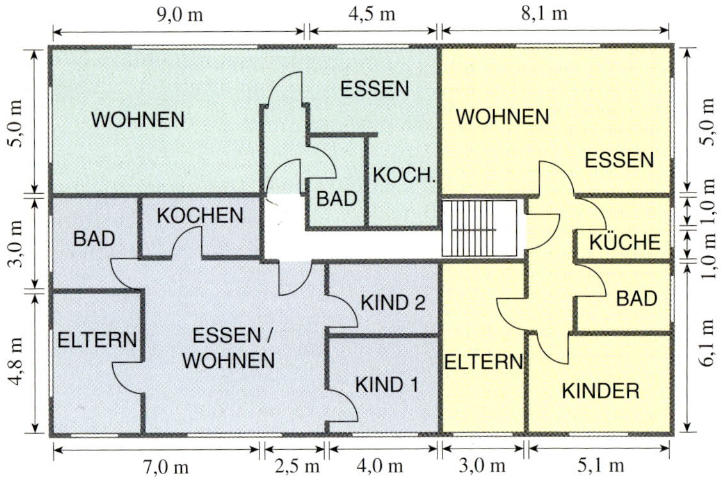

19 Lara möchte ihr Zimmer tapezieren. Der Raum ist 2,75 m hoch, 3,20 m breit und 4,36 m lang.

a) Eine Tapetenrolle hat eine Länge von etwa 10 m und eine Breite von etwa 50 cm. Wie viele Rollen muss sie kaufen? (Rechne vereinfacht, als hätte das Zimmer keine Fenster und Türen.)

b) Wie viel muss Lara bezahlen, wenn eine Tapetenrolle 9,80 € kostet?

20 Berechne die Flächeninhalte.

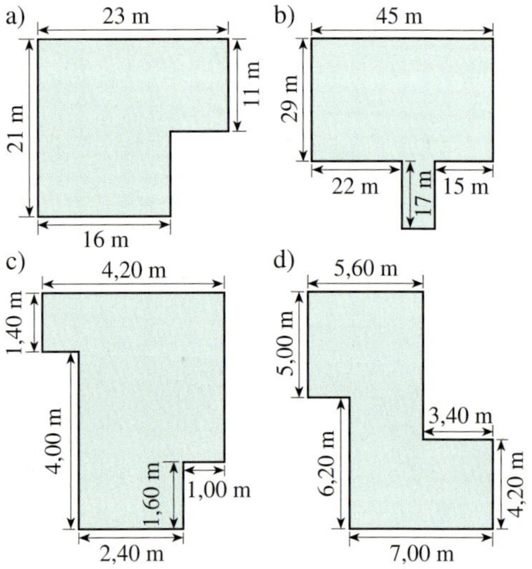

21 Berechne die Flächeninhalte folgender Grundstücke (Maße in m).

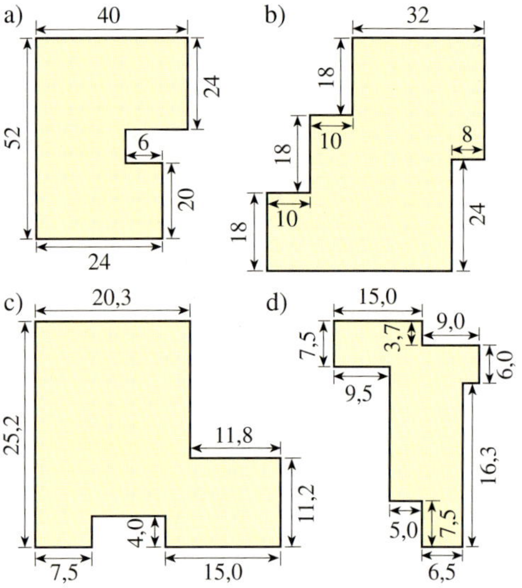

I Umfang des Rechtecks

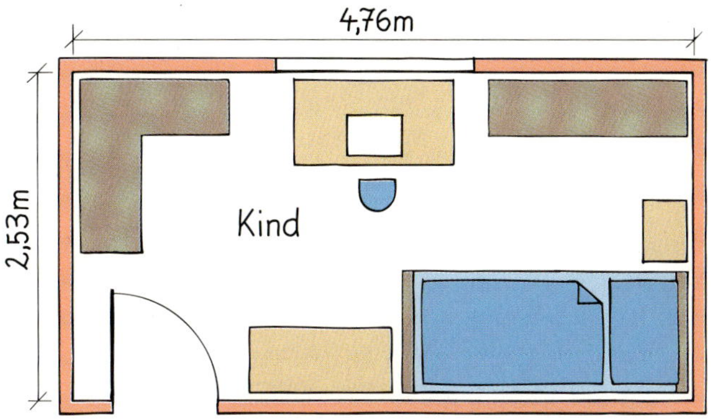

Monique möchte in ihrem Zimmer an der Wand rundum Holzleisten zum Anheften von Postern anbringen.

Wie viel m benötigt sie, wenn sie auch über den Türen und Fenstern Leisten anbringt?

Die Gesamtlänge aller Seiten eines Rechtecks nennt man **Umfang**.

Der Umfang des Rechtecks ergibt sich aus der Summe der zweifachen Länge und der zweifachen Breite des Rechtecks.

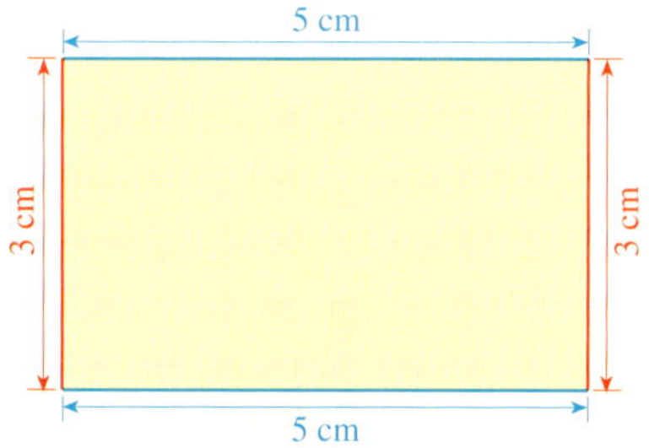

Der Umfang des Rechtecks beträgt also $2 \cdot 5\,\text{cm} + 2 \cdot 3\,\text{cm} = 10\,\text{cm} + 6\,\text{cm} = 16\,\text{cm}$

Kurz: **Umfang gleich zweifache Länge plus zweifache Breite**.

Beispiel

Ein Rechteck mit den Seitenlängen 4,6 cm und 3,9 cm hat den Umfang
$2 \cdot 4{,}6\,\text{cm} + 2 \cdot 3{,}9\,\text{cm} = 9{,}2\,\text{cm} + 7{,}8\,\text{cm} = 17\,\text{cm}$.

Aufgaben

1 Zeichne die Rechtecke in dein Heft und berechne den Umfang.

	a)	b)	c)	d)	e)
Länge	3 cm	6 cm	7 cm	4,5 cm	5,2 cm
Breite	4 cm	4 cm	30 mm	3 cm	3,5 cm

2 Berechne den Umfang der Rechtecke.

	a)	b)	c)	d)	e)
Länge	5 cm	2 dm	3 m	11 cm	31 m
Breite	4 cm	12 cm	80 cm	5,5 cm	54 dm

3 Eine Tapete soll einmal rund um den Raum mit einer Bordüre verziert werden. Der Raum ist 6,52 m breit und 5,48 m lang. Berechne den Bedarf an Bordüre.

4

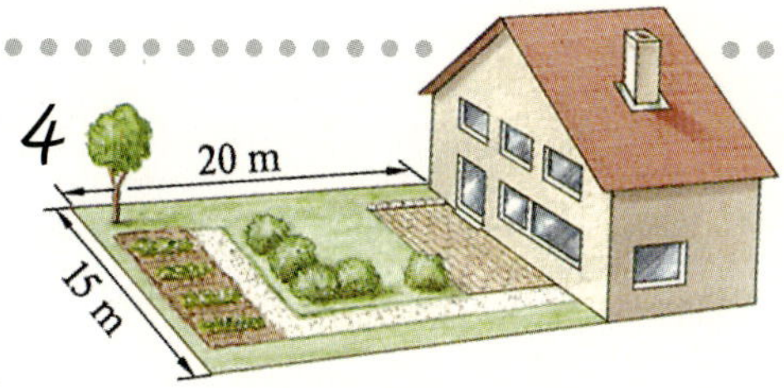

Der Garten soll eingezäunt werden.
Wie viel m Zaun müssen gekauft werden?

5 Ein Grundstück von 22,5 m Länge und 14,25 m Breite soll eingezäunt werden. Wie viel m Zaun werden benötigt, wenn das Tor 3 m breit ist?

6 Wie viel m Fußbodenleisten benötigt man für ein Zimmer von 5,46 m Länge und 3,17 m Breite, wenn die Tür 90 cm breit ist?

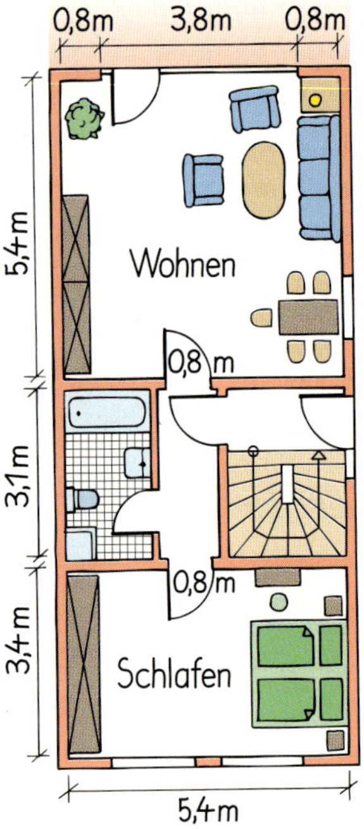

7 Berechne den Bedarf an Fußbodenleisten für das Schlafzimmer und das Wohnzimmer. Achtung: Nicht überall werden Leisten verlegt!

8 Übertrage die Figuren in dein Heft und berechne jeweils den Umfang. Was fällt dir beim Vergleich der Längen auf?

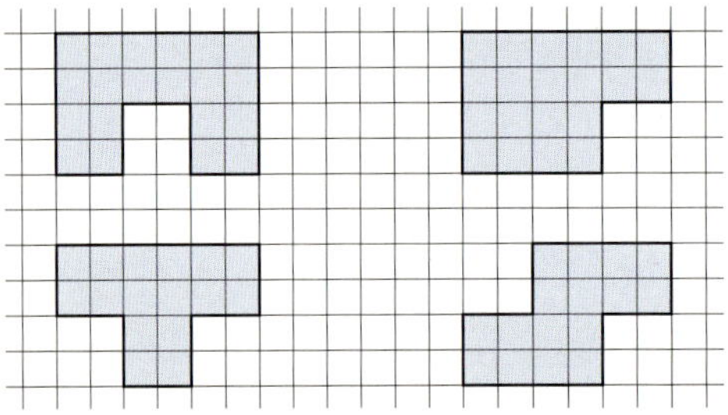

9 Bestimme jeweils den Umfang.

a)

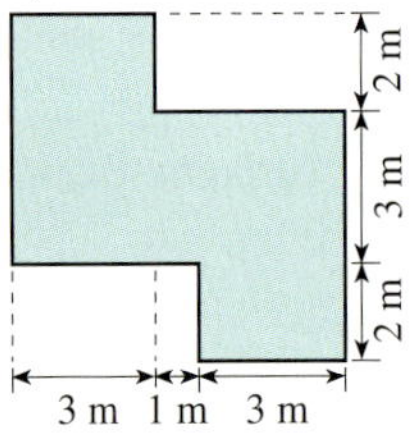

b)

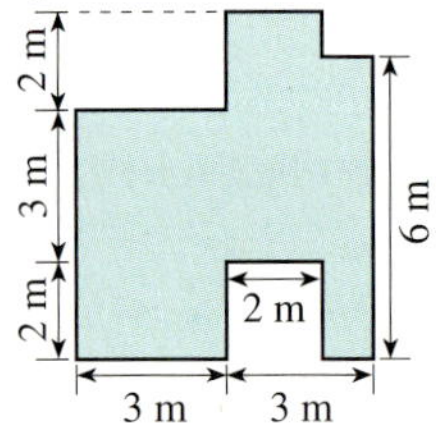

10 Berechne Umfang und Flächeninhalt folgender Zimmer.

	Länge	Breite	Umfang	Flächeninhalt
a)	4 m	7 m		
b)	17 m	8,6 m		
c)	3,5 m	11,5 m		
d)	7,14 m	6,68 m		

11 Ergänze die fehlenden Werte in deinem Heft.

	Länge	Breite	Umfang
a)	8 m		30 m
b)	9 cm		46 cm
c)	3 dm		110 cm
d)		7 mm	100 mm
e)		50 dm	210 dm
f)		15 cm	2 m

!!! Mit Streichhölzern kannst du verschiedene Figuren mit gleichem Umfang legen.

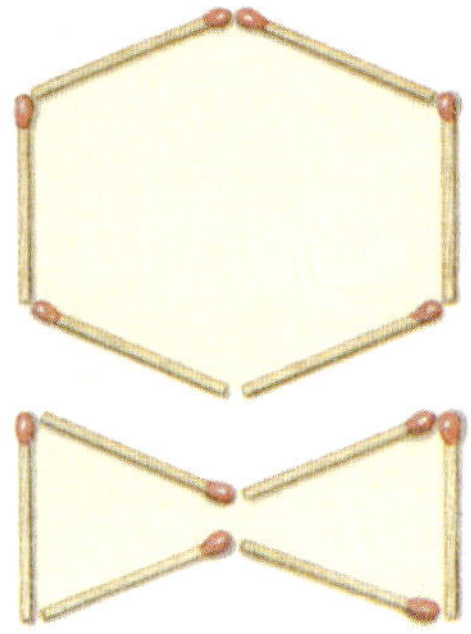

12 Zeichne ein Rechteck mit dem Umfang 24 cm, das
a) doppelt so lang wie breit ist
b) in drei gleich große Quadrate zerlegt werden kann.

13 Überlege, wie sich der Flächeninhalt eines Rechtecks verändert, wenn
a) eine Seitenlänge verdoppelt wird
b) beide Seitenlängen verdoppelt werden
c) eine Seitenlänge verdoppelt und eine halbiert wird.

14 Berechne den Umfang eines Quadrats mit 5 cm Seitenlänge.
Warum ist diese Berechnung so einfach?

! Den Umfang eines Quadrats kannst du ermitteln, indem du die vierfache Seitenlänge berechnest.
$4 \cdot 3\,\text{cm} = 12\,\text{cm}$

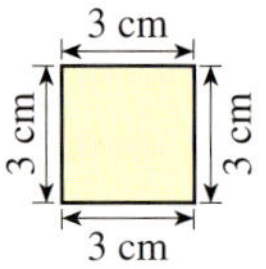

15 Ein Quadrat hat einen Umfang von 16 cm (20 dm; 60 m). Wie lang ist eine Seite?

16 Überlege, wie sich der Flächeninhalt eines Quadrates verändert, wenn
a) die Seitenlänge verdoppelt wird
b) die Seitenlänge halbiert wird
c) die Seitenlänge verdreifacht wird.

INFO

Weißt du . . .
. . . was ein laufender Meter (kurz lfm.) ist?
Bei unseren Berechnungen für Leisten, Zäune usw. haben wir immer die laufenden Meter, also die gesamte Anzahl an Metern an einem Stück ermittelt. Beim Kauf muss man jedoch beachten, dass vieles nur zugeschnitten in bestimmten Längen angeboten wird.

In welche Kiste passt mehr hinein? H

1 Kennt ihr dieses Problem auch: Alte aussortierte Spielzeuge oder Kleidungsstücke sollen verpackt und in den Keller gestellt werden. Aber welche Kiste eignet sich am besten dafür?
Worauf achtet ihr, wenn ihr eine geeignete Kiste sucht?

2 Besorgt euch Kisten, z. B. im Supermarkt, und vergleicht sie miteinander.
a) Schätzt, in welche Kiste mehr hineinpasst.
b) Stellt aus Pappe Dezimeterwürfel (Würfel mit 1 dm Seitenlänge) her und füllt die Kisten damit aus.
In welche Kiste passen die meisten Dezimeterwürfel?
c) Überlegt, wie ihr – auch ohne die Kisten mit Dezimeterwürfeln zu füllen – herausfinden könnt, in welche Kiste am meisten passt.

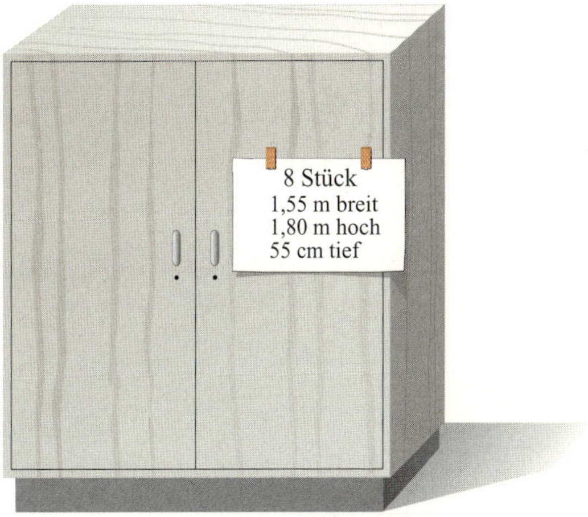

3 Die Albert-Einstein-Gesamtschule zieht in ein größeres Schulgebäude um. Findet heraus, welcher Möbelwagen gebraucht wird, um die bereits nach draußen gestellten Schränke zu transportieren. Auf welche Arten können die Schränke in den Möbelwagen gestellt werden? Macht euch eine Skizze dazu.

Ladefläche Möbelwagen 1
1736 mm breit
1855 mm hoch
4215 mm lang

Ladefläche Möbelwagen 2
1896 mm breit
1925 mm hoch
4050 mm lang

I Raumeinheiten

Dieser Kühlschrank hat ein Fassungsvermögen von 160 *l*. Weißt du, was damit gemeint ist?

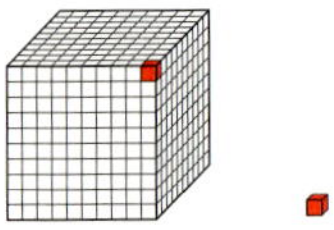

Übrigens

Kubik kommt von Cubus, dem lateinischen Wort für Würfel.

Rauminhalte können durch Würfel beschrieben werden. Ein Würfel mit der Kantenlänge 1 dm hat den Rauminhalt 1 Kubikdezimeter (dm^3).

Hat ein Würfel die Seitenlänge	so heißt sein Rauminhalt
1 m	1 m^3
1 dm	1 dm^3
1 cm	1 cm^3
1 mm	1 mm^3

1 m^3 = 1000 dm^3

1 dm^3 = 1000 cm^3

1 cm^3 = 1000 mm^3

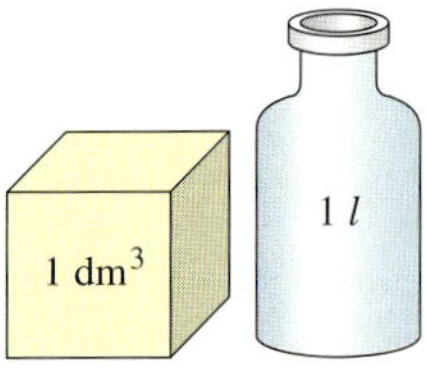

Bei Flüssigkeiten verwendet man statt dm^3 und cm^3 die Einheiten Liter (*l*) und Milliliter (ml). 1 *l* = 1 dm^3, 1 ml = 1 cm^3.

Beispiele

a) In **cm^3** oder **ml** misst man z. B. den Rauminhalt von Getränkeflaschen, Konservendosen und Arzneimittelampullen.

b) In ***l*** misst man z. B. die Sandmenge für den Sandkasten, den Rauminhalt von Kühlschränken und Abfallbehältern.

c) In **m^3** misst man z. B. das Fassungsvermögen von Schwimmbecken, den Gas- oder Wasserverbrauch im Haushalt, den umbauten Raum bei Wohnungen.

Aufgaben

1 Welche Raumeinheiten würdest du verwenden, um die folgenden Rauminhalte anzugeben?

a) Klassenzimmer b) Konservendose
c) Wassereimer d) Eispackung
e) Stecknadelkopf f) Badewanne
g) Rucksack h) Trinkglas

2 a) Wo kannst du Angaben zum Rauminhalt finden?
b) Finde konkrete Beispiele mit genauen Maßangaben.

3 Gib in der nächstgrößeren Einheit an.
a) 4000 mm^3; 82 000 cm^3; 120 000 cm^3
b) 325 000 dm^3; 50 000 mm^3; 850 000 cm^3
c) 5000 ml; 7000 *l*; 23 000 ml; 45 000 *l*

4 Gib in der nächstkleineren Einheit an.
a) 34 m^3; 80 cm^3; 115 dm^3; 200 m^3
b) 17 *l*; 230 *l*; 2000 *l*; 5478 *l*

5 Wie viel fehlt bis zu einem Liter?
a) 500 cm^3 b) 837 ml
c) 0,800 *l* d) $\frac{3}{4}$ *l*

Beim Umwandeln in die nächstkleinere Einheit **verschiebst** du das **Komma** um drei Stellen nach rechts, beim Umwandeln in die nächstgrößere Einheit entsprechend nach links.

Bei der Umwandlung von Raummaßen in andere Raumeinheiten oder in die **Kommaschreibweise** hilft dir wieder die Darstellung in einer Stellenwerttafel:

m^3			dm^3			cm^3			mm^3		
H	Z	E	H	Z	E	H	Z	E	H	Z	E
		5,	3	2	1	4	0	0			
		5	3	2	1,	4	0	0			
		5	3	2	1	4	0	0			

$5{,}3214\,m^3 = 5\,m^3\,321\,dm^3\,400\,cm^3$

$5321{,}4\,dm^3 = 5321\,dm^3\,400\,cm^3$

$5\,321\,400\,cm^3$

6 Wandle um in
a) **cm³**: $3000\,mm^3$; $17\,000\,mm^3$; $5\,dm^3$
b) **dm³**: $5\,m^3$; $45\,000\,cm^3$; $3\,m^3$; $9000\,cm^3$
c) ***l***: $605\,dm^3$; $3\,m^3$; $75\,000\,cm^3$
d) **ml**: 13 *l*; 4 *l*; $8000\,mm^3$; $2\,dm^3$; $30\,cm^3$.

7 Schreibe mit Komma in
a) **m³**: $4500\,dm^3$; 7800 *l*; $2\,dm^3$; $50\,dm^3$
b) **dm³**: $66\,840\,cm^3$; $2\,m^3$; $20\,cm^3$; $2\,cm^3$
c) **cm³**: $1\,cm^3\,30\,mm^3$; $0{,}3254\,dm^3$
d) ***l***: 5300 ml; $4\,dm^3\,5\,cm^3$.

8 Schreibe ohne Komma.
a) $2{,}452\,dm^3$ b) $90{,}864\,cm^3$
c) $7{,}064\,m^3$ d) $40{,}28\,cm^3$
e) $112{,}05\,m^3$ f) $5{,}3\,dm^3$

INFO

Hektoliter

Große Flüssigkeitsmengen werden auch mit der Maßeinheit Hektoliter (hl) gemessen. Hekto- (griech.) bedeutet Hundert: 1 hl = 100 *l*.
1 Hektoliter entspricht ungefähr einer durchschnittlichen Badewannenfüllung.

9 a) Ein Kasten Mineralwasser enthält 12 Flaschen mit je 750 ml. Wie viele Gläser zu $200\,cm^3$ kann man insgesamt füllen?
b) Besorge dir Angaben zu anderen Getränkekästen. Beachte die verschiedenen Füllmengen der Flaschen bzw. der Gläser und berechne den Inhalt wie in a).

10 Die Kante eines Würfels ist 1 cm lang. Bestimme den Rauminhalt der abgebildeten Körper.

a)

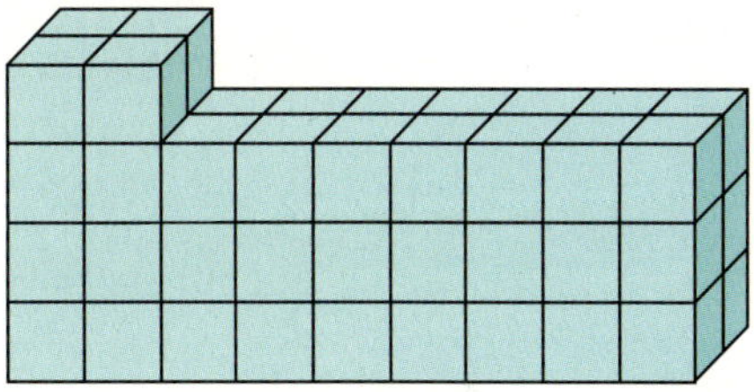

b)

c)

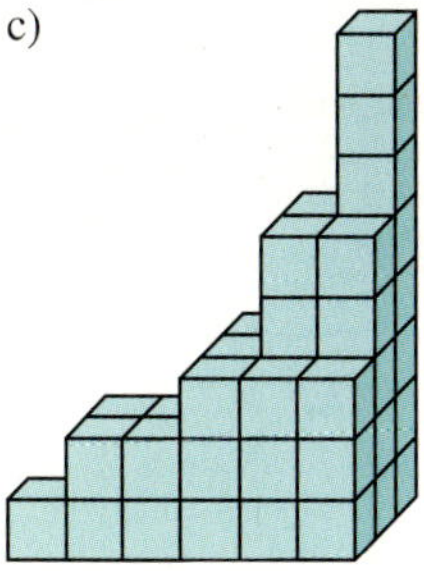

11
a) Wie viel *l* sind 25 hl; 800 hl; 12 hl?
b) Wie viel hl sind 200 *l*; 450 000 *l*; $3\,m^3$?

12 Nimm an, du hast einen würfelförmigen Behälter mit der Kantenlänge 1 m. Es wird 1 hl Wasser eingefüllt. Wie hoch steht das Wasser?

I Rauminhalt des Quaders

Abmessungen
Laderaum:
L x B x H mm
2300 x 1620 x 1370

Nicolai hat die Materialien aus dem Kunstraum bereits in Umzugskartons verpackt.

Länge: 54 cm
Breite: 37 cm
Höhe: 41 cm

Wie viele Umzugskartons bekommt er in den Kleintransporter?

Um den **Rauminhalt** eines Quaders zu bestimmen, kann man ihn erst einmal in gleich dicke Schichten zerlegen. Sein Rauminhalt entspricht dann dem

Rauminhalt einer Schicht mal Anzahl der Schichten

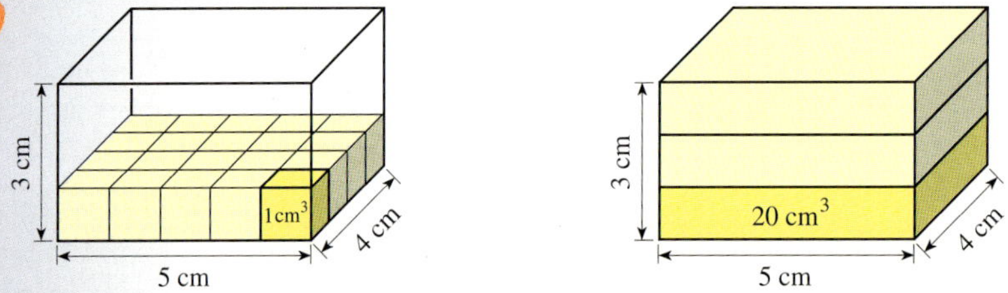

Der Rauminhalt des Quaders beträgt also $5 \cdot 4 \cdot 3\,\text{cm}^3 = 20 \cdot 3\,\text{cm}^3 = 60\,\text{cm}^3$.

Kurz: **Rauminhalt gleich Länge mal Breite mal Höhe**.

Beispiele

Tipp
Berechne den Rauminhalt in zwei Etappen.

a) Ein Kühlschrank hat die Innenmaße:
Höhe 0,64 m, Breite 0,55 m, Tiefe 0,50 m.
(Beachte: Die Kantenlängen heißen hier Höhe, Breite und Tiefe.)
Das Fassungsvermögen des Kühlschranks beträgt dann: $0{,}64 \cdot 0{,}55 \cdot 0{,}50\,\text{m}^3$
$= 0{,}176\,\text{m}^3$
$= 176\,l$

b) Ein Quader ist 2 m lang, $\frac{1}{2}$ m breit und 15 cm hoch.
Um den Rauminhalt zu berechnen, müssen vor dem Multiplizieren die Maße vereinheitlicht werden.
Der Rauminhalt berechnet sich dann z. B. so: $200 \cdot 50 \cdot 15\,\text{cm}^3$
$= 150\,000\,\text{cm}^3 = 150\,\text{dm}^3$

Aufgaben

1 Berechne den Rauminhalt eines Quaders mit den Kantenlängen

a) 25 cm; 48 cm; 15 cm
b) 1,50 cm; 0,40 m; 0,15 m
c) 2 m; 80 cm; 25 cm.

2 Berechne jeweils den Rauminhalt des Quaders. Wandle, wenn nötig, um.

Länge	4 cm	25 m	2 m	44 mm	1 m 4 dm
Breite	6 cm	7 m	8 dm	1,5 cm	1,1 m
Höhe	8 cm	3 m	5 dm	1,2 cm	78 cm

3 Berechne die Rauminhalte.

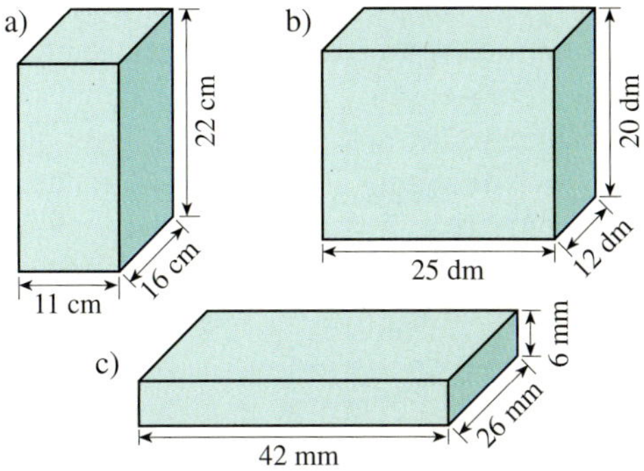

Wie viele verschiedene Quader kannst du aus 24 Würfeln zusammensetzen?

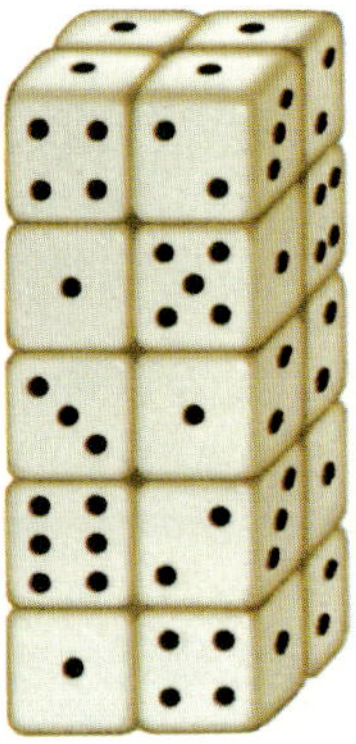

4 Der Rauminhalt eines Quaders kann auch aus dem Flächeninhalt der Grundfläche und der Höhe berechnet werden.
Beispiel: Grundfläche: 240 m², Höhe: 3 m
$240 \cdot 3\,m^3 = 720\,m^3$

	a)	b)	c)	d)
Grundfläche	$36\,cm^2$	15 a	$250\,cm^2$	$75\,cm^2$
Höhe	12 cm	4,5 m	15 dm	2 mm

5 Wie ändert sich der Rauminhalt eines Quaders, wenn
a) die Länge verdoppelt wird
b) die Breite halbiert wird
c) die Höhe und die Breite halbiert werden
d) die Höhe halbiert und die Länge verdoppelt wird?

6 Berechne den Rauminhalt eines Würfels mit der Kantenlänge
a) 12 cm
b) 8 mm
c) 1,80 m
d) 2,24 dm.

Den Rauminhalt des Würfels berechnest du wie beim Quader.

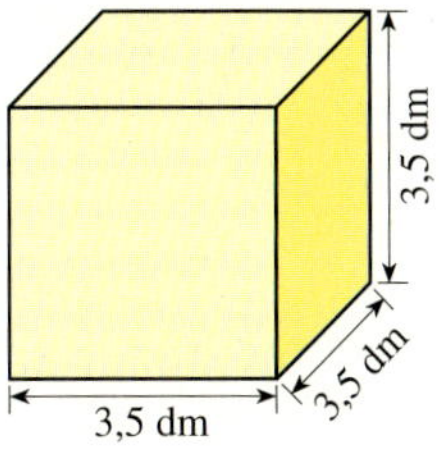

$3{,}5\,dm \cdot 3{,}5\,dm \cdot 3{,}5\,dm$
$= (3{,}5 \cdot 3{,}5 \cdot 3{,}5)\,dm^3$
$= 42{,}875\,dm^3$

7 Wie ändert sich der Rauminhalt eines Würfels, wenn
a) alle Kanten verdoppelt werden
b) alle Kanten halbiert werden?

8 Berechne die Rauminhalte der Körper.

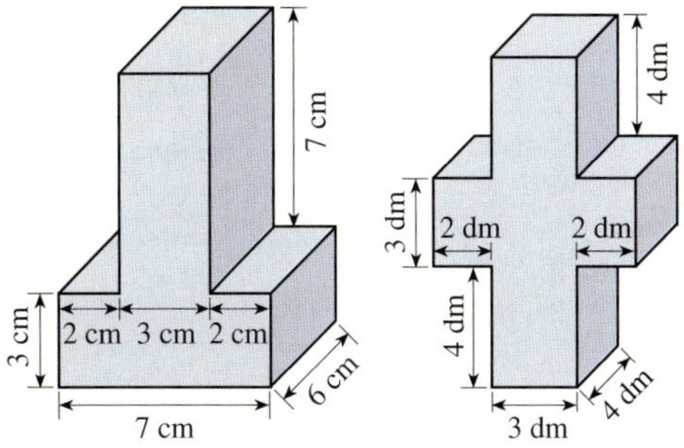

9 Ergänze die fehlenden Größen.

	a)	b)	c)	d)	e)
Länge	4 cm	5 cm	10 m		40 cm
Breite	7 cm	3 cm		2 dm	10 cm
Höhe	9 cm		4 m	8 dm	
Volumen		$60\,cm^3$	$240\,m^3$	$64\,dm^3$	4 *l*

10 Ein Quader mit einer quadratischen Grundfläche hat eine Höhe von 12 cm und einen Rauminhalt von $300\,cm^3$. Wie lang sind die Seiten der Grundfläche?

11 Welchen Bruchteil des Rauminhalts nehmen die eingefärbten Würfelteile ein?

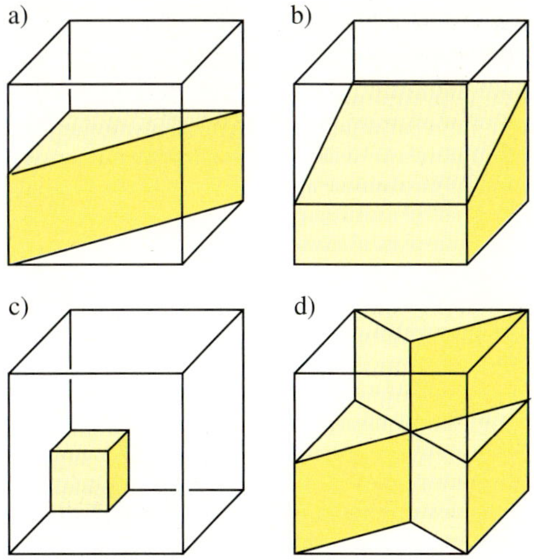

12 a) Ein Klassenraum ist 9 m lang, 7,50 m breit und 3,40 m hoch. Für jeden Schüler sollen 6 m^3 Luft zur Verfügung stehen. Wie viele Schüler dürfen höchstens in diesem Klassenraum unterrichtet werden?
b) Wie viele Schüler dürften sich demnach in eurem Klassenraum aufhalten?

13 a) Ein Kühlschrank hat folgende Innenmaße: Höhe 1,40 m, Breite 0,50 m, Tiefe 0,45 m. Wie viel Liter Fassungsvermögen hat der Kühlschrank?
b) Messt zu Hause die Innenmaße eures Kühlschranks und bestimmt das Fassungsvermögen in Litern.

14 a) Eine Waschmittelpackung hat folgende Maße: Länge 25 cm, Breite 10 cm, Höhe 34 cm. Gib den Rauminhalt der Packung in dm^3 an.
b) Die Füllmenge beträgt aber nur 8000 cm^3. Wie hoch ist die Packung gefüllt?

15 Grönland ist die größte Insel der Erde. Von den 2,17 Millionen km^2 Oberfläche sind 1,83 Millionen km^2 ständig mit Eis bedeckt.
a) Der Eispanzer ist im Durchschnitt 1600 m dick. Wie viel m^3 Eis gibt es auf Grönland?
b) Wie viel m würde der Meersspiegel steigen, wenn das Eis tauen würde? (Die Weltmeere haben zusammen eine Oberfläche von 360 Millionen km^2.)

Grönland wurde 982 vom Isländer Erik dem Roten entdeckt.

ZUM EXPERIMENTIEREN

Verpackungen

Für die folgende Aufgabe benötigst du einige Bogen Karton, Klebstoff und eine Schere. Schneide zunächst drei Quadrate mit der Seitenlänge 18 cm aus dem Karton aus. An den Ecken werden nun kleine Quadrate abgeschnitten. Wenn du einen Klebefalz stehen lässt, kannst du daraus eine oben offene Schachtel bauen.

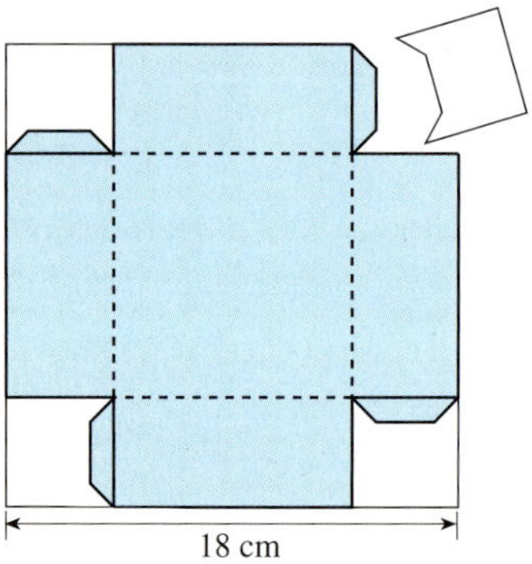

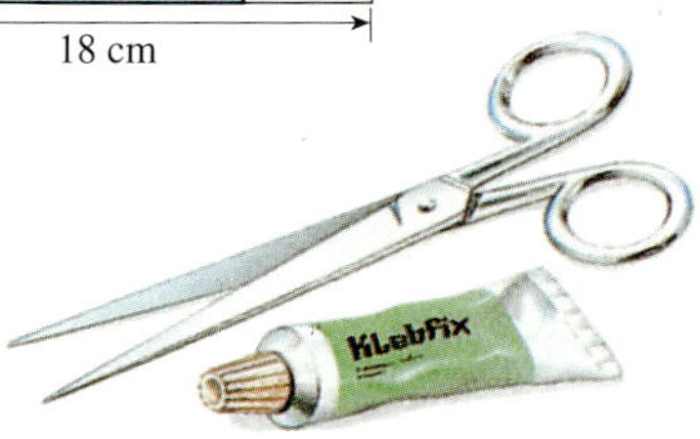

Stelle drei Schachteln her. Die kleinen Quadrate, die weggeschnitten werden, sollen die Seitenlängen 1 cm, 3 cm und 6 cm haben.

Berechne den Rauminhalt der Schachteln.

Stelle mit einer Tabelle eine Übersicht her. Berechne die möglichen Rauminhalte der Schachteln.

Seitenlänge des abgeschnittenen Quadrats	1 cm	2 cm	3 cm	4 cm
Rauminhalt der Schachtel				

I Oberflächeninhalt des Quaders

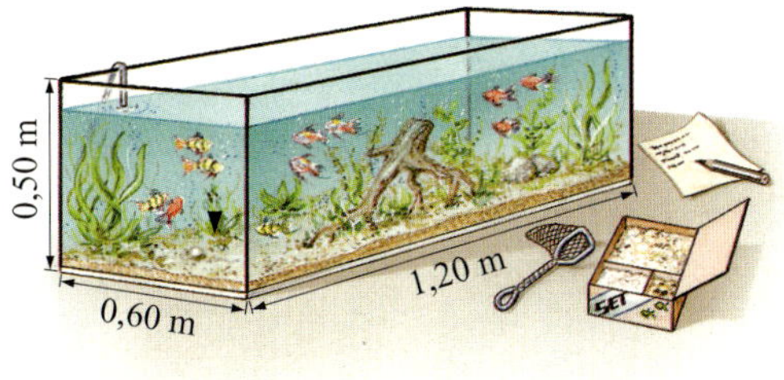

Die Klasse 6a der Albert-Einstein-Gesamtschule will ein Aquarium mit Glasabdeckplatte für ihren Klassenraum bauen lassen. Wie viel m^2 Glas wird für das Aquarium benötigt?

Fertige vor dem Rechnen eine Skizze an.

Die Oberfläche eines Quaders besteht aus 6 Rechtecken. Den Oberflächeninhalt (kurz: die Oberfläche) kannst du berechnen, indem du die Flächeninhalte der 6 Rechtecke des Netzes addierst.

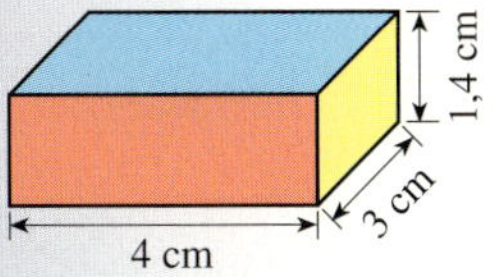

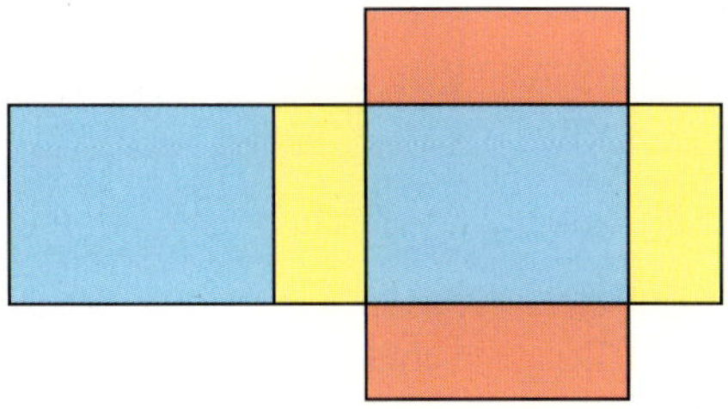

Der Oberflächeninhalt beträgt hier also
$2 \cdot 3 \cdot 4\,cm^2 + 2 \cdot 3 \cdot 1{,}4\,cm^2 + 2 \cdot 4 \cdot 1{,}4\,cm^2 = 24\,cm^5 + 8{,}4\,cm^2 + 11{,}2\,cm^2 = 43{,}6\,cm^2$.

Da beim Quader jeweils zwei Rechtecke gleich groß sind, reicht es, die verschieden farbig ausgemalten Flächeninhalte zu addieren und zu verdoppeln.

Aufgaben

1 Berechne jeweils den Oberflächeninhalt des Quadernetzes.

a)

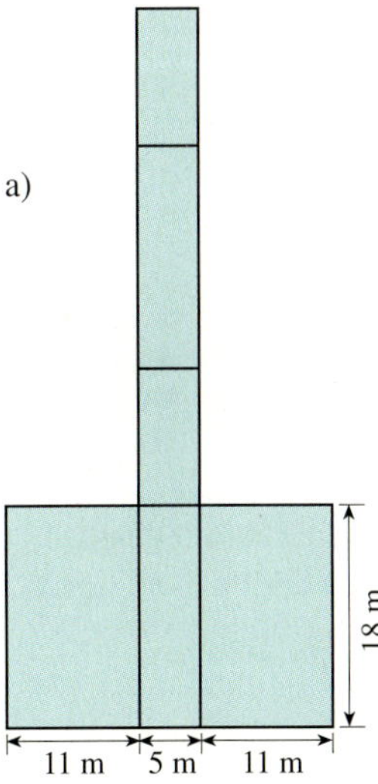

b)

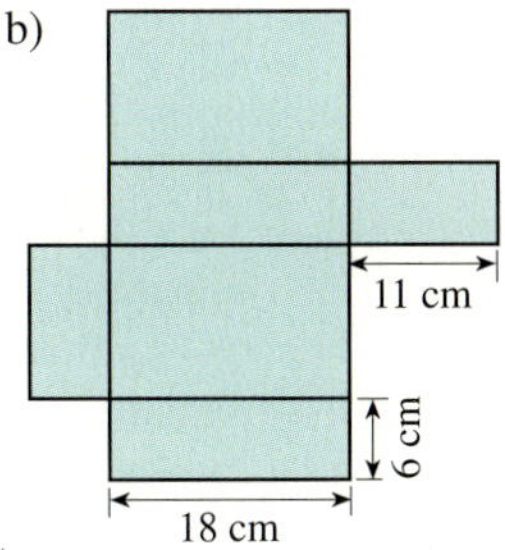

c)

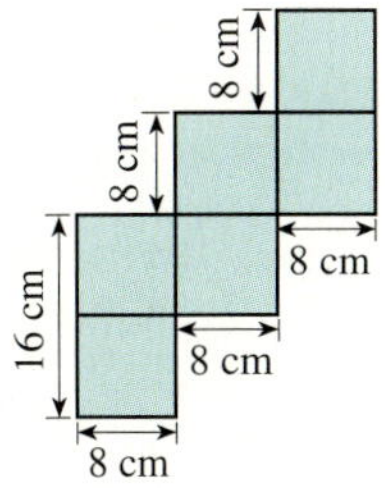

2 Berechne die Oberflächeninhalte der Quader.

	a)	b)	c)	d)
Länge	2 cm	3,5 cm	8,2 cm	4,6 cm
Breite	2,4 cm	5 cm	5,3 cm	4,6 cm
Höhe	25 cm	6 cm	7,1 cm	4,6 cm

3 a) Berechne den Rauminhalt und den Oberflächeninhalt eines Würfels mit der Kantenlänge 4 cm.
b) Wie ändern sich Rauminhalt und Oberflächeninhalt, wenn die Kantenlänge verdoppelt (verdreifacht) wird?

4 Welche Kantenlängen kann ein Quader haben, dessen Rauminhalt 180 cm^3 beträgt?
Wähle drei Beispiele aus und berechne jeweils den Oberflächeninhalt. Was fällt dir auf?

5 a) In eine Transportkiste aus Holz sollen genau 64 *l* hineinpassen. Welche Abmessungen kann sie haben? Lege eine Tabelle mit mindestens vier Möglichkeiten an.
b) In welchem Fall wird am wenigsten Holz benötigt?

Menschen, Länder, Kontinente

1 Habt ihr euch schon einmal überlegt, wie viele Kinder wohl auf 1 m^2 Platz finden? Schätzt, wie viele es sein könnten.

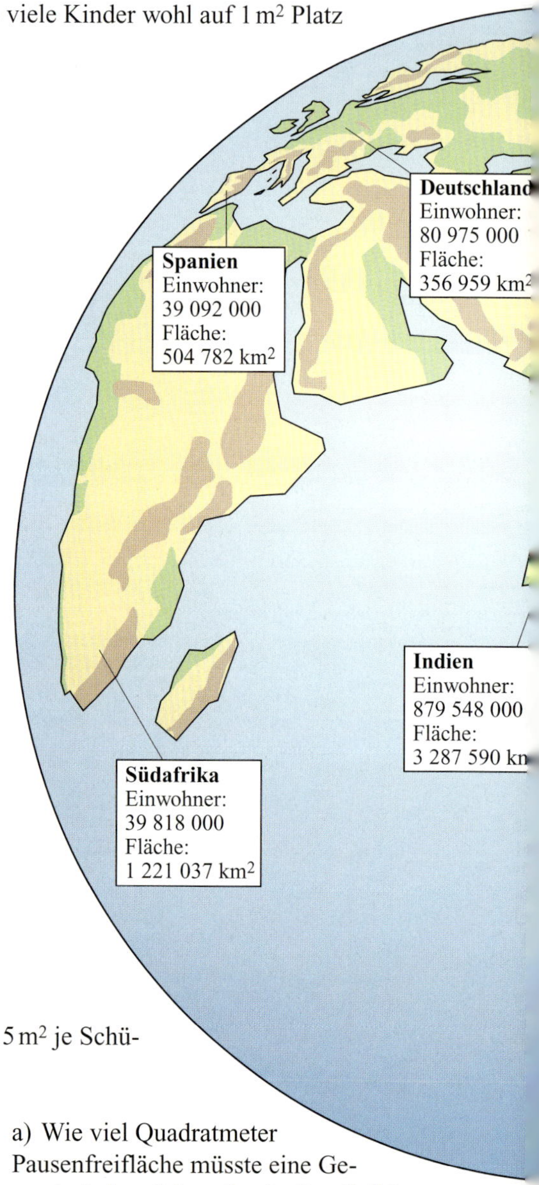

Passen aus eurer Klasse genau so viele Schülerinnen und Schüler auf einen Quadratmeter wie auf dem Foto? Steckt selbst einen Quadratmeter ab und probiert es aus.

2 In **Unterrichtsräumen** für die sechste Klasse sollten für jede Schülerin und jeden Schüler mindestens 2 m^2 zur Verfügung stehen.
a) Wie groß müsste ein Klassenraum für 28 Schülerinnen und Schüler mindestens sein?
b) Wie viel Quadratmeter müssten eurer Klasse zur Verfügung stehen?
Vergleicht mit den tatsächlichen Maßen.

3 Die **Pausenfreifläche** einer Schule sollte 5 m^2 je Schülerin und Schüler nicht unterschreiten.

a) Wie viel Quadratmeter Pausenfreifläche müsste eine Gesamtschule mit jeweils vier Parallelklassen in jedem Jahrgang wenigstens haben, wenn in jeder Klasse durchschnittlich 28 Schülerinnen und Schüler sind?
b) Welche Maße könnte ein rechteckiger Pausenhof etwa haben? Nennt drei Möglichkeiten.
c) Wie groß müsste eure Pausenfreifläche mindestens sein?
Besorgt euch die tatsächlichen Maße und vergleicht.

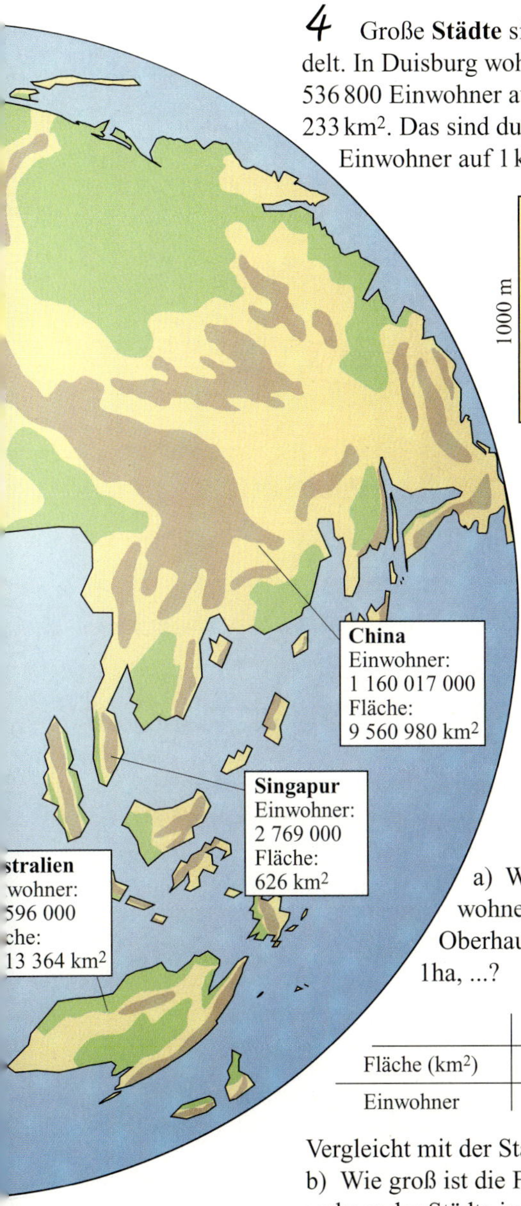

4 Große **Städte** sind meist dicht besiedelt. In Duisburg wohnen beispielsweise 536 800 Einwohner auf einer Fläche von 233 km². Das sind durchschnittlich 2304 Einwohner auf 1 km².

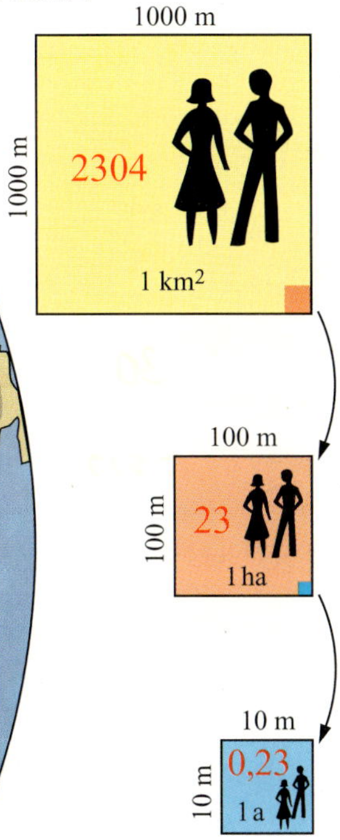

a) Wie viele Einwohner wohnen in Mülheim und Oberhausen jeweils auf 1 km², 1 ha, ...?

	Mülheim	Oberhausen
Fläche (km²)	91	77
Einwohner	177 000	226 000

Vergleicht mit der Stadt in der ihr wohnt.
b) Wie groß ist die Fläche, die jedem Einwohner der Städte im Durchschnitt zur Verfügung steht?
Wandle jeweils in m² um.

5 Was meinst du: Ist die Einwohnerdichte im Bundesland Nordrhein-Westfalen im Vergleich zu den berechneten Städten höher oder geringer?

Nordrhein Westfalen
Gesamtfläche: 34 072 km²
Einwohner: 17 679 000

6 In welchem **Land** der Erde haben die Menschen am meisten Platz und in welchen am wenigsten?
a) Rechnet mit den Zahlen aus der Zeichnung oder schaut im Atlas nach weiteren Daten.
b) Berechnet, wie viel Quadratmeter durchschnittlich jeweils auf einen Bewohner dieser Länder entfallen und vergleicht.

7 Der Bodensee ist der größte Binnensee Deutschlands und im Winter ein attraktiver Ort für Eisläufer.

In ganz kalten Wintern friert der Bodensee komplett zu. 539 km² Wasserfläche sind dann mit Eis bedeckt. Könnte man die gesamte Menschheit (rund 6 Milliarden) wohl auf dem Bodensee einladen? Wie viel Platz stünde für jeden Eisläufer zur Verfügung?

INFO

Weißt du, wie die Erde früher aussah?

Die Wissenschaftler sind heute der Meinung, dass vor langer Zeit auf der Südhalbkugel ein riesiger, von Wasser umgebener Kontinent existierte. Dieser spaltete sich im Laufe der Jahrmillionen auf und ließ die einzelnen Bruchstücke auf der Erdoberfläche wandern.
Heute teilt sich die 149,3 Millionen km² große Landfläche der 510,1 Millionen km² Gesamtoberfläche der Erde in die Kontinente Afrika, Amerika, Asien, Australien, Europa und die Antarktis.

Thema Postpakete

Sieh dir doch einmal bei der Post solch ein Pack-Set genauer an:

Es besteht aus einem zu einem Paket faltbaren Pappboden, Schnur, Klebestreifen (Größe XS ohne), Paketschein und Aufschriftdoppel.

Findest du auch heraus, was die Buchstaben der Größen bedeuten?

1 Bei der Post kann man Pack-Sets in verschiedenen Größen kaufen.

XS	EXTRA SMALL 22,5 x 14,5 x 3,5 cm (Breite x Tiefe x Höhe)	(ohne Klebestreifen)
S	SMALL 25 x 17,5 x 10 cm (Breite x Tiefe x Höhe)	
M	MEDIUM 35 x 25 x 12 cm (Breite x Tiefe x Höhe)	
L	LARGE 40 x 25 x 15 cm (Breite x Tiefe x Höhe)	
XL	EXTRA LARGE 50 x 30 x 20 cm (Breite x Tiefe x Höhe)	
F	FLASCHE 36 x 13,5 x 12 cm (Breite x Tiefe x Höhe)	

a) Berechne das jeweilige Fassungsvermögen der Pakete.
Gib die Inhalte in Litern an.
b) Wie viele Pakete der Größe XS passen in ein Paket der Größe L (XL) hinein?

2 Welche Paketgröße würdest du auswählen, um
a) 10 Tafeln Schokolade,
b) 10 CDs,
c) 10 Mathebücher,
d) 10 Taschenbücher
zu versenden?
Überlege, wie du jeweils möglichst geschickt packen kannst.
Fertige dazu Skizzen an.

3 a) Zeichne für einen Quader mit den Abmessungen der Paketgröße XL ein Netz. Wähle 1 cm für 10 cm.
b) Berechne den Oberflächeninhalt.

4 Baue den Quader der Paketgröße XS aus Karton nach.
Welche Länge und Breite benötigst du für das Netz mindestens?
Überlege dir vor dem Ausschneiden, wie du die einzelnen Seiten später mit Klebelaschen verbinden kannst.

5 a) Das Paket des Pack-Sets muss zunächst aus einer großen Pappe zusammengefaltet werden.

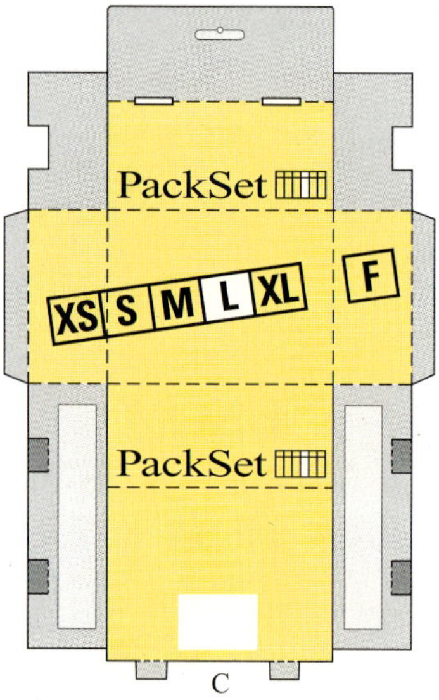

b) Welche Teilflächen gehören nicht zum Netz? Welche Seitenflächen des Paketes liegen nach dem Zusammenfalten dreifach, gibt es welche, die zweifach liegen?
c) Welche Maße muss eine rechteckige Pappe haben, damit daraus eine Faltpappe für ein Paket der Größe XS (M) hergestellt werden kann?
Hinweis: Für die Faltlaschen musst du 3 cm zugeben.

6 Pakete können mit Klebeband verschlossen, aber auch auf verschiedene Weisen verschnürt werden.

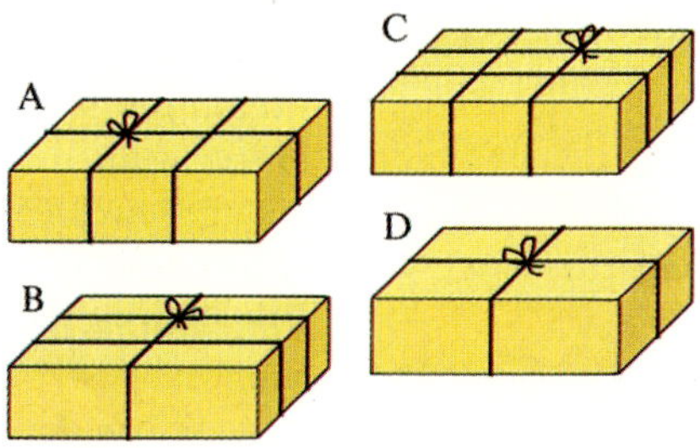

Wie viel Schnur wird für ein Paket der Größe XL bei den verschiedenen Schnürformen benötigt?
Rechne zusätzlich 20 cm für die Knoten ein.

Zusammenfassung

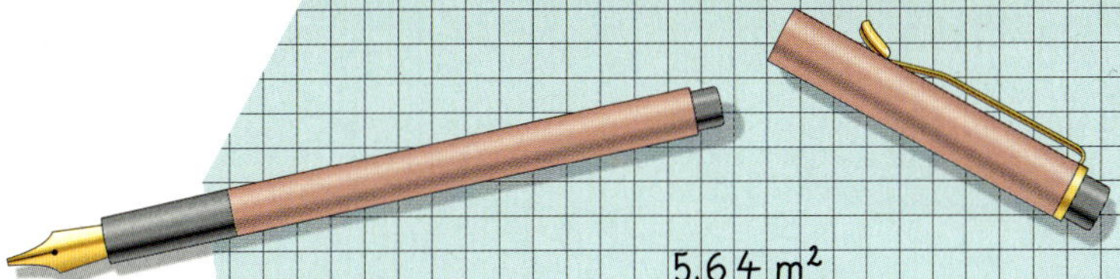

Flächeneinheiten

Die Einheiten, mit denen **Flächengrößen** angegeben werden, sind überlicherweise Quadrate.
Gebräuchliche Einheiten sind mm², cm², dm², m², a, ha und km².

1 km² = 100 ha
1 ha = 100 a
1 a = 100 m²
1 m² = 100 dm²
1 dm² = 100 cm²
1 cm² = 100 mm²

5,64 m²
5 m² 64 dm²
564 dm²

Flächeninhalt des Rechtecks

Den **Flächeninhalt** eines Rechteckes kannst du berechnen, indem du die Länge mit der Breite multiplizierst.

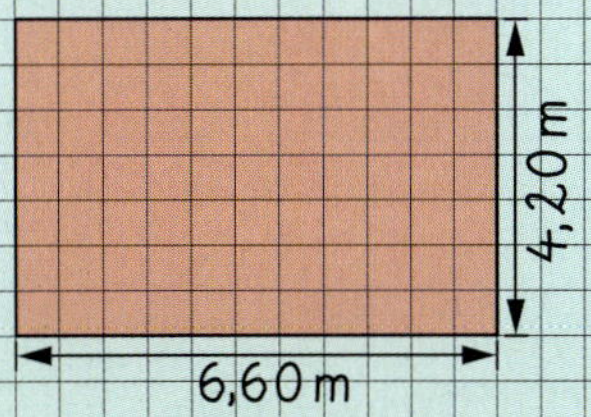

4,2 · 6,6
252
252
27,72

Der Flächeninhalt des Rechtecks beträgt $4{,}20 \cdot 6{,}60\ m^2 = 27{,}72\ m^2$.

Der Umfang des Rechtecks beträgt $2 \cdot 4{,}20\ m + 2 \cdot 6{,}60\ m = 21{,}60\ m$.

Umfang

Der **Umfang** eines Rechtecks berechnet sich aus der Summe der zweifachen Länge und Breite.
Achte bei deinen Berechnungen darauf, dass die Seitenlängen in der gleichen Maßeinheit angegeben sind, sonst musst du vorher umrechnen.

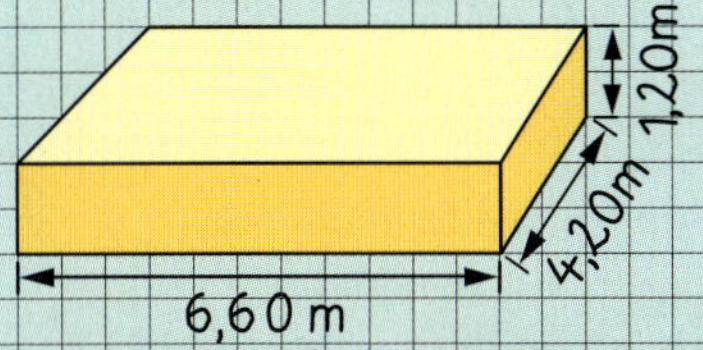

Tipp: Multipliziere in zwei Schritten

Der Rauminhalt des Quaders beträgt $6{,}60 \cdot 4{,}20 \cdot 1{,}20\ m^3 = 33{,}264\ m^3$.

Raumeinheiten

Rauminhalte können durch Würfel beschrieben werden.
Übliche Raumeinheiten sind mm³, cm³, dm³, m³, ml, *l* und hl.

1 m³ = 1000 dm³
1 dm³ = 1000 cm³
1 cm³ = 1000 mm³

1 *l* = 1 dm³ **1 hl** = 100 *l*

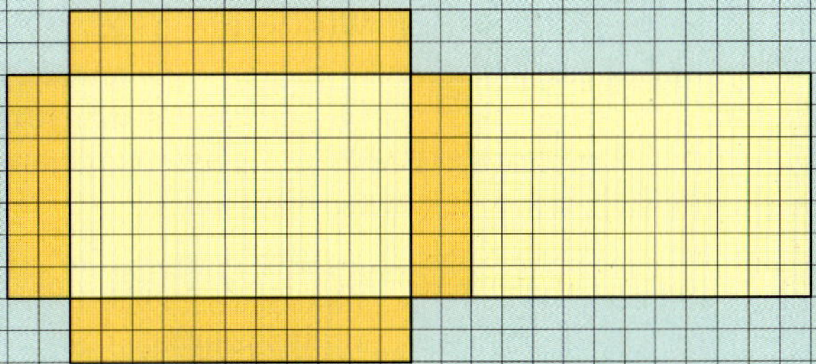

Rauminhalt

Den **Rauminhalt** eines Quaders kannst du berechnen, indem du die Länge mit der Breite und der Höhe multiplizierst.

Oberflächeninhalt

Der **Oberflächeninhalt** eines Quaders berechnet sich aus der Summe seiner Seitenflächen.

Der Oberflächeninhalt des Quaders beträgt

$2 \cdot 6{,}6 \cdot 4{,}2\ m^2 + 2 \cdot 6{,}6 \cdot 1{,}2\ m^2 + 2 \cdot 4{,}2 \cdot 1{,}2\ m^2$
$= 55{,}44\ m^2 + 15{,}84\ m^2 + 10{,}08\ m^2$
$= 81{,}36\ m^2$.

Rückspiegel

Lies vor dem Test die Hinweise auf Seite 6.

**

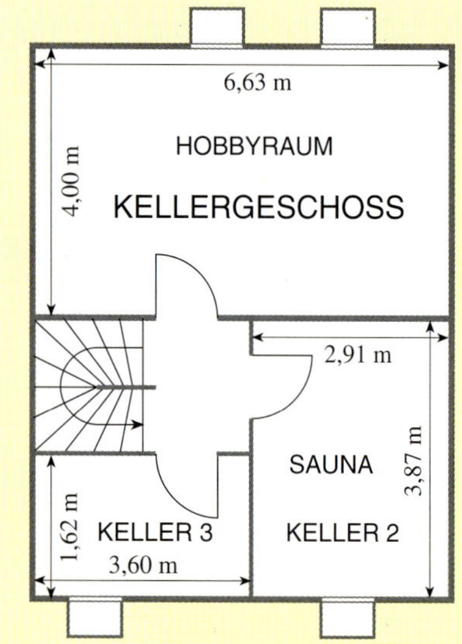

1 a) Wie viel m² Teppichboden werden für den Hobbyraum im Kellergeschoss benötigt?
b) Berechne die Kosten bei einem Preis von 12,– € pro m².

2 In Kinderzimmer 1 sollen an der Kante zur Zimmerdecke Leisten angebracht werden. Wie viel m müssen gekauft werden?

3 Berechne den Bedarf an Farbe für die 2,50 m hohen Wände und die Decke des Kinderzimmers 1. (Die Fenster- und Türflächen darfst du bei deiner Berechnung vernachlässigen.)

4 Im Sauna-Keller soll ein quaderförmiges Tauchbecken von 1 m Breite, 1,20 m Tiefe und 1,50 m Höhe gebaut werden. Wie viel *l* Wasser fasst es, wenn es randvoll gefüllt wird?

***

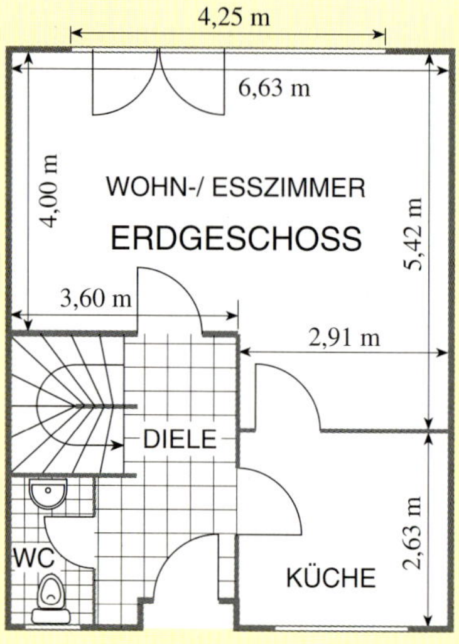

1 a) Wie viel m² beträgt der Flächeninhalt des Wohn- und Esszimmers?
b) Wohn- und Esszimmer sollen gefließt werden. Wie viel betragen die Kosten bei einem Preis von 19,80 € pro m²?

2 Wie viel m Fußbodenleisten müssen für das Wohn- und Esszimmer gekauft werden? (Die Türen sind 80 cm breit.)

3 Berechne den Bedarf an Farbe für die 2,50 m hohen Wände und die Decke des Wohn- und Esszimmers. (Die Fenster und Türen sind 2 m hoch.)

4 Für das Aquarium wurden Fische in fünf 50-*l*-Behältern geliefert. Passt der Inhalt aller Behälter zusammen in das Aquarium mit 1,15 m Breite, 45 cm Tiefe und 60 cm Höhe?

****

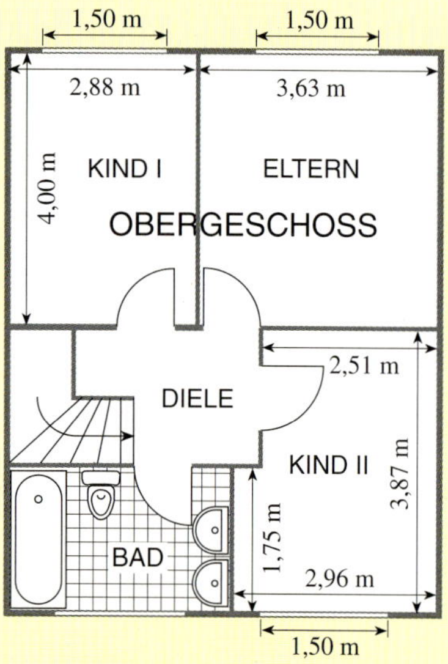

1 a) Welches Kinderzimmer bietet mehr Platz zum Spielen?
b) In beiden Kinderzimmern soll Teppichboden verlegt werden. Berechne die Gesamtkosten bei einem Preis von 16,50 € pro m² und einer Rollenbreite von 4 m.

2 Wie viel m Fußbodenleisten müssen für die Kinderzimmer insgesamt gekauft werden? (Die Türen sind 80 cm breit.)

3 Wie viele Eimer Farbe werden benötigt, um die 2,50 m hohen Wände und die Decke der beiden Kinderzimmer zu streichen? (Die Fenster und Türen sind 2 m hoch.)

4 Die Kinder möchten ein eigenes Aquarium. Folgende Größen werden angeboten: 80 cm × 36 cm × 38 cm und 1 m × 36 cm × 45 cm. Wie viel Liter fasst jedes Aquarium, wenn es bis 3 cm unter der Oberkante gefüllt wird?

 Ermittle anhand der Lösungen auf Seite 171 deine erzielte Punktzahl.

Mathematische Reisen: Geometrische Spiele

R

Der Geometrie kommt nicht nur in unserem Alltag eine große Bedeutung zu, mit Geometrie könnt ihr auch interessante und „schöne" mathematische Entdeckungen machen. Das wussten schon unsere Vorfahren vor vielen hundert Jahren. Sie entwickelten eine Vielzahl geometrischer Lege- und Denkspiele, von denen ihr in diesem Kapitel einige kennen lernen werdet. Viel Spaß dabei!

▼ In diesem Kapitel lernt ihr

- ▶ verschiedene geometrische Spiele kennen.
- ▶ wie ihr selbst solche Spiele konstruieren und herstellen könnt.
- ▶ wie die verschiedenen geometrischen Spiele gespielt werden.
- ▶ wie ihr Strategien zur Lösung entwickeln könnt.

Vom Tangram zum magischen Ei

Tangram ist ein jahrhundertealtes, chinesisches Legespiel. Es besteht aus sieben Teilen, den Tans. Die Tans erhält man durch Zerlegen eines Quadrats nach einer bestimmten Vorschrift.

1 Bastle dir ein eigenes Tangram-Spiel:
- Zeichne dazu mit dem Geodreieck ein Quadrat (z. B. auf Papier oder Pappe).
- Trage die Schneidelinien ein. (Überlege dir eine sinnvolle Reihenfolge.)
- Schneide die Tans sorgfältig aus.
- Male die Tans farbig an.

Kannst du sie wieder zum Quadrat zusammenlegen, ohne auf die Vorlage zu sehen?

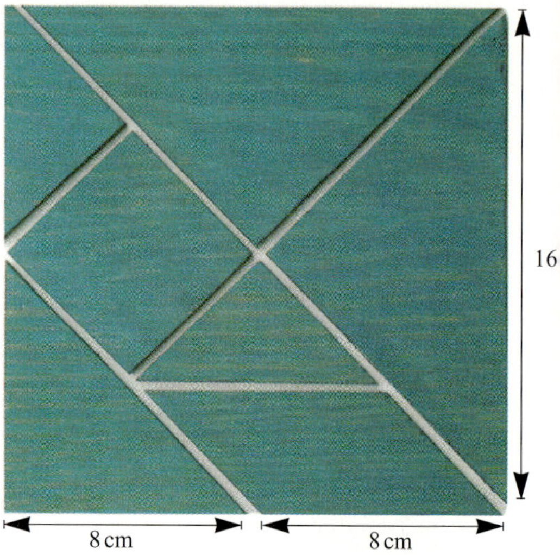

Wie wird gespielt?
Mit dem Tangram-Spiel lassen sich Figuren legen. Jede Figur muss alle sieben Tans enthalten. Übereinander legen ist nicht erlaubt!

2 Lege die Figuren mit deinem eigenen Tangram-Spiel nach.

3 Teile der Tangram-Figuren können auf verschiedene Arten zusammengesetzt werden.
a) Welche Tans kannst du verwenden, um ein kleines Quadrat zu legen? Zeichne deine Lösungen ins Heft.
b) Aus welchen Tans kannst du ein Rechteck legen?
c) Überlege dir auch andere Figuren, die du legen kannst.

4 Lege aus allen Tans ein Rechteck, das kein Quadrat ist.

5 Erfinde eigene Tangram-Figuren. Zeichne die Umrisse auf und lasse deine Mitschülerinnen und Mitschüler die Figuren nachlegen.

6 Zeichne die unten abgebildeten Puzzles. Halbiere dazu, wenn erforderlich, die entsprechenden Quadratseiten.

Es ist gar nicht so leicht, die Puzzleteile wieder zu Quadraten zusammenzulegen. Versuche es doch einmal.

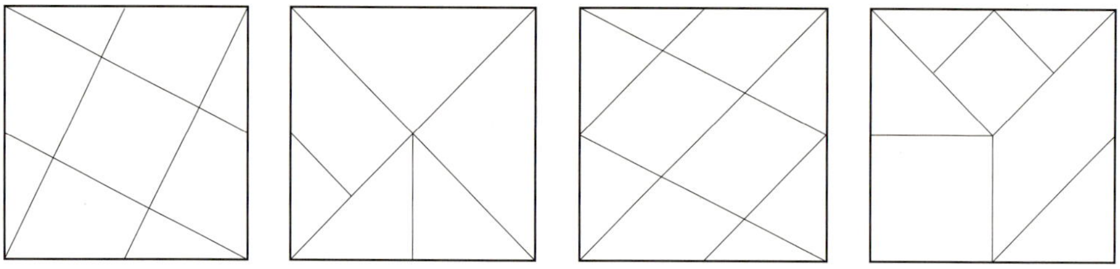

7 Im 19. Jahrhundert wurden erstmals **runde Tangram-Spiele** verkauft. Eines davon siehst du hier.
a) Stelle das runde Tangram mit dem Radius r = 8 cm her.
b) Setze die Stücke wieder zu einem Kreis zusammen, ohne auf die Vorlage zu schauen.

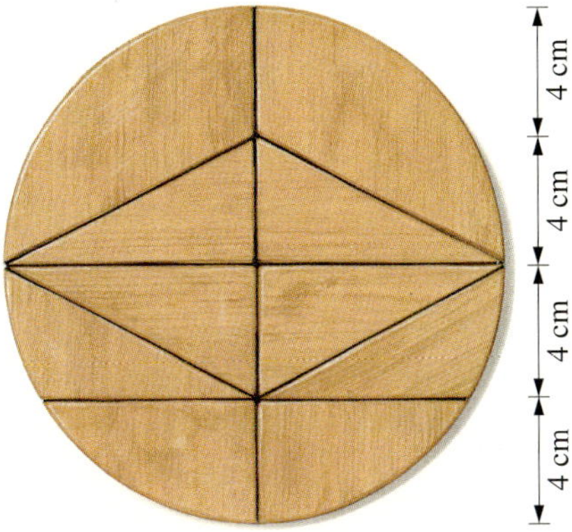

8 Lege die Figuren mit deinem Kreis-Tangram nach. Verwende alle 10 Plättchen.

Tipp
Stellt eure schönsten Tangram-Figuren doch einmal auf einer Wandzeitung in eurer Klasse oder Schule aus.

9 Erfinde eigene Figuren aus dem Kreis-Tangram. Zeichne die Umrisse auf und lasse deine Mitschülerinnen und Mitschüler die Figuren nachlegen.

10 Zeichne das **Herz-Tangram** und das **magische Ei** mit Hilfe deines Zirkels. Kannst du auch die dazu gehörenden Figuren nachlegen?

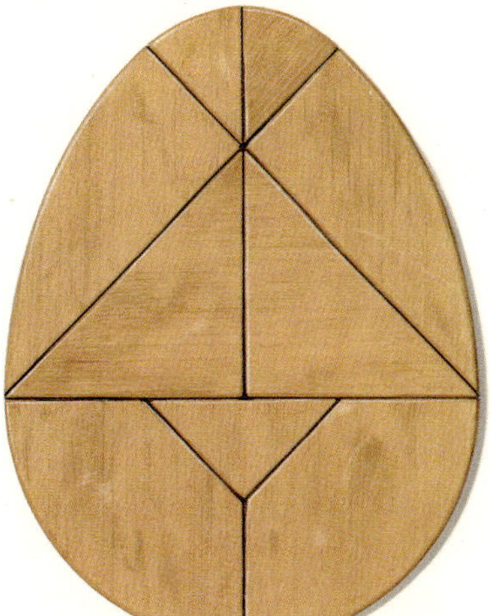

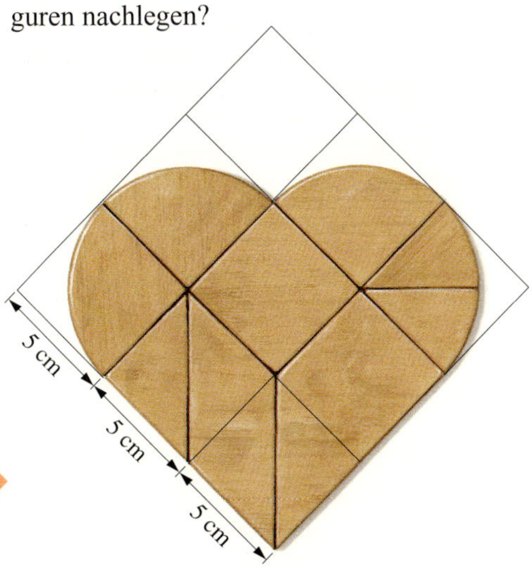

Hast du ein Herz für Katz und Maus?

Diese Vögel „schlüpften" aus dem magischen Ei.

Zündholz-Probleme

Entwickle eigene **Lösungsstrategien**, z. B.:

- Zähle die **Anzahl der Hölzchen**: Ist die Anzahl durch 4 teilbar wie in Aufgabe 1, so hängen die Quadrate an keiner Seite zusammen. Bleibt bei der Division durch 4 ein Rest, so müssen einzelne Seiten zusammenhängen.
- Vielleicht **„siehst“** du jetzt schon die gesuchten Quadrate, die in Frage kommen, weil sie z. B. nur an den Ecken zusammenhängen können.

Auch mit ganz einfachen Mitteln kannst du geometrische Spiele betreiben. Du brauchst nur eine Packung **Zündhölzer** und Spaß am Rätsel lösen.

1 Lege die Figur nach. Durch Umlegen von drei Hölzchen erhältst du drei gleich große Quadrate.

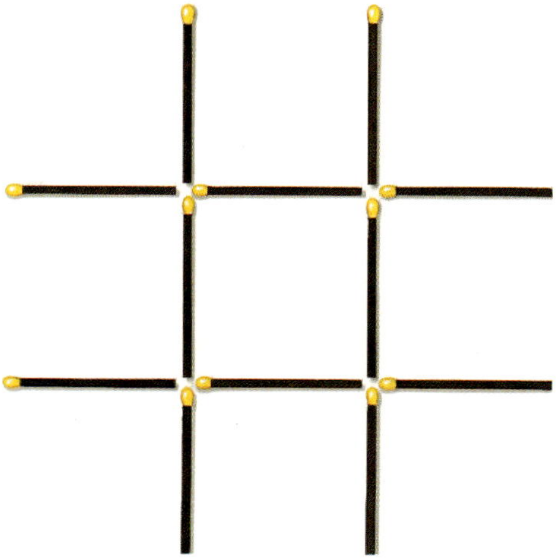

2 Wandle durch **Umlegen** von

a) drei Hölzchen (vier Hölzchen) die vier Quadrate in drei gleich große Quadrate um.

b) drei Hölzchen die fünf Quadrate in vier gleich große Quadrate um.

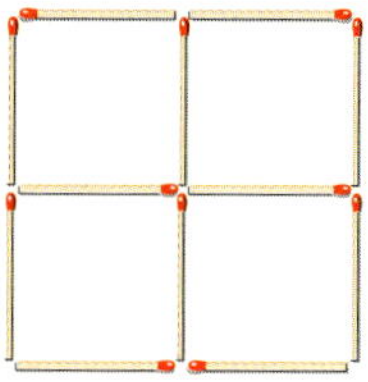

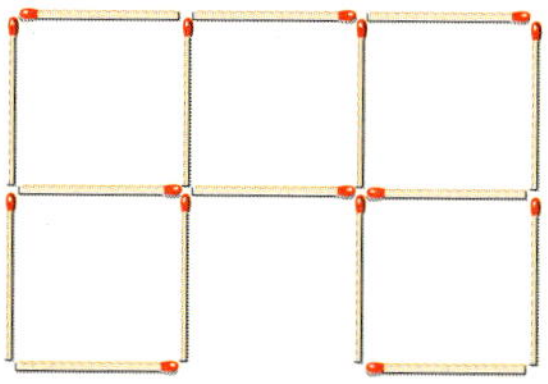

c) zwei Hölzchen die fünf Quadrate in vier gleich große Quadrate um.

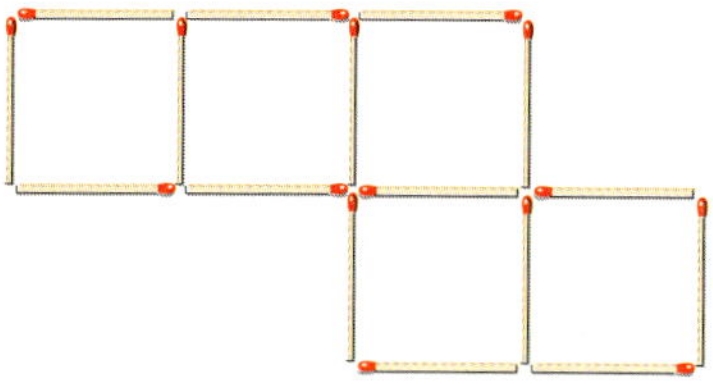

3 **Entferne**

a) sieben Hölzchen so, dass noch vier gleich große Quadrate bleiben.

b) zehn Hölzchen, bis nur noch vier gleich große Quadrate liegen.

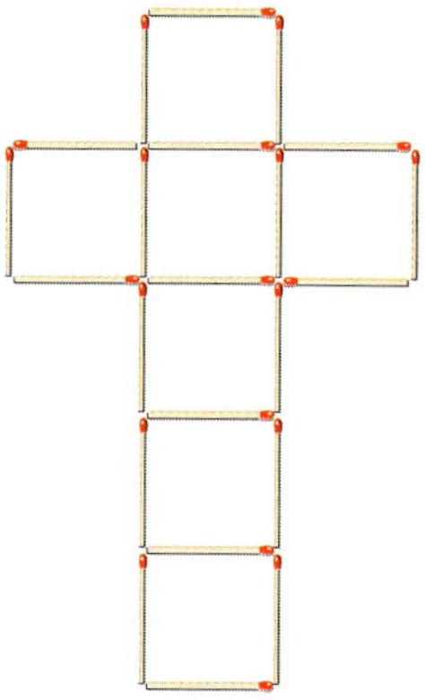

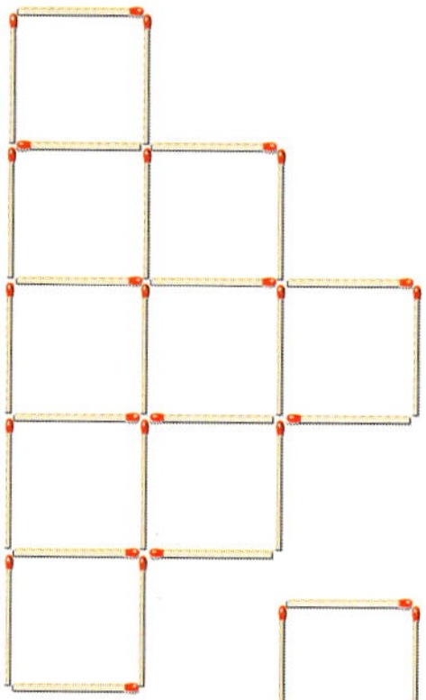

c) sechs Hölzchen so, dass du drei gleich große Quadrate behältst.

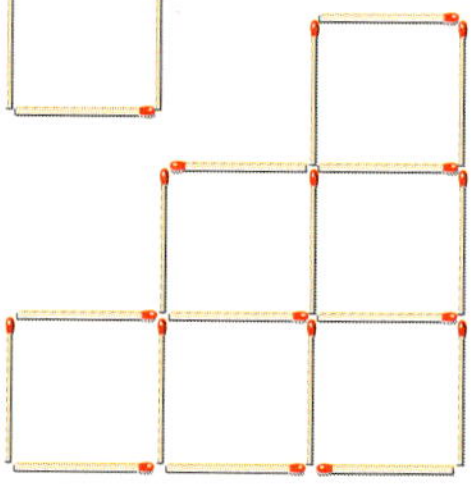

ZUM KNOBELN

Für Spezialisten

Für den Bau dieser Brücke benutzt ihr am besten lange Streichhölzer, auch mit stabilen Strohhalmen funktioniert es. Sie lässt sich völlig ohne Klebstoff zusammenbauen.
Zu zweit solltet ihr schon sein, um euch an diese Aufgabe heranzuwagen.
Versucht zunächst herauszufinden, in welcher Reihenfolge die Streichhölzer zusammengebaut werden mütssen.

Tipp • • • • • • •
Die gesuchten Dreiecke müssen nicht gleich groß sein!

4 a) Entferne drei Hölzchen so, dass drei Dreiecke übrig bleiben.

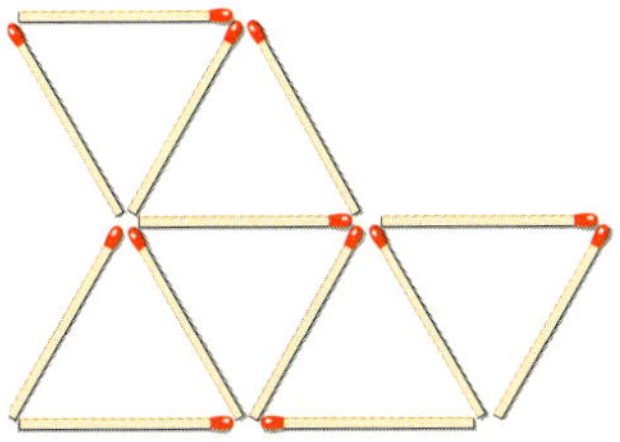

b) Lege vier Hölzchen so um, dass drei gleichseitige Dreiecke bleiben.

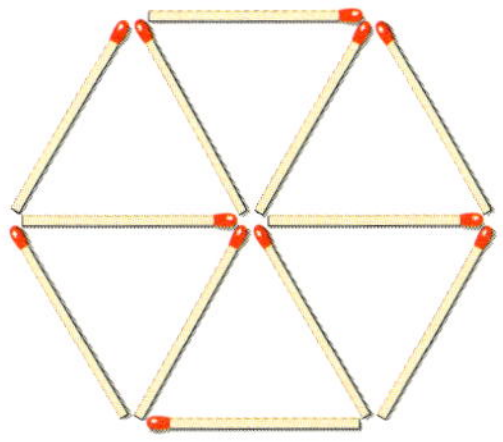

c) Nimm vier Hölzchen so weg, dass vier Dreiecke übrig bleiben.

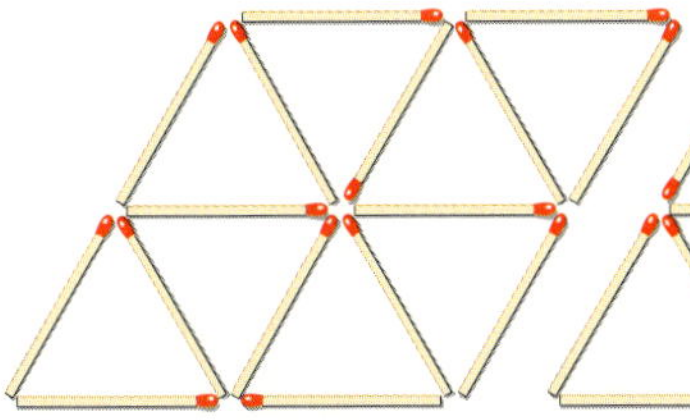

d) Entferne fünf Hölzchen so, dass noch fünf Dreiecke liegen bleiben.

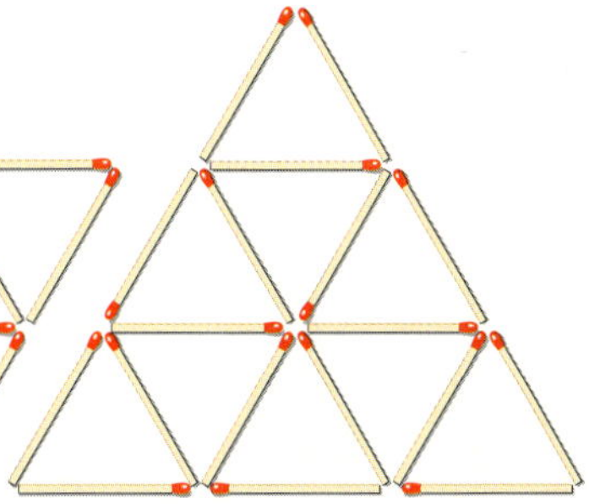

5 Mit Zündhölzern kannst du auch Schrägbilder von räumlichen Figuren legen.

a) Das Haus siehst du hier von links. Lege zwei Hölzchen um und du kannst es von rechts sehen.

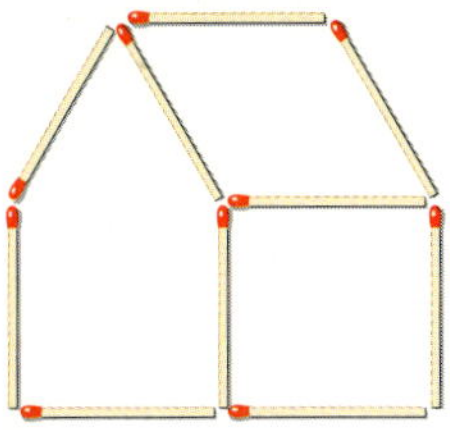

b) Durch Umlegen von drei Hölzchen erhältst du das Schrägbild eines Würfels.

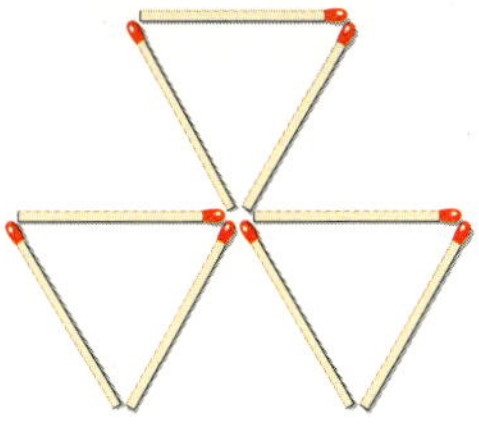

6 **Wie geht das?**

a) Aus nur sechs Zündhölzchen sollen vier gleichseitige Dreiecke entstehen.

b) Kannst du mit neun Hölzchen drei Quadrate gleicher Größe und zwei gleichseitige Dreiecke bilden?

Tipp • • • • • • •
Zündholz-Figuren können nicht nur räumlich aussehen, sondern auch räumlich sein.

7 **Für Spezialisten**

Ein Bauer hat es nach Jahren harter Arbeit zu einem großen Grundstück mit Haus gebracht (24 Zündhölzchen).

Nun möchte er sich zur Ruhe setzen und sein Grundstück (ohne Haus) an seine acht Kinder verteilen. Gerechterweise soll jedes Kind ein Stück gleicher Form und Größe erhalten.

Kannst du ihm zeigen, wie er das anstellen soll? Verwende 20 weitere Zündhölzchen.

Pentominos und Somawürfel

Übrigens ....
„Penta“ ist das griechische Wort für „Fünf“.

Pentominos heißen die Spielsteine für ein weiteres interessantes Legespiel. Die Pentominos bestehen aus je fünf Würfeln.

Materialliste
- Massivholzabfälle oder quadratische Holzleisten
- Säge
- Schleifpapier
- evtl. Holzleim
- Farbe
- Pinsel

1 Stelle selbst Pentominos her. Am einfachsten geht es mit Bauklötzchen. Geübtere können auch mit Säge, Leim und Pinsel arbeiten. Es gibt insgesamt 12 verschiedene Pentominos. Findest du sie alle?

2 Lege mit deinen Pentominos die Figur nach.

Übrigens ....
Es gibt insgesamt 58 Möglichkeiten, solch ein großes Quadrat mit einer quadratischen Innenfläche zu legen. Kannst du selbst weitere Möglichkeiten finden?

3 Hier wurden nur einige Pentominos eingezeichnet. Lege die Figuren mit deinen Pentominos vollständig aus.

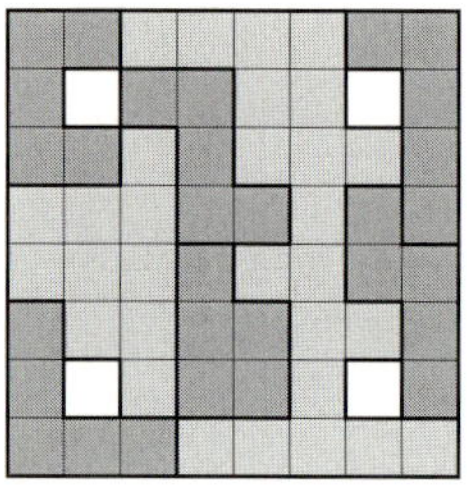

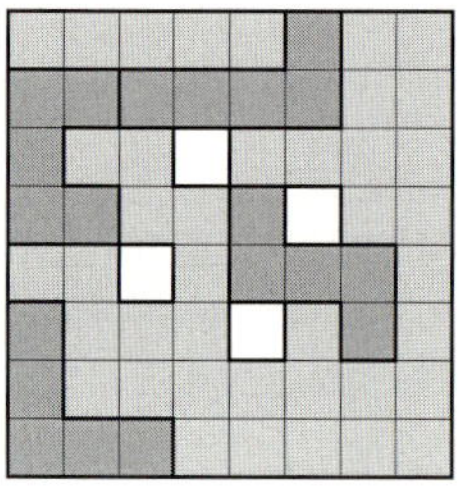

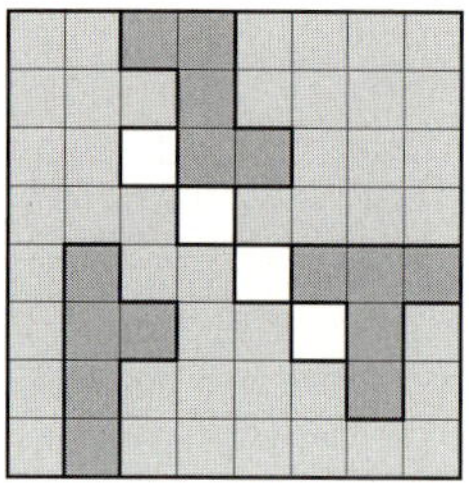

4 a) Aus dem Pentomino-Satz lassen sich noch viele andere Figuren zusammensetzen. Lege die Figuren mit deinen eigenen Pentominos nach.

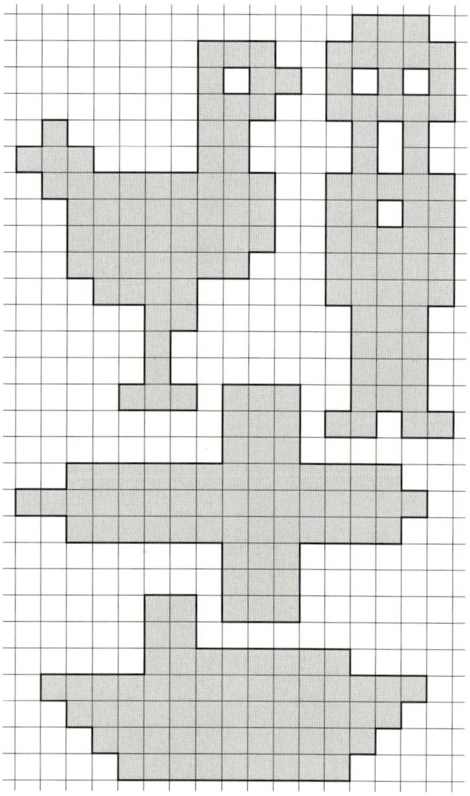

b) Erfinde eigene Pentomino-Aufgaben. Zeichne dazu Kästchenbilder (wie in Aufgabe a), auf denen die einzelnen Teile nicht mehr erkennbar sind. Lasse sie deine Mitschülerinnen und Mitschüler nachlegen.

5 a) Mit den Pentominos kannst du auch räumliche Figuren erstellen.
Baue aus dem vollständigen Pentomino-Satz den Quader nach. Insgesamt gibt es über 3 000 verschiedene Möglichkeiten den Quader zu bauen.

b) Der obere Quader hat die Maße 3 x 4 x 5. Es gibt noch andere Möglichkeiten die 60 einzelnen Würfel zu verteilen:
2 x 5 x 6 oder 2 x 3 x 10.
Lege diese beiden Quader mit deinem Pentomino-Satz.

c) Auch manche Formen der Pentominos lassen sich nachbauen, z.B. die T-Form, es ist doppelt so lang und breit wie das Modell und dreimal so hoch.

6 Der dänische Spieleerfinder Piet Hein erfand den **Somawürfel**, den du vielleicht schon kennst. Dazu überlegte er sich zunächst alle Möglichkeiten, drei bzw. vier Würfel zu einer Figur zusammenzulegen.

a) Setze drei bzw. vier Würfel (oder Bauklötzchen) auf verschiedene Arten zusammen und skizziere die Schrägbilder.
Wie viele Möglichkeiten gibt es?
b)

Ein und derselbe Körper kann verschieden gezeichnet werden. Ordne den drei abgebildeten Würfelvierlingen die passenden Zeichnungen zu.

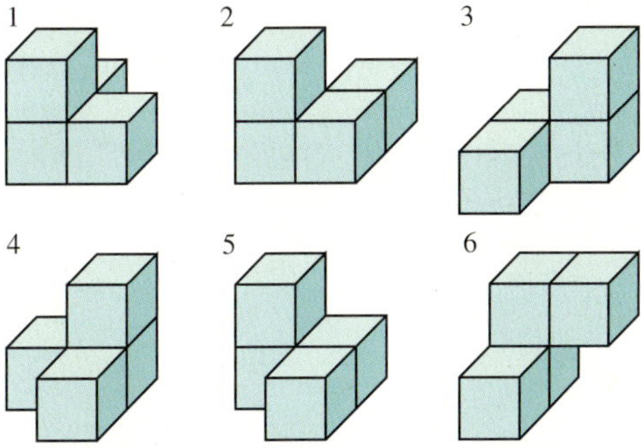

c) Piet Hein nahm für seinen Somawürfel nur die „Drillinge“ und „Vierlinge“, die keine Quader waren. Kennzeichne in deinen Schrägbildzeichnungen die Körper, die er benötigte, indem du sie farbig ausmalst. Es müssen sieben sein.

7 Baue die Körper für einen Somawürfel (z. B. aus Bauklötzchen) und setze den Würfel daraus zusammen. Kannst du noch andere Figuren daraus bauen?

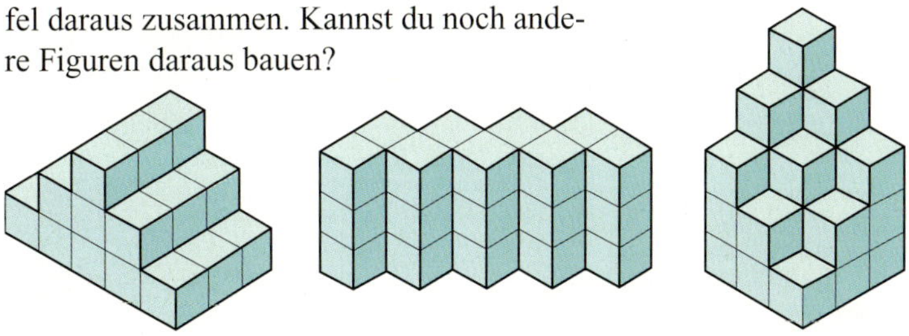

Vexiere

Vexiere sind Spiele, bei denen es darum geht, Teile von ihnen ohne Gewalt zu lösen oder in eine andere Lage zu bringen. Ursprünglich kamen Vexiere aus Afrika.

1 Das erste **Vexier**, das du hier kennen lernst, heißt **Pfannkuchen**. Warum wohl?

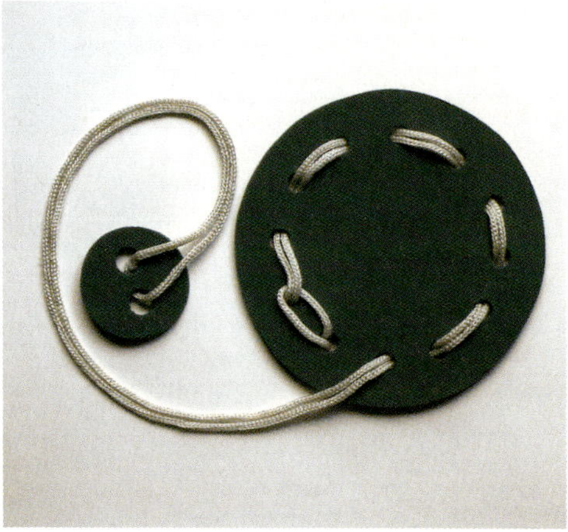

a) Stelle das Vexier her. Erstelle dazu zuerst „Schnittmuster“, die du dann, z. B. auf Pappe, überträgst. Flechte eine Schnur von etwa 150 cm Länge wie auf dem Foto ein.

Für die erfolgreiche Lösung der Aufgabe ist es günstig, die Schnur an den Enden zusammenzunähen statt zu verknoten!

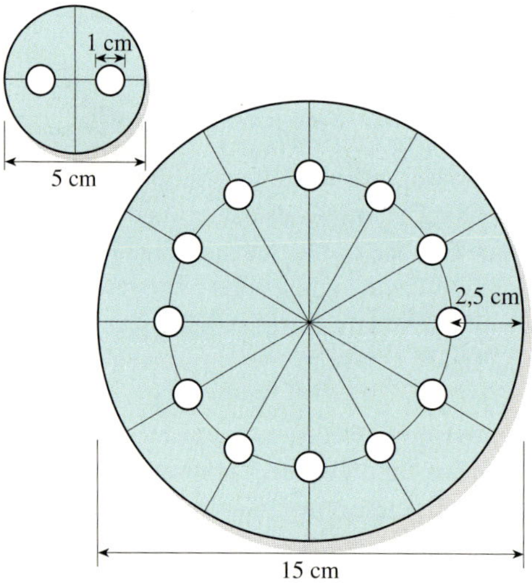

b) Befreie den Knopf, ohne die Schnur zu lösen oder zu zerschneiden.

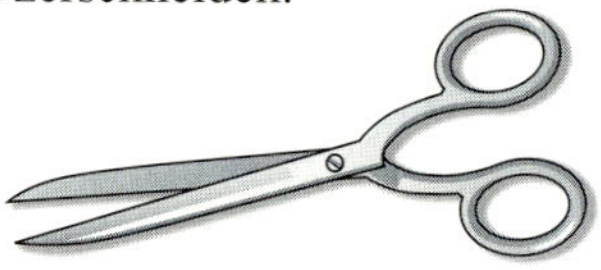

2 Bei diesem Vexier geht es darum, die Schnur mit den Perlen zu befreien.

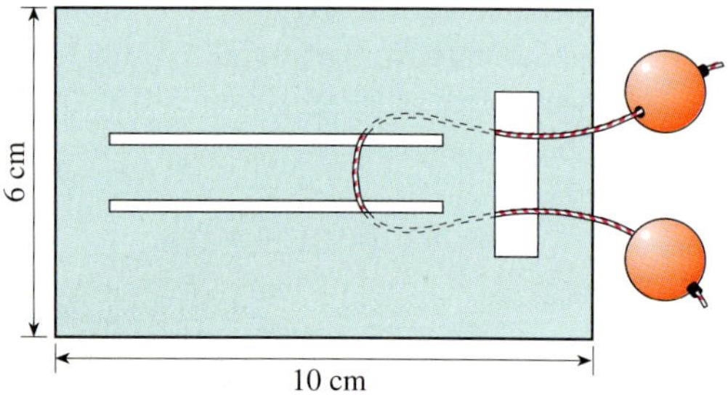

a) Baue das Vexier aus einem Lederrest (oder festem Stoff), Schnur und dicken Perlen nach.
b) Löse die Schnur mit den Perlen. Aber nicht ausreißen – es geht ganz leicht!
Tipp: Das Leder ist so beweglich, dass du es sogar durch das Loch ziehen kannst.

3 Das **afrikanische Schnurvexier** bestand ursprünglich aus einem Zweig, einer Ranke und zwei Tonperlen.

a) Baue das afrikanische Schnurvexier nach, z. B. aus Pappe oder Holz. Überlege dir sinnvolle Maße. Verknote die Schnur hinter den kleinen Löchern.
b) Deine Aufgabe ist es nun, beide Perlen auf eine Seite zu bekommen.

Tipp: Die Schlinge in der Mitte kann durch das Loch gezogen werden.

4 Das Vexier, das du hier siehst, ist eine Weiterführung des afrikanischen Schnurvexiers. Es besteht aus einem Holzquader mit zwei Löchern, einer Schnur und zwei Kugeln.

Tipp
Achte darauf, dass die Löcher jeweils so groß sind, dass die Schnur mehrfach hindurch passt.

a) Stelle solch ein Vexier selbst her.
Den Quader kannst du aus Holz oder einem anderen Material (z. B. Fimo) herstellen. Befestige Schnur und Kugeln so, wie du es auf der Abbildung sehen kannst.

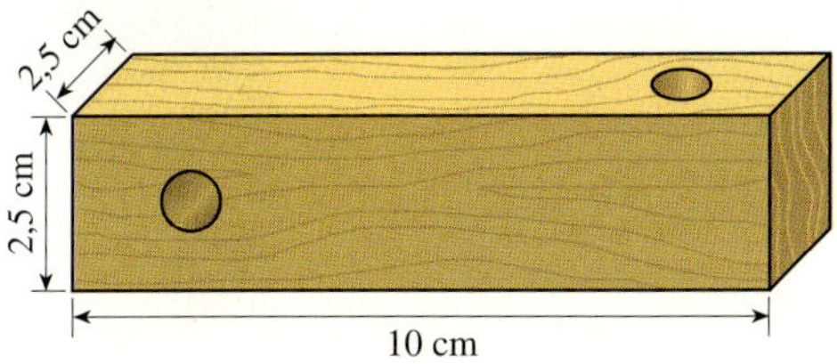

b) Bringe beide Kugeln auf eine Seite des Quaders.

5 **Dezimalwaage** heißt dieses Vexier, das sehr an eine alte Kaufmannswaage erinnert.

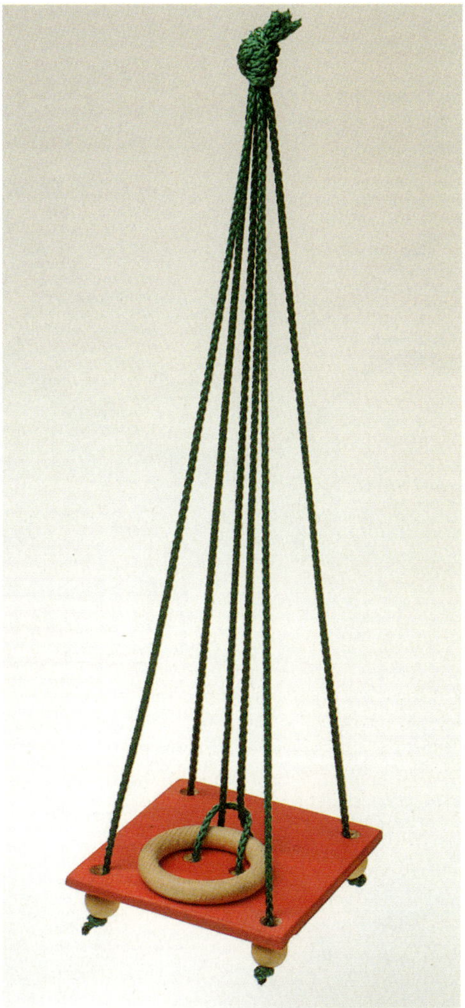

a) Überlege dir sinnvolle Maße und Materialien für den Bau des Vexiers und stelle es entsprechend her.

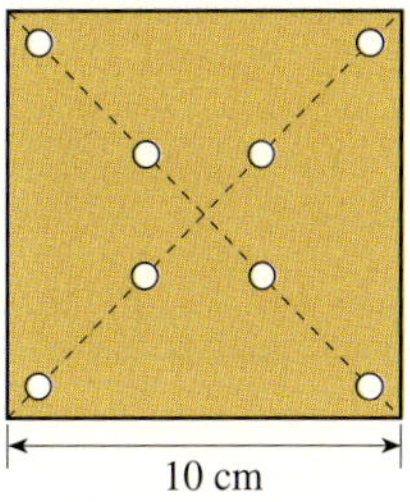

b) Löse den Ring von der Schnur und bringe ihn wieder in die Ausgangslage zurück.

Schnur- und Seiltricks

Die Schnur sollte etwa viermal so lang wie die Schere sein.

Ein Stück Schnur, etwas Zeit und räumliches Vorstellungsvermögen sind die Grundlagen für die folgenden Schnur- und Seiltricks.

1 a) Ziehe eine Schnur, so wie du es hier siehst, durch die Griffe einer Schere und knote sie an deinem Stuhl fest.

b) Befreie die Schere von der Schnur, ohne den Knoten zu lösen. Zerschneiden verboten!

2 Für diesen Trick benötigst du eine Freundin oder einen Freund und zwei Stücke Schnur von je etwa 1,5 m Länge.

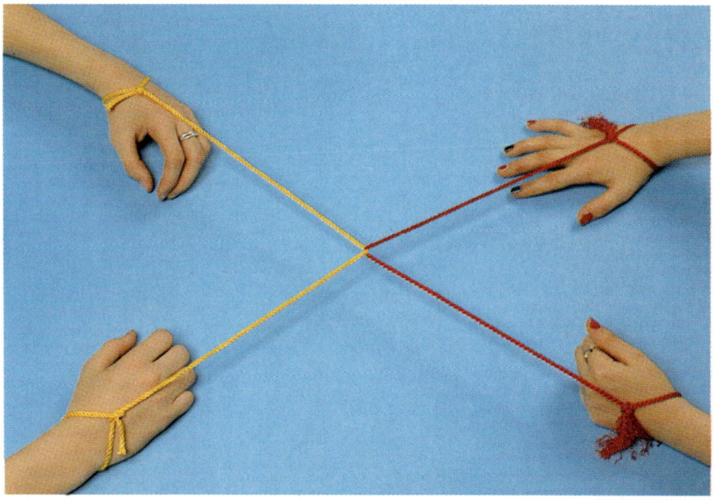

a) Fesselt eure Handgelenke, wie auf dem Foto, locker zusammen.
b) Befreit euch, ohne die Schnur zu lösen oder zu zerschneiden.

3 Für die **„elastische“ Schlinge** brauchst du ein Stöckchen (oder das hintere Ende eines Bleistifts), eine ca. 20 cm lange Schnur und ein Kleidungsstück mit Knopflöchern.
a) Knote das Stöckchen in einem der Knopflöcher wie im Bild fest.

Tipp: Nimm für diesen Trick ein weiches Kleidungsstück, z. B. eine Strickjacke, nicht unbedingt eine feste Winterjacke.
b) Wie kommt das Stöckchen frei? Das ist nicht einfach, denn die Schlaufe ist kürzer als das Stöckchen.

4 Diese Aufgabe ist eine gute Übung, um verschiedene Möglichkeiten, eine Schnur einzubinden, auszuprobieren.
a) Nimm dir ein Paar Schuhe mit fünf Lochpaaren und binde sie wie im Bild.

b) Wie sieht der Verlauf der Schnürsenkel auf der Schuhinnenseite aus?

Werkzeugkiste W

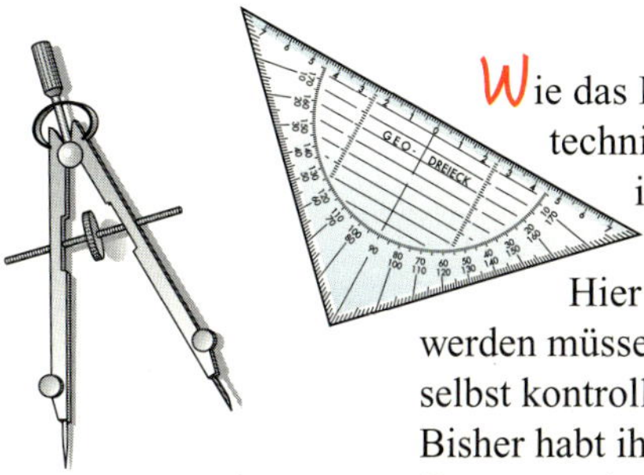

Wie das Handwerkszeug in der Kiste, so findet ihr hier all die Rechen- und Zeichentechniken, die ihr in eurer Schulzeit immer wieder benötigt. Denn manchmal werdet ihr noch etwas nachschlagen müssen – wie ging das noch mit dem „schriftlichen Multiplizieren", wie mit dem „Dividieren", ...

Hier findet ihr Antworten und genügend Aufgaben, sollte etwas noch einmal geübt werden müssen. Bei vielen Aufgaben könnt ihr euch anhand der verschlüsselten Lösungen selbst kontrollieren.

Bisher habt ihr in verschiedenen Kapiteln schon Dezimalzahlen und Brüche kennen gelernt. Tragt gemeinsam zusammen, was ihr dazu noch wisst.

Bruchteile von Stunden und Minuten

$\frac{1}{4}$ h = 15 min

$\frac{3}{4}$ h = 45 min

$2\frac{1}{2}$ Stunden sind 2 Stunden und eine halbe Stunde

$2\frac{1}{2}$ h = 2 h + $\frac{1}{2}$ h
= 120 min + 30 min
= 150 min

Die Klasse 6.3 hat 32 Schülerinnen und Schüler.

$\frac{1}{4}$ kommt mit dem Rad

$\frac{1}{8}$ wird mit dem Auto gebracht

$\frac{1}{2}$ fährt mit dem Bus

$\frac{1}{8}$ geht zu Fuß

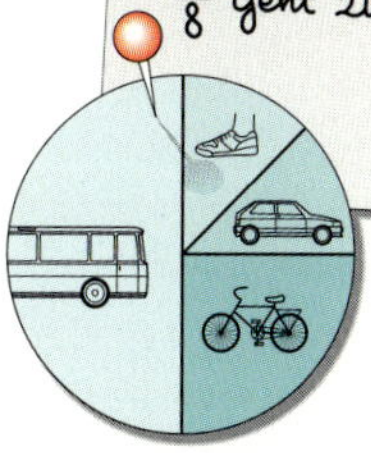

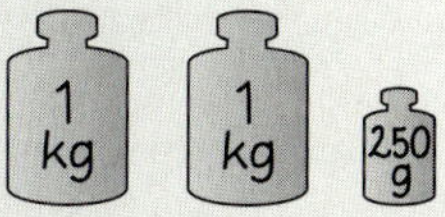

$2\frac{1}{4}$ kg Trauben

$2\frac{1}{4}$ kg = 2 kg + $\frac{1}{4}$ kg
= 2000 + 250 g
= 2250 g
= 2,250 kg

Bruchteile eines Meters

$\frac{1}{4}$ m = 25 cm = 0,25

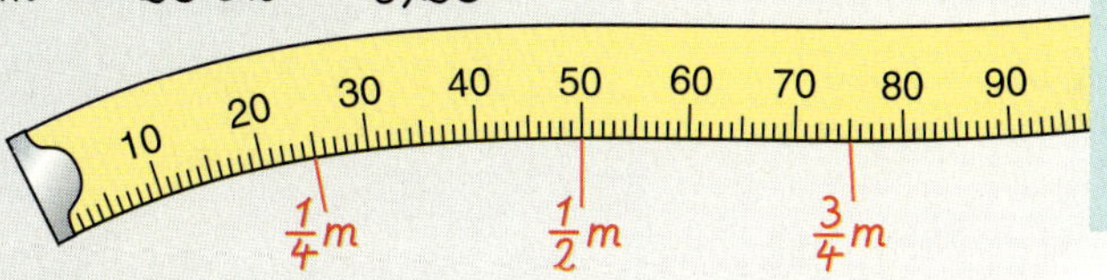

▼ In dieser Werkzeugkiste findet ihr

- ▶ einen Wiederholungsteil zu den Rechentechniken aus der Klasse 5; die Lösungen der Aufgaben sind im Anhang.
- ▶ eine Beschreibung der Dezimalzahlen und viele Übungen dazu.
- ▶ den Zusammenhang zwischen Brüchen und Dezimalzahlen noch einmal erklärt.
- ▶ viele Übungen, um das Rechnen mit Brüchen zu erlernen.

Wiederholung: Schriftliche Rechenverfahren

Schriftliches Addieren

1. Schreibe die Zahlen **stellengerecht** untereinander: Einer unter Einer, Zehner unter Zehner, . . .
2. Beginne von **rechts** zu **addieren**: Erst die Einer, dann die Zehner, . . .
3. Achte auf den **Übertrag**.
4. Führe stets eine **Überschlagsrechnung** durch.

Schriftliches Subtrahieren

1. Schreibe die Zahlen **stellengerecht** untereinander: Einer unter Einer, Zehner unter Zehner, . . .
2. Beginne von **rechts** die fehlenden Einer, Zehner, Hunderter, . . . zu **ergänzen**.
3. Achte auf den **Übertrag**.
4. Führe stets eine **Überschlagsrechnung** durch.

Schriftliches Multiplizieren

1. Führe zunächst eine **Überschlagsrechnung** durch.
2. Beginne mit der höchsten Stelle des zweiten Faktors und notiere die einzelnen Teilprodukte jeweils um eine Stelle nach rechts gerückt.
3. Addiere die Teilprodukte.

Schriftliches Dividieren

1. Führe zunächst eine **Überschlagsrechnung** durch. Dabei musst du die Zahlen so vereinfachen, dass du leicht im Kopf rechnen kannst.
2. Zerlege die zu teilende Zahl schrittweise und dividiere dann.
3. Geht der letzte Divisionsschritt nicht auf, so notiere den Rest im Ergebnis.

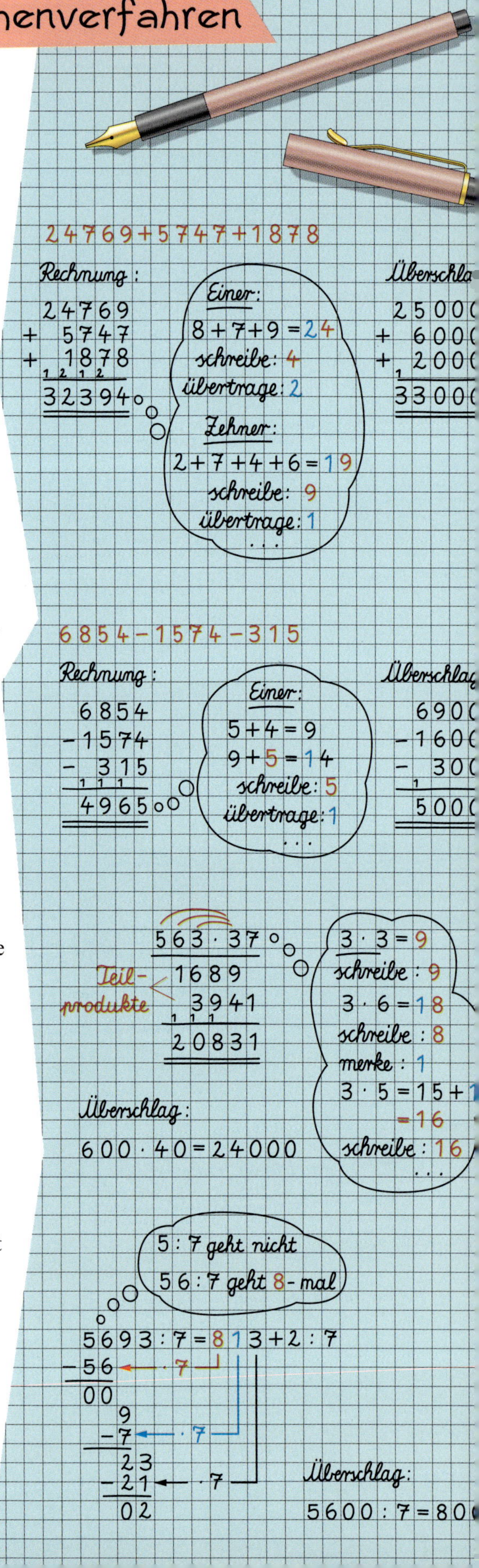

Wie lauten die an der Tafel verwischten Zahlen?

1 Berechne.

a) 56 421 + 708 + 7356 b) 38 412 + 679 + 3454 c) 5254 + 87 327 + 2736

2 Schreibe untereinander und berechne.

a) 54 132 + 405 + 5461
b) 243 + 67 506 + 2250
c) 4063 + 83 701 + 232
d) 146 + 5830 + 62 023

3 Hier kannst du dein Ergebnis überprüfen.

1111 + 2222 + 3333 =
4444 + 5555 + 6666 =
7777 + 8888 + 9999 =
    +   +   = ?

4 Achte auf die Nullen.

a) 45 790 + 6052 + 7030 b) 22 649 + 8572 + 40 589 c) 80 350 + 4050 + 6003

5 Welche Fehler wurden gemacht? Verbessere die Fehler.

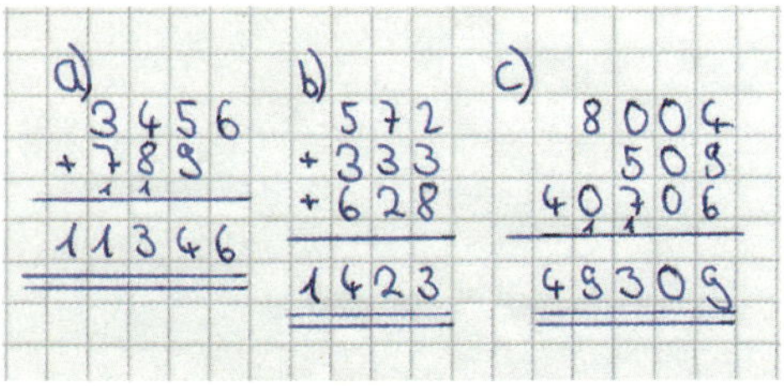

6 Wie häufig musst du 5224 addieren, um ans Ziel zu kommen?

a) START 2006 … ZIEL 22 902
b) START 3798 … ZIEL 19 470
c) START 11 111 … ZIEL 47 679

7 a) Bilde alle Zahlen, die die Ziffern 2, 5, 8 genau einmal enthalten und addiere: 258 + 285 + 528 + . . .
b) Verfahre ebenso mit 3, 5, 7. Vergleiche das Ergebnis mit a).

8

a) 6348 – 529 b) 5376 – 584 c) 6729 – 757

d) 8579 – 342 – 5116 e) 6879 – 4253 – 515 f) 8879 – 362 – 5406

9

a) 83 512 – 46 713 – 21 357 – 13 328
b) 76 815 – 28 204 – 17 638 – 24 507
c) 54 239 – 16 547 – 23 658 – 10 965

10 Welche Fehler wurden gemacht? Verbessere die Ergebnisse.

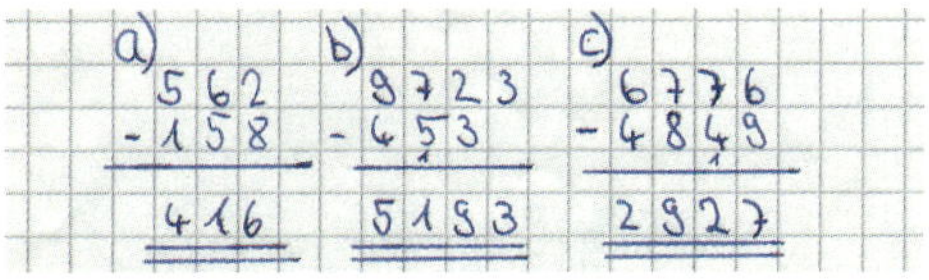

11 Ersetze die Leerstellen durch die richtigen Ziffern.

a) ▮4▮6 – 2▮5▮ = 3178
b) 7▮2▮▮ – ▮2▮22 = 57 030
c) ▮54▮ – 61▮0 = 3▮14

12 Du kannst diese Tabelle in deinem Heft geschickt ausfüllen, wenn du die Zahlen für die Randspalte zuerst ausrechnest.

+		31	54	73
19	38			
			85	
				127

13 Die Mitgliederzahlen eines Sportvereins haben in den letzten zehn Jahren stark geschwankt.

1984: 2937	1989: 2781
1985: 2847	1990: 2917
1986: 2673	1991: 3136
1987: 2779	1992: 2891
1988: 2812	1993: 2854

a) In welchem Jahr war der stärkste Zuwachs, in welchem die größte Abnahme zu verzeichnen?
b) Wie viele Mitglieder fehlten im besten Jahr bis 5000?

Die Lösungen der Aufgaben findest du auf Seite 172.

Kannst du das Knäuel entwirren?
Welche Aufgabe gehört zu welchem Ergebnis?

14 Multipliziere die Zahlen

a) 213; 451; 626 mit 17
b) 412; 738; 918 mit 23
c) 633; 311; 738 mit 25
d) 1234; 1376; 2341 mit 31.

15 Führe eine Überschlagsrechnung durch, bevor du rechnest.

a) $832 \cdot 32$; $218 \cdot 45$
b) $721 \cdot 512$; $316 \cdot 851$
c) $3628 \cdot 402$; $6998 \cdot 706$
d) $3043 \cdot 234$; $6080 \cdot 179$
e) $5460 \cdot 570$; $4370 \cdot 680$
f) $5036 \cdot 507$; $4307 \cdot 308$

16 Hier wurde falsch gerechnet. Suche die Fehler und rechne die Aufgaben richtig.

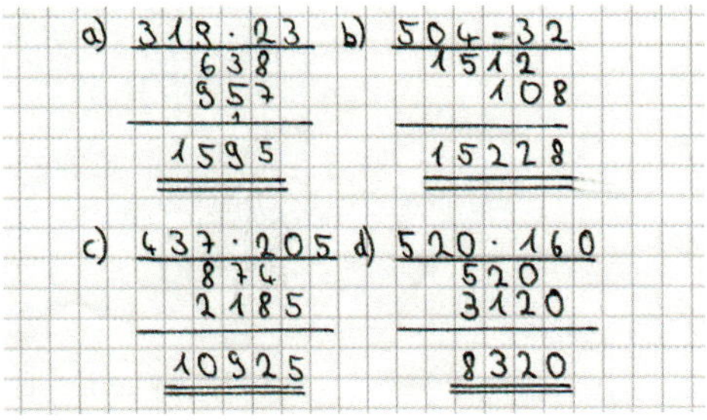

17 Ersetze die Sternchen in deinem Heft durch die richtigen Ziffern.

a)
```
182·*7
  1*2
 1*7*
 *0*4
```
b)
```
637·**
  1**4
  44**
 *7199
```

18 Diese Quadratzahlen sind zuerst dem Engländer Hill aufgefallen: Wenn man ihren Wert berechnet, taucht im Ergebnis jede der Ziffern 1 bis 9 genau einmal auf.

a) 14676^2 b) 22887^2 c) 23439^2
d) 24441^2 e) 25059^2 f) 29034^2

19 a) In der Pyramide soll in jedem Feld das Produkt der beiden Zahlen stehen, die sich in den beiden Feldern darunter befinden. Übertrage die Figur in dein Heft und fülle die Felder aus.
b) Erfinde eigene Rechenpyramiden und gib sie deinem Tischnachbarn zum Lösen.

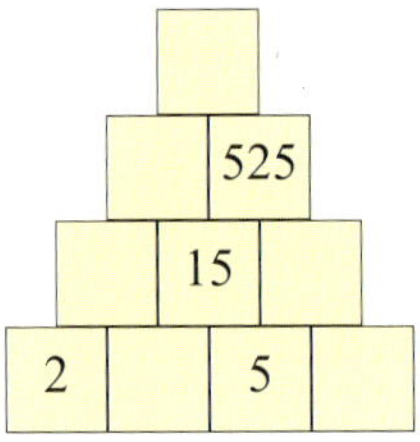

20 Berechne und überprüfe dein Ergebnis mit einer Probe.

a) 945 : 21; 12 312 : 27; 21 917 : 31; 18 648 : 56
b) 458 : 17; 5632 : 19; 78 304 : 25; 16 835 : 31

21 Achte stets auf die Nullen.

a) 280 : 70 2800 : 7 2800 : 700
b) 560 : 80 56 000 : 800 5600 : 8
c) 6300 : 9 63 000 : 9000 630 : 90

22 Welche Ziffern kannst du für die Sternchen setzen, so dass die Division aufgeht?

a) *444 : 4 b) 26* : 5 c) 6*6 : 6

23 In folgenden Rechnungen sind einige Ziffern verloren gegangen. Suche diese Ziffern!

a)
```
1*784 : 7*1 = 2*
-1482
  29**
 -2**4
     0
```
b)
```
3*6* : 13 = *3*
-26
  4*
 -**
  78
 -**
   0
```

24 Eier werden in Packungen zu je 6, 10, 12, 18, 36 Stück verkauft. Wie viele Schachteln werden jeweils benötigt, um 24 000 Eier zu verpacken?

25 **Achtung Klammern!**

- Zuerst innerhalb der Klammern rechnen.
- Punktrechnung kommt vor Strichrechnung.
- Bei doppelten Klammern erst die innere Klammer ausrechnen.

a) $(17 + 33) \cdot 7$
b) $3 + 6 \cdot (25 + 75)$
c) $(18 - 3 \cdot 4) \cdot 15$
d) $4 \cdot 7 + 12 : 2 - (28 - 12)$
e) $(2 + 19 \cdot 3) \cdot (25 - 23)$
f) $135 - 3 \cdot (6 + 4 \cdot 3)$
g) $100 - 72 : (16 - 4) + 9 \cdot (4 + 5)$
h) $[(2 + 3) \cdot (4 + 5) - 6] \cdot 7$
i) $[(17 + 4) \cdot 3 - 43] : 5$

 Die Lösungen der Aufgaben findest du auf Seite 172.

Wiederholung: Rechnen mit Größen

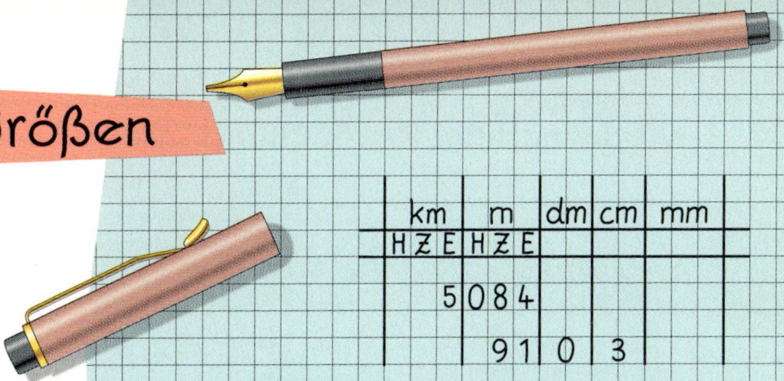

Längen

Die gebräuchlichsten Einheiten für Längen sind:

Kilometer	**km**	1 km = 1000 m
Meter	**m**	1 m = 100 cm
Zentimeter	**cm**	1 cm = 10 mm
Millimeter	**mm**	

Meist wird bei Längenangaben die **Kommaschreibweise** benutzt.

km			m			dm	cm	mm
H	Z	E	H	Z	E			
		5	0	8	4			
				9	1	0	3	

5,084 km = 5 km 84 m = 5084 m

91,03 m = 91 m 3 cm = 9103 cm

Zeit

Die Einheiten für die Zeit sind:

Tage	**d**	1 d = 24 h
Stunden	**h**	1 h = 60 min
Minuten	**min**	1 min = 60 s
Sekunden	**s**	

Bei Längen- und Zeitangaben wird manchmal die **Bruchschreibweise** verwendet.

4 d = 4 · 24 h = 96 h

270 min = 240 min + 30 min = 4 h 30 min = $4\frac{1}{2}$ h

$\frac{1}{4}$ h = 15 min

$\frac{1}{2}$ h = 30 min

$\frac{3}{4}$ h = 45 min

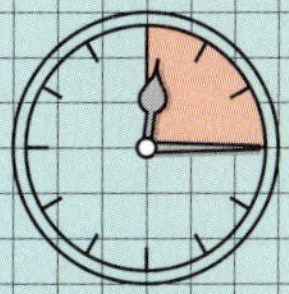

$\frac{1}{4}$ h

Geld

Die Einheiten unseres Geldes sind noch die Deutsche Mark DM und der Pfennig Pf **1 DM = 100 Pf**.

Ab dem 1. 1. 2002 ist dann in vielen Ländern Europas der Euro € alleiniges Zahlungsmittel.

1 EURO = 100 CENT

1 € = 100 Cent

1 Euro hat ungefähr den Wert von 2 DM.

1,84 DM

1 DM 84 Pf

184 Pf

Umrechnung

1 EURO ≈ 2 DM

1 DM ≈ 50 CENT = 0,50 EURO

Gewicht

Die wichtigsten Einheiten für Gewicht sind:

Tonne	**t**	1 t = 1000 kg
Kilogramm	**kg**	1 kg = 1000 g
Gramm	**g**	1 g = 1000 mg
Milligramm	**mg**	

Im Alltag wird bei Gewichtsangaben meistens die Kommaschreibweise benutzt. Für besondere Werte wird manchmal auch die Bruchschreibweise verwendet.

1 kg Wasser entspricht 1 *l* Wasser

1 *l* = 1000 ml

t			kg			g			mg		
H	Z	E	H	Z	E	H	Z	E	H	Z	E
		4	7	3	8						
				3	7	2	5	4			

4,738 t = 4 t 738 kg = 4738 kg

37,254 kg = 37 kg 254 g = 37254 g

$\frac{1}{8}$ kg = 0,125 kg = 125 g

$\frac{3}{4}$ t = 0,750 t = 750 kg

$\frac{1}{4}$ l = 0,250 l = 250 ml

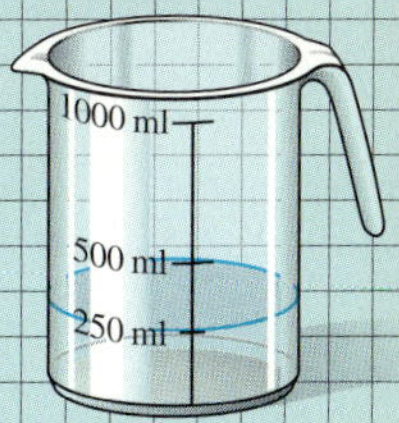

Rechnen mit Größen

Beim Rechnen mit Größen muss man stets darauf achten, dass die Größen in derselben Maßeinheit angegeben sind, ansonsten muss man sie vorher umwandeln.

Oft ist eine **Überschlagsrechnung** nötig oder hilfreich.

1,650 km + 375 m

1650 m + 375 m = 2025 m

oder:

  1,650 km
+ 0,375 km
  2,025 km

Komma unter Komma

im Kopf rechnen

1700 m + 400 m = 2100 m

Tokio 20.00

Stuttgart 12.00

New York 6.00

Stück	€
1	0,35
2	0,70
3	1,05
4	1,40
5	1,75
6	2,10
10	?
?	3,85
15	?
?	6,65

1 Schreibe in

a) **mm**: 5 cm; 2 dm; 3,8 cm; 4 m; 1,1 dm; 7 cm 8 mm; 3 dm 4 cm; 2 m 2 mm

b) **cm**: 8 dm; 20 mm; 2,6 dm; 4,80 m; 3,4 m; 2 dm 5 cm; 1,05 m

c) **m**: 60 dm; 400 cm; 2 km; 3 dm; 450 dm; 2,8 km; 9 cm; 2,08 km.

2 Ordne nach der Größe.

a) 4 m 6 dm; 4,06 m; 466 cm

b) 1030 m; 1 km 3 m; 10 km 30 m

c) 0,85 m; 8 dm 50 cm; 85 dm

d) 1,21 dm; 1,12 m; 1 m 2 dm

e) 4 m 44 dm; 40 m 4 dm; 44,44 m

3 Peter hat die Ergebnisse vom Weitsprung merkwürdig notiert:

Anke: 2630 mm	Daniel: 0,002 km
Bernd: 24 dm 6 cm	Elise: 258 cm
Christa: 2,62 m	Frank: 1 m 16 dm 4 cm

Welche Reihenfolge ergibt sich aus den erreichten Weiten?

4 Schreibe in

a) **min**: 2 h; 5 h; 24 h; 120 s; 1 h 12 min; 3 h 54 min; 6 h 6 min.

b) **s**: 9 min; 15 min; 60 min; 7 min 45 s; 15 min 15 s; 1 min 1 s; 1 h 5 min.

c) **h**: 180 min; 720 min; 360 min.

5 Wie viel fehlt bis zur nächstgrößeren Einheit?

a) 57 min; 38 s; 1 min; 10 s; 59 min

b) 59 min 59 s; 12 min 8 s; 23 min 23 s

6 Die Zeitdauer wird oft auch als Bruchteil angegeben (Beispiel: $\frac{1}{4}$ h = 15 min). Wandle um.

a) $\frac{3}{2}$ h; $\frac{3}{4}$ h; $\frac{1}{2}$ min; $\frac{1}{4}$ min

b) $1\frac{1}{2}$ min; $1\frac{3}{4}$ h; $2\frac{1}{2}$ h; $11\frac{1}{4}$ min

7 Gib den Zeitpunkt an.

a) 15 min nach 13.20 Uhr

b) 38 min vor 22.12 Uhr

c) eine halbe Stunde vor 18.05 Uhr

d) zweieinhalb Stunden nach 16 Uhr

e) viereinhalb Stunden vor 13.15 Uhr

8 Betrachte die Uhren auf dem Rand.

a) Wie spät ist es bei uns, wenn es in Tokio 10.00 Uhr ist?

b) Wie spät ist es in New York, wie spät in Tokio, wenn es bei uns 12.30 Uhr ist?

c) Warum sollte Angela ihre Brieffreundin in New York nicht um 10 Uhr morgens aus Stuttgart anrufen?

d) 1964 wurden die Olympischen Spiele in Tokio ausgetragen. Um 15.00 Uhr begann in Tokio die Eröffnungsfeier. Wie spät war es bei uns?

9 Wie viel fehlt noch bis 100 €?

a) 78 €; 32 €; 56 €; 84 €

b) 53,50 €; 77,77 €; 18,85 €

c) 12,05 €; 80,08 €; 57,07 €

d) 9 € 99 Cent; 90 € 99 Cent; 90 € 9 Cent

10 In der Bäckerei kostet ein Brötchen 35 Cent.
Um sich viele Rechnungen zu ersparen, hat Frau Sommer sich eine Tabelle angelegt.

a) Übertrage die Tabelle in dein Heft und ergänze sie bis 15 Stück.

b) Kannst du auch andere Aufgaben mit dieser Tabelle lösen?
(Beispiel: Wie viele Brötchen bekommt man für 3 €?)

11 Berechne

a) in **g**: 1 kg + 365 g; 3 kg + 38 g; 2,5 kg + 280 g; 1,05 kg + 150 g

b) in **kg**: 15 t + 80 kg; 5 t – 495 kg; 3,2 t + 32 kg; 17,8 t – 900 kg.

12

a) Wie viel g fehlen bis 1 kg?
746 g; 90 g; 0,384 kg; 99 g; 0,041 kg

b) Wie viel kg sind es mehr als 1 t?
1262 kg; 1043 kg; 2115 kg; 1,111 t; 1,01 t

13 Ulrike kauft sechs 120er-, fünfzehn 60er- und vier 80er-Briefmarken.

a) Wie viel kosten alle Briefmarken zusammen?

b) Wie viel Geld bekommt sie zurück, wenn sie mit einem 20-€-Schein bezahlt?

 Die Lösungen zu den Aufgaben findest du auf Seite 173.

14 Familie Fröhlich plant eine Urlaubsreise. Sie fährt in einen 750 km entfernten Ort und will vor 17.00 Uhr dort sein.
In einer Stunde kann sie etwa 90 Kilometer fahren.
Wann muss sie losfahren, wenn sie noch zweimal jeweils 45 Minuten Pause einplant?

15 Peter wiegt 41,5 kg; Karin 36,6 kg; Ruth 41,2 kg; Kurt 42,8 kg; Ilse 44,5 kg; Lars 46,1 kg.
1983 wurde der Weltrekord im Superschwergewicht beim Gewichtheben auf 285 kg verbessert. Vergleiche.

16 Ein Schwertfisch erreicht eine Höchstgeschwindigkeit von 90 km in der Stunde.
a) Wie viel Meter könnte er dann in einer Minute zurücklegen?
b) Ein schneller Schwimmer benötigt für 100 m etwa 50 Sekunden. Vergleiche diese Angabe mit dem Ergebnis von a).

17 Gärtner Maier verkauft Kartoffeln. Für verschiedene Mengen hat er jeweils besondere Angebote.

a) Berechne möglichst günstige Kosten für: 4 kg; 6 kg; 20 kg; 30 kg; 50 kg; 60 kg.
b) Berechne die Kosten für 72 kg. Hättest du hier beim Kauf eine bessere Idee?

18 Überlege bei diesen Aufgaben, wo das Rechnen sinnvoll ist und wo nicht!
a) Eine Kapelle mit 12 Musikern spielt die Nationalhymne in 3 Minuten.
Wie lange braucht eine Kapelle mit 6 Musikern?
b) Acht Eier sind in 4 Minuten weich gekocht. Peter sagt: „Dann brauchen zwei Eier genau eine Minute."
c) Für den Rohbau eines Hauses brauchen 6 Maurer 8 Wochen. Wie lange dauert es bei 3 (12, 1000) Maurern?
d) Fünf Plattenleger brauchen für die Arbeit in einem Haus 3 Tage. Wie lange braucht ein Arbeiter?
e) Drei Bergsteiger erreichen den Gipfel nach 4 Stunden. Wie lange braucht ein Bergsteiger?
f) Hans ist die 50-m-Strecke in 8 Sekunden gelaufen. Er sagt: „Ich habe mich dabei nicht besonders angestrengt. Das nächste Mal strenge ich mich doppelt so stark an." Kannst du sagen, wie schnell er dann laufen wird?
g) Der Futtervorrat für 4 Pferde reicht noch 12 Tage. Wie lange reicht es für ein Pferd?

Dezimalzahlen

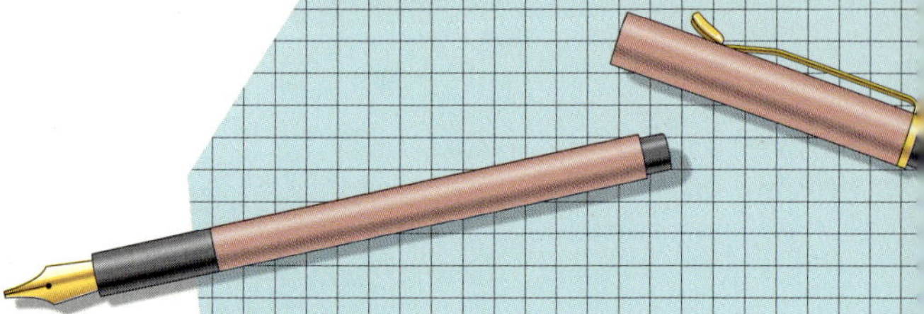

Dezimalschreibweise

Zahlen, die zwischen zwei ganzen Zahlen liegen, kann man als **Dezimalzahlen** schreiben. Dafür benutzt man die **Kommaschreibweise** (Dezimalschreibweise).
Vor dem Komma stehen die ganzen Zahlen, hinter dem Komma die Bruchteile (Dezimale) Zehntel, Hundertstel, Tausendstel, . . .

Tausender	Hunderter	Zehner	Einer		Zehntel	Hundertstel	Tausendstel
T	H	Z	E		z	h	t
	4	3	5	,	3	6	9
4	0	4	0	,	**4**		
			0	,	0	5	5

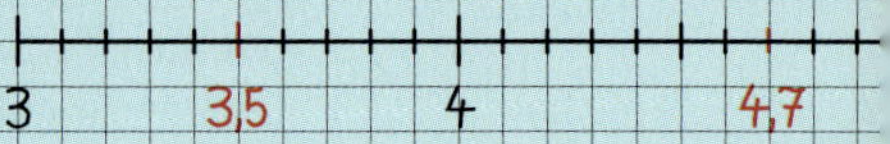

435,369
das sind: 4 Hunderter, 3 Zehner, 5 Einer, 3 Zehntel, 6 Hunderterstel, und 9 Tausendstel.

Vergleichen und Ordnen von Dezimalzahlen

Dezimalzahlen kann man gut vergleichen, wenn man sie **stellengerecht untereinander** schreibt.
Dann werden die Stellen von links nach rechts verglichen. Entscheidend ist die erste Stelle, an der die Ziffern verschieden sind.

Beispiele:

a) Vergleiche 0,32693 und 0,3285

0,32693
0,3285

8 ist größer als 6, also:
0,3285 > 0,32693

b) Vergleiche 5,6253 und 5,6224

5,6253
5,6224

5 ist größer als 2, also:
5,6253 > 5,6224

Runden von Dezimalzahlen

Für das Runden von Dezimalzahlen gelten dieselben Regeln wie für natürliche Zahlen.
Die Ziffer, die nach der Rundungsstelle kommt, entscheidet, ob auf- oder abgerundet wird:

- bei **0, 1, 2, 3 oder 4** wird abgerundet, d. h. die **Rundungsstelle** bleibt **unverändert**
- bei **5, 6, 7, 8 oder 9** wird aufgerundet, d. h. die **Rundungsstelle** wird **um 1 erhöht**.

Beispiele:

a) Runde 27,683 auf Hunderterstel.
bis 4 abrunden
Rundungsstelle
27,683 ≈ 27,68

b) Runde 27,683 auf Zehntel.
ab 5 aufrunden
Rundungsstelle
27,683 ≈ 27,7

Dezimalschreibweise

1 Schreibe die Zahlen aus der Stellenwerttafel in der Dezimalschreibweise in dein Heft.

	ZT	T	H	Z	E	z	h	t	zt
a)			3	7	9	5			
b)			5	4	4	0	8		
c)						2	1	2	
d)		1	1	0	2	2	0	3	3
e)	4	4	2	4	0	0	4		
f)	7	8	0	0	0	0	0	0	4
g)	2	2	3	3	5	5	7	7	8

2 Zeichne eine Stellenwerttafel und trage folgende Dezimalzahlen ein.

a) 39,86 b) 526
c) 412,541 d) 0,0781
e) 9,725 f) 0,906
g) 23,01 h) 30,303
i) 0,345 k) 78,9987

3 Schreibe mit Komma in der Dezimalschreibweise.

a) 4H + 3Z + 5E + 7z + 3h
b) 7Z + 3E + 8z + 6h + 9t
c) 1E + 1z + 9h + 9t
d) 7E + 7h + 3t + 4zt
e) 6H + 3E + 4z + 3t
f) 9Z + 9z + 6h + 1zt

4 Zerlege die Dezimalzahl in eine Summe wie in Aufgabe 3.

a) 436,852 b) 99,841
c) 0,3456 d) 2,047
e) 0,208 f) 0,101 01
g) 4,040 04 h) 0,003 30

5 Schreibe die Größen ohne Komma in einer anderen Maßeinheit.

a) 2,52 € 17,86 € b) 3,20 € 0,75 € c) 26,4 m 13,8 cm
d) 0,45 m 17,638 km e) 2,456 kg 3,09 kg f) 7,007 t 3,50 t
g) 2,66 *l* 0,125 *l* h) 3,5 dm 0,25 dm i) 4,80 m 0,75 kg

6 Schreibe die Maßzahlen in der größten Einheit mit einem Komma.

a) 6 cm 4 mm b) 3 m 6 dm 5 cm
c) 11 m 8 cm d) 4 m 6 cm 8 mm
e) 6 kg 570 g f) 40 t 600 kg 375 g
g) 4 dm³ 33 cm³ h) 34 *l* 128 ml
i) 2 t 2 kg 2 g k) 2 km 2 m 2 cm

7 Schreibe mit Komma in der in Klammern angegebenen Einheit.

Breite des Fußballtores	732 cm (m)
Höhe des Fußballtores	244 cm (m)
Gewicht des Fußballs	453 g (kg)
Umfang des Fußballs	71 cm (dm)
Länge der Marathonstrecke	42 195 m (km)
Gewicht einer Männerkugel	7257 g (kg)
Gewicht eines Frauenspeers	600 g (kg)

Vergleichen und Ordnen

8 Setze in deinem Heft das Zeichen < oder > ein.

a) 4,96 □ 21,87 b) 3,94 □ 2,987
c) 20,4 □ 20,3 d) 10,767 □ 10,77
e) 7,98 □ 7,899 f) 0,321 □ 0,312
g) 0,05 □ 0,006 h) 3,701 □ 3,71

9 Was ist größer?

a) 4,55 m oder 4,555 m
b) 17,86 *l* oder 17,688 *l*
c) 7,03 kg oder 7,3 kg

10

3	4	0	5	,

a) Lege aus diesen fünf Kärtchen fünf Zahlen, die kleiner als 0,6 sind.
b) Lege mindestens fünf Zahlen, die zwischen 0,3 und 4,5 liegen.
c) Lege alle Zahlen, die größer als 5 sind, und ordne sie nach der Größe.

11 Ordne der Größe nach.

a) 81,57 m; 81,75 m; 8,175 m; 8,71 m
b) 2,22 kg; 2,2 kg; 2,202 kg; 2,02 kg
c) 99,9 €; 99,09 €; 99,99 €
d) 336,6 cm³; 363,6 cm³; 366,3 cm³

①	②
3466,98	1991,19
298,098	991,91
281,99	9911,9
980,6	999,91
76,09	9,91
2,98	9191,91
3,98	191,99
14,9	991,9
348,001	99,1
298,089	9,9911
2,9801	91,1
15,1	1119,91
4921,109	1919,11
300,01	999,991
281,991	919,191

③	④
45,691	45,701
44,79	45,68
35,9	43,27
34,99	35,0
34,09	34,19
23,78	23,02
22,578	22,577
22,576	22,5683
22,568	22,5682
22,557	22,55

12 Ordne die Dezimalzahlen der Größe nach.
a) 23,847; 795,4; 459,87; 238,26
b) 6,849; 6,871; 6,85; 6,865
c) 8,0981; 8,0109; 8,0389; 8,072
d) 459,8; 45,98; 49,58; 458,9
e) 0,09; 0,0901; 0,0899; 0,0980
f) 0,808 08; 0,800 88; 0,880 88; 0,8008
g) 69,66; 96,96; 96,69; 69,96

13 Beim Sportfest erzielten die Mädchen der Klasse 6b folgende 50-m-Zeiten. Stelle eine Rangfolge auf.

Anita	8,93 s	Franca	9,02 s
Barbara	9,21 s	Lisa	8,88 s
Doris	8,99 s	Mechthild	8,98 s
Eleni	9,00 s	Marja	9,20 s
Sabine	8,78 s	Petra	9,03 s
Fatma	8,96 s	Annegret	9,04 s
Nora	8,72 s	Melissa	9,13 s

14 a) Ordne die beiden oberen Listen ① und ② jeweils der Größe nach.
b) Die beiden geordneten Listen ③ und ④ sollen zu einer geordneten Liste vereinigt werden.

15

Die Preisschilder der Beutel mit Äpfeln einer Sorte sind völlig durcheinander geraten.
Auf den Schildern stehen folgende Preise:
1,41 €; 1,63 €; 1,95 €
1,25 €; 1,83 €; 1,37 €
Die Beutel wiegen:
0,95 kg; 1,32 kg; 1,235 kg
1,1 kg; 0,845 kg; 0,925 kg
Ordne in einer Tabelle den Beuteln die richtigen Preise zu.

Runden

16 Runde auf eine Nachkommaziffer.

a)	b)	c)
23,46	4,853	0,451
7,33	19,445	0,926
0,05	212,391	0,962
16,61	48,285	0,893

17 Runde auf die Einerstelle.

a)	b)	c)
55,8	0,96	99,52
112,4	7,45	990,84
944,5	46,41	999,99
146,6	34,59	789,98

18 a) Runde auf Zehntel:
2,46; 18,25; 7,43; 100,05; 0,34.
b) Runde auf Hundertstel:
76,362; 12,644; 9,8765; 1,045.
c) Runde auf drei Dezimalen:
1,4444; 45,5555; 0,666 66; 3,3333.
d) Runde auf zwei Dezimalen:
6,368; 24,3545; 0,5353; 9,898.

19 Runde auf ganze Meter:
a) 3,40 m; 12,85 m; 7,45 m; 99,50 m
b) 112,665 m; 0,763 m; 99,072 m
c) 76 cm; 27 dm; 5488 mm; 6,55 m

20 Zwischen welchen Größen liegen die gerundeten Werte? Beispiel: 4,6 cm liegt zwischen 4,55 cm und 4,65 cm.
a) 5,3 cm; 16,5 cm; 4,9 t; 2,5 *l*
b) 11,2 km; 25,8 kg; 1,4 dm; 13,5 s

21 Runde die Einwohnerzahlen auf Millionen mit einer Nachkommaziffer.
Beispiel: 7 773 000 ≈ 7,8 Millionen.

Berlin	3 471 000
Hamburg	1 708 000
München	1 244 000
Köln	964 000
Stuttgart	588 000
Düsseldorf	573000
Duisburg	536 000
Hannover	525 000
Leipzig	481 000
Dresden	474 000
Halle	290 000

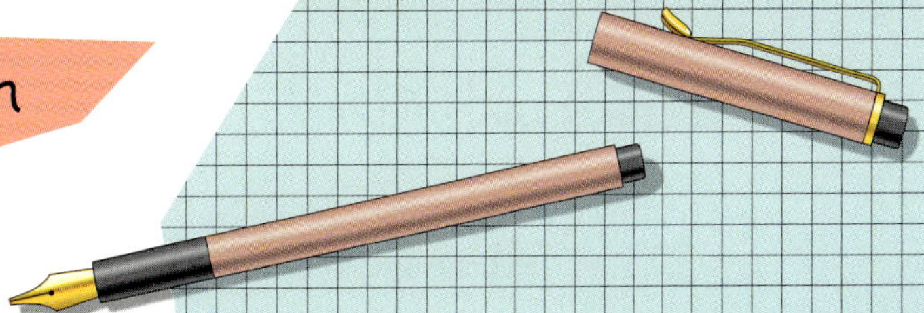

Brüche und Dezimalzahlen

Dezimalzahlen können **entstehen**, wenn man eine **ganze Zahl durch** eine andere **ganze Zahl dividiert**, wie es z. B. bei der Berechnung von Anteilen üblich ist.
Das **Komma** wird gesetzt, **wenn** der **Einerrest** dividiert wird.

Beispiele:

1) 19 : 4 = 4,75
   – 16
Einerrest: 30
   – 28
   20
   – 20
   0

2) 2 von 5 = $\frac{2}{5}$ = 2 : 5 = 0,4
   – 0
Einerrest: 20
   – 20
   0

$\frac{3}{4}$ bedeutet auch 3 : 4

„2 von 5" bedeutet auch 2 : 5

Beachte:
Zum Einerrest muss meist eine Null ergänzt werden, damit weiter dividiert werden kann.

Besonders einfach lässt sich eine **Division durch 10; 100; 1000...** (= Zehnerpotenzen) in **Dezimalschreibweise** darstellen.

Beispiele:

$\frac{3}{10} = 3:10 = 0,3$ $\frac{4}{100} = 4:100 = 0,04$

$\frac{14}{10} = 14:10 = 1,4$ $\frac{15}{100} = 15:100 = 0,15$

$\frac{125}{10} = 125:10 = 12,5$ $\frac{130}{100} = 130:100 = 1,30$

Merke:
- Bei der Division durch 10 wird das Komma zwischen Einer und Zehner gesetzt.
- Bei der Division durch 100 wird das Komma zwischen Zehner und Hunderter gesetzt.
- Bei der Division durch 1000 wird das Komma zwischen Hunderter und Tausender gesetzt.

...

Prozentschreibweise

Dezimalzahlen mit **zwei Nachkommastellen** (= Hundertsteln) werden oft **als Prozentzahlen** (lat.: pro centum = von Hundert) geschrieben.

Beispiele:

$0,10 = \frac{10}{100} = 10\,\%$ (lies: zehn Prozent)

$0,25 = \frac{25}{100} = 25\,\%$ (lies: fünfundzwanzig Prozent)

Wichtig bei Vergleichen von Größen:

die Hälfte von ...	50 %	$= \frac{50}{100}$	$= \frac{1}{2}$
ein Viertel von ...	25 %	$= \frac{25}{100}$	$= \frac{1}{4}$
drei Viertel von ...	75 %	$= \frac{75}{100}$	$= \frac{3}{4}$

Periodische Dezimalzahlen

Wenn sich bei der Division zweier Zahlen die **Reste wiederholen**, bezeichnet man das Ergebnis als **periodische Dezimalzahl**.
Die **sich wiederholende Ziffer** (oder Zifferngruppe) heißt **Periode**.

Beispiele:

$\frac{1}{3}$ = 1 : 3 = 0,33 ...
 – 0
 10
 – 9
 10
 – 9
 10

Der Rest 1 wiederholt sich, also wiederholt sich auch die entsprechende Dezimale 3.

$\frac{5}{11}$ = 5 : 11 = 0,4545 ...
 – 0
 50
 – 44
 60
 – 55
 50
 – 44
 60
 – 55
 50

Die Reste 5 und 6 wiederholen sich, also wiederholen sich auch die entsprechenden Dezimalen 4 und 5.

Beachte:
0,4545 ... kann man auch kürzer schreiben: $0,\overline{45}$
(lies Null Komma Periode vier fünf)

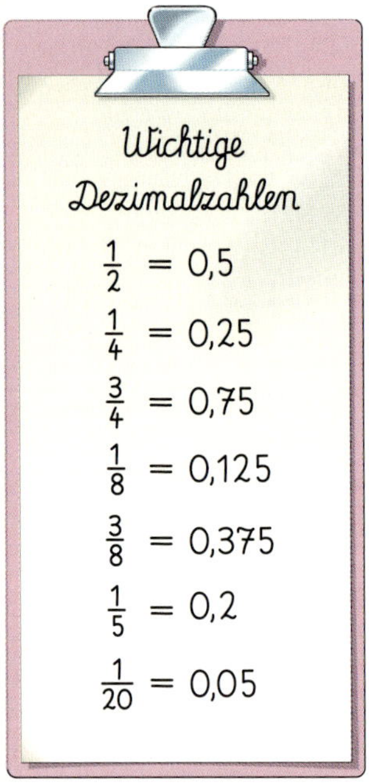

Brüche und Dezimalzahlen

1 Verwandle, indem du dividierst, in eine Dezimalzahl.

a) $\frac{1}{4}$; $\frac{3}{5}$; $\frac{11}{20}$; $\frac{13}{25}$ b) $\frac{9}{8}$; $\frac{25}{20}$; $\frac{120}{40}$; $\frac{32}{80}$

c) $\frac{3}{25}$; $\frac{30}{25}$; $\frac{33}{25}$; $\frac{303}{25}$ d) $\frac{1000}{125}$; $\frac{100}{125}$; $\frac{10}{125}$

2 Verwandle wie im Beispiel.

Beispiel: $4\frac{3}{4} = 4 + 3:4 = 4 + 0{,}75 = 4{,}75$

a) $2\frac{1}{2}$; $3\frac{2}{5}$; $6\frac{1}{4}$ b) $2\frac{2}{20}$; $7\frac{3}{5}$; $3\frac{1}{25}$

c) $9\frac{1}{8}$; $4\frac{7}{100}$; $10\frac{1}{20}$ d) $5\frac{3}{5}$; $6\frac{5}{8}$; $8\frac{1}{125}$

e) $4\frac{3}{4}$; $5\frac{4}{5}$; $3\frac{7}{10}$ f) $1\frac{55}{100}$; $7\frac{1}{100}$; $2\frac{25}{100}$

3 Wandle die Brüche in Dezimalzahlen um.

a) $\frac{4}{10}$; $\frac{15}{100}$; $\frac{78}{100}$; $\frac{230}{1000}$; $\frac{575}{1000}$

b) $\frac{9}{100}$; $\frac{18}{1000}$; $\frac{99}{100}$; $\frac{99}{1000}$; $\frac{120}{100}$

c) $\frac{17}{10}$; $\frac{33}{10}$; $\frac{146}{100}$; $\frac{1230}{100}$; $\frac{1111}{1000}$

d) $\frac{2}{100}$; $\frac{2}{1000}$; $\frac{75}{1000}$; $\frac{228}{1000}$; $\frac{228}{10\,000}$

4 Suche in dem Sack auf dem Rand jeweils Paare gleicher Zahlen.

5 Verwandle diese Dezimalzahlen in Brüche.

a) 0,1; 0,3; 0,8 b) 0,22; 0,35; 0,54

c) 0,25; 0,5; 0,75 d) 0,125; 0,375; 0,625

6 Wandle alle Zahlen in Dezimalzahlen um und ordne sie dann der Größe nach.

a) 0,6; $\frac{1}{2}$; 0,55; $\frac{2}{5}$; $\frac{3}{4}$; 0,7

b) 0,95; $\frac{9}{10}$; $\frac{99}{100}$; 0,98; $\frac{999}{1000}$

c) 1,11; $1\frac{1}{10}$; $1\frac{11}{100}$; 1,01; 1; 1,001

d) $2\frac{1}{2}$; 2,4; $2\frac{7}{8}$; $2\frac{3}{4}$; 2,45; $2\frac{2}{5}$

7 Welche Regelmäßigkeit erkennst du beim Umwandeln der Brüche in Dezimalzahlen?

a) $\frac{1}{2}$; $\frac{2}{2}$; $\frac{3}{2}$; $\frac{4}{2}$; $\frac{5}{2}$; $\frac{6}{2}$ b) $\frac{1}{4}$; $\frac{2}{4}$; $\frac{3}{4}$; $\frac{4}{4}$; $\frac{5}{4}$; $\frac{6}{4}$

c) $\frac{1}{5}$; $\frac{2}{5}$; $\frac{3}{5}$; $\frac{4}{5}$; $\frac{5}{5}$; $\frac{6}{5}$ d) $\frac{1}{8}$; $\frac{2}{8}$; $\frac{3}{8}$; $\frac{4}{8}$; $\frac{5}{8}$; $\frac{6}{8}$

8 Wandle um durch Dividieren und runde auf eine Dezimale.

Beispiel: 5 : 6 = 0,83 . . . $\frac{5}{6} \approx 0{,}8$

a) $\frac{7}{8}$; $\frac{9}{16}$; $\frac{11}{20}$; $\frac{27}{40}$; $\frac{19}{80}$ b) $\frac{1}{7}$; $\frac{1}{11}$; $\frac{1}{13}$; $\frac{1}{17}$; $\frac{1}{19}$

c) $\frac{2}{3}$; $\frac{4}{9}$; $\frac{11}{6}$; $\frac{6}{11}$; $\frac{13}{15}$ d) $\frac{5}{9}$; $\frac{3}{7}$; $\frac{2}{11}$; $\frac{7}{15}$; $\frac{9}{17}$

9 In Koch- und Backrezepten kommen oft Brüche als Maßzahlen vor.

a) Schreibe die Angaben des Rezeptes in Dezimalschreibweise.

b) Schreibe in Dezimalschreibweise: $\frac{1}{8}$ *l*; $\frac{3}{4}$ *l*; $1\frac{1}{2}$ *l*; $\frac{5}{8}$ *l*; $\frac{1}{2}$ kg; $1\frac{1}{4}$ kg.

10

Eine Eintrittskarte für das Freibad kostet 1,50 €. Der 12er-Block kostet 15 €. Vergleiche die Preise.

11 a) Für die 400-m-Runde benötigt ein guter Läufer 48 s. Wie viel Sekunden braucht er für 100 m?

b) Für die 800-m-Strecke braucht eine Läuferin 2 min 2 s. Wie viel Sekunden braucht sie für 100 m?

c) Im 10000-m-Lauf wird eine Zeit von 28 min 45 s erzielt. In welcher Zeit wird die $\frac{1}{2}$ Stadionrunde (400 m) durchlaufen?

Übrigens ....

Dezimalzahlen, deren Periode nicht gleich nach dem Komma beginnt, heißen **gemischt periodische Dezimalzahlen**.

Beispiel:

$\frac{2}{15} = 2:15 = 0{,}1333\ldots$
$= 0{,}1\overline{3}$

(Lies: Null Komma eins Periode drei.)

!

Lang, länger, am längsten?

$\frac{1}{61} = 0{,}\overline{016393442622950819672131147540983606557377049180327868852459}$

Periodische Dezimalzahlen

12 Wandle die Brüche in periodische Dezimalzahlen um.

a) $\frac{2}{3}$; $\frac{4}{9}$; $\frac{3}{11}$; $\frac{4}{33}$; $\frac{4}{7}$; $\frac{5}{13}$; $\frac{7}{11}$

b) $\frac{1}{15}$; $\frac{5}{6}$; $\frac{7}{36}$; $\frac{1}{24}$; $\frac{5}{12}$; $\frac{7}{30}$; $\frac{11}{18}$

c) $\frac{13}{6}$; $\frac{22}{15}$; $\frac{23}{22}$; $\frac{37}{30}$; $\frac{11}{9}$; $\frac{15}{11}$; $\frac{50}{33}$

13 Verwandle die Brüche in Dezimalzahlen. Wenn du die Ergebnisse innerhalb einer Teilaufgabe vergleichst, kannst du dir Arbeit ersparen.

a) $\frac{1}{9}$; $\frac{2}{9}$; $\frac{3}{9}$; $\frac{4}{9}$; $\frac{5}{9}$; $\frac{6}{9}$; ...

b) $\frac{1}{11}$; $\frac{2}{11}$; $\frac{3}{11}$; $\frac{4}{11}$; $\frac{5}{11}$; $\frac{6}{11}$; ...

c) $\frac{1}{15}$; $\frac{2}{15}$; $\frac{3}{15}$; $\frac{4}{15}$; $\frac{5}{15}$; $\frac{6}{15}$; ...

d) $\frac{1}{18}$; $\frac{2}{18}$; $\frac{3}{18}$; $\frac{4}{18}$; $\frac{5}{18}$; $\frac{6}{18}$; ...

14 Runde auf die letzte Ziffer der Periode. Beispiel: $0{,}\overline{45} \approx 0{,}45$, denn die 3. Stelle ist eine 4.

a) $0{,}\overline{3}$; $0{,}\overline{65}$; $0{,}\overline{451}$; $0{,}\overline{35}$; $0{,}\overline{54}$

b) $0{,}1\overline{6}$; $1{,}2\overline{3}$; $3{,}4\overline{73}$; $2{,}0\overline{6}$; $8{,}3\overline{45}$

c) $1{,}\overline{050}$; $1{,}0\overline{5}$; $1{,}\overline{05}$; $1{,}\overline{055}$; $1{,}\overline{505}$

15 Setze die Zeichen <, > oder = ein.

a) $0{,}3$ □ $0{,}\overline{3}$
b) $0{,}67$ □ $0{,}\overline{6}$
c) $1{,}45$ □ $1{,}4\overline{5}$
d) $0{,}1\overline{2}$ □ $0{,}123$
e) $2{,}3\overline{4}$ □ $2{,}\overline{34}$
f) $4{,}5\overline{2}$ □ $4{,}\overline{51}$
g) $0{,}09$ □ $0{,}\overline{09}$
h) $5{,}5\overline{6}$ □ $5{,}\overline{58}$

16 Welcher Bruch hat in der Dezimalzahldarstellung die längste Periode $\frac{1}{13}$; $\frac{1}{17}$; $\frac{1}{19}$ oder $\frac{1}{23}$?

17 Kannst du ohne zu dividieren die weiteren Brüche in periodische Dezimalzahlen umformen? Überprüfe deine Vermutung durch Rechnung.

a) $\frac{1}{9} = 0{,}\overline{1}$
$\frac{1}{99} = 0{,}\overline{01}$
$\frac{1}{999} = 0{,}\overline{001}$
...

b) $\frac{1}{11} = 0{,}\overline{09}$
$\frac{1}{101} = 0{,}\overline{0099}$
$\frac{1}{1001} = 0{,}\overline{00999}$
...

18 Hier haben sich Fehler eingeschlichen. Überprüfe und verbessere die Fehler.

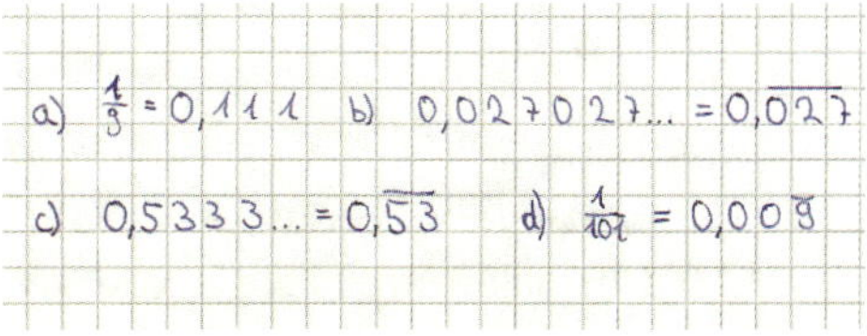

19

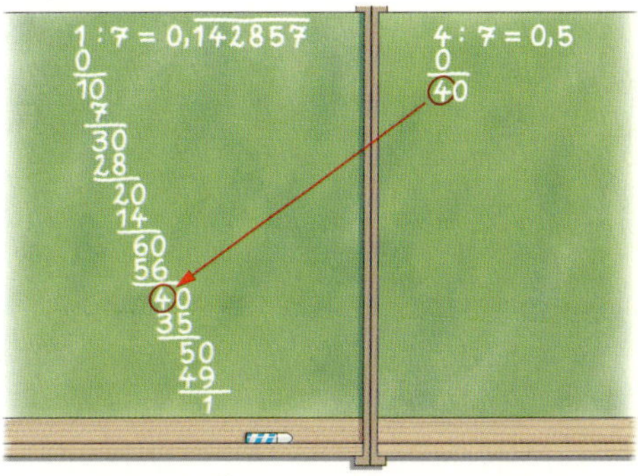

a) Schreibe $\frac{4}{7}$ als Dezimalbruch, ohne noch etwas zu rechnen.

b) Bestimme $\frac{2}{7}$, $\frac{3}{7}$, $\frac{5}{7}$ und $\frac{6}{7}$ mit möglichst geringem Rechenaufwand.

ZUM KNOBELN

Die Brüche

$\frac{1}{81} = 0{,}\overline{012345679}$

$\frac{1}{891} = 0{,}\overline{001122334455667789}$

$\frac{1}{8991} = 0{,}\overline{000111222333444555666777889}$

haben sehr lange, aber erstaunliche Perioden.

Welche Periode findest du wohl bei $\frac{1}{89991}$?

Bestimme nacheinander die Periode von $\frac{1}{17}$; $\frac{10}{17}$; $\frac{15}{17}$; $\frac{14}{17}$; $\frac{4}{17}$; $\frac{6}{17}$; $\frac{9}{17}$; $\frac{5}{17}$; $\frac{16}{17}$; $\frac{7}{17}$.

Für diese Aufgabe brauchst du etwas Ausdauer, aber vielleicht findest du schon sehr bald eine Regel. Schau dir die Perioden genau an.

Rechnen mit Dezimalzahlen 1

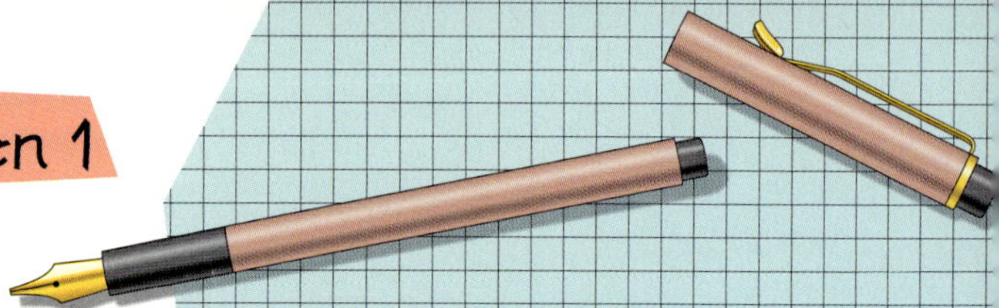

Addieren und Subtrahieren von Dezimalzahlen

Beim **Addieren** und **Subtrahieren** von Dezimalzahlen
- schreibt man zunächst die Zahlen so untereinander, dass **Komma unter Komma** steht,
- dann beginnt man – wie bei den natürlichen Zahlen – von **rechts** mit dem stellengerechten **Addieren** oder **Subtrahieren**.

Beispiel: Addieren

```
    5,83
+ 13,48
+  9,06
   11 1
--------
   28,37
```

Beispiel: Subtrahieren

```
  14,578
–  6,020
–  0,500
   1
--------
   8,058
```

Führe stets eine **Überschlagsrechnung** durch.

Tipp:

Beim Untereinanderschreiben ist es hilfreich, Summanden mit unterschiedlich vielen Nachkommastellen mit Endnullen zu ergänzen.

Beispiel: 3,725 + 0,4 + 2,12

```
  3,72
+ 0,40
+ 2,12
  1
  6,24
```

Tipp:

Mit einer Überschlagsrechnung kannst du schnell kontrollieren, ob dein Ergebnis ungefähr stimmt.

Beispiel: 123,45 + 67,8 = 191,25

Überschlag: 120 + 70 = 190

Multiplizieren und Dividieren von Dezimalzahlen mit Zehnerpotenzen

Beim Multiplizieren und beim Dividieren von Dezimalzahlen mit **Zehnerpotenzen** (10, 100, 1000, ...) bleibt die **Ziffernfolge unverändert**. Das **Komma** wird jedoch **verschoben**.

Beispiel: Multiplizieren

$0{,}369 \cdot 10 = 3{,}69$
$0{,}369 \cdot 100 = 36{,}9$
$0{,}369 \cdot 1000 = 369{,}0$

Beim **Multiplizieren** wird das **Komma** um so viele Stellen **nach rechts** verschoben, wie die Zehnerpotenz Nullen hat.

Beispiel: Dividieren

$573{,}4 : 10 = 57{,}39$
$573{,}4 : 100 = 5{,}734$
$573{,}4 : 1000 = 0{,}5734$

Beim **Dividieren** wird das **Komma** um so viele Stellen **nach links** verschoben, wie die Zehnerpotenz Nullen hat.

$10^1 = 10$
$10^2 = 10 \cdot 10 = 100$
$10^3 = 10 \cdot 10 \cdot 10 = 1000$
$10^4 = \ldots$
⋮

Zehnerpotenzen

Beachte:

Wenn die Anzahl der Ziffern nicht ausreicht, werden Nullen vorangesetzt,

Beispiel: 466 : 1000 = 0,466,

oder Nullen angehängt,

Beispiel: 12,5 · 1000 = 12500.

+	1,1	2,22	3,333
0,9			
,08			
007			

–	0,3	0,22	0,111
1,1			
,22			
333			

Addieren und Subtrahieren

1 Addiere im Kopf.
a) 3,8 + 4,1 b) 6,2 + 8,7
c) 12,4 + 13,5 d) 9,2 + 8,9
e) 212,6 + 14,2 f) 22,4 + 7,9
g) 0,4 + 0,7 h) 0,62 + 0,11
i) 0,92 + 0,12 k) 0,45 + 2,56

2 Subtrahiere im Kopf.
a) 9,6 – 4,2 b) 18,2 – 6,1
c) 12,3 – 5,4 d) 26,3 – 13,5
e) 0,75 – 0,32 f) 0,90 – 0,55
g) 3,8 – 0,9 h) 1,47 – 0,47

3 a) Um wie viel sind die Zahlen größer als 1? 1,5; 1,04; 1,33; 2,22; 1,001
b) Wie viel fehlt noch bis 1?
0,5; 0,04; 0,33; 0,85; 0,001

4 Übertrage die Aufgaben ins Heft und berechne.
a) 3,6875 + 4,2113 b) 19,284 + 24,397
c) 0,2243 + 5,7685 d) 0,4861 + 0,0347
e) 1,3476 + 3,67 f) 19,86 + 26,762
g) 0,67 – 0,6088 h) 3,68 – 0,9821
i) 0,043 – 0,0268 k) 0,265 – 0,0265
l) 11,1 – 1,11 m) 50,505 – 5,0505

5 Schreibe untereinander und addiere.
a) 3,62 + 4,86 + 12,49 + 7,08
b) 11,1 + 1,11 + 0,111 + 111
c) 3,9 + 3,09 + 3,99 + 3,90
d) 124,8 + 234,65 + 3780,3
e) 12,34 + 1,234 + 0,1234

12,96
4,74
8,61
0,79
0,89
34,62

6 Berechne den Rechnungsbetrag auf dem Kassenzettel. Überschlage, ob 60 € zum Bezahlen reichen.

7 Was wurde hier falsch gemacht? Verbessere die Fehler.

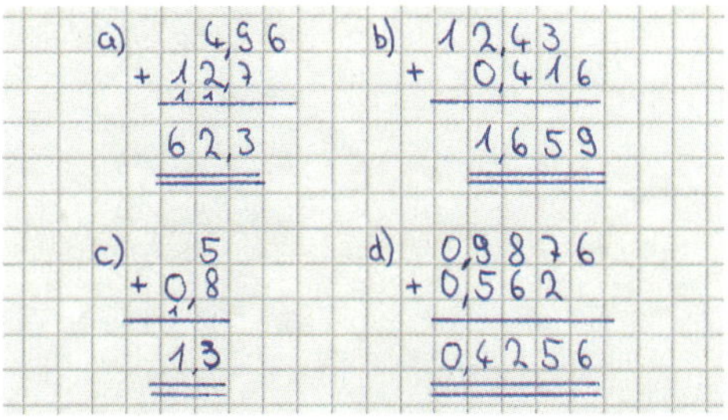

8 Schreibe die Zahlen untereinander und subtrahiere.
a) 9,87 – 6,42 – 2,24
b) 173,65 – 89,59 – 36,45
c) 10,04 – 4,23 – 3,76 – 2,02
d) 25,85 – 3,867 – 1,4 – 0,6111
e) 0,762 – 0,4 – 0,13 – 0,0025
f) 15,05 – 3 – 0,428 – 6,619
g) 2351,57 – 0,6 – 800,006 – 8,43
h) 1 – 0,9 – 0,01 – 0,001

9 Hier haben sich einige Fehler eingeschlichen. Verbessere im Ergebnis.

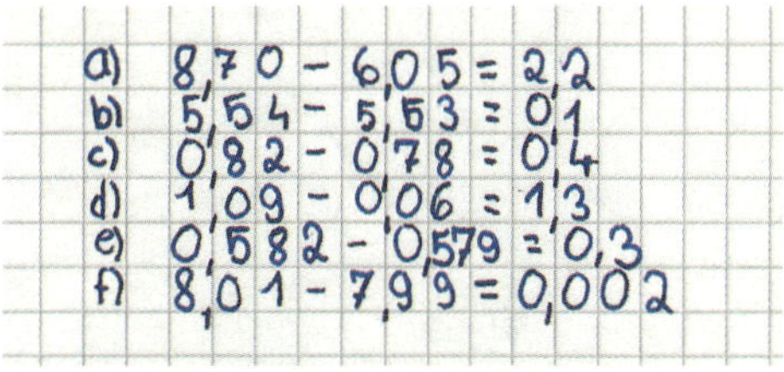

10 Führe zunächst eine Überschlagsrechnung durch und vergleiche dieses Ergebnis dann mit dem errechneten genauen Ergebnis.
a) 1 + 0,1 + 0,45 – 0,567
b) 39,8 + 0,7 + 57,2 – 0,365
c) 47,47 + 52,52 – 19,19 – 63,83
d) 9,98 – 0,026 + 90,2 – 0,13
e) 0,6 + 56,89 – 2,613 + 245,06
f) 1,01 + 10,01 + 100,001 – 0,101

11 Wie wachsen die Unterschiede? Setze fort.
a) 1,1; 2,2; 3,4; 4,7; 6,1; ...
b) 0,01; 0,02; 0,12; 1,12; 11,12; ...
c) 0,1; 1,11; 3,13; 6,16; 10,20; ...

12 Setze im Ergebnis das Komma an die richtige Stelle.

a) 15,43 m − 4,32 m − 2,31 m = 880 m
b) 7,0 dm − 1,45 dm − 4,34 dm = 117 dm
c) 89,800 km − 987 m = 88813 km

13 Wandle in die größte Einheit um und berechne dann.
a) 6,3 m + 18,9 dm − 436 cm
b) 17 a − 325 m² + 4836 dm²
c) 4,9 t + 12,676 kg − 206,8 kg
d) 66,4 ml + 3,25 dm³ − 1,1 *l*

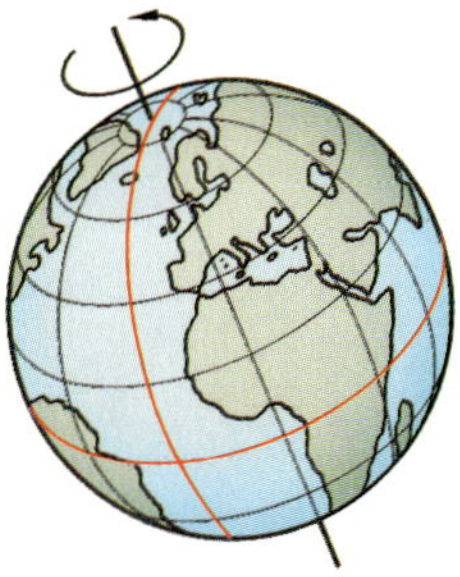

14 Der Erdumfang über die Pole gemessen beträgt 40 008,006 km und entlang des Äquators 40 075,161 km. Wie groß ist der Unterschied?

15 **Zahlenzauber**

1,1	1,1
+ 11,11	+ 10,01
+ 111,111	+ 100,001
+ 1111,1111	+ 101,101
+ 111,111	+ 11,11
+ 11,11	+ 1,1
+ 1,1	

?

16 Beachte die Klammern.
a) 4,62 − (1,92 + 1,81)
b) 21,63 − (12,75 + 8,36)
c) 61,51 − (30,82 − 15,44)
d) (5,38 − 0,61) + (12,9 − 8,52)

17 8,7 □ 5,6 □ 4,3 □ 1,2
Setze +, − und Klammern und berechne.
a) Das Ergebnis soll möglichst groß sein.
b) Das Ergebnis soll möglichst nahe bei 1 sein.

Multiplizieren und Dividieren mit Zehnerpotenzen

18 Dividiere im Kopf.

a)	b)	c)
32,9 : 10	6,4 : 10	0,6 : 1000
156,2 : 100	64,18 : 100	5,05 : 100
5348,3 : 1000	4,66 : 100	0,03 : 1000

19 Multipliziere im Kopf.

a)	b)	c)
4,6 · 10	5,37 · 10	8,9 · 100
13,4 · 10	2,666 · 100	0,54 · 1000
5,75 · 100	17,06 · 10	0,4 · 100

d)	e)	f)
2,34 · 100	0,546 · 100	0,02 · 1000
0,06 · 100	6,06 · 10	2,22 · 1000
30,9 · 100	9,7 · 100	14,14 · 100

20 Findest du die Ergebnisse der Rechnungen, ohne die Zwischenergebnisse aufzuschreiben?
a) 0,31 · 100 · 10 · 10
b) ((1736,2 : 10) : 100) : 100
c) ((22,83 : 100) · 1000) : 10
d) ((0,0439 · 1000) : 100) · 1000

21 Welche Rechnung wurde durchgeführt?
a) 6,83 $\xrightarrow{?}$ 0,683
b) 1,41 $\xrightarrow{?}$ 1410
c) 0,362 $\xrightarrow{?}$ 0,003 62
d) 0,07 $\xrightarrow{?}$ 0,7
e) 111,1 $\xrightarrow{?}$ 0,1111
f) 0,039 $\xrightarrow{?}$ 0,0039

23 Übertrage die Aufgaben in dein Heft und fülle die Lücken.

a)	b)
0,6835	56,12
↓ · 100	↓ : 100
□	□
↓ · 1000	↓ : 10
□	□

23 Ein Teebeutel enthält 1,2 g Tee. Wie viel g Tee sind dann in einem Karton mit 100 Beuteln?

24 a) Ein Kilogramm Schinken kostet 36,50 €. Was kosten 100 g?
b) 10 g eines Gewürzes kosten 2,35 €. Wie hoch ist der Kilopreis?
c) 0,1 *l* Parfüm kostet 89,50 €. Was würde 1 *l* kosten?

25 Ein Stapel Papier mit 1000 Blatt ist 10,8 cm dick und 5,650 kg schwer.
a) Wie dick ist ein Blatt? Gib die Dicke in cm und in mm an.
b) Wie schwer ist ein Blatt? Gib das Gewicht in kg und in g an.

Rechnen mit Dezimalzahlen 2

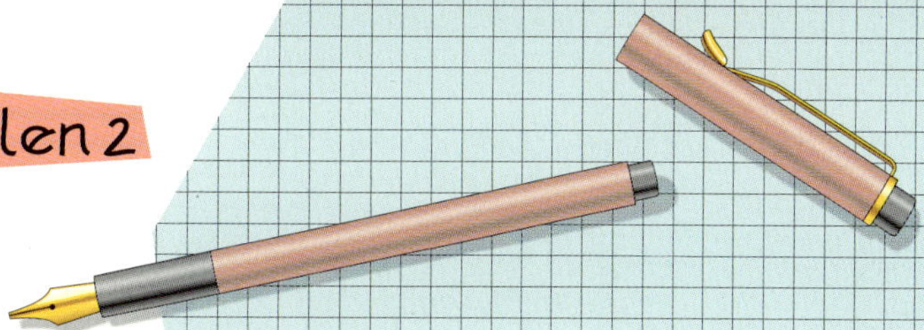

Multiplizieren von Dezimalzahlen

Dezimalzahlen **multipliziert** man,

- **ohne** zunächst das **Komma** zu berücksichtigen,
- dann setzt man **im Ergebnis** das **Komma** so, dass es ebenso viele **Nachkommastellen** hat **wie beide Faktoren** zusammen.

Beispiel:

1 Dezimale 2 Dezimalen

```
2,6 · 3,04
   78
    00
    104
   7,904
```

3 Dezimalen

Dividieren durch eine natürliche Zahl

Die Division einer Dezimalzahl durch eine natürliche Zahl erfolgt nach der gleichen Regel wie die Division einer natürlichen Zahl. Der Unterschied besteht nur darin, dass beim Überschreiten des Kommas beim Dividieren auch im Ergebnis ein Komma gesetzt werden muss.

Beispiel:

```
 22,8 : 8 = 2,85
-16
   6 8        Komma setzen
 - 6 4
    40
  - 40
     0
```

Beachte:

Manchmal musst du Nullen ergänzen, um auf die richtige Anzahl von Dezimalen zu kommen.

z.B.:

```
0,025 · 1,5
       25
       125
     0,0375
```

Tipp:

Führe vor jeder Multiplikation mit gerundeten Zahlen eine Überschlagsrechnung durch.
Die Zahlen sollen dabei so einfach sein, dass du einfach im Kopf rechnen kannst.

Beispiel: 6,1 · 0,79

Überschlag: 6 · 0,8 = 4,8

Rechnung:

```
6,1 · 0,79
   427
    ,639
   4,909
```

Tipp:

Beim Dividieren von Maßzahlen nur so lange dividieren, wie es sinnvolle Einheiten gibt.

Beispiel: 10,70 € : 6 =

```
  10,700... : 6 = 1,78¦3...
- 6
  47
- 42
   50
-  48
    20
-   18
     2
```

abbrechen und runden, da nur 1,78 € sinnvoll ist!

Beachte:

Zur vollständigen Berechnung aller Nachkommaziffern müssen manchmal noch Endnullen gesetzt werden.

Multiplizieren von Dezimalzahlen

1 Rechne im Kopf.

a) 0,8 · 7; 1,2 · 6; 0,4 · 5
b) 1,5 · 9; 17 · 0,3; 25 · 0,4
c) 0,02 · 11; 0,005 · 5; 0,07 · 8
d) 0,6 · 15; 18 · 0,06; 17 · 0,03
e) 1,3 · 50; 2,2 · 400; 1,5 · 600
f) 0,07 · 40; 20 · 0,12; 0,4 · 0,5

2 Berechne.

a) 5,2 · 2,4; 1,8 · 3,6; 3,4 · 7,9; 4,8 · 8,4
b) 2,35 · 5,64; 5,06 · 3,25; 8,56 · 2,08; 10,4 · 9,07
c) 0,16 · 0,24; 0,38 · 0,632; 0,85 · 0,036; 0,062 · 0,041
d) 36,4 · 0,054; 221,4 · 0,505; 646 · 0,062; 0,656 · 2020,2

3 a) Hier musst du im Ergebnis Nullen setzen.

0,005 · 0,6 0,35 · 0,001
0,8 · 0,03 0,55 · 0,04
0,06 · 0,07 0,025 · 0,033

b) Hier kannst du im Ergebnis Nullen streichen.

0,4 · 0,15 0,16 · 5
10 · 0,006 0,2 · 600
160 · 0,05 0,08 · 0,20

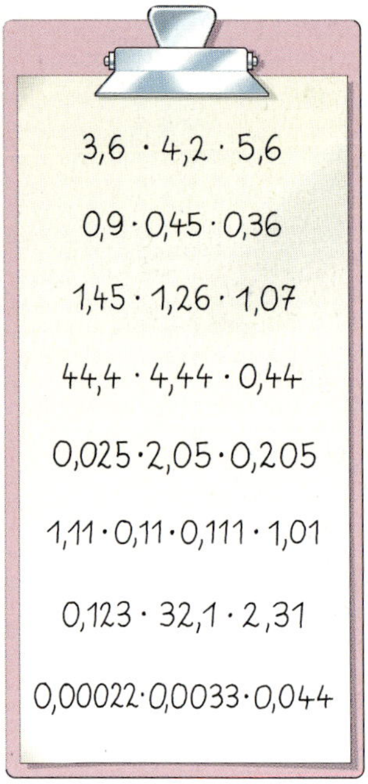

4 Hier wurde einige Male falsch gerechnet. Suche die Fehler und verbessere sie.

a) 70 · 0,4 = 2,8
b) 0,9 · 0,075 = 0,0675
c) 4 · 0,08 = 4,08
d) 0,06 · 11,1 = 6,666
e) 12,8 · 0,9 = 11,52
f) 0,27 · 127 = 34,29

5 Berechne und runde das Ergebnis auf eine Nachkommaziffer.

a) 3,8 · 4,2 b) 17,2 · 18,4
c) 0,3 · 4,78 d) 126,1 · 0,42
e) 8,88 · 9,99 f) 0,764 · 25
g) 0,451 · 0,111 h) 0,026 · 0,98

6 Führe zuerst eine Überschlagsrechnung durch und vergleiche mit dem genauen Ergebnis.

a) 27,86 · 7; 0,0285 · 12
b) 7,843 · 192; 4,962 · 111
c) 71,48 · 0,942; 173,8 · 0,086
d) 35,5 · 22,22; 134,2 · 0,027
e) 64,3 · 0,06; 0,04 · 72,61
f) 84,07 · 0,073; 0,063 · 0,085

7 Es ist 426 · 538 = 229188. Nun kannst du die folgenden Produkte leicht berechnen.

a) 426 · 0,538 b) 0,0426 · 0,538
c) 42,6 · 5,38 d) 0,426 · 0,0538
e) 4,26 · 53,8 f) 426,0 · 53,8
g) 0,426 · 538 h) 4260 · 0,00538

8 Für gute Kopfrechner!
Wenn du die Faktoren geschickt zusammenfasst, kannst du die Aufgaben leicht lösen.

a) 50 · 0,2 · 0,43
b) 0,02 · 40 · 500
c) 0,4 · 2,5 · 0,2
d) 0,2 · 7,5 · 0,5 · 10
e) 3,2 · 0,2 · 100 · 0,05

9 Benzinpreise werden in Cent mit einer Nachkommaziffer angegeben.
Berechne die unterschiedlichen Kosten für Benzin, Super und Diesel jeweils für 30 *l*, 46 *l*, 58 *l* und 155 *l* in Euro und runde sinnvoll.

10 Die Leistung bei Autos wurde früher in PS (Pferdestärken) angegeben. Heute verwendet man die Maßeinheit kW (Kilowatt).
1 kW = 1,36 PS
1 PS = 0,736 kW
Wie viel PS entsprechen 70 kW und wie viel kW entsprechen 75 PS?

Dividieren durch eine natürliche Zahl

11 Rechne im Kopf.

a) 2,1 : 7
3,6 : 6
4,8 : 6

b) 3,6 : 2
4,2 : 3
6,4 : 4

c) 14,2 : 2
25,5 : 5
18,6 : 6

d) 9,9 : 11
8,4 : 12
3,9 : 13

12 Berechne schriftlich.

a) 22,5 : 6
10,64 : 8
34,25 : 5

b) 492,8 : 4
696,08 : 7
338,04 : 6

c) 8,25 : 16
4,26 : 14
8,10 : 18

d) 9059,2 : 16
5530,2 : 13
3037,1 : 11

13 Das Ergebnis von 156 : 6 ist 26. Nun kannst du die folgenden Quotienten leicht berechnen.

a) 15,6 : 6
1,56 : 6
0,156 : 6
0,0156 : 6

b) 156 : 60
15,6 : 60
1,56 : 60
0,156 : 60

14 Ersetze das Kästchen in deinem Heft durch die richtige Zahl.

a) □ : 7 = 2,36
49,92 : 8 = □
□ : 9 = 2,48

b) □ : 11 = 0,25
13,23 : 12 = □
□ : 13 = 0,36

15 Für das Kästchen kannst du eine natürliche Zahl einsetzen. Schätze und überprüfe deine gefundene Zahl durch Rechnung.

a) 8,28 : □ = 1,38
19,32 : □ = 2,76
12,84 : □ = 3,21
42,64 : □ = 5,33

b) 2,97 : □ = 0,27
8,46 : □ = 0,94
2,34 : □ = 0,18
25,74 : □ = 2,34

16 Berechne auf Hundertstel genau.

a) 3,8 : 3
0,8 : 12
70,6 : 15

b) 5,85 : 27
29,2 : 24
0,235 : 21

c) 1,7 : 13
3,108 : 14
24,795 : 9

d) 0,967 : 31
16,65 : 25
70,876 : 29

17 Hier wurden die Ergebnisse der verschiedenen Aufgaben vertauscht. Du musst nicht alle Aufgaben nachrechnen, um die richtige Ordnung zu finden.

a) 39,42 : 9 = 0,869
b) 5,334 : 21 = 9,39
c) 10,428 : 12 = 4,38
d) 140,85 : 15 = 0,254

18 Rechne und runde sinnvoll.

a) 4,36 € : 7
12,58 € : 8
24,36 € : 9
32,55 € : 6

b) 0,39 € : 12
0,76 € : 21
0,94 € : 17
0,98 € : 16

19 Berechne und runde auf die in Klammern angegebene Maßeinheit.
Beispiel: 4,0 m : 3 (in cm):
4,0 m : 3 = $1,33\overline{3}$ m
≈ 133 cm.

a) 6,5 m : 3 (in cm)
12,4 dm : 7 (in mm)
4,8 t : 9 (in kg)

b) 912,7 m^3 : 12 (in *l*)
405,3 a : 4 (in m^2)
18,65 hl : 6 (in *l*)

20

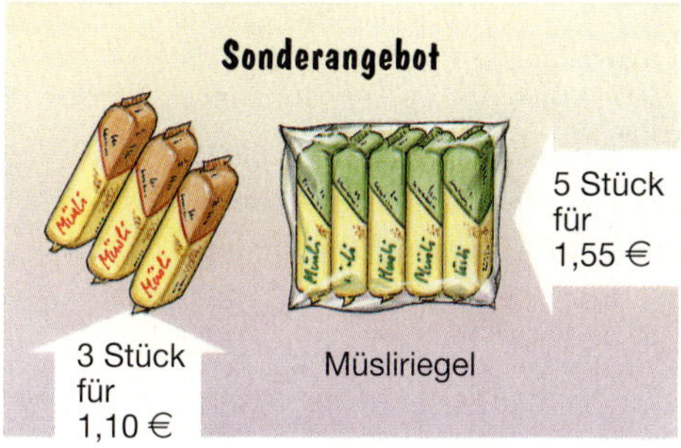

a) Welches Angebot ist günstiger? Begründe deine Antwort.
b) Marion vergleicht die Angebote für Hundefutter. Ein Paket mit 5 kg kostet 12,80 €, ein Paket mit 12 kg 28,00 €. Wie viel kostet jeweils 1 kg?

21 Die Höhe der beiden Gebäude des World Trade Centers in New York beträgt bei 110 Stockwerken 411,5 m. Wie hoch ist ein Stockwerk im Durchschnitt?

Brüche und Bruchteile

Bruchdarstellungen

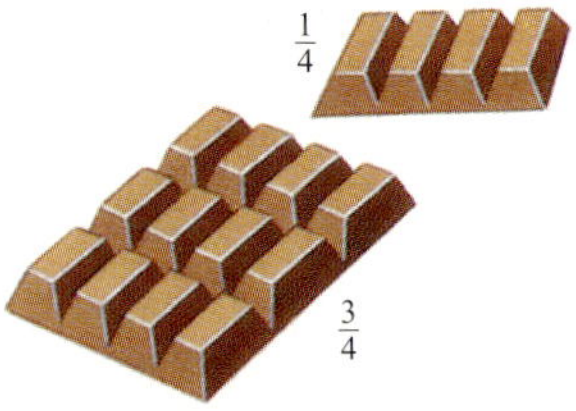

$\frac{3}{8}$ der Torte fehlen

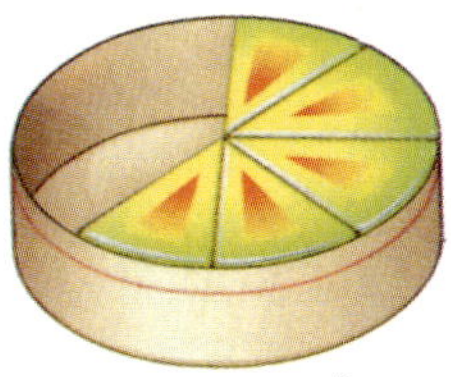

$\frac{5}{8}$ der Torte sind noch da

Wird ein Ganzes in 2, 3, 4, 5, . . . gleich große Teile geteilt, so erhält man Halbe, Drittel, Viertel, . . . Man nennt sie **Brüche**.
Der **Nenner** gibt an, in wie viele gleich große Teile geteilt wurde.
Der **Zähler** gibt die Anzahl der Bruchteile an.

Brüche als Maßzahlen von Größen

Brüche werden im Alltag oft als **Maßzahlen** verwendet.
$\frac{1}{2}$ **kg** ist der **Bruchteil von 1 kg**, wenn man 1 kg in zwei gleiche Teile teilt und einen Teil davon nimmt.
$1\frac{1}{4}$ **kg** bedeutet in dieser **gemischten Schreibweise**:
$1\,\text{kg} + \frac{1}{4}\,\text{kg} = 1000\,\text{g} + 250\,\text{g} = 1250\,\text{g}$.

Bruchteile von Größen

Mit einem Bruch kann man einen **Anteil** von beliebigen Größen angeben. Um $\frac{3}{4}$ einer Größe zu bestimmen, teilt man die Größe erst durch den Nenner 4 und multipliziert dann das Ergebnis mit dem Zähler 3.

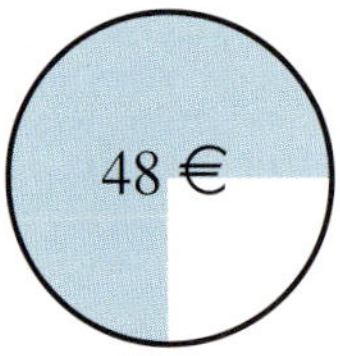

$\frac{3}{4}$ von 48 € = 36 €

Brüche als Quotienten

Ein Bruch kann als **Quotient von zwei natürlichen Zahlen** aufgefasst werden.
Der Bruchstrich und das Divisionszeichen bedeuten dasselbe:

$\frac{9}{4} = 9 : 4 = 2 + 1 : 4 = 2 + \frac{1}{4} = 2\frac{1}{4}$

Beispiele:

$\frac{1}{6} = 1 : 6$; $\frac{12}{4} = 12 : 4 = 3$; $\frac{4}{1} = 4 : 1 = 4$

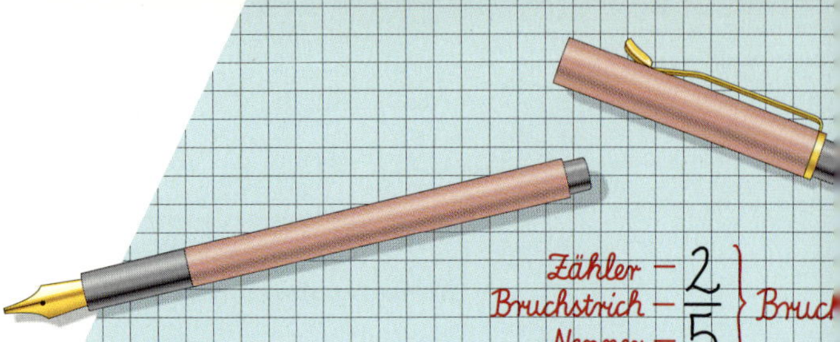

Zähler – 2
Bruchstrich – —
Nenner – 5
} Bruc

Man kann Brüche unterschiedlich darstellen

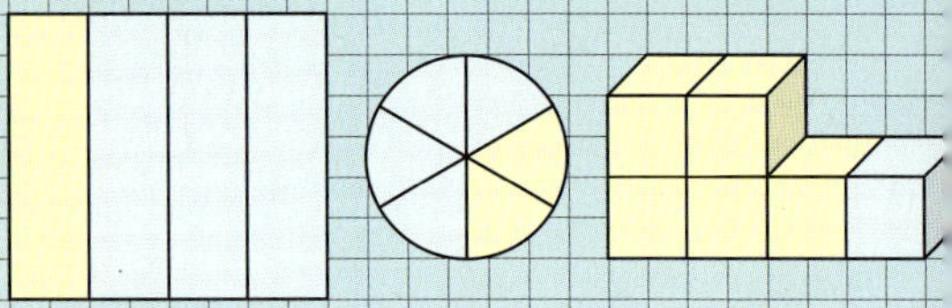

$\frac{1}{4}$ $\frac{2}{6}$ $\frac{5}{6}$

$\frac{1}{2}$, $\frac{1}{5}$, $\frac{1}{8}$ und $\frac{1}{10}$ sind Stammbrüche

der Zähler ist immer 1

$\frac{2}{3}$, $\frac{3}{4}$, $\frac{5}{7}$ und $\frac{3}{9}$ sind echte Brüche

der Zähler ist immer kleiner als der Nenner

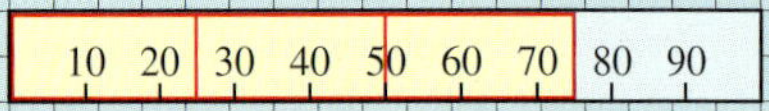

$\frac{3}{4}\,\text{m} = 0{,}75\,\text{m} = 75\,\text{cm}$

Meist kann man in eine kleinere Maßeinheit umwandeln:

1 dm	= 10 cm	1 kg	= 1000 g
$\frac{1}{5}$ dm	= 2 cm	$\frac{1}{8}$ kg	= 125 g
$\frac{2}{5}$ dm	= 4 cm	$\frac{3}{8}$ kg	= 375 g

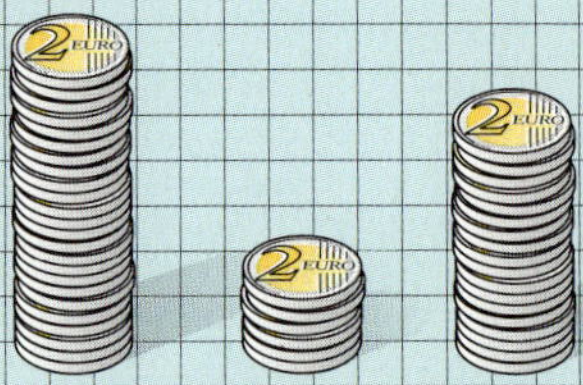

$48\,€ \xrightarrow{:4} 12\,€ \xrightarrow{\cdot 3} 36\,€$

$\frac{9}{4}$

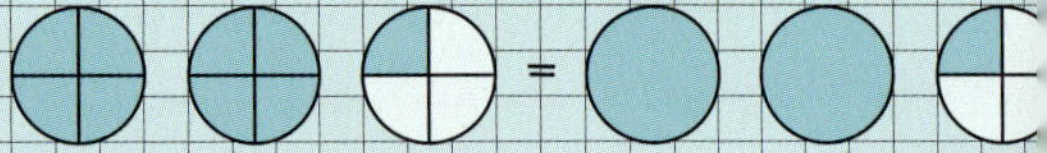

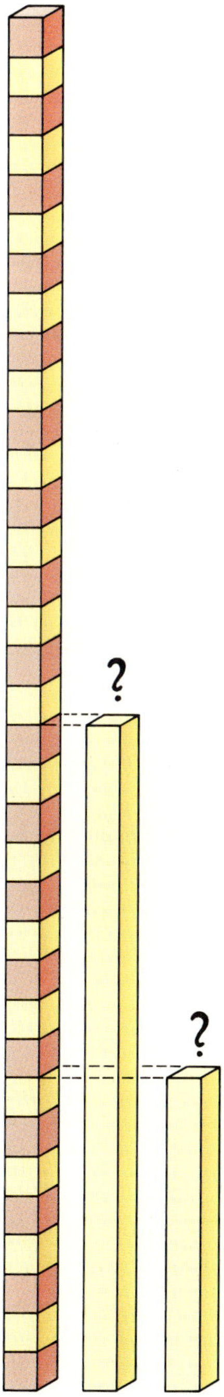

Bruchdarstellungen

1 Welcher Bruch wird durch die gefärbte Fläche dargestellt? Wie groß ist der Rest?

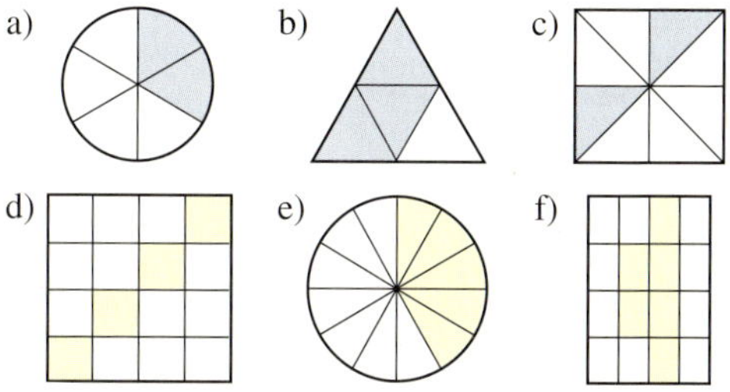

2 Übertrage ins Heft und färbe jeweils den angegebenen Bruchteil der Fläche blau.

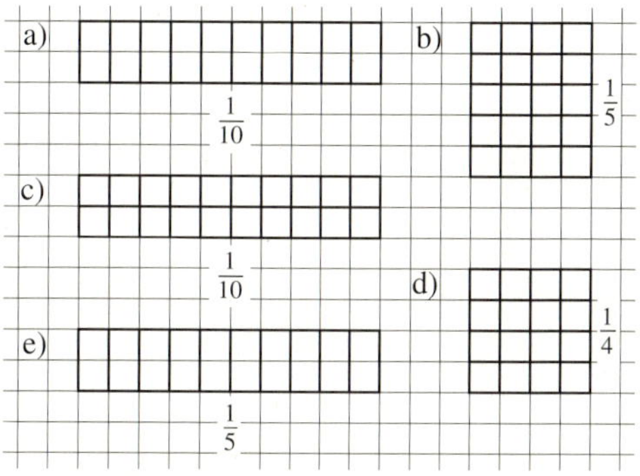

3 Zeichne ein Rechteck, das 12 Kästchen lang und 6 Kästchen breit ist, und stelle die Brüche $\frac{1}{2}$, $\frac{1}{3}$ und $\frac{1}{9}$ nebeneinander farbig dar.
Wie viele Kästchen bleiben frei?

4 Von verschiedenen Rechtecken oder Quadraten siehst du Bruchteile. Zeichne jeweils ein Ganzes in dein Heft.

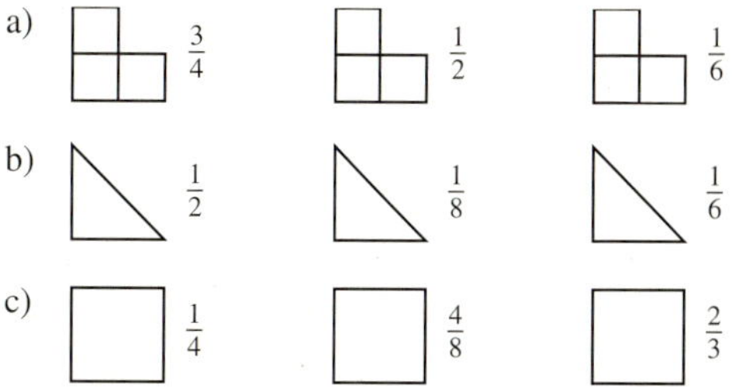

5 Welchen Bruchteil der großen Säule auf dem Rand stellen die beiden kleineren Säulen jeweils dar?

6 In jeder Figur ist ein Teilkörper hervorgehoben. Welcher Bruchteil des Körpers ist dies? Wie groß ist der Rest?

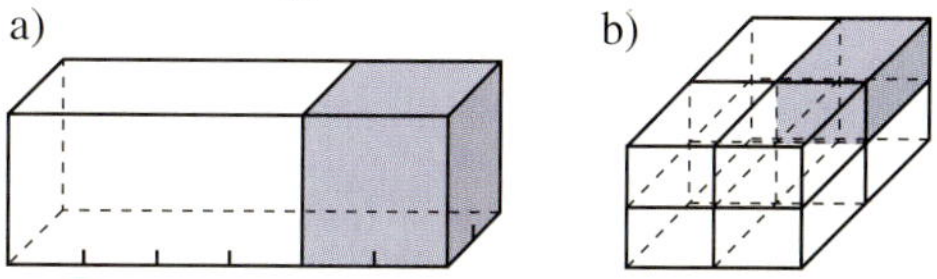

7 Wo haben sich Fehler eingeschlichen?

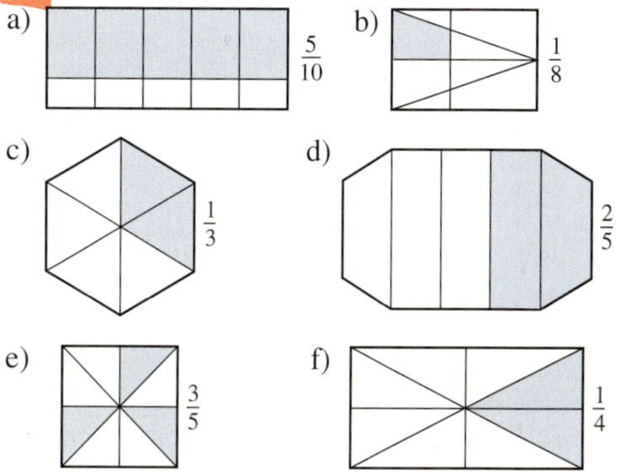

Brüche als Maßzahlen von Größen

8

a) Gib in **dm²** an: $\frac{1}{4}$ m², $\frac{1}{5}$ m², $\frac{1}{20}$ m², $\frac{1}{25}$ m²

b) Gib in **ml** an: $\frac{1}{4}$ *l*, $\frac{1}{2}$ *l*, $\frac{1}{8}$ *l*, $1\frac{1}{2}$ *l*

c) Gib in ***l*** an: $\frac{1}{2}$ m³, $\frac{1}{10}$ m³, $\frac{1}{100}$ m³, $\frac{1}{20}$ m³

d) Gib in **cm³** an: $\frac{1}{2}$ dm³, $\frac{1}{4}$ dm³, $\frac{1}{5}$ dm³

9 Rechne wie im Beispiel in die nächstkleinere Einheit um.

$\frac{4}{5}$ km = 4 km : 5 = 4000 m : 5 = 800 m

a) $\frac{3}{10}$ t	b) $\frac{9}{10}$ dm²	c) $\frac{3}{5}$ hl	d) $\frac{3}{20}$ m³
$\frac{8}{20}$ t	$\frac{4}{25}$ dm²	$\frac{7}{20}$ hl	$\frac{17}{50}$ m³
$\frac{5}{4}$ t	$\frac{6}{5}$ dm²	$\frac{5}{4}$ hl	$\frac{8}{5}$ m³

10 Schreibe in einer kleineren Maßeinheit.

a) $3\frac{1}{2}$ m	b) $3\frac{1}{2}$ *l*	c) $2\frac{1}{3}$ h	d) $4\frac{1}{4}$ kg
e) $1\frac{3}{4}$ Jahr	f) $5\frac{1}{4}$ m²	g) $6\frac{2}{5}$ a	h) $7\frac{3}{4}$ ha
i) $2\frac{1}{6}$ h	k) $3\frac{5}{10}$ km	l) $4\frac{3}{5}$ m	m) $6\frac{2}{8}$ *l*
n) $3\frac{3}{4}$ kg	o) $8\frac{2}{3}$ min	p) $1\frac{4}{5}$ m²	q) $5\frac{4}{8}$ *l*

11 Bestimme im Kopf den Bruchteil.

a) 1 Stunde: 45 min, 20 min, 6 min
b) 1 Tag: 6 h, 3 h, 8 h, 18 h, 1 h
c) 1 Jahr: 4 Mon., 3 Mon., 1 Mon.
d) 1 t: 125 kg, 200 kg, 100 kg, 50 kg
e) 1 m²: 20 dm², 5 dm², 4 dm², 2 dm²

12 Zeichne die Skalen ins Heft und setze die Beschriftung fort.

a) 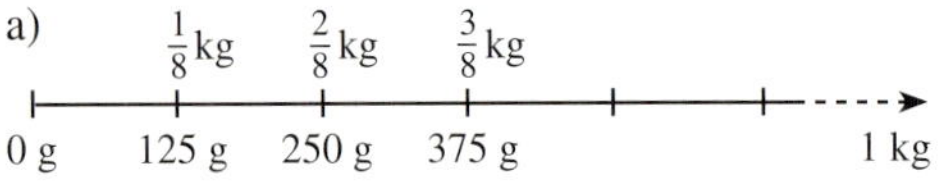

b) 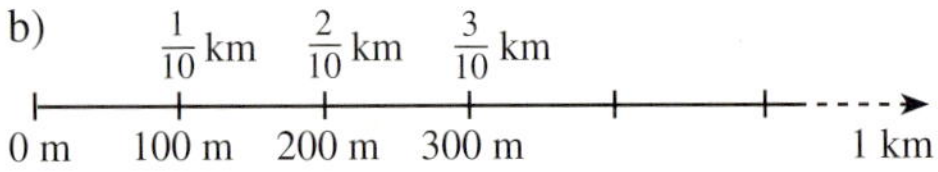

c) 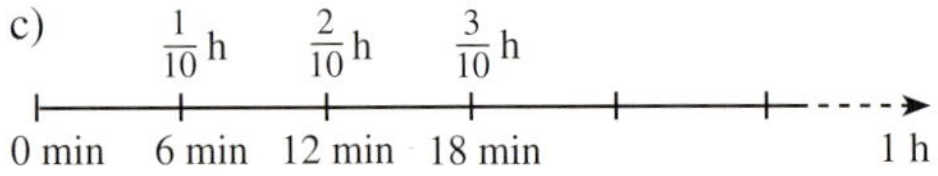

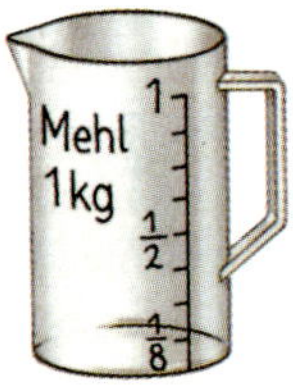

13 Bis zu welchem Messstrich wird der Messbecher jeweils gefüllt?

a) 250 g b) 500 g c) 1000 g
d) 750 g e) 125 g f) 375 g

14 Gib die gekennzeichneten Streckenlängen in einer kleineren Einheit an.

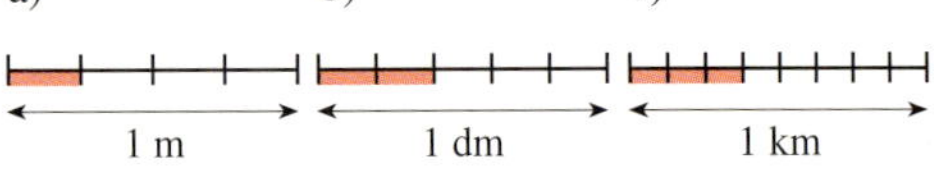

15 a) Zutaten für einen Gewürzkuchen:

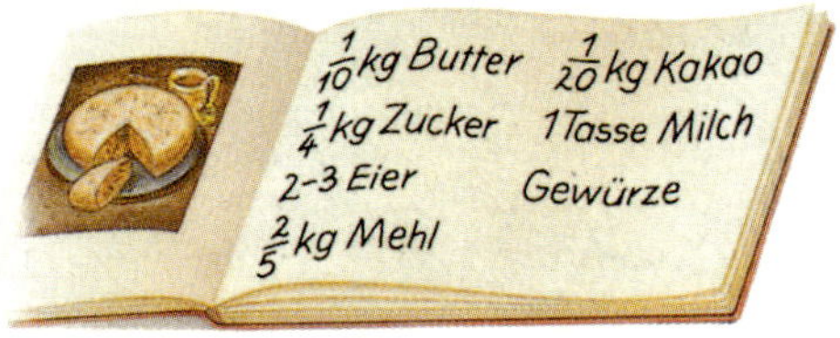

Die Küchenwaage zeigt nur Gramm an.
b) Rechne ebenso die Zutaten für einen Kirschkuchen um:

$\frac{1}{4}$ kg Mehl — $\frac{3}{4}$ kg Kirschen
$\frac{3}{40}$ kg Zucker — $\frac{1}{20}$ kg Fett
2 Eier — Zitronenschale

...von	24 m	72 g	144 cm
$\frac{1}{3}$			
$\frac{2}{3}$			
$\frac{1}{4}$			
$\frac{3}{4}$			
$\frac{1}{6}$			
$\frac{5}{6}$			
$\frac{1}{12}$			
$\frac{5}{12}$			
$\frac{7}{12}$			

Bruchteile von beliebigen Größen

16 Welcher Bruchteil der Fläche ist gefärbt? Wie groß ist der Bruchteil?

a) 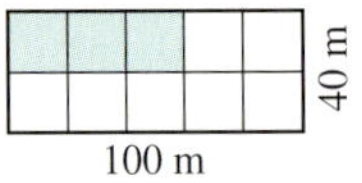

b) 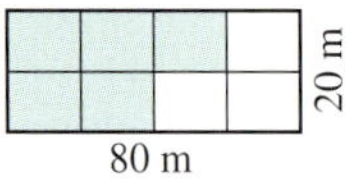

c) 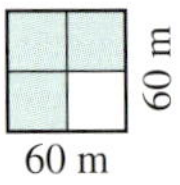

d) 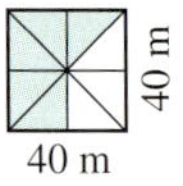

17 Berechne die Bruchteile wie im Beispiel.

$\frac{3}{4}$ von 80 m; 80 m : 4 = 20 m; 20 m · 3 = 60 m

a) $\frac{2}{5}$ von 30 s — b) $\frac{3}{4}$ von 24 kg
c) $\frac{1}{9}$ von 81 t — d) $\frac{5}{6}$ von 66 g
e) $\frac{3}{7}$ von 42 ml — f) $\frac{3}{8}$ von 120 m

18 Übertrage ins Heft und fülle aus.

a)

$\frac{3}{4}$ von	
60 min	□
240 g	□
160 cm	□

b)

$\frac{2}{3}$ von	
180 cm²	□
270 m³	□
480 €	□

c)

$\frac{5}{9}$ von	
54 s	□
18 ha	□
117 m	□

d)

$\frac{2}{13}$ von	
65 ha	□
91 km	□
143 *l*	□

19 Wandle vorher wie im Beispiel um.

$\frac{5}{8}$ von 4 cm = $\frac{5}{8}$ von 40 mm = 25 mm

a) $\frac{3}{8}$ von 4 kg — b) $\frac{7}{8}$ von 12 t
c) $\frac{4}{5}$ von 3 kg — d) $\frac{5}{6}$ von 3 m²
e) $\frac{1}{100}$ von 12 cm² — f) 12 % von 5 dm²

20

a) $\frac{3}{4}$ von 8,40 m — b) $\frac{2}{7}$ von 2,10 m
c) $\frac{2}{17}$ von 1,70 m — d) $\frac{6}{11}$ von 3,30 m

21 Berechne im Kopf das Ganze.

a) $\frac{1}{4}$ einer Tafel Schokolade wiegt 25 g.
b) $\frac{1}{5}$ eines Betrags sind 0,80 €.
c) $\frac{1}{8}$ einer Strecke beträgt 35 m.

22 Auf einem Grundstück stehen 96 Obstbäume.
a) Ein Drittel davon ist von Schädlingen befallen. Wie viele Bäume sind dies?
b) Ein weiteres Viertel hat Frostschäden. Wie viele Bäume sind noch gesund?

23 Petra hat von ihrem Opa 60 € zu Weihnachten erhalten. Davon spart sie $\frac{4}{5}$ für Skiferien. Wie viel € sind das?

Brüche als Quotienten
Unter 4 Personen lassen sich drei Schokoriegel gleichmäßig aufteilen, wenn jeder Riegel in 4 gleiche Stücke geteilt wird. Jede Person erhält $\frac{3}{4}$ von einem Riegel.
3 Ganze dividiert durch 4 ergibt $\frac{3}{4}$.

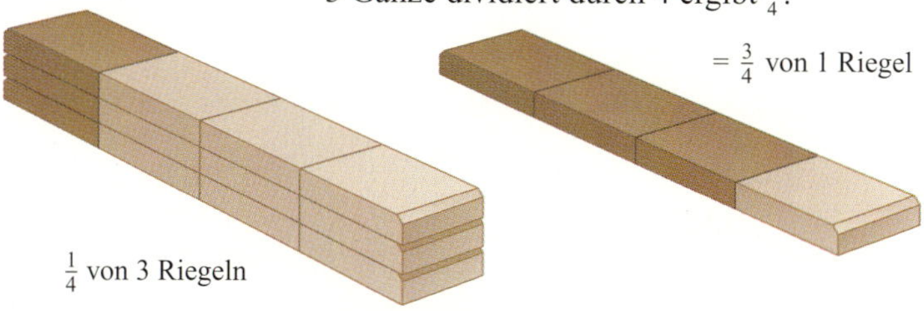

$\frac{1}{4}$ von 3 Riegeln $= \frac{3}{4}$ von 1 Riegel

24 Welche Brüche sind gemeint?
a) 3 : 5; 5 : 7; 7 : 9; 9 : 11; 11 : 13
b) 1 : 17; 1 : 103; 11 : 501; 37 : 1001

25 Gib in gemischter Schreibweise an.

a)	b)	c)	d)
7 : 3	13 : 4	25 : 7	50 : 11
8 : 3	16 : 5	31 : 13	60 : 13
10 : 3	19 : 6	37 : 19	70 : 17

26 Verwandle wie im Beispiel.
$2\frac{1}{5} = 2 + \frac{1}{5} = 10 : 5 + 1 : 5 = (10 + 1) : 5 = \frac{11}{5}$

a)	b)	c)	d)
$3\frac{1}{3}$	$1\frac{1}{10}$	$4\frac{2}{11}$	$5\frac{4}{13}$
$3\frac{1}{4}$	$3\frac{1}{10}$	$4\frac{2}{13}$	$6\frac{6}{15}$
$3\frac{1}{5}$	$4\frac{1}{10}$	$4\frac{2}{15}$	$10\frac{7}{13}$
$3\frac{1}{6}$	$5\frac{1}{10}$	$4\frac{2}{17}$	$11\frac{7}{11}$

27 In den fünf Zahlenreihen sind natürliche Zahlen versteckt. Suche sie heraus und addiere sie. Zur Kontrolle: Die Summe der gesuchten Zahlen beträgt 50.

$\frac{5}{4}$	$\frac{1}{2}$	$\frac{17}{15}$	$\frac{17}{20}$
$\frac{8}{4}$	$\frac{45}{15}$	$\frac{96}{12}$	$\frac{32}{8}$
$\frac{15}{5}$	$\frac{10}{9}$	$\frac{11}{12}$	$\frac{1}{1}$
$\frac{39}{13}$	$\frac{10}{10}$	$\frac{11}{12}$	$\frac{4}{2}$
$\frac{6}{1}$	$\frac{1}{7}$	$\frac{133}{19}$	$\frac{125}{15}$

28 Ordne die Brüche der unteren Reihe so, dass zusammengehörende Paare übereinander stehen. Die Buchstaben ergeben ein fast kugelrundes Lösungswort.

$2\frac{3}{7}$	$1\frac{1}{7}$	$1\frac{1}{4}$	$4\frac{2}{5}$	$1\frac{6}{7}$	$2\frac{1}{4}$	$2\frac{2}{5}$	$3\frac{3}{4}$

$\frac{15}{4}$	$\frac{9}{4}$	$\frac{17}{7}$	$\frac{12}{5}$	$\frac{22}{5}$	$\frac{13}{7}$	$\frac{8}{7}$	$\frac{5}{4}$
L	A	F	L	S	B	U	S

29 Ein trainierter Langstreckenläufer legt in zwei Stunden etwa 24 km zurück. Wie lange benötigt er für einen Kilometer? Gib das Ergebnis in Stundenbruchteilen und in Minuten an.

30 Acht Schatzgräber wollen 7 kg Silbermünzen gerecht unter sich aufteilen.
a) Wie viel kg bekommt jeder Einzelne?
b) Wie viel Gramm sind das?

INFO

Die römischen Brüche

Der Umgang mit Brüchen entwickelte sich bei den Römern aus ihren Gewichts- und Geldeinheiten.
Ein wichtiges Zahlungsmittel war die Münze 1 **As**. Den zwölften Teil eines As nannten die Römer **Unze**, die es als Münze allerdings nicht gab.

$\frac{1}{4}$ As

1 As = 12 Unzen
1 Unze = $\frac{1}{12}$ As

Brüche	$\frac{1}{12}$	$\frac{2}{12}$	$\frac{3}{12}$	$\frac{4}{12}$
röm. Brüche	Unze	$\frac{1}{6}$ As	$\frac{1}{4}$ As	$\frac{1}{3}$ As

Bis 1971 bestand die Zwölferordnung in der englischen Währung (1 Schilling = 12 Pence), aber auch in unserer Dutzendrechnung (1 Dutzend = 12 Stück, 12 Dutzend = 1 Gros) taucht diese Einteilung noch auf.

Erweitern, Kürzen und Ordnen von Brüchen

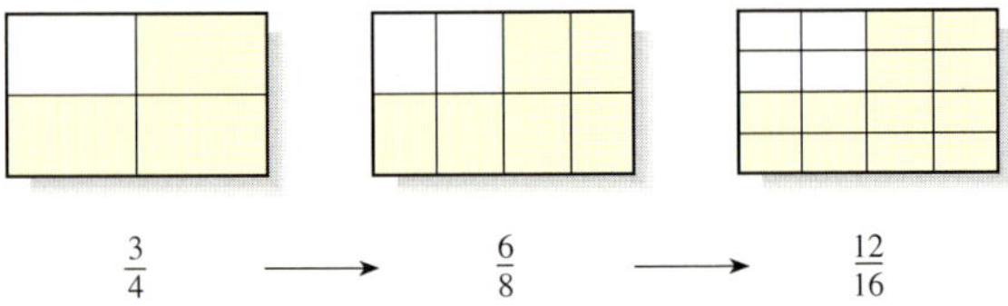

Falte ein DIN-A5-Blatt zweimal und färbe drei Viertel der Fläche ein. Wenn du wie oben abgebildet weiter faltest, werden aus der gefärbten Fläche $\frac{6}{8}$ bzw. $\frac{12}{16}$ des Blattes, ohne dass sich seine Größe verändert – es sind nur andere Unterteilungen.

Erweitern von Brüchen

Beim Erweitern eines Bruches werden Zähler und Nenner mit derselben Zahl multipliziert. Der Wert des Bruches wird dabei nicht verändert.

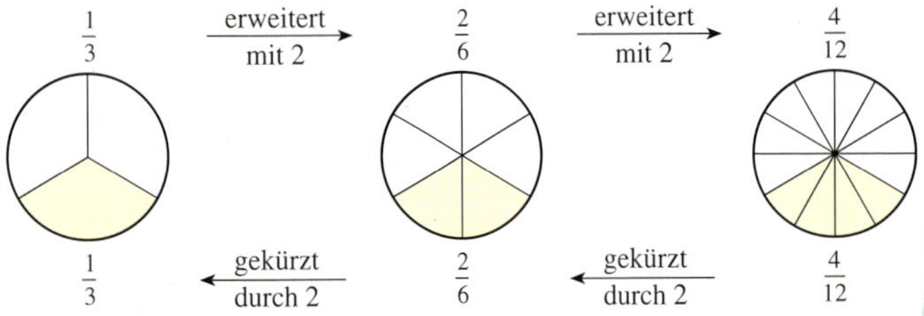

Kürzen von Brüchen

Beim Kürzen eines Bruches werden Zähler und Nenner durch dieselbe Zahl dividiert. Auch hierbei wird der Wert des Bruches nicht verändert.

Ordnen und Vergleichen von Brüchen

Brüche kann man mit Hilfe ihrer Zähler der Größe nach vergleichen, wenn sie gleiche Nenner haben. Dann gilt:
Der Bruch mit dem kleineren Zähler hat den kleineren Wert.

Beispiel: $\frac{5}{7}; \frac{6}{7} \Rightarrow \frac{5}{7} < \frac{6}{7}$

Bei ungleichen Nennern muss man die Brüche durch Kürzen oder Erweitern gleichnamig machen – dann erst kann man sie direkt vergleichen.

Beispiel: $\frac{5}{9}; \frac{2}{3} \Rightarrow$ 1. Schritt: $\frac{2}{3} \overset{\cdot 3}{=} \frac{6}{9}$

2. Schritt: $\frac{5}{9} < \frac{6}{9}$

also: $\frac{5}{9} < \frac{2}{3}$

gleichwertige Brüche

$\frac{3}{4} = \frac{3\cdot 2}{4\cdot 2} = \frac{6}{8} = \frac{6\cdot 2}{8\cdot 2} = \frac{12}{16}$

$\frac{2}{5}$ erweitert mit 3:

$\frac{2}{5} = \frac{2\cdot 3}{5\cdot 3} = \frac{6}{15}$ oder kurz: $\frac{2}{5} \overset{\cdot 3}{=} \frac{6}{15}$

$\frac{2}{3} = \frac{2\cdot 4}{3\cdot 4} = \frac{8}{12}$ $\qquad \frac{1}{4} = \frac{1\cdot 3}{4\cdot 3} = \frac{3}{12}$

Brüche mit gleichem Nenner heißen gleichnamig.

Durch Erweitern kann man Brüche gleichnamig machen.

$\frac{6}{15}$ gekürzt durch 3:

$\frac{6}{15} = \frac{6:3}{15:3} = \frac{2}{5}$ oder kurz: $\frac{6}{15} \underset{:3}{=} \frac{2}{5}$

$\frac{9}{12} = \frac{9:3}{12:3} = \frac{3}{4}$ $\qquad \frac{2}{8} = \frac{2:2}{8:2} = \frac{1}{4}$

Auch durch Kürzen kann man Brüche gleichnamig machen.

Beachte beim Gleichnamigmachen der Nenn

① $\frac{1}{3}; \frac{2}{9}$ Einer der beiden Nenner ist ein Vielfaches des anderen.

$\frac{3}{9} > \frac{2}{9}$ Der gemeinsame Nenner ist 9.

② $\frac{1}{2}; \frac{2}{3}$ Hier bildet man das Produkt aus beiden Nennern.

$\frac{3}{6} < \frac{4}{6}$ Der gemeinsame Nenner ist $2\cdot 3 =$

③ $\frac{5}{6}; \frac{3}{4}$ Hier sucht man das kleinste gemeinsame Vielfache von 4 und

$\frac{10}{12} > \frac{9}{12}$ Der gemeinsame Nenner ist 12.

⇒ 4	6
8	12
12	18
16	⋮
⋮	

erweitere mit	2	5	7	12	15
$\frac{2}{7}$					
$\frac{3}{8}$					
$\frac{5}{9}$					
$\frac{4}{11}$					
$\frac{3}{20}$					
$\frac{7}{30}$					
$\frac{4}{25}$					

Erweitern

1 a) Wie viele Viertel, Sechstel sind $\frac{1}{2}$?
b) Wie viele Sechstel, Neuntel sind $\frac{1}{3}$?
c) Wie viele Achtel, Sechzehntel sind $\frac{1}{4}$?
d) Wie viele Zehntel, Zwanzigstel sind $\frac{1}{5}$?
e) Wie viele Hundertstel und Tausendstel sind $\frac{1}{10}$?

2 Mit welcher Zahl wurde erweitert?
Beispiel: $\frac{2}{5} = \frac{6}{15} = \frac{2 \cdot 3}{5 \cdot 3}$. Mit 3.

a) $\frac{2}{3} = \frac{6}{9}$ b) $\frac{2}{5} = \frac{8}{20}$ c) $\frac{4}{7} = \frac{16}{28}$
d) $\frac{5}{6} = \frac{15}{18}$ e) $\frac{3}{8} = \frac{18}{48}$ f) $\frac{7}{10} = \frac{35}{50}$
g) $\frac{8}{9} = \frac{56}{63}$ h) $\frac{5}{12} = \frac{40}{96}$ i) $\frac{6}{13} = \frac{42}{91}$

3 Erweitere und bestimme die fehlende Zahl.

a) $\frac{2}{3} = \frac{\square}{9}$; $\frac{3}{4} = \frac{\square}{16}$ b) $\frac{3}{5} = \frac{\square}{20}$; $\frac{5}{7} = \frac{\square}{49}$ c) $\frac{7}{9} = \frac{\square}{72}$; $\frac{9}{10} = \frac{\square}{90}$
d) $\frac{2}{5} = \frac{10}{\square}$; $\frac{3}{8} = \frac{24}{\square}$ e) $\frac{4}{9} = \frac{24}{\square}$; $\frac{6}{11} = \frac{54}{\square}$ f) $\frac{7}{12} = \frac{84}{\square}$; $\frac{8}{15} = \frac{96}{\square}$

4 Erweitere auf den angegebenen Nenner.
a) 10: $\frac{1}{2}$, $\frac{1}{5}$, $\frac{3}{5}$, $\frac{5}{5}$, $\frac{6}{5}$, $\frac{11}{5}$
b) 20: $\frac{1}{2}$, $\frac{1}{4}$, $\frac{2}{5}$, $\frac{4}{10}$, $\frac{13}{10}$, $\frac{19}{10}$
c) 100: $\frac{1}{50}$, $\frac{3}{10}$, $\frac{7}{20}$, $\frac{9}{25}$, $\frac{4}{5}$, $\frac{3}{4}$

5 Ergänze die fehlenden Zähler und Nenner.
Beispiel: $\frac{3}{4} = \frac{\square}{12} = \frac{12}{\triangle}$; $\frac{3}{4} = \frac{9}{12}$ und $\frac{3}{4} = \frac{12}{16}$

a) $\frac{8}{12} = \frac{\square}{36} = \frac{48}{\triangle}$ b) $\frac{\triangle}{6} = \frac{15}{18} = \frac{60}{\square}$
c) $\frac{28}{\triangle} = \frac{\square}{81} = \frac{4}{9}$ d) $\frac{32}{48} = \frac{4}{\square} = \frac{\triangle}{12}$
e) $\frac{\square}{5} = \frac{21}{35} = \frac{63}{\triangle}$ f) $\frac{\square}{64} = \frac{\triangle}{16} = \frac{54}{96}$

6 Erweitere auf einen gemeinsamen Nenner. Gib jeweils drei Lösungen an.
a) $\frac{1}{2}$ und $\frac{1}{4}$; $\frac{1}{4}$ und $\frac{1}{8}$ b) $\frac{2}{3}$ und $\frac{2}{9}$; $\frac{2}{3}$ und $\frac{5}{12}$ c) $\frac{3}{4}$ und $\frac{7}{12}$; $\frac{3}{5}$ und $\frac{9}{20}$

7 Erweitere auf den kleinsten gemeinsamen Nenner.
a) $\frac{1}{2}$ und $\frac{1}{3}$; $\frac{1}{3}$ und $\frac{1}{4}$; $\frac{1}{4}$ und $\frac{1}{5}$
b) $\frac{1}{5}$ und $\frac{1}{6}$; $\frac{5}{6}$ und $\frac{1}{7}$; $\frac{3}{7}$ und $\frac{1}{8}$
c) $\frac{3}{4}$ und $\frac{4}{7}$; $\frac{5}{9}$ und $\frac{3}{10}$; $\frac{4}{9}$ und $\frac{6}{11}$

8 Erweitere wie in Aufgabe 7.
a) $\frac{3}{4}$ und $\frac{1}{6}$; $\frac{3}{4}$ und $\frac{3}{10}$; $\frac{3}{4}$ und $\frac{5}{18}$
b) $\frac{5}{6}$ und $\frac{1}{9}$; $\frac{1}{6}$ und $\frac{2}{15}$; $\frac{3}{8}$ und $\frac{7}{20}$
c) $\frac{1}{15}$ und $\frac{7}{10}$; $\frac{5}{12}$ und $\frac{7}{8}$; $\frac{2}{15}$ und $\frac{9}{20}$

9 Zeichne die „Bruchbuden" ins Heft und ergänze.

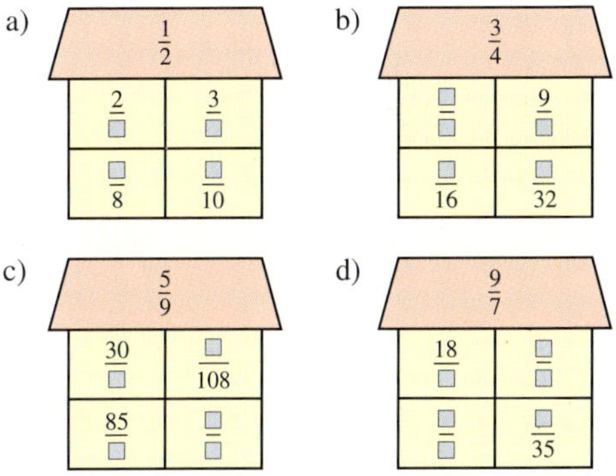

e) Zu welcher „Bruchbude" gehören die Brüche $\frac{15}{20}$, $\frac{15}{27}$, $\frac{45}{60}$, $\frac{45}{81}$, $\frac{45}{90}$, $\frac{27}{36}$, $\frac{63}{49}$, $\frac{10}{20}$, $\frac{99}{77}$, $\frac{57}{76}$?

ZUM SPIELEN

Ein Würfelspiel zum Erweitern
Die nacheinander gewürfelten Augenzahlen geben zuerst den Zähler und dann den Nenner an. Mit der Zahl des dritten Würfels soll der Bruch anschließend erweitert werden.

Beispiel:

$\frac{2 \cdot 5}{3 \cdot 5} = \frac{10}{15}$

kürze wenn möglich mit

	2	3	4	5	6
$\frac{24}{48}$					
$\frac{30}{90}$					
$\frac{60}{72}$					
$\frac{90}{120}$					
$\frac{84}{144}$					
$\frac{100}{150}$					
$\frac{240}{360}$					

Kürzen

10 Kürze die Brüche

a) mit 2: $\frac{4}{10}$, $\frac{8}{10}$, $\frac{6}{14}$, $\frac{10}{16}$, $\frac{10}{18}$

b) mit 3: $\frac{3}{9}$, $\frac{6}{15}$, $\frac{9}{12}$, $\frac{3}{24}$, $\frac{15}{21}$

c) mit 5: $\frac{5}{15}$, $\frac{10}{15}$, $\frac{15}{25}$, $\frac{20}{35}$, $\frac{25}{45}$.

11 Ergänze die fehlenden Zähler.

a) $\frac{21}{27} = \frac{\square}{9}$; $\frac{24}{36} = \frac{\square}{9}$ b) $\frac{15}{25} = \frac{\square}{5}$; $\frac{36}{60} = \frac{\square}{5}$ c) $\frac{16}{64} = \frac{\square}{16}$; $\frac{24}{72} = \frac{\square}{24}$

12 Bestimme das Lösungswort.

a) $\frac{18}{20} = \frac{9}{\square}$; $\frac{15}{18} = \frac{5}{\square}$; $\frac{16}{24} = \frac{2}{\square}$ b) $\frac{18}{24} = \frac{3}{\square}$; $\frac{25}{45} = \frac{5}{\square}$; $\frac{36}{60} = \frac{3}{\square}$ c) $\frac{48}{90} = \frac{8}{\square}$; $\frac{42}{91} = \frac{6}{\square}$; $\frac{63}{39} = \frac{21}{\square}$

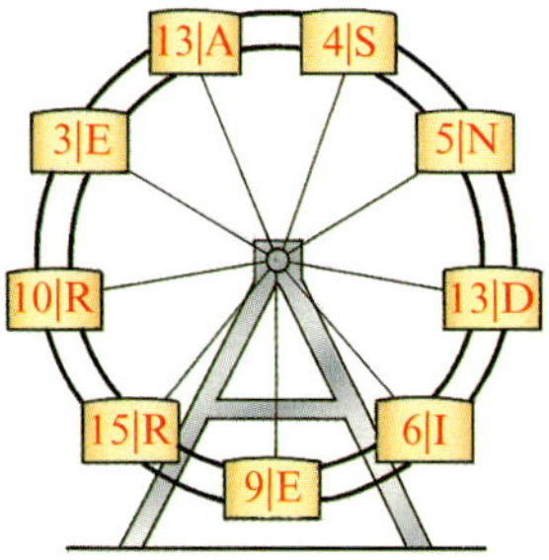

13 Zeige, dass die Brüche jeweils gleich sind.

a) $\frac{10}{15}$ und $\frac{14}{21}$ b) $\frac{9}{12}$ und $\frac{15}{20}$ c) $\frac{16}{20}$ und $\frac{28}{35}$

d) $\frac{10}{16}$ und $\frac{25}{40}$ e) $\frac{12}{28}$ und $\frac{18}{42}$ f) $\frac{3}{4}$ und $\frac{75}{100}$

14 Die Tabelle zeigt, wie die Kinder der Klassen 6a und 6b zur Schule kommen. Berechne die Anteile und gib sie in vollständig gekürzten Brüchen an.
Beispiel: 10 von 32 Schülerinnen und Schülern der 6a fahren mit dem Rad: $\frac{10}{32} \underset{:2}{=} \frac{5}{16}$.

6a	16	10	6
6b	2	14	12

15 Mit welcher Zahl wurde gekürzt?

Beispiel: $\frac{9}{12} = \frac{9:3}{12:3} = \frac{3}{4}$.

a) $\frac{10}{22} = \frac{5}{11}$; $\frac{9}{12} = \frac{3}{4}$; $\frac{10}{25} = \frac{2}{5}$ b) $\frac{18}{20} = \frac{9}{10}$; $\frac{15}{33} = \frac{5}{11}$; $\frac{30}{55} = \frac{6}{11}$ c) $\frac{16}{28} = \frac{4}{7}$; $\frac{18}{42} = \frac{3}{7}$; $\frac{30}{45} = \frac{2}{3}$

16 Kürze so weit wie möglich.

Beispiel: $\frac{12}{16} \underset{:2}{=} \frac{6}{8} \underset{:2}{=} \frac{3}{4}$

a) $\frac{8}{10}$, $\frac{9}{21}$, $\frac{6}{25}$, $\frac{10}{30}$, $\frac{12}{36}$

b) $\frac{24}{48}$, $\frac{18}{72}$, $\frac{15}{65}$, $\frac{21}{49}$, $\frac{36}{54}$

c) $\frac{81}{90}$, $\frac{72}{120}$, $\frac{12}{62}$, $\frac{14}{84}$, $\frac{13}{65}$

d) $\frac{45}{30}$, $\frac{84}{48}$, $\frac{90}{36}$, $\frac{72}{27}$, $\frac{96}{84}$

e) $2\frac{2}{4}$, $1\frac{2}{8}$, $1\frac{6}{9}$, $3\frac{2}{10}$

f) $\frac{11}{6}$, $\frac{8}{2}$, $\frac{13}{3}$, $\frac{14}{4}$, $\frac{12}{12}$

17 Gib jeweils fünf verschiedene Brüche mit dem Nenner 30 an, die sich

a) nicht mehr kürzen lassen,
b) nur mit 2 kürzen lassen,
c) nur mit 3 kürzen lassen,
d) nur mit 3 oder 5 kürzen lassen,
e) nur mit 3 und 5 kürzen lassen.

18

Die Klasse 6c wählt ihre Klassensprecher. Jedes der 24 Kinder hat zwei Stimmen zu vergeben.
Das Ergebnis der Wahl steht an der Tafel.
Berechne den Stimmenanteil von Karin, Bernd, Rolf und Stefanie an der Gesamtstimmenzahl.
Gib die Ergebnisse auch als gekürzte Brüche an.

Ordnen und Vergleichen

19 Vergleiche die Brüche ihrer Größe nach.

a) $\frac{2}{4}$ und $\frac{3}{4}$ b) $\frac{4}{7}$ und $\frac{5}{7}$ c) $\frac{5}{3}$ und $\frac{8}{3}$

$\frac{3}{5}$ und $\frac{4}{5}$ $\frac{5}{9}$ und $\frac{4}{9}$ $\frac{5}{4}$ und $\frac{7}{4}$

20 Setze > oder < im Heft passend ein.

a) $\frac{2}{3} \square \frac{5}{6}$ b) $\frac{5}{6} \square \frac{13}{18}$ c) $\frac{4}{5} \square \frac{17}{20}$

$\frac{3}{4} \square \frac{5}{8}$ $\frac{11}{12} \square \frac{2}{3}$ $\frac{11}{27} \square \frac{5}{9}$

21 Gib den nächstkleineren und den nächstgrößeren Bruch mit dem gleichen Nenner an.

a) $\frac{2}{3}$ b) $\frac{3}{7}$ c) $\frac{5}{12}$ d) $\frac{7}{15}$ e) $\frac{11}{9}$

22 Bestimme die fehlende Zahl. Wo gibt es mehrere Möglichkeiten?

a) $\frac{5}{13} < \frac{\square}{13} < \frac{7}{13}$ b) $\frac{5}{9} < \frac{\square}{9} < \frac{8}{9}$

c) $\frac{5}{12} < \frac{\square}{12} < \frac{11}{12}$ d) $\frac{6}{11} < \frac{\square}{11} < \frac{9}{11}$

e) $\frac{11}{15} < \frac{\square}{15} < \frac{15}{15}$ f) $\frac{13}{10} < \frac{\square}{10} < \frac{17}{10}$

23 Setze > oder < im Heft passend ein.

a) $\frac{2}{3} \square \frac{3}{4}$ b) $\frac{3}{8} \square \frac{4}{9}$ c) $\frac{5}{9} \square \frac{11}{15}$

$\frac{3}{5} \square \frac{4}{7}$ $\frac{6}{11} \square \frac{5}{9}$ $\frac{3}{10} \square \frac{7}{25}$

$\frac{5}{6} \square \frac{6}{7}$ $\frac{9}{10} \square \frac{11}{12}$ $\frac{9}{16} \square \frac{15}{24}$

24 Ordne die Brüche nach ihrer Größe, beginne mit dem kleinsten Bruch.

a) $\frac{7}{25}, \frac{21}{100}, \frac{13}{20}, \frac{9}{10}$ b) $\frac{4}{21}, \frac{28}{63}, \frac{1}{3}, \frac{4}{7}$

c) $\frac{2}{3}, \frac{1}{6}, \frac{2}{9}, \frac{3}{10}$ d) $\frac{4}{5}, \frac{5}{7}, \frac{11}{14}, \frac{3}{4}$

25 Ordne die zählergleichen Brüche.

a) $\frac{1}{9}, \frac{1}{4}, \frac{1}{3}, \frac{1}{2}, \frac{1}{7}, \frac{1}{10}$ b) $\frac{1}{3}, \frac{1}{11}, \frac{1}{7}, \frac{1}{8}, \frac{1}{5}, \frac{1}{6}$

c) $\frac{2}{3}, \frac{2}{7}, \frac{2}{13}, \frac{2}{5}, \frac{2}{9}, \frac{2}{11}$ d) $\frac{9}{4}, \frac{9}{5}, \frac{9}{2}, \frac{9}{11}, \frac{9}{7}, \frac{9}{13}$

26 Kürze die Brüche vollständig und vergleiche.

a) $\frac{4}{8}, \frac{9}{27}$ b) $\frac{10}{40}, \frac{20}{50}$ c) $\frac{6}{8}, \frac{30}{48}$

d) $\frac{15}{30}, \frac{63}{108}$ e) $\frac{12}{18}, \frac{9}{135}$ f) $\frac{16}{40}, \frac{75}{105}$

27 Auf einem Jahrmarkt werben drei Losbuden um Käuferinnen und Käufer. Bei welcher Bude sind die Gewinnchancen am größten, bei welcher am geringsten?

Lose von Familie Glück: Jedes dritte Los gewinnt!

Sensation, Sensation: auf 50 Lose 17 Gewinne!!

Hier hat jeder eine Chance: 3 Gewinne bei 10 Losen!

ZUM KNOBELN

Streichholzknobeleien

Aus sieben Streichhölzern ist der Bruch $\frac{1}{7}$ gelegt. Lege ein Streichholz so um, dass der Bruch den Wert $\frac{1}{3}$ hat.

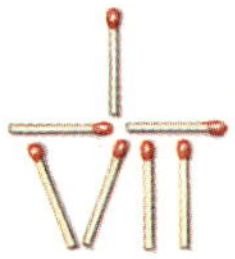

Wie kannst du durch Umlegen aus 5 Streichhölzern den Bruch ein Viertel legen?

Kannst du durch Umlegen von nur einem Streichholz den Bruch verkleinern?

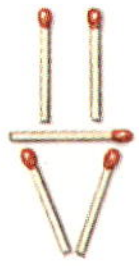

Der Wert eines Bruches beträgt $\frac{2}{5}$. Findest du eine weitere Darstellung mit nur einem Streichholz mehr?

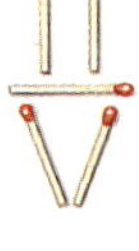

Wie kannst du durch Umlegen eines Streichholzes den Wert dieses Bruches verdoppeln?

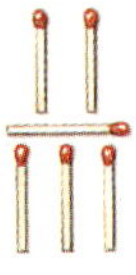

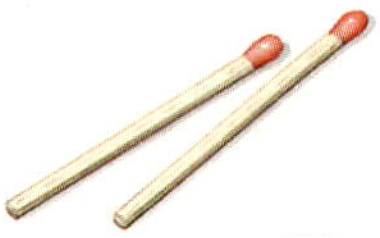

Addieren und Subtrahieren von Brüchen

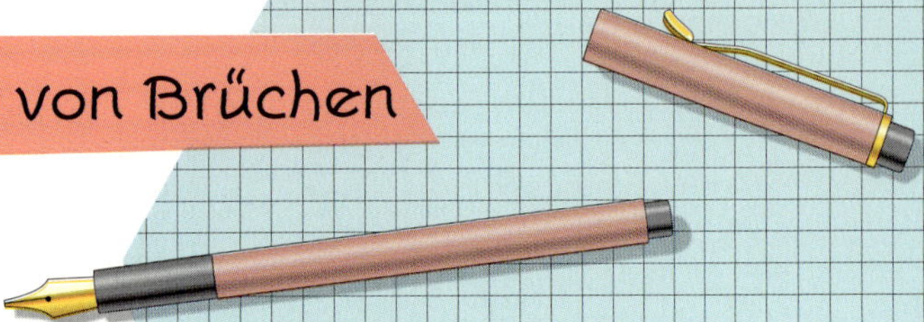

Bei einer Geburtstagsfeier sind ein Stück Obsttorte, zwei Stücke Käsetorte und vier Stücke Nusstorte übrig geblieben. Alle Torten waren in 12 gleich große Stücke geteilt. Welcher Bruchteil einer ganzen Torte ist übrig geblieben, wenn man alle restlichen Stücke auf eine Platte stellt?

Addition und Subtraktion gleichnamiger Brüche

Gleichnamige Brüche werden **addiert**, indem man ihre Zähler addiert und den gemeinsamen Nenner unverändert lässt.

Gleichnamige Brüche werden **subtrahiert**, indem man ihre Zähler subtrahiert und den gemeinsamen Nenner unverändert lässt.

$\frac{3}{8} \quad + \quad \frac{4}{8} \quad = \quad \frac{7}{8}$

Addition

$\frac{3}{8} + \frac{4}{8} = \frac{3+4}{8} = \frac{7}{8}$

Subtraktion

$\frac{7}{8} - \frac{4}{8} = \frac{7-4}{8} = \frac{3}{8}$

Addition und Subtraktion ungleichnamiger Brüche

Um Brüche mit verschiedenen Nennern zu addieren oder subtrahieren, muss man sie zuerst gleichnamig machen. Dafür bestimmt man zunächst einen gemeinsamen Nenner. Man addiert oder subtrahiert ungleichnamige Brüche in drei

Schritten: Beispiel: $\frac{1}{4} + \frac{3}{10}$

1. gemeinsamen Nenner bestimmen: 20
   (ein gemeinsames Vielfaches von 4 und 10)
2. Brüche gleichnamig machen: $\frac{1 \cdot 5}{4 \cdot 5} + \frac{3 \cdot 2}{10 \cdot 2} = \frac{5}{20} + \frac{6}{20}$
3. die nun gleichnamigen Brüche addieren oder subtrahieren: $\frac{5+6}{20} = \frac{11}{20}$

$\frac{2}{12} + \frac{4}{12} + \frac{1}{12} = \frac{7}{12}$

$\frac{7}{12}$ einer ganzen Torte sind übrig geblieben.

Beachte:

- Haben im Ergebnis Zähler und Nenner gemeinsame Teiler, kannst du kürzen:

  $\frac{1}{8} + \frac{3}{8} = \frac{4}{8} \underset{:4}{=} \frac{1}{2}$

- Ist der Zähler größer als der Nenner, kannst du das Ergebnis in gemischter Schreibweise angeben:

  $\frac{10}{13} + \frac{9}{13} = \frac{19}{13} = \frac{13}{13} + \frac{6}{13} = 1\frac{6}{13}$

Tipp:

So findet man gemeinsame Vielfache von 4 und 10:

„4er-Reihe": 4, 8, 12, 16, (20), 24, ...

„10er-Reihe": 10, (20), 30, 40, ...

Der gemeinsame Nenner ist also 20.

1 Rechne im Kopf.

a) $\frac{2}{5}+\frac{1}{5}$ $\frac{2}{8}+\frac{5}{8}$ $\frac{1}{9}+\frac{7}{9}$

b) $\frac{1}{10}+\frac{2}{10}$ $\frac{2}{7}+\frac{3}{7}$ $\frac{7}{12}+\frac{4}{12}$

c) $\frac{5}{11}+\frac{5}{11}$ $\frac{8}{15}+\frac{6}{15}$ $\frac{11}{20}+\frac{9}{20}$

2 Rechne im Kopf.

a) $\frac{3}{4}-\frac{1}{4}$ $\frac{4}{5}-\frac{3}{5}$ $\frac{6}{7}-\frac{5}{7}$

b) $\frac{6}{8}-\frac{1}{8}$ $\frac{7}{9}-\frac{5}{9}$ $\frac{7}{10}-\frac{4}{10}$

c) $\frac{10}{12}-\frac{9}{12}$ $\frac{9}{11}-\frac{6}{11}$ $\frac{11}{15}-\frac{7}{15}$

3 Schreibe zu jeder Abbildung die zugehörige Additionsaufgabe und das Ergebnis.

a)
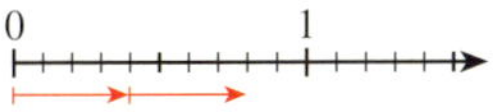

b)
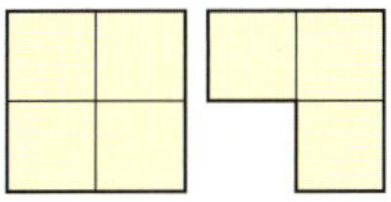

c)
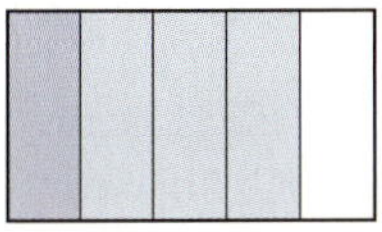

d)
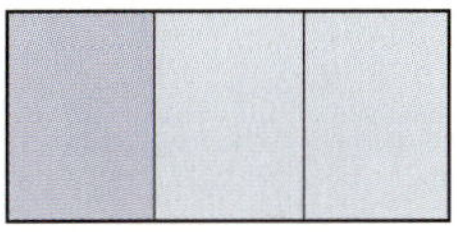

e)
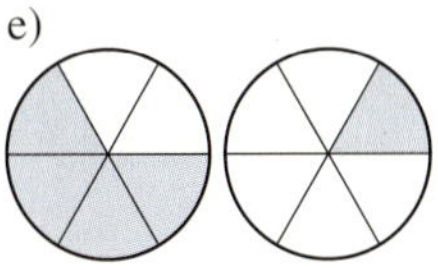

f)
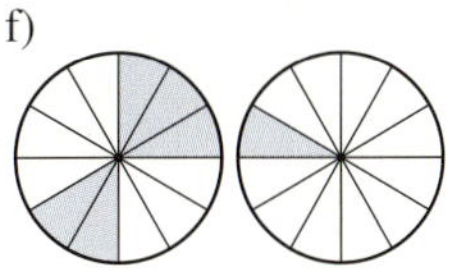

4 Berechne.

a) $\frac{5}{14}+\frac{3}{14}$ $\frac{11}{18}+\frac{5}{18}$ $\frac{12}{19}-\frac{6}{19}$

b) $\frac{7}{25}+\frac{12}{25}$ $\frac{19}{30}+\frac{9}{30}$ $\frac{29}{40}-\frac{17}{40}$

c) $\frac{11}{48}+\frac{23}{48}$ $\frac{62}{85}-\frac{47}{85}$ $\frac{88}{100}-\frac{59}{100}$

5 Flipp, der Zahlenfloh, springt vorwärts und rückwärts. Nenne je 7 Landeplätze.

a)
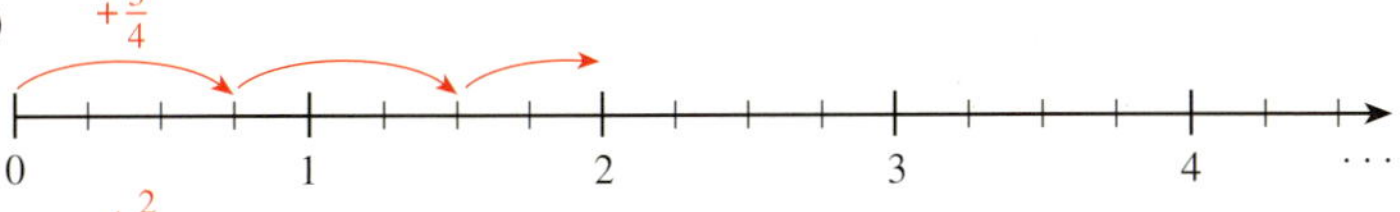

b)
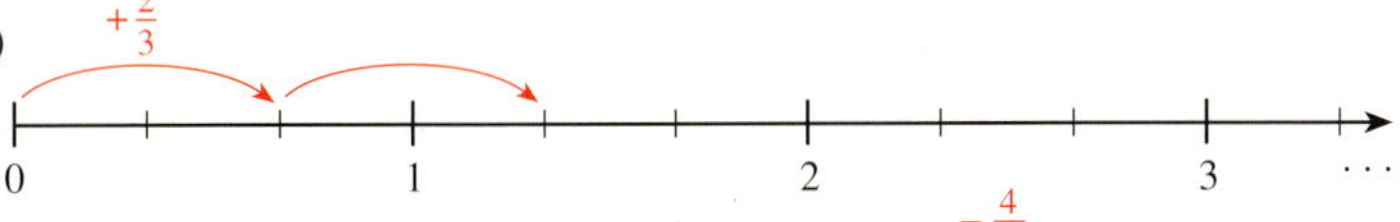

c)
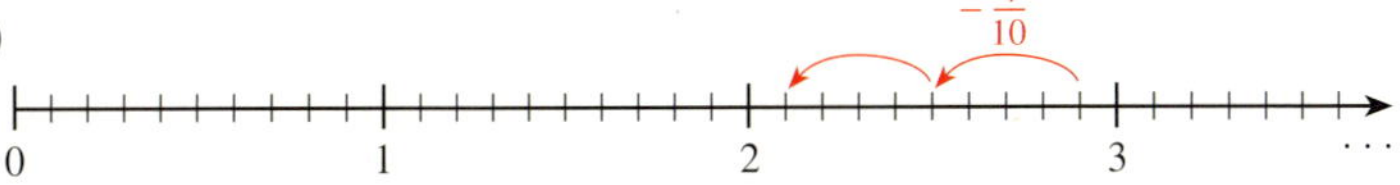

6 Rechne und kürze.

a) $\frac{1}{6}+\frac{2}{6}$ $\frac{2}{10}+\frac{3}{10}$ $\frac{4}{9}+\frac{2}{9}$

b) $\frac{1}{8}+\frac{5}{8}$ $\frac{7}{12}+\frac{1}{12}$ $\frac{3}{16}+\frac{9}{16}$

c) $\frac{5}{12}-\frac{1}{12}$ $\frac{13}{15}-\frac{8}{15}$ $\frac{19}{20}-\frac{3}{20}$

d) $\frac{16}{25}-\frac{11}{25}$ $\frac{39}{40}-\frac{3}{40}$ $\frac{44}{45}-\frac{17}{45}$

e) $\frac{19}{50}+\frac{21}{50}$ $\frac{71}{84}-\frac{15}{84}$ $\frac{27}{64}+\frac{37}{64}$

f) $\frac{73}{100}-\frac{37}{100}$ $\frac{55}{96}+\frac{29}{96}$ $\frac{131}{144}-\frac{23}{144}$

7 Berechne die Summe und gib das Ergebnis in gemischter Schreibweise an.

a) $\frac{2}{3}+\frac{2}{3}$ $\frac{4}{7}+\frac{4}{7}$

b) $\frac{4}{9}+\frac{7}{9}$ $\frac{8}{11}+\frac{6}{11}$

c) $\frac{8}{13}+\frac{11}{13}$ $\frac{18}{29}+\frac{19}{29}$

8 Addiere und gib das Ergebnis in gemischter Schreibweise an.

a) $\frac{3}{4}+\frac{2}{4}$ $\frac{7}{8}+\frac{3}{8}$

b) $\frac{3}{10}+\frac{9}{10}$ $\frac{7}{12}+\frac{11}{12}$

c) $\frac{18}{25}+\frac{17}{25}$ $\frac{41}{64}+\frac{39}{64}$

9 Schreibe in dein Heft und ergänze.

a) $\frac{\square}{14}+\frac{3}{14}=\frac{9}{14}$

b) $\frac{6}{17}+\frac{5}{\square}=\frac{11}{17}$

c) $\frac{4}{15}+\frac{\square}{15}=\frac{11}{15}$

d) $\frac{\square}{27}+\frac{5}{27}=\frac{22}{27}$

10 Addiere die gemischten Zahlen.

Beispiel: $2\frac{5}{8}+1\frac{7}{8}=2+\frac{5}{8}+1+\frac{7}{8}$
$=3+\frac{12}{8}$
$=3+1+\frac{4}{8}=4\frac{4}{8}=4\frac{1}{2}$

a) $1\frac{1}{5}+1\frac{3}{5}$

b) $2\frac{2}{7}+3\frac{4}{7}$

c) $3\frac{1}{4}+2\frac{3}{4}$

d) $5\frac{7}{10}+4\frac{3}{10}$

11 Subtrahiere die gemischten Zahlen. Manchmal musst du zuvor ein Ganzes umwandeln.

Beispiel:

$3\frac{1}{5}-1\frac{4}{5}=\left(2+\frac{5}{5}+\frac{1}{5}\right)-1\frac{4}{5}=2\frac{6}{5}-1\frac{4}{5}=1\frac{2}{5}$

a) $2\frac{3}{4}-1\frac{1}{4}$

b) $4\frac{3}{10}-1\frac{1}{10}$

c) $4\frac{1}{5}-2\frac{2}{5}$

d) $3\frac{1}{6}-1\frac{5}{6}$

e) $3\frac{1}{8}-2\frac{3}{8}$

f) $4\frac{5}{6}-3\frac{5}{6}$

12 Addiere im Kopf.

a) $\frac{1}{2}+\frac{1}{4}$ b) $\frac{1}{3}+\frac{1}{6}$ c) $\frac{1}{4}+\frac{1}{12}$
$\frac{1}{2}+\frac{1}{6}$ $\frac{1}{4}+\frac{1}{8}$ $\frac{1}{2}+\frac{1}{10}$
d) $\frac{1}{6}+\frac{7}{12}$ e) $\frac{2}{3}+\frac{2}{9}$ f) $\frac{2}{5}+\frac{1}{15}$
$\frac{5}{14}+\frac{4}{7}$ $\frac{5}{12}+\frac{1}{3}$ $\frac{2}{15}+\frac{2}{3}$

13 Subtrahiere im Kopf.

a) $\frac{1}{2}-\frac{1}{4}$ b) $\frac{1}{4}-\frac{1}{8}$ c) $\frac{10}{12}-\frac{1}{3}$
$\frac{1}{3}-\frac{1}{6}$ $\frac{1}{3}-\frac{1}{9}$ $\frac{7}{8}-\frac{1}{2}$
d) $\frac{3}{8}-\frac{1}{4}$ e) $\frac{5}{6}-\frac{2}{3}$ f) $\frac{15}{16}-\frac{5}{8}$
$\frac{7}{12}-\frac{1}{4}$ $\frac{11}{15}-\frac{3}{5}$ $\frac{11}{12}-\frac{2}{3}$

?

$\frac{2}{3}$ einer Tafel Schokolade sind $\frac{1}{2}$ Tafel und 2 Stückchen. Wie viele Stückchen hat die Tafel?

14 Addiere und kürze wenn möglich.

a) $\frac{1}{3}+\frac{1}{6}$ b) $\frac{1}{8}+\frac{1}{6}$ c) $\frac{1}{4}+\frac{2}{5}$
$\frac{1}{6}+\frac{1}{4}$ $\frac{1}{5}+\frac{1}{20}$ $\frac{1}{6}+\frac{1}{10}$
d) $\frac{2}{5}+\frac{1}{10}$ e) $\frac{1}{18}+\frac{4}{9}$ f) $\frac{2}{3}+\frac{3}{10}$
$\frac{7}{10}+\frac{1}{4}$ $\frac{3}{7}+\frac{1}{14}$ $\frac{11}{18}+\frac{5}{36}$

15 Mache zuerst gleichnamig.

a) $\frac{1}{3}-\frac{1}{4}$ b) $\frac{1}{4}-\frac{1}{6}$ c) $\frac{1}{5}-\frac{1}{8}$
$\frac{1}{2}-\frac{1}{5}$ $\frac{1}{6}-\frac{1}{8}$ $\frac{1}{6}-\frac{1}{9}$
d) $\frac{3}{5}-\frac{1}{2}$ e) $\frac{4}{5}-\frac{3}{4}$ f) $\frac{2}{3}-\frac{5}{8}$
$\frac{5}{6}-\frac{1}{2}$ $\frac{1}{5}-\frac{1}{7}$ $\frac{4}{5}-\frac{4}{9}$

16 Addiere oder subtrahiere.

a) $\frac{9}{40}+\frac{7}{120}$ b) $\frac{17}{36}-\frac{1}{4}$ c) $\frac{11}{18}+\frac{15}{27}$
$\frac{25}{80}+\frac{11}{16}$ $\frac{11}{18}-\frac{29}{90}$ $\frac{62}{105}+\frac{43}{70}$
$\frac{37}{96}+\frac{7}{12}$ $\frac{55}{144}-\frac{1}{12}$ $\frac{1}{54}+\frac{7}{30}$
d) $\frac{7}{45}-\frac{2}{25}$ e) $\frac{5}{12}+\frac{3}{11}$ f) $\frac{6}{13}-\frac{1}{12}$
$\frac{11}{12}-\frac{23}{28}$ $\frac{1}{16}+\frac{5}{9}$ $\frac{7}{15}-\frac{4}{11}$
$\frac{33}{64}-\frac{31}{96}$ $\frac{3}{8}+\frac{9}{13}$ $\frac{17}{19}-\frac{8}{9}$

17 Wohin fliegt der Ballon?

$\frac{5}{12}+\frac{1}{3}=\square$ $\frac{3}{7}+\frac{5}{21}=\square$ $\frac{4}{3}+\frac{1}{6}=\square$
$\frac{13}{5}+\frac{17}{10}=\square$ $\frac{5}{8}+\frac{1}{4}=\square$ $\frac{1}{9}+\frac{1}{3}=\square$
$\frac{11}{15}+\frac{4}{5}=\square$

INFO

Musik und Brüche

In der Musik wird durch die Notenschrift neben der Tonhöhe auch die Dauer eines Tones **(= Notenwert)** angegeben.

ganze Note
halbe Note
Viertelnote
Achtelnote
Sechzehntelnote

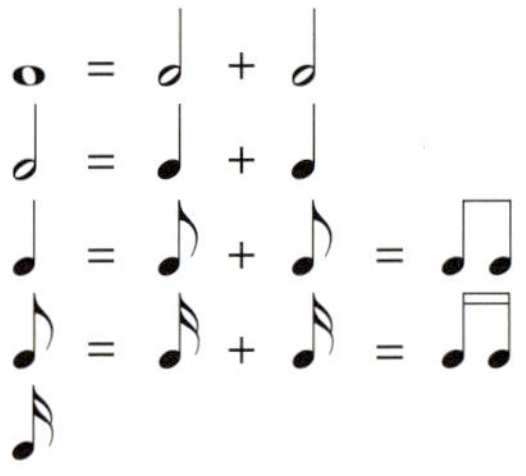

Addiert man die Notenwerte, so erhält man einen Hinweis auf den **Takt**, der den Rhythmus der Musik bestimmt.

z. B.: $\frac{3}{4}$-Takt:

$\frac{3}{4}=\frac{1}{4}+\frac{1}{4}+\frac{1}{8}+\frac{1}{8}$

Gib die Notenwerte an und stelle fest, ob es sich um einen $\frac{2}{4}$-, $\frac{4}{4}$- oder einen $\frac{3}{4}$-Takt handelt.

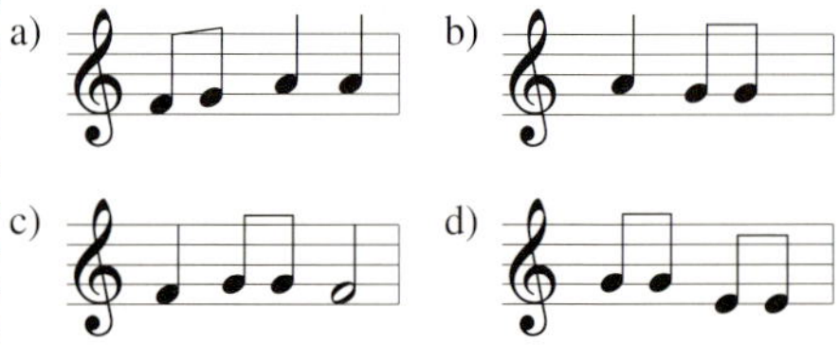

Schreibe die Brüche als Noten und gib an, um welchen Takt es sich handelt.

a) $\frac{1}{4}+\frac{1}{4}$ b) $\frac{1}{8}+\frac{1}{8}+\frac{1}{4}$
c) $\frac{1}{8}+\frac{1}{8}+\frac{1}{2}$ d) $\frac{1}{4}+\frac{1}{8}+\frac{1}{8}+\frac{1}{2}$

Ein Punkt hinter einer Note verlängert den Notenwert um seine Hälfte – man nennt dies **Punktierung**,

z. B.:

$\frac{3}{4}=\frac{1}{2}+\frac{1}{4}$

Gib die Notenwerte an und berechne den jeweiligen Takt.

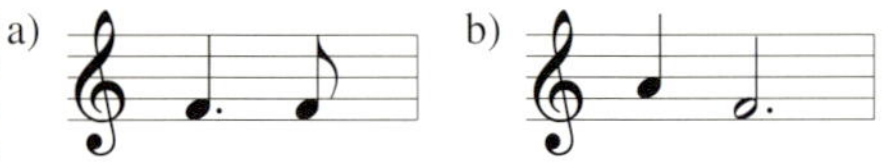

+	$\frac{1}{2}$	$\frac{2}{3}$	$\frac{3}{4}$	$\frac{4}{5}$
$\frac{1}{3}$				
$\frac{2}{5}$				
$\frac{1}{6}$				
$\frac{5}{6}$				
$\frac{1}{7}$				
$\frac{3}{7}$				
$\frac{5}{8}$				
$\frac{7}{8}$				

18 Erweitere zunächst und bestimme dann den fehlenden Zähler oder Nenner.

Beispiel: $\frac{2}{3} + \frac{\square}{4} = \frac{11}{12}$ $\quad \frac{8}{12} + \frac{3}{12} = \frac{11}{12}$

$\frac{2}{3} + \frac{1}{4} = \frac{11}{12}$

a) $\frac{2}{5} + \frac{\square}{3} = \frac{11}{15}$
$\frac{3}{8} + \frac{\square}{5} = \frac{31}{40}$

b) $\frac{1}{6} + \frac{2}{\square} = \frac{17}{30}$
$\frac{2}{5} + \frac{1}{\square} = \frac{11}{15}$

c) $\frac{\square}{9} + \frac{5}{12} = \frac{31}{36}$
$\frac{\square}{7} + \frac{2}{3} = \frac{20}{21}$

d) $\frac{3}{\square} + \frac{5}{12} = \frac{19}{24}$
$\frac{1}{\square} + \frac{3}{10} = \frac{7}{15}$

19 Subtrahiere und kontrolliere dein Ergebnis.

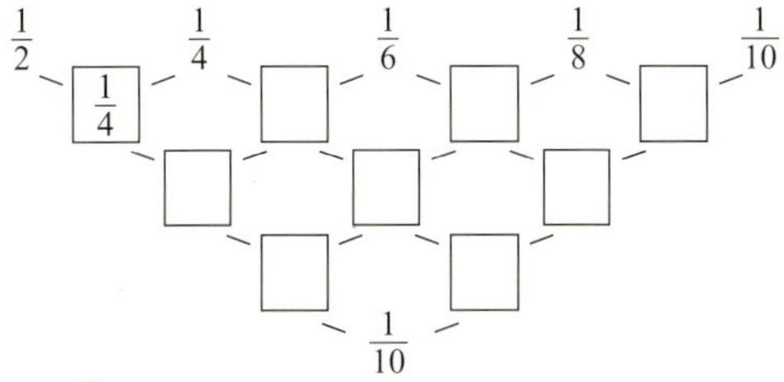

20 Subtrahiere den kleineren vom größeren Bruch.

a) $\frac{4}{5}, \frac{7}{9}$ b) $\frac{2}{3}, \frac{7}{8}$ c) $\frac{3}{11}, \frac{2}{7}$

d) $\frac{5}{8}, \frac{7}{11}$ e) $\frac{4}{15}, \frac{9}{25}$ f) $\frac{6}{13}, \frac{4}{9}$

21 Ergänze die Zauberquadrate. In jeder Zeile, in jeder Spalte und jeder Diagonale soll die gleiche Summe herauskommen.

a)

$\frac{4}{4}$		$\frac{6}{8}$
	$\frac{10}{16}$	
$\frac{1}{2}$		$\frac{1}{4}$

b)

	$\frac{1}{9}$	$\frac{10}{9}$
	$\frac{2}{3}$	
	$\frac{22}{18}$	

22 Jedes rote Quadrat nimmt $\frac{1}{20}$, jedes blaue $\frac{1}{15}$ und jedes grüne $\frac{1}{12}$ der Gesamtfläche ein.
Welcher Teil des Rechtecks bleibt frei?

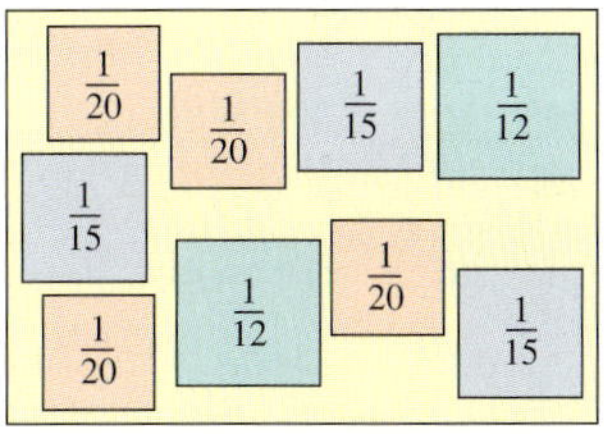

ZUM STAUNEN

Experimentieren mit Brüchen

Subtrahiere und setze die Aufgaben fort.

a) $\frac{1}{2} - \frac{1}{3}$
$\frac{1}{3} - \frac{1}{4}$
$\frac{1}{4} - \frac{1}{5}$
$\frac{1}{5} - \frac{1}{6}$
...

b) $\frac{3}{4} - \frac{3}{5}$
$\frac{3}{6} - \frac{3}{7}$
$\frac{3}{7} - \frac{3}{8}$
$\frac{3}{8} - \frac{3}{9}$
...

c) $\frac{10}{11} - \frac{9}{10}$
$\frac{9}{10} - \frac{8}{9}$
$\frac{8}{9} - \frac{7}{8}$
$\frac{7}{8} - \frac{6}{7}$
...

Berechne und setze fort.

$1 + \frac{1}{2}, \; 1 + \frac{1}{2} + \frac{1}{4}, \; 1 + \frac{1}{2} + \frac{1}{4} + \frac{1}{8}, \ldots$

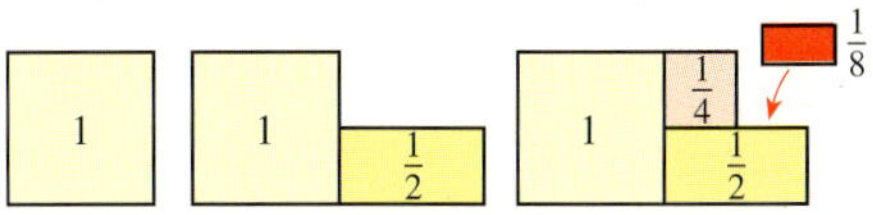

Erkennst du den Zusammenhang mit den Figuren? Was ergibt sich, wenn man immer mehr solcher Brüche addiert?

Berechne. Erkennst du eine Regel?

$3 - 1$

$3 - \left(1 + \frac{2}{3}\right)$

$3 - \left(1 + \frac{2}{3} + \frac{4}{9}\right)$

$3 - \left(1 + \frac{2}{3} + \frac{4}{9} + \frac{8}{27}\right)$

...

Wie geht es weiter? Vergleiche.

$\frac{3}{2} - 1$

$\frac{3}{2} - 1 - \frac{1}{3}$

$\frac{3}{2} - 1 - \frac{1}{3} - \frac{1}{9}$

$\frac{3}{2} - 1 - \frac{1}{3} - \frac{1}{9} - \frac{1}{27}$

...

Schreibe die nächste Zeile ohne zu rechnen. Prüfe dann nach!
Berechne den Unterschied zwischen den Ergebnissen und $\frac{1}{2}$. Was fällt dir auf?

$1 - \frac{1}{2} = \frac{1}{2}$

$1 - \frac{1}{2} + \frac{1}{4} = \frac{3}{4}$

$1 - \frac{1}{2} + \frac{1}{4} - \frac{1}{8} = \frac{5}{8}$

$1 - \frac{1}{2} + \frac{1}{4} - \frac{1}{8} + \frac{1}{16} = \frac{11}{16}$

...

23 Fülle die „Bruchsteine“ durch Addieren aus.

a)

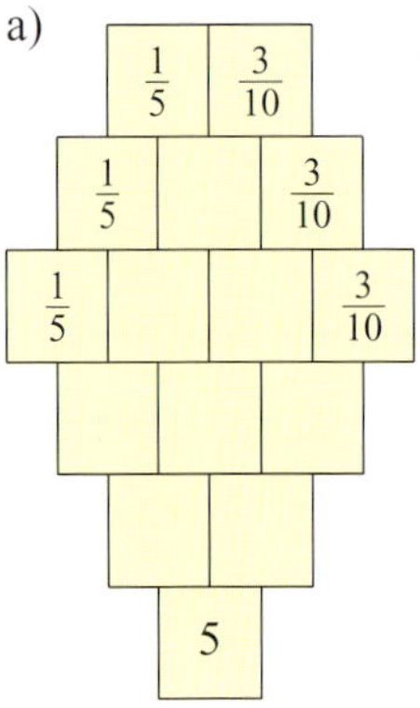

b)

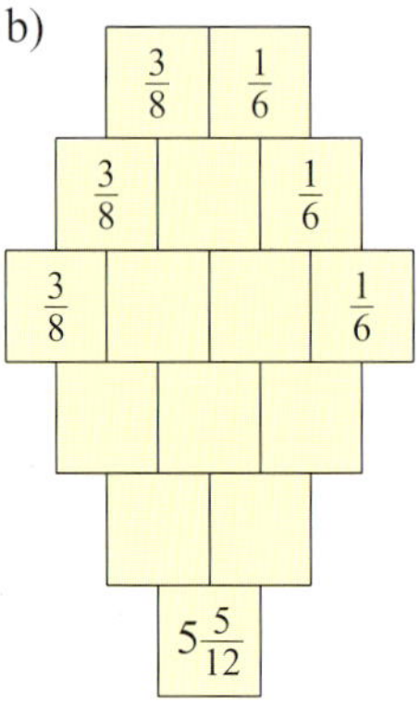

24 Rechne mit gemischten Zahlen.

Beispiel: $1\frac{1}{2} + 2\frac{3}{8} = 1\frac{4}{8} + 2\frac{3}{8} = 3\frac{7}{8}$.

a) $1\frac{1}{4} + \frac{1}{2}$ b) $3\frac{2}{3} + 2\frac{1}{6}$ c) $4\frac{5}{6} - 1\frac{1}{2}$

$1\frac{1}{6} + \frac{1}{3}$ $2\frac{5}{8} + 4\frac{1}{4}$ $3\frac{4}{9} - 2\frac{1}{3}$

25 Rechne wie im Beispiel.

$5\frac{3}{4} + 3\frac{2}{5} = 5\frac{15}{20} + 3\frac{8}{20} = 8\frac{23}{20} = 9\frac{3}{20}$

a) $1\frac{3}{5} + \frac{7}{10}$ b) $2\frac{2}{3} + 3\frac{4}{5}$ c) $3\frac{5}{8} + 6\frac{7}{12}$

$1\frac{1}{4} + \frac{7}{8}$ $4\frac{3}{5} + 8\frac{5}{6}$ $7\frac{5}{7} + 6\frac{4}{9}$

$1\frac{2}{5} - \frac{1}{2}$ $8\frac{1}{7} - 5\frac{3}{5}$ $10\frac{3}{14} - 9\frac{1}{4}$

Tipp

$1\,\% = \frac{1}{100}$

26 Australien besteht zu $\frac{1}{25}$ aus Ackerland, zu 5 % aus Wald, zu 60 % aus Weideland und im Übrigen aus Ödland, vor allem Wüste. Welcher Bruchteil der Gesamtfläche ist dies?

Ayers Rock, Australien

27 Rechne zum Mittelpunkt hin.

a)

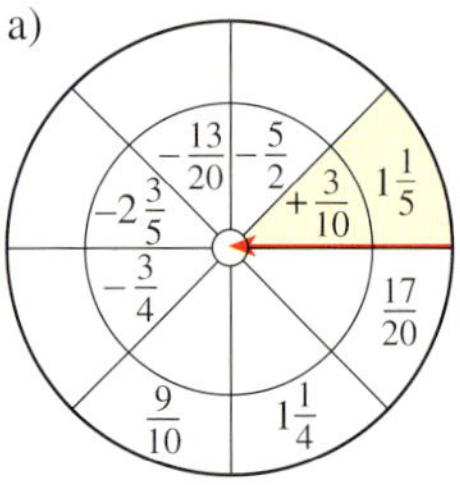

b)

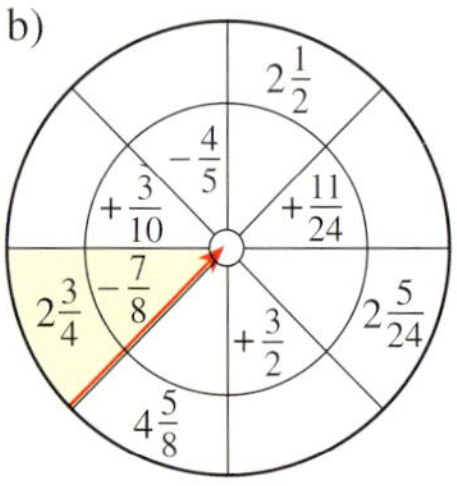

28 Für ein Klassenfest mischen die Schülerinnen und Schüler der Klasse 6 ein Erfrischungsgetränk aus $3\frac{1}{2}\,l$ Orangensaft, $\frac{3}{4}\,l$ Limonade und 2 Flaschen Grapefruitsaft zu je $\frac{7}{10}\,l$ zusammen.
Welche Gesamtmenge erhalten sie?

ZUM KNOBELN

Ein alter Araber bestimmte vor seinem Tode, dass der erste seiner Freunde die Hälfte, der zweite den vierten und der dritte den fünften Teil seiner Kamele erben sollte. Da der Alte 19 Kamele hinterließ, konnten sich die drei Freunde nicht einigen. Sie wandten sich an einen Derwisch, der auf einem alten Kamel dahergeritten kam, und baten ihn um Hilfe. Dieser sagte: „Ich will euch mein Kamel leihen.“ Nun nahm sich der Erste die Hälfte von den 20 Kamelen heraus, der Zweite $\frac{1}{4}$ und der Dritte $\frac{1}{5}$. Zum Schluss blieb das Kamel des Derwischs übrig. Der Derwisch bestieg es wieder und ritt davon. Alle waren zufrieden. Rechne nach.

Vervielfachen und Teilen von Brüchen

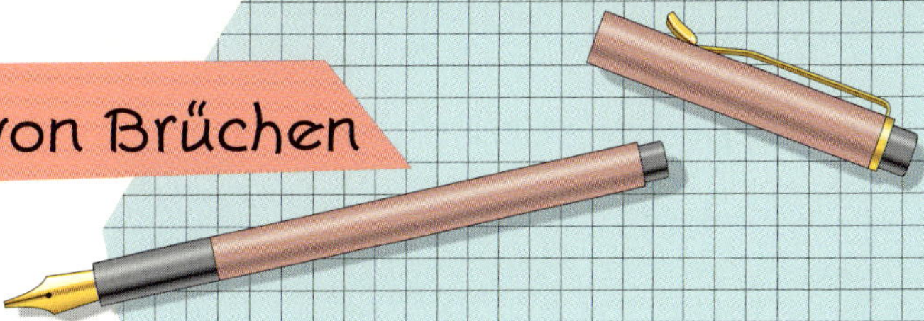

Kakaoeis

35 g Kakaopulver
$\frac{1}{5}$ l süße Sahne
$\frac{3}{8}$ l Milch (3 Tassen)
$2\frac{1}{3}$ Esslöffel Zucker
$\frac{1}{4}$ Stange Vanille
2 Eigelb

Kakao, Milch, Eier und Vanille auf Stufe II unter Rühren aufkochen. Erkalten lassen. Sahne schlagen und unter die Masse ziehen. Gefrierzeit 2 Std.; in der ersten halben Std. wiederholt umrühren.

Dieses Rezept für Kakaoeis ist für 4 Personen gedacht. Berechne die Zutaten, die man für 12 Personen benötigt.

Vervielfachen von Brüchen

Beim **Vervielfachen** eines Bruches mit einer natürlichen Zahl **multipliziert** man den Zähler mit der Zahl und lässt den Nenner unverändert.

Beispiele: $2 \cdot \frac{3}{7} = \frac{2 \cdot 3}{7} = \frac{6}{7}$

$5 \cdot \frac{5}{6} = \frac{5 \cdot 5}{6} = \frac{25}{6} = \frac{24}{6} + \frac{1}{6} = 4\frac{1}{6}$

Teilen von Brüchen

Brüche lassen sich durch natürlichen Zahlen teilen.

$\frac{8}{9} : 4 = \frac{8:4}{9} = \frac{2}{9}$

Das heißt, $\frac{2}{9}$ sind der vierte Teil von $\frac{8}{9}$.

Ist der Zähler durch die Zahl teilbar, wird im Zähler dividiert. Der Nenner bleibt unverändert.

Soll $\frac{4}{5}$ einer Fläche durch 3 geteilt werden, so lässt sich mit Hilfe einer Unterteilung das Ergebnis wieder als Bruch schreiben.

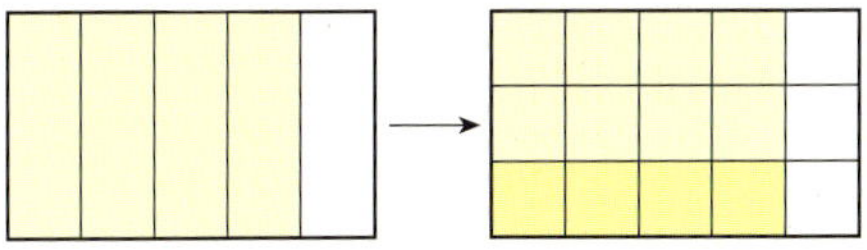

$\frac{4}{5} : 3 = \frac{12}{15} : 3 = \frac{12:3}{15} = \frac{4}{15}$

$\frac{4}{5} : 3 = \frac{4}{5 \cdot 3} = \frac{4}{15}$

Um den Bruch $\frac{4}{5}$ durch 3 teilen zu können, erweitert man ihn mit der Zahl 3. Dann lässt sich der Zähler durch 3 dividieren. Die Division durch drei bedeutet also, dass der Nenner mit 3 vervielfacht wird.

Beim **Teilen eines Bruches durch eine natürliche Zahl** wird in der Regel der Nenner mit der Zahl multipliziert. Der Zähler bleibt unverändert.

Alle Zutaten werden verdreifacht:

$35\,g \cdot 3 = 105\,g \qquad \frac{3}{8}\,l \cdot 3 = \frac{9}{8}\,l = 1\frac{1}{8}\,l$

$\frac{1}{5}\,l \cdot 3 = \frac{3}{5}\,l \qquad \ldots$

Tipp:

Wenn du vor dem Multiplizieren kürzt, kannst du die Rechnung vereinfachen.

$9 \cdot \frac{5}{6} = \frac{9 \cdot 5}{6} = \frac{3 \cdot 5}{2} = \frac{15}{2} = 7\frac{1}{2}$

Brüche in gemischter Schreibweise werden vorher umgewandelt!

$4 \cdot 1\frac{2}{3} = 4 \cdot \frac{5}{3} = \frac{4 \cdot 5}{3} = \frac{20}{3} = 6\frac{2}{3}$

Beispiele:

$\frac{6}{8} : 2 = \frac{6:2}{8} = \frac{3}{8}$

$2\frac{1}{2} : 5 = \frac{5}{2} : 5 = \frac{5:5}{2} = \frac{1}{2}$

Beispiele:

$\frac{5}{7} : 6 = \frac{5}{7 \cdot 6} = \frac{5}{42}$

$7\frac{1}{5} : 5 = \frac{36}{5} : 5 = \frac{36}{5 \cdot 5} = \frac{36}{25} = 1\frac{11}{25}$

Auch hier vor dem Multiplizieren möglichst kürzen.

$\frac{6}{9} : 9 = \frac{6}{9 \cdot 9} = \frac{2}{9 \cdot 3} = \frac{2}{27}$

1 Multipliziere im Kopf.

a) $4 \cdot \frac{1}{9}$ b) $7 \cdot \frac{1}{12}$ c) $3 \cdot \frac{2}{7}$
d) $5 \cdot \frac{2}{11}$ e) $2 \cdot \frac{4}{5}$ f) $6 \cdot \frac{6}{7}$
g) $8 \cdot \frac{2}{3}$ h) $7 \cdot \frac{3}{8}$ i) $9 \cdot \frac{7}{10}$
k) $4 \cdot \frac{1}{8}$ l) $6 \cdot \frac{5}{12}$ m) $12 \cdot \frac{3}{4}$
n) $8 \cdot \frac{5}{6}$ o) $10 \cdot \frac{7}{8}$ p) $9 \cdot \frac{11}{12}$

2 Berechne jeweils das Doppelte, das Dreifache, das Vierfache und das Fünffache des Bruches.

a) $\frac{3}{4}$ b) $\frac{3}{10}$ c) $\frac{5}{6}$
d) $\frac{7}{11}$ e) $\frac{4}{3}$ f) $\frac{5}{2}$
g) $1\frac{1}{2}$ h) $1\frac{4}{9}$ i) $2\frac{11}{12}$
k) $3\frac{1}{4}$ l) $\frac{8}{4}$ m) $\frac{9}{9}$

3 Kürze – wenn möglich – vor dem Multiplizieren.

a) $4 \cdot \frac{1}{2}$ b) $8 \cdot \frac{3}{4}$ c) $9 \cdot \frac{2}{3}$
d) $6 \cdot \frac{5}{11}$ e) $5 \cdot \frac{9}{10}$ f) $8 \cdot \frac{5}{24}$
g) $5 \cdot \frac{7}{8}$ h) $15 \cdot \frac{13}{20}$ i) $24 \cdot \frac{11}{36}$

4 Multipliziere die Größen und gib das Ergebnis in gemischter Schreibweise und als Dezimalzahl an.

a) $3 \cdot \frac{1}{2}$ kg b) $4 \cdot \frac{3}{4}$ kg c) $8 \cdot \frac{7}{10}$ m
d) $4 \cdot \frac{4}{5}$ m e) $6 \cdot \frac{3}{4}\,l$ f) $5 \cdot 1\frac{3}{4}\,l$
g) $10 \cdot 2\frac{1}{8}\,m^2$ h) $9 \cdot 2\frac{1}{2}\,m^2$ i) $15 \cdot 1\frac{7}{10}\,m^2$

5 Setze die richtigen Zahlen im Zähler ein.

a) $5 \cdot \frac{\square}{7} = \frac{10}{7}$ b) $3 \cdot \frac{\square}{5} = \frac{12}{5}$
c) $7 \cdot \frac{\square}{20} = \frac{49}{20}$ d) $8 \cdot \frac{\square}{15} = \frac{56}{15}$
e) $16 \cdot \frac{\square}{35} = 1\frac{13}{35}$ f) $15 \cdot \frac{\square}{16} = 4\frac{11}{16}$

6 Hier wurde gekürzt.

a) $3 \cdot \frac{5}{\square} = \frac{5}{3}$ b) $5 \cdot \frac{9}{\square} = \frac{9}{2}$
c) $5 \cdot \frac{7}{\square} = \frac{7}{8}$ d) $12 \cdot \frac{5}{\square} = \frac{20}{3}$
e) $18 \cdot \frac{5}{\square} = \frac{30}{7}$ f) $30 \cdot \frac{9}{\square} = \frac{54}{7}$

7 Ergänze. Es gibt mehrere Möglichkeiten.

a) $7 \cdot \frac{\square}{\square} = \frac{56}{11}$ b) $11 \cdot \frac{\square}{12} = \frac{77}{\square}$
c) $8 \cdot \frac{6}{\square} = \frac{\square}{7}$ d) $\square \cdot \frac{13}{15} = \frac{78}{\square}$
e) $15 \cdot \frac{\square}{\square} = \frac{35}{3}$ f) $20 \cdot \frac{\square}{14} = \frac{90}{\square}$

8 Wie oft ist der Bruch enthalten?

a) $\frac{3}{4}$ in $1\frac{1}{2}$, 3, $\frac{15}{4}$, $\frac{15}{2}$
b) $\frac{2}{3}$ in 2, $\frac{8}{3}$, $\frac{10}{3}$, $5\frac{1}{3}$
c) $\frac{5}{6}$ in $\frac{5}{6}$, $\frac{25}{6}$, 5, $\frac{25}{3}$
d) $\frac{4}{7}$ in $\frac{12}{7}$, $\frac{96}{7}$, $\frac{144}{7}$, 12

9 Unterscheide das Vervielfachen von Brüchen vom Erweitern.
Beispiel:
Vervielfachen mit 4: Erweitern mit 4:
$4 \cdot \frac{2}{9} = \frac{4 \cdot 2}{9} = \frac{8}{9}$ $\frac{2}{9} = \frac{2 \cdot 4}{9 \cdot 4} = \frac{8}{36}$
a) Vervielfache und erweitere mit 4.
$\frac{1}{4}$, $\frac{3}{7}$, $\frac{9}{16}$, $\frac{25}{34}$, $\frac{52}{65}$
b) Vervielfache und erweitere mit 15.
$\frac{1}{2}$, $\frac{1}{3}$, $\frac{1}{5}$, $\frac{3}{10}$, $\frac{7}{12}$

10 Winzige Pflanzenzellen werden nacheinander unter einem Mikroskop mit 20facher, 25facher und 75facher Vergrößerung betrachtet.
Berechne jeweils die Bildgrößen, wenn die Zellen $\frac{1}{5}$ mm, $\frac{1}{10}$ mm und $\frac{1}{15}$ mm groß sind.

11 Petra trainiert in der Woche dreimal $1\frac{1}{2}$ Stunden Tennis, Sven dagegen fünfmal eine Dreiviertelstunde.
Wer trainiert in der Woche mehr?

12 In einem Kasten mit Kunststoff-Mehrwegflaschen sind 9 Flaschen zu je $1\frac{1}{2}$ Liter Inhalt.
Wie viel Liter sind es insgesamt?

13 Peter und seine Freunde trinken nach dem Sport 5 Flaschen Saft zu je $\frac{7}{10}\,l$.
Wie viel Liter Saft haben sie zusammen getrunken?

:	2	5	12	20
$\frac{2}{5}$				
$\frac{5}{9}$				
$\frac{24}{7}$				
$\frac{40}{41}$				
$\frac{72}{85}$				
$\frac{80}{111}$				
$\frac{15}{144}$				

14 Rechne im Kopf.

a) $\frac{4}{5}:2$, $\frac{6}{11}:2$, $\frac{10}{13}:2$ b) $\frac{9}{10}:3$, $\frac{12}{14}:3$, $\frac{15}{19}:3$
c) $\frac{6}{7}:6$, $\frac{18}{20}:6$, $\frac{30}{37}:6$ d) $\frac{1}{2}:3$, $\frac{1}{3}:4$, $\frac{1}{4}:5$
e) $\frac{3}{7}:4$, $\frac{3}{5}:4$, $\frac{5}{8}:3$ f) $\frac{2}{5}:4$, $\frac{3}{8}:4$, $\frac{3}{8}:5$, $\frac{7}{9}:4$

15 Wie groß ist

a) die Hälfte von einem Drittel?
b) der dritte Teil von einem Viertel?
c) der vierte Teil von einem Drittel?
d) die Hälfte von einem Fünftel?
e) der dritte Teil von einem Achtel?

16 Achte auf das Kürzen.

a) $\frac{3}{4}:3$ b) $\frac{3}{4}:6$ c) $\frac{3}{4}:18$
d) $\frac{6}{7}:2$ e) $\frac{6}{7}:12$ f) $\frac{8}{7}:12$
g) $\frac{6}{11}:9$ h) $\frac{6}{11}:18$ i) $\frac{9}{11}:27$
k) $\frac{3}{4}:60$ l) $\frac{12}{15}:60$ m) $\frac{36}{39}:72$

17 Führe zur Probe die Multiplikation durch.

Beispiel: $\frac{2}{5}:3 = \frac{2}{15}$ $3 \cdot \frac{2}{15} = \frac{6}{15} = \frac{2}{5}$.

a) $\frac{4}{9}:8$ b) $\frac{3}{17}:15$ c) $\frac{7}{10}:21$
d) $\frac{6}{7}:24$ e) $\frac{8}{11}:12$ f) $\frac{9}{11}:8$
g) $\frac{12}{17}:8$ h) $\frac{9}{14}:9$ i) $\frac{16}{17}:20$
k) $\frac{13}{20}:26$ l) $\frac{10}{19}:25$ m) $\frac{25}{27}:30$

18 Dividiere

a) $\frac{4}{5}$ durch 1, 2, 3, 4, 5, 6.
b) $\frac{1}{2}$ durch 2, 4, 8, 16, 32.
c) $\frac{5}{6}$ durch 3, 5, 6, 10, 45.
d) $\frac{2}{3}$ durch 5, 10, 20, 40, 100.

19 Rechne mit Größen. Gib das Ergebnis in der nächstkleineren Einheit an.

a) Wie viel ist die Hälfte von $\frac{3}{4}$ kg?
b) Wie viel ist ein Viertel von einer halben Stunde?
c) Wie viel ist ein Zehntel von einem halben Kilometer?
d) Wie viel ist der achte Teil von $\frac{1}{5}$ Liter?
e) Wie viel ist ein Drittel von $1\frac{1}{2}$ Tonnen?

20 Dividiere. Wandle zunächst die gemischte Schreibweise in einen Bruch um.

a) $\frac{5}{6}\,m^2:2$ b) $\frac{7}{8}$ kg$:5$
c) $2\frac{1}{2}$ t$:40$ d) $3\frac{3}{4}\,m^2:6$
e) $2\frac{3}{8}$ dm$:19$ f) $4\frac{4}{11}$ ha$:24$

21 Ersetze die Kästchen durch die passenden Zahlen.

a) $\frac{2}{3}:\square = \frac{2}{9}$ b) $\frac{5}{6}:\square = \frac{5}{24}$
c) $\frac{\square}{7}:4 = \frac{5}{28}$ d) $\frac{\square}{13}:9 = \frac{2}{117}$
e) $\frac{6}{\square}:5 = \frac{6}{35}$ f) $\frac{6}{\square}:5 = \frac{3}{35}$

22 Unterscheide das Teilen vom Kürzen.

Beispiel:

Division durch 3: $\frac{15}{18}:3 = \frac{15}{18 \cdot 3} = \frac{5}{18}$

Kürzen mit 3: $\frac{15}{18} = \frac{15:3}{18:3} = \frac{5}{6}$

a) Dividiere durch 5 und kürze mit 5.
$\frac{5}{45}$, $\frac{25}{90}$, $\frac{5}{20}$, $\frac{15}{10}$
b) Dividiere durch 8 und kürze mit 8.
$\frac{24}{32}$, $\frac{40}{88}$, $\frac{96}{72}$, $\frac{16}{24}$

23 Für einen 5 km langen Rundweg gibt der Wanderführer $1\frac{1}{2}$ h Wanderzeit an. Welche Zeit wird für einen Kilometer veranschlagt?

24 Heiner und Toni vergleichen ihre Laufleistungen. Toni läuft $3\frac{1}{2}$ km in 15 Minuten, Heiner $5\frac{1}{4}$ km in 21 Minuten. Wer läuft schneller?

25 a) 10 *l* Heizöl wiegen $8\frac{3}{4}$ kg. Wie viel wiegt 1 Liter Heizöl?
b) 10 *l* Benzin wiegen $7\frac{1}{2}$ kg. Wie viel wiegt 1 Liter Benzin?
c) 5 *l* Milch wiegen $5\frac{3}{20}$ kg. Berechne das Gewicht von 1 Liter Milch.
d) 8 dm^3 Beton wiegen $19\frac{1}{5}$ kg. Berechne das Gewicht von 1 dm^3 Beton.

Umgang mit Zirkel und Geodreieck

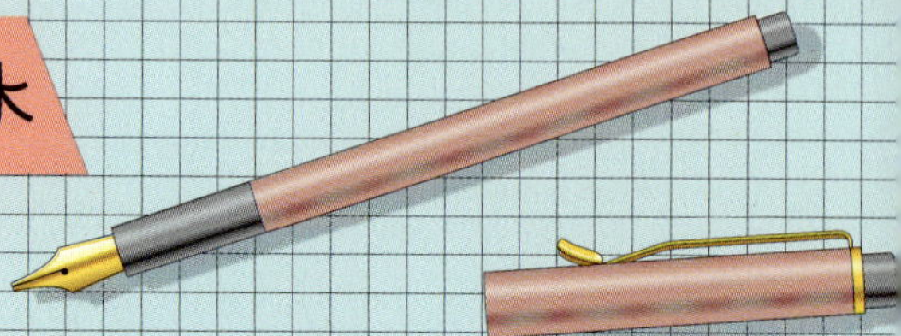

Der Zirkel

Mit dem Zirkel kannst du **Kreise** zeichnen. Die Entfernung zwischen Spitze und Mine ist einstellbar. Beim vorsichtigen Drehen des Zirkels bleibt die eingestellte Entfernung gleich.
Um einen Kreis mit dem Zirkel zu zeichnen, markiere den **Mittelpunkt M**, übertrage die Länge des **Radius r** und zeichne den Kreis um den Mittelpunkt M.

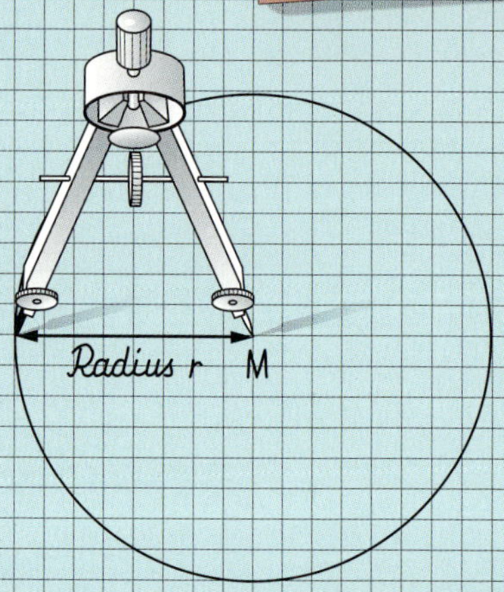

Beachte, dass die Zirkelmine richtig eingespannt ist und dass du den Zirkel nur am Griff hältst.

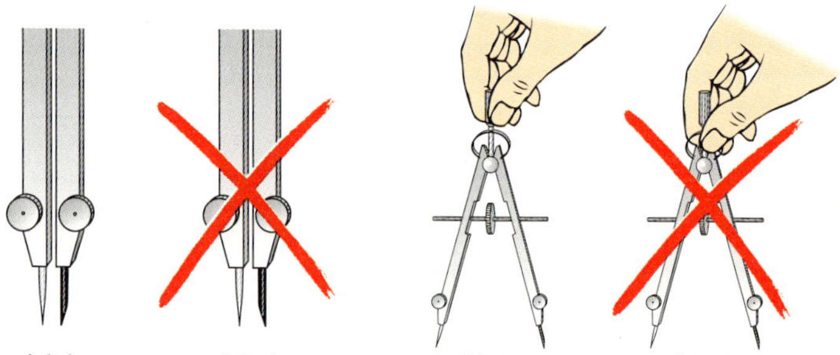

richtig falsch richtig falsch

Das Geodreieck

Das Geodreieck kannst du sehr vielseitig verwenden, z. B.:

- Zum **Spiegeln** legst du das Geodreieck mit der Mittellinie auf die Symmetrieachse und überträgst den Abstand von dem zu spiegelnden Punkt auf die andere Seite der Symmetrieachse.

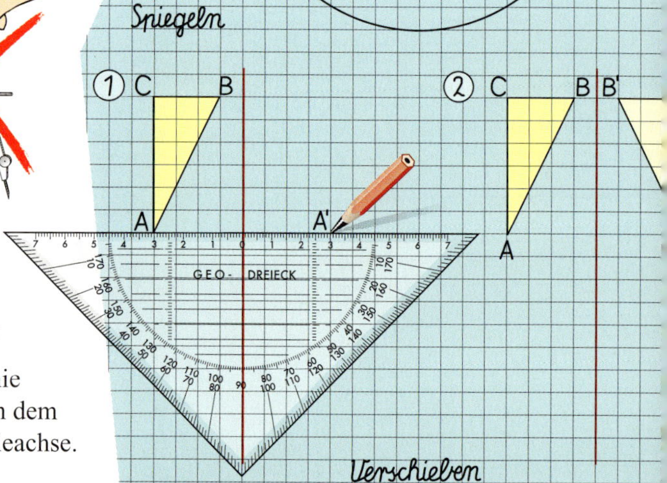

- Um eine Figur zu **verschieben**, zeichne unter Verwendung der Hilfslinien auf dem Geodreieck Parallelen zu dem Verschiebungspfeil durch die übrigen Eckpunkte der Figur (1).
  Trage auf den Parallelen die Länge des Verschiebungspfeils ab und verbinde die verschobenen Punkte (2).

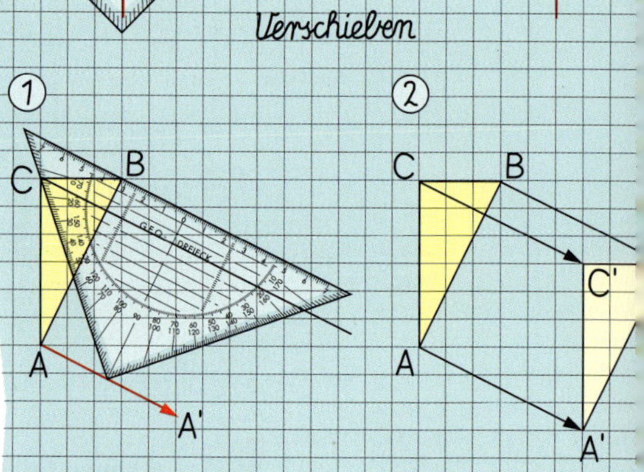

- Um eine **Drehung** im Drehpunkt Z mit dem Geodreieck auszuführen, muss jeder Punkt der Figur um denselben Winkel α gedreht werden.
  Dann verbinde die gedrehten Punkte.

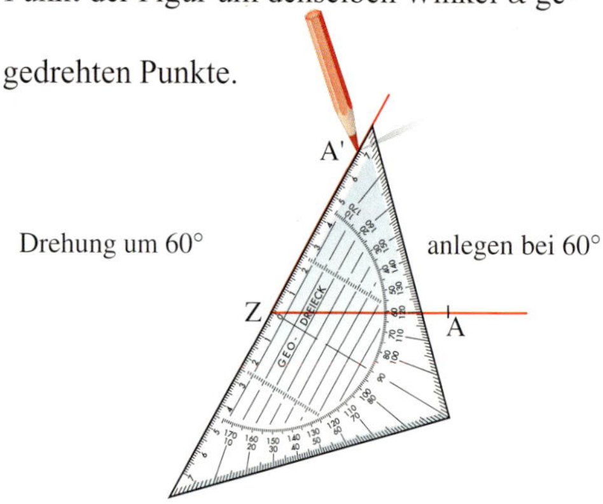

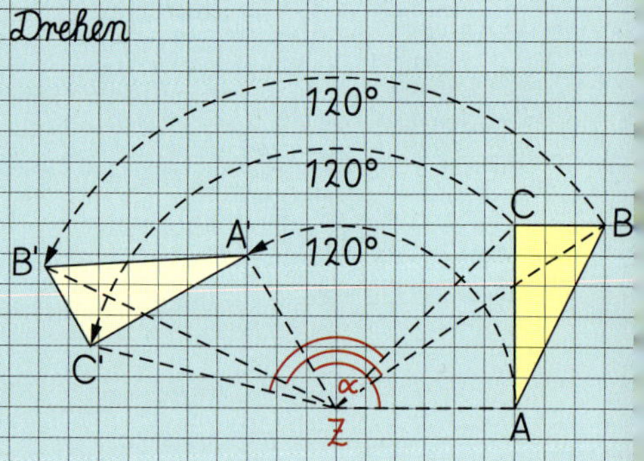

1 Zeichne die abgebildeten Kreise in dein Heft. Markiere immer zuerst den Mittelpunkt.

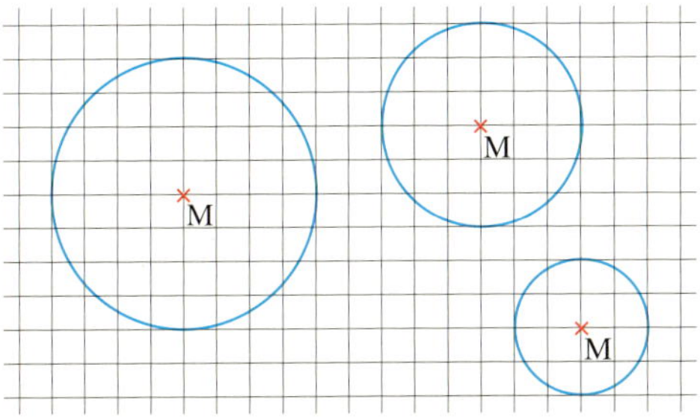

2 Zeichne Kreise mit den Radien 2 cm, 3 cm, 4 cm, 5 cm und 6 cm um einen gemeinsamen Mittelpunkt.

3 Zeichne die Wellenlinie ins Heft und setze sie um einen Halbkreis fort.

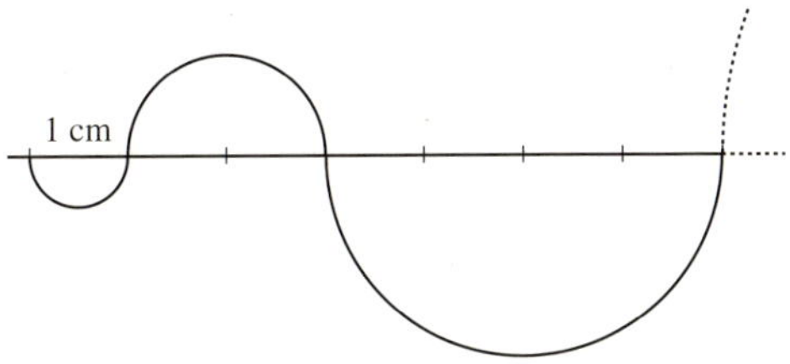

4 Zeichne das Kreismuster doppelt so groß in dein Heft und male es aus. Die Teilfigur soll dir helfen, die ganze Figur zu verstehen.

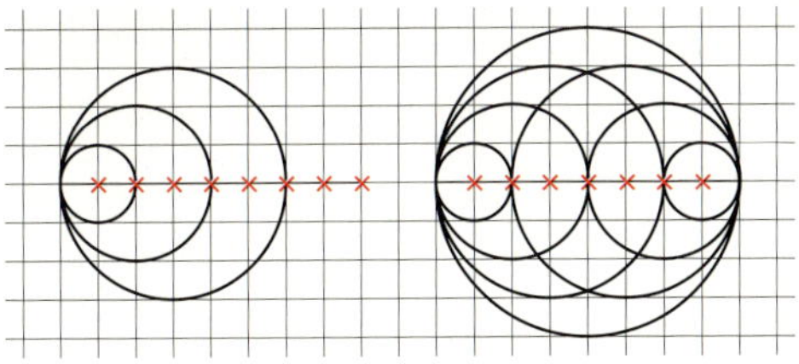

5 Zeichne die Kreismuster doppelt so groß in dein Heft.

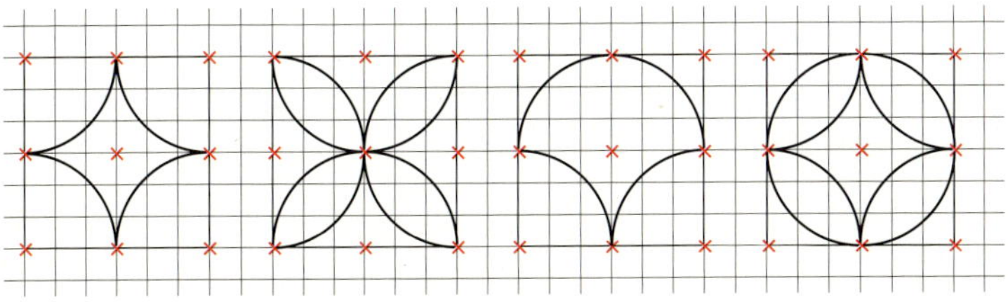

6 Ergänze im Heft durch Spiegeln mit dem Geodreieck zu vollständigen Figuren.

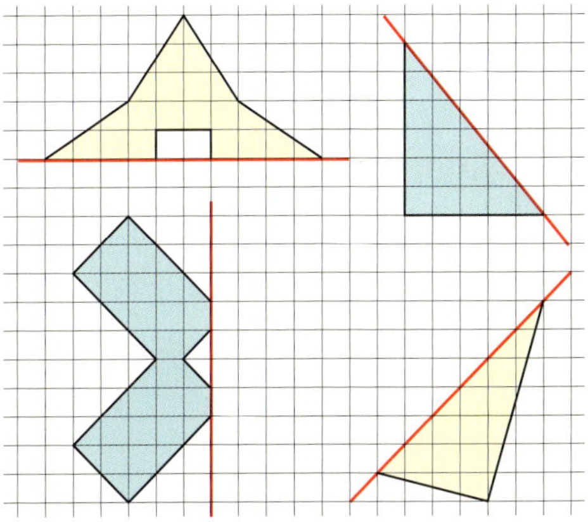

7 Zeichne im Heft das Spiegelbild mit Hilfe des Geodreiecks.
(Hinweis: Die gespiegelten Punkte sind meist keine Gitterpunkte!)

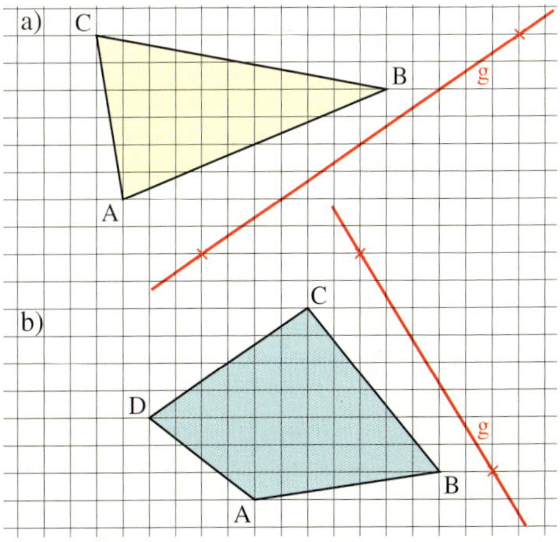

8 Übertrage und spiegele die Kreise in deinem Heft an der Symmetrieachse g.

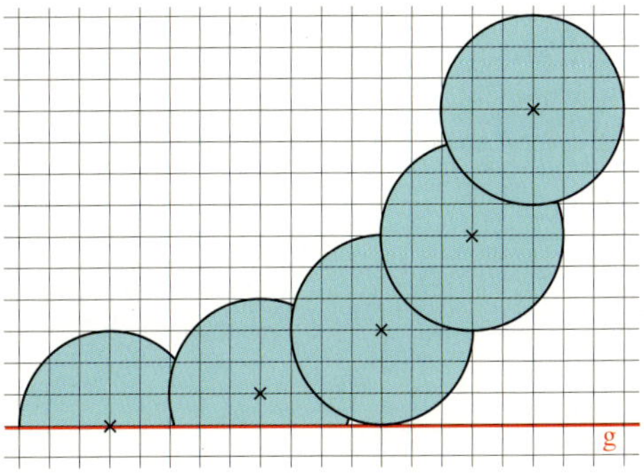

9 Verschiebe die Figuren mit dem Geodreieck entsprechend dem Verschiebungspfeil dreimal in deinem Heft.

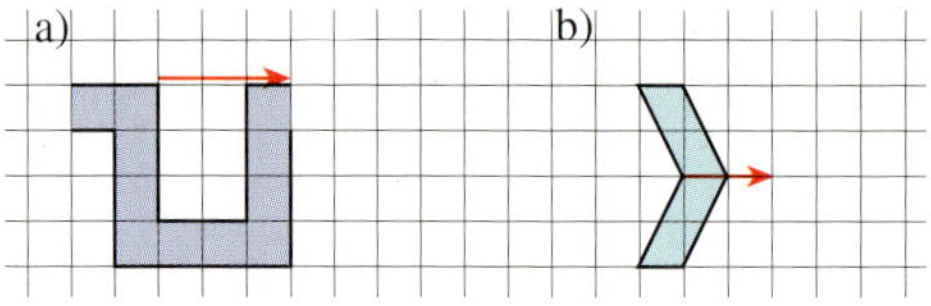

10 Verschiebe die Figuren im Heft.

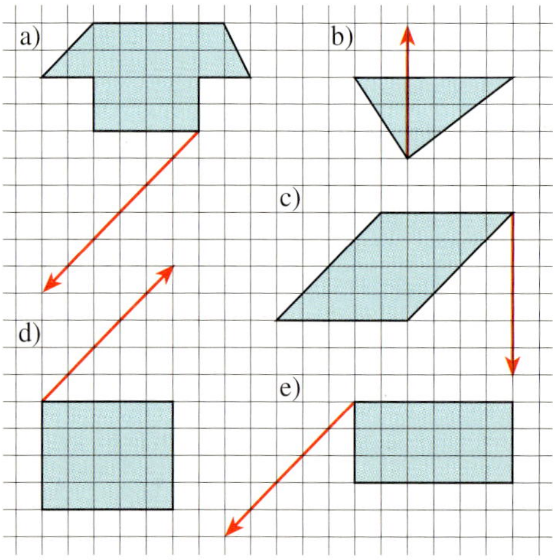

11 Zeichne das Bandornament in dein Heft und setze es fort.

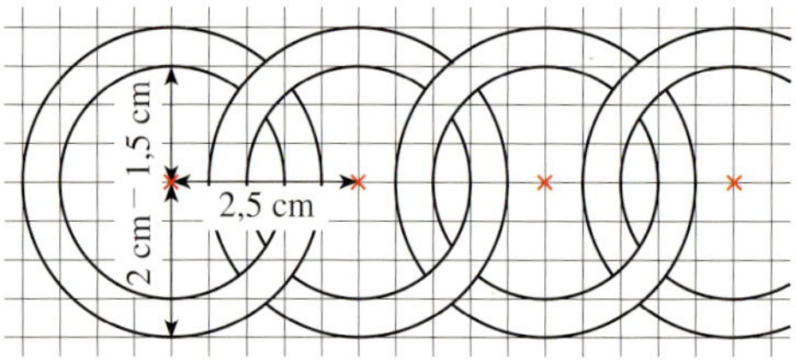

12 Übertrage die Dreiecke ins Heft und verschiebe entsprechend den Verschiebungspfeilen.

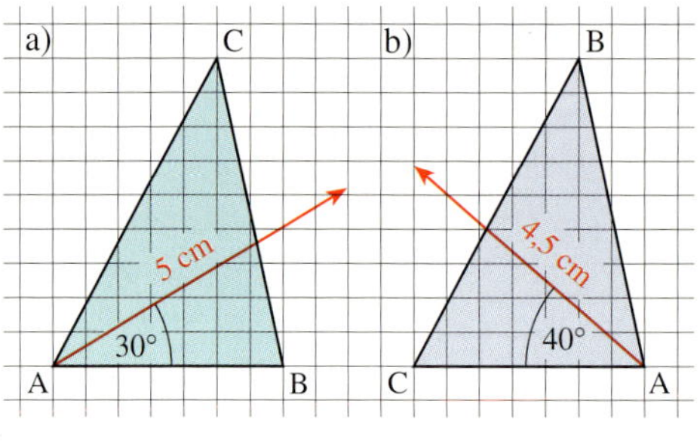

13 Übertrage die Figuren in dein Heft und drehe sie um den jeweils angegebenen Winkel.

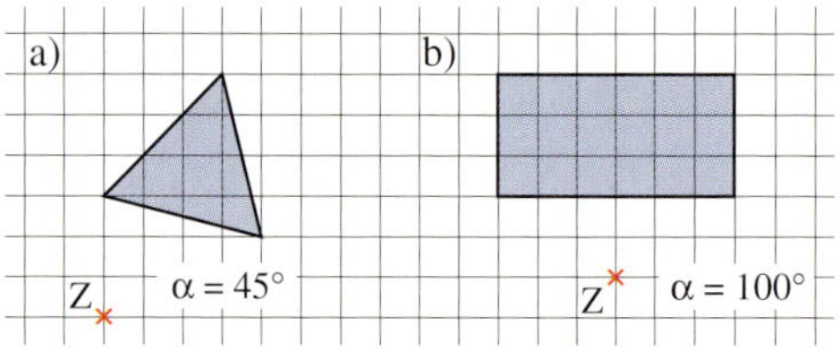

14 Zeichne die Figuren in dein Heft und drehe sie um die rot markierten Drehpunkte.

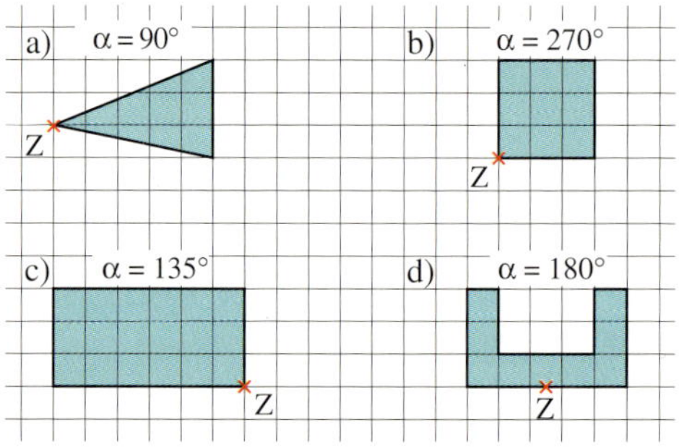

15 Reicht die Raumhöhe aus, um den Schrank nach links kippen zu können? Löse die Aufgabe mit einer Zeichnung im Heft.

16 Übertrage die Figuren in dein Heft und ergänze sie zu drehsymmetrischen Figuren.
Bestimme zunächst den Drehwinkel.

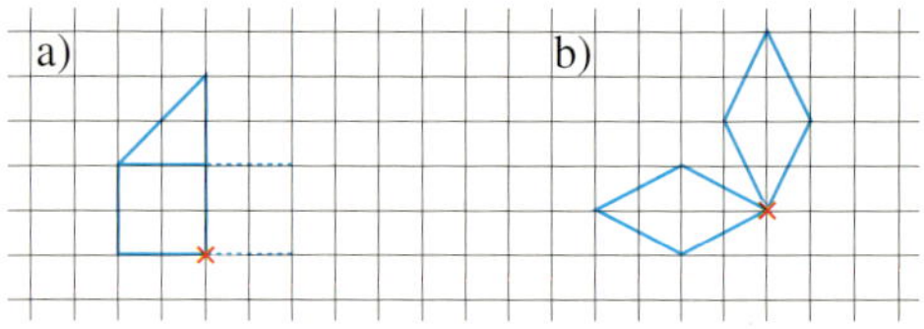

Rückspiegel, Seite 30

2 Punkte

1
a) $4{,}02 < 4{,}19$
b) $0{,}80 < 0{,}88$

2
Die Gesamtzeit beträgt 88,35 s

3
a) 280,1 b) 5
c) 0,17 d) 0,125

4
a) 0,32 b) 19,836
c) 0,26 d) 12,4

5
Der Taillenumfang ist $2{,}54 \cdot 31 = 78{,}74$ cm

6
Ein Tennisball wiegt 0,055 kg = 55 g.

7
Ihre Trefferquote beträgt 0,4.

3 Punkte

1
a) $0{,}010 < 0{,}10$
b) $0{,}09 > 0{,}009$

2
Insgesamt sprang er 5,60 m weit.

3
a) 13020 b) 740
c) 0,0007 d) 0,00305

4
a) 0,016 b) 0,4278
c) 31,875 d) 12,34

5
Er hat 22,86 m weit geworfen.

6
Ein Federball wiegt 0,0035 kg = 3,5 g.

7
Seine Trefferquote beträgt 0,4.

4 Punkte

1
a) 2,02; 2,05; 2,20
b) 0,6006; 0,6060; 0,6606
c) 89,889; 89,899; 98,898

2
Karines Gesamtpunktzahl beträt 35,437.

3
a) 10 b) 10 c) 100

4
a) 0,006 b) 0, 0,01376
c) 0,1251 d) 14,25

5
Die Spielerin ist ca. 1,75 m.

6
Im Durchschnitt sind das 31,5 Punkte.

7
Ihre Trefferquote beträgt $0{,}\overline{18}$.

Auswertung

28–26 Punkte: Spitze!
25–21 Punkte: Das ist eine Silbermedaille wert!
20–14 Punkte: Das ist eine ordentliche Leistung!
weniger als 14 Punkte: Du solltest noch ein wenig üben!

Rückspiegel, Seite 48

2 Punkte

1
a) $\frac{1}{4}$ Linksdrehung
b) $\frac{1}{2}$ Rechtsdrehung

2
$\alpha = 90°$
$\beta = \not\alpha = 71{,}5°$
$\gamma = 127°$

3

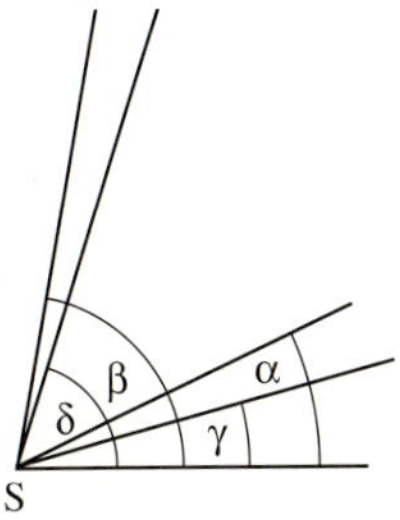

Alle Winkel sind spitz.

3 Punkte

1
a) $\frac{1}{2}$ Rechtsdrehung
b) $\frac{3}{4}$ Linksdrehung

2
$\alpha = 106°$
$\beta = 57°$
$\gamma = 109°$
$\delta = 88°$

3

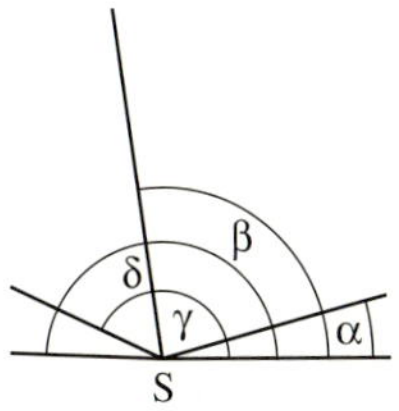

α ist ein spitzer Winkel, alle anderen sind stumpf.

4 Punkte

1
a) $\frac{1}{4}$ Rechtsdrehung
b) $\frac{5}{8}$ Linksdrehung

2
$\alpha = 53°$
$\beta = 82°$
$\gamma = 34°$
$\delta = 27°$
$\epsilon = 37°$

3

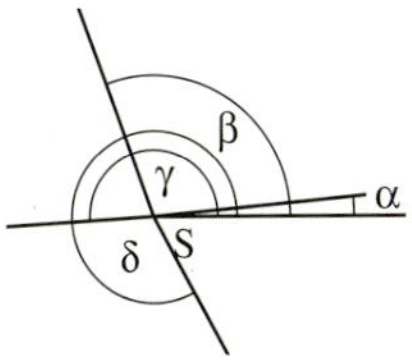

α ist ein spitzer Winkel, β ist ein stumpfer Winkel und γ und δ sind überstumpf.

Lősungen zu den Rűckspiegeln

2 Punkte

3 Punkte

4 Punkte

Rűckspiegel, Seite 48

4

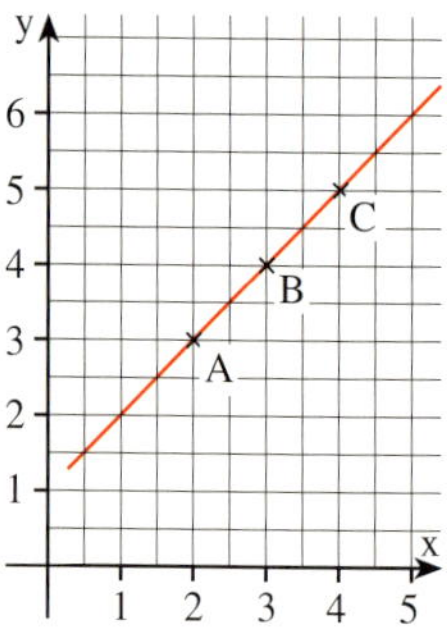

5

Entfernung: 7,2 cm
Kursrichtung: 50°

4

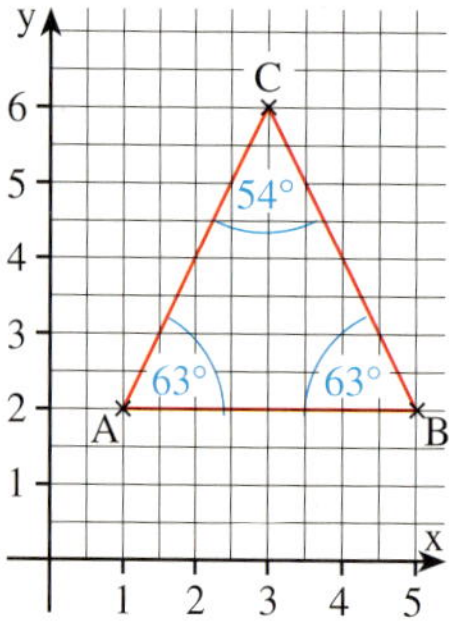

5

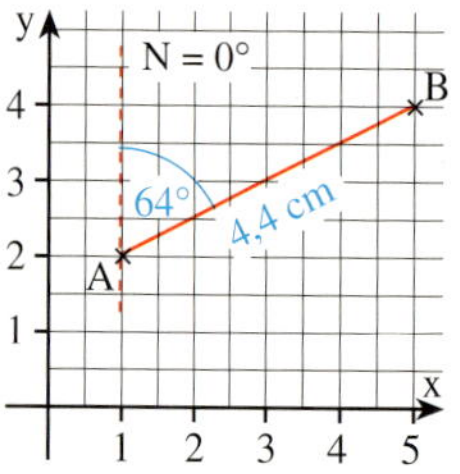

4

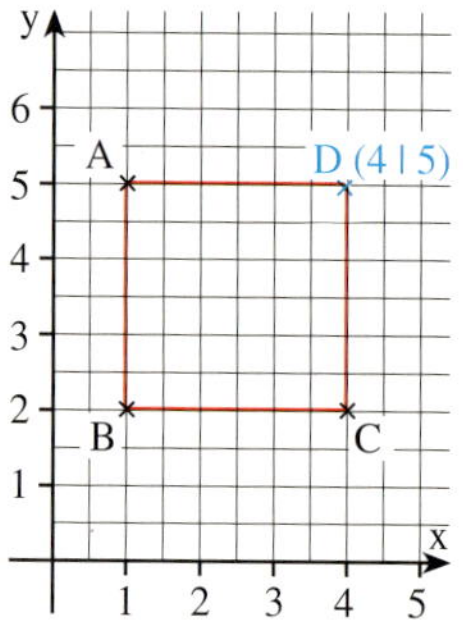

5

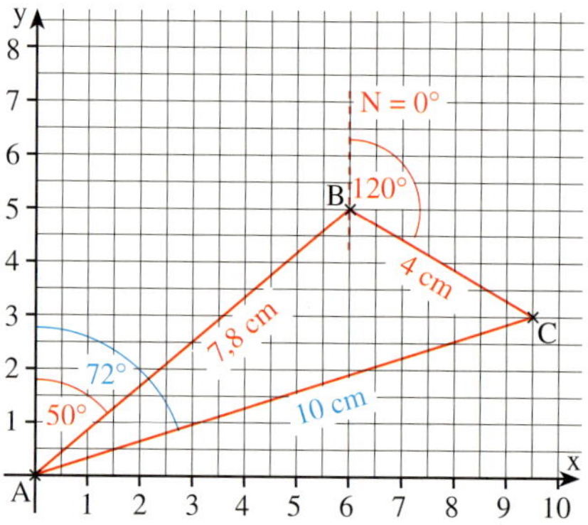

Auswertung

20–17 Punkte: Spitze!
16–13 Punkte: Das ist eine Silbermedaille wert!
12–10 Punkte: Das ist eine ordentliche Leistung!
weniger als 10 Punkte: Du solltest noch ein wenig üben!

2 Punkte

Rückspiegel, Seite 68

1

—

2

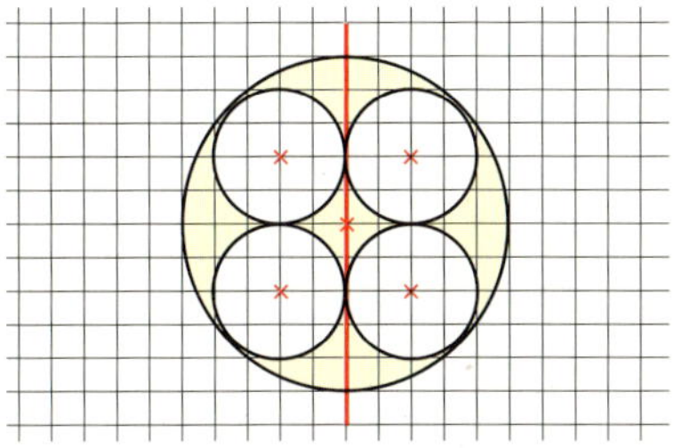

3

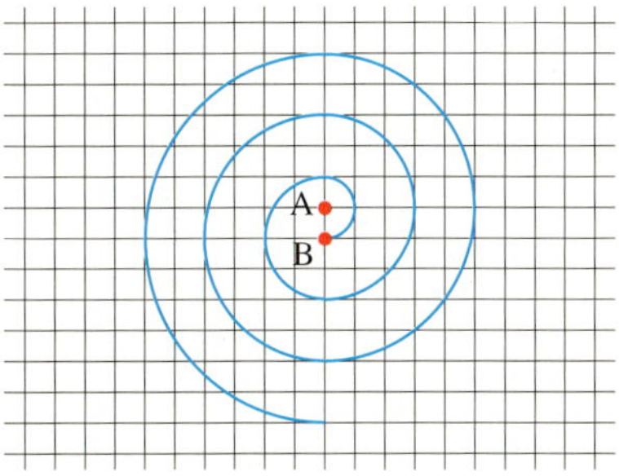

4

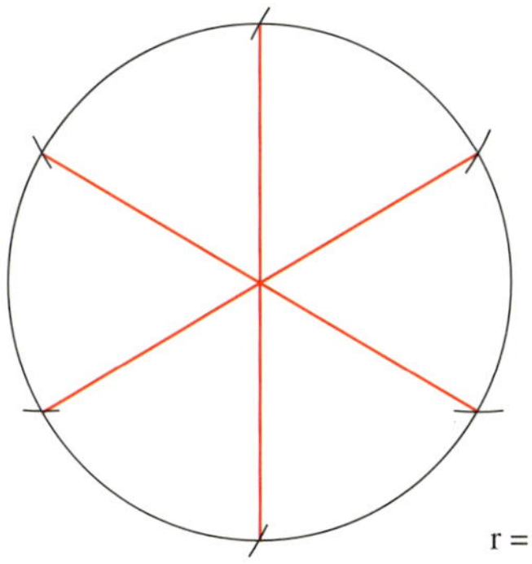

r = 6 cm

3 Punkte

1

siehe Seite 68

2

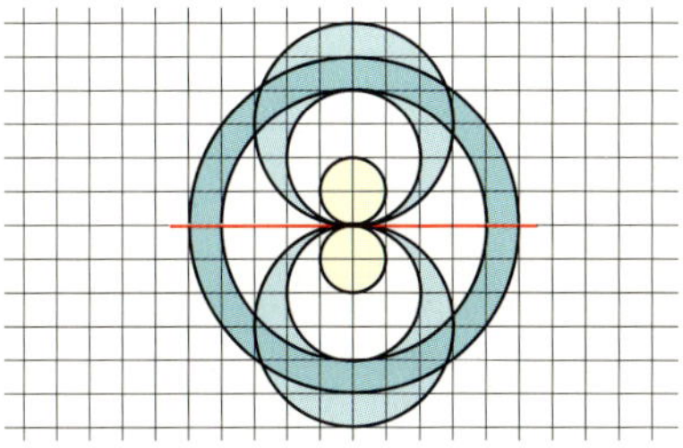

3

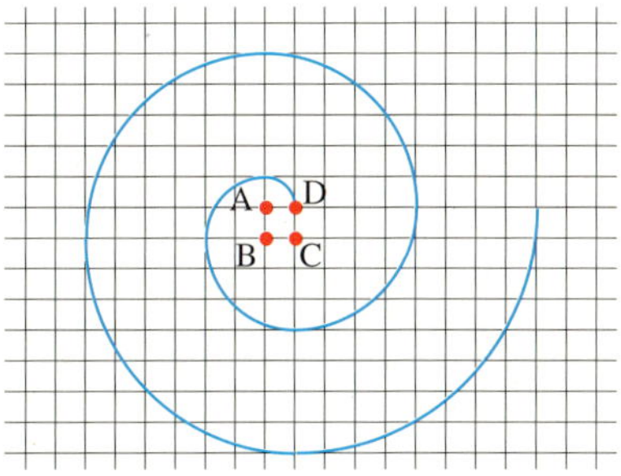

4

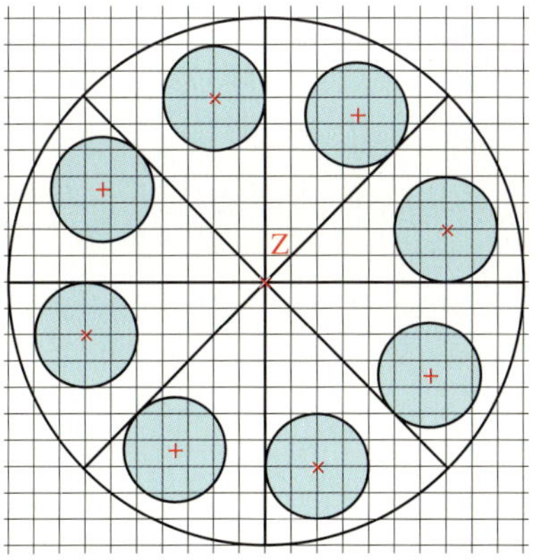

4 Punkte

1

siehe Seite 68

2

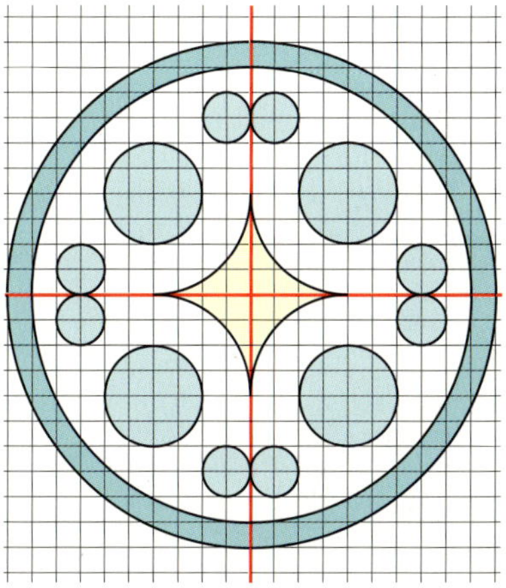

3

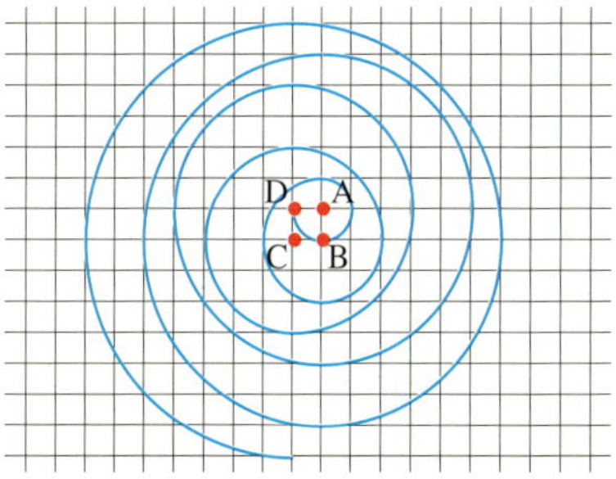

4

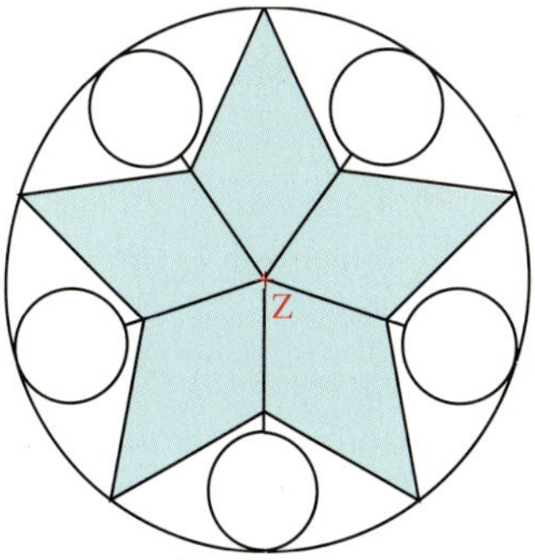

Auswertung

16–15 Punkte: Spitze!
14–12 Punkte: Das ist eine Silbermedaille wert!
11– 8 Punkte: Das ist eine ordentliche Leistung!
weniger als 8 Punkte: Du solltest noch ein wenig üben!

Rückspiegel, Seite 90

2 Punkte

1
$\frac{1}{10}$ (eine Ziffer von 10 Ziffern)

$\frac{1}{100}$ (eine Zahl von 100 Zahlen)

$\frac{1}{1000}$ (eine Zahl von 1000 Zahlen)

2
a) $\frac{1}{4}$

b) Das kann nicht gesagt werden. Arno kann keinen, 1, 2, 3 oder 4 Gewinne haben.

3
a) mit 3 und 4
b) mit 3 und 9
c) mit 12 und 8

4
a) $\frac{4}{6}$ und $\frac{5}{6}$; $\frac{4}{10}$ und $\frac{6}{10}$

b) $\frac{10}{35}$ und $\frac{7}{35}$; $\frac{25}{45}$ und $\frac{21}{45}$

5
a) $\frac{1}{4} > \frac{1}{8}$; $\frac{1}{5} > \frac{1}{9}$; $\frac{1}{3} > \frac{1}{7}$

b) $\frac{1}{12} > \frac{1}{18}$; $\frac{1}{115} < \frac{1}{82}$; $\frac{1}{312} > \frac{1}{425}$

6
a) $\frac{4}{5}$ b) $\frac{14}{15}$ c) $\frac{43}{98}$ d) $\frac{73}{77}$

7
a) $\frac{2}{12} = \frac{1}{6}$ b) $\frac{2}{13}$ c) $\frac{1}{30}$ d) $\frac{15}{63} = \frac{5}{21}$

3 Punkte

1
$\frac{3}{48} = \frac{1}{16}$; $\frac{10}{48} = \frac{5}{24}$; $\frac{12}{48} = \frac{1}{4}$; $\frac{16}{48} = \frac{1}{3}$

2
a) grüne Karte: $\frac{20}{80} = \frac{1}{4}$
gelbe Karte: $\frac{20}{80} = \frac{1}{4}$
grüne oder gelbe Karte: $\frac{1}{4} + \frac{1}{4} = \frac{2}{4} = \frac{1}{2}$
oder: 40 Karten sind grün oder gelb, also $\frac{40}{80} = \frac{1}{2}$

b) keine blaue Karte heißt grüne, gelbe oder rote Karte ziehen; also $\frac{60}{80} = \frac{3}{4}$
oder: keine blaue Karte heißt alle Karten ohne die blauen Karten ziehen; also $\frac{80}{80} - \frac{20}{80} = \frac{60}{80} = \frac{3}{4}$

3
a) $\frac{1}{5} \overset{\cdot 4}{=} \frac{4}{20}$; $\frac{3}{10} \overset{\cdot 2}{=} \frac{6}{20}$; $\frac{3}{4} \overset{\cdot 5}{=} \frac{15}{20}$; $\frac{1}{2} \overset{\cdot 10}{=} \frac{10}{20}$;
$\frac{4}{5} \overset{\cdot 4}{=} \frac{16}{20}$

b) $\frac{2}{7} \overset{\cdot 6}{=} \frac{12}{42}$; $\frac{5}{6} \overset{\cdot 7}{=} \frac{35}{42}$; $\frac{3}{14} \overset{\cdot 3}{=} \frac{9}{42}$; $\frac{6}{21} \overset{\cdot 2}{=} \frac{12}{42}$;
$\frac{2}{3} \overset{\cdot 14}{=} \frac{28}{42}$

4
zwischen $\frac{3}{8}$ und $\frac{6}{8}$ liegen z.B. $\frac{4}{8}$ und $\frac{5}{8}$

zwischen $\frac{4}{9}$ und $\frac{5}{9}$ liegen z.B. $\frac{13}{27}$ und $\frac{14}{27}$

($\frac{4}{9} = \frac{12}{27}$; $\frac{5}{9} = \frac{15}{27}$)

zwischen $\frac{2}{5}$ und $\frac{4}{7}$ liegen z.B. $\frac{15}{35}$ und $\frac{16}{35}$

($\frac{2}{5} = \frac{14}{35}$; $\frac{4}{7} = \frac{20}{35}$)

5
$\frac{5}{15} = \frac{3}{9}$; $\frac{12}{30} = \frac{6}{15}$; $\frac{15}{18} = \frac{40}{48}$

6
a) $\frac{7}{12}$ b) $\frac{55}{63}$ c) $\frac{37}{54}$ d) $\frac{31}{36}$

7
a) $\frac{13}{18}$ b) $\frac{11}{36}$ c) $\frac{5}{60} = \frac{1}{12}$ d) $\frac{3}{12} = \frac{1}{4}$

4 Punkte

1
$\frac{1}{6} + \frac{2}{9} + \frac{1}{3} + \frac{5}{18} = \frac{3}{18} + \frac{4}{18} + \frac{6}{18} + \frac{5}{18} = \frac{18}{18}$
Das heißt, es müssen mindestens 18 Kugeln im Strumpf sein. Davon 3 rote, 4 weiße, 6 gelbe und 5 blaue Kugeln.

2
Der Wurf mit 2 Würfeln hat 36 gleich wahrscheinliche, unterschiedliche Ergebnisse.
(1|1) (1|2) (1|3) (1|4) (1|5) (1|6)
(2|1) (2|2) (2|3) (2|4) (2|5) (2|6)
(3|1) (3|2) (3|3) usw.
Davon sind 6 Ergebnisse (1|1) (2|2) (3|3) … günstige Ergebnisse für einen Pasch. Die Wahrscheinlichkeit für einen Pasch beträgt demnach $\frac{6}{36} = \frac{1}{6}$. Die Wahrscheinlichkeit eine 6 mit einem Würfel zu werfen, ist aber ebenfalls $\frac{1}{6}$.

3
a) 3 b) 4 c) 5

4
a) $\frac{6}{12}$; $\frac{3}{12}$; $\frac{4}{12}$; $\frac{1}{12}$; $\frac{2}{12}$

b) $\frac{45}{180}$; $\frac{20}{180}$; $\frac{18}{180}$; $\frac{12}{180}$; $\frac{15}{180}$

5
a) $\frac{7}{3} < \frac{16}{35} < \frac{1}{2} < \frac{9}{14} < \frac{4}{5} = \frac{8}{10}$

b) $\frac{1}{7} < \frac{3}{10} < \frac{9}{21} < \frac{8}{15} < \frac{7}{12} < \frac{5}{6}$

6
a) $\frac{80}{90} = \frac{8}{9}$ b) $\frac{6210}{6300} = \frac{69}{70}$

7
a) $\frac{2}{60} = \frac{1}{30}$ b) $\frac{4}{154} = \frac{2}{77}$

Auswertung

28–26 Punkte: Spitze!
25–21 Punkte: Das ist eine Silbermedaille wert!
20–14 Punkte: Das ist eine ordentliche Leistung!
weniger als 14 Punkte: Du solltest noch ein wenig üben!

Rückspiegel, Seite 118

2 Punkte

1

a) $6{,}63\ m \cdot 4{,}00\ m = 26{,}52\ m^2$
b) $26{,}52 \cdot 12\ € = 318{,}24\ €$

2

$2 \cdot 4{,}00\ m + 2 \cdot 2{,}88\ m = 13{,}76\ m$

3

Wände:
$13{,}76\ m \cdot 2{,}50\ m = 34{,}40\ m^2$
Decke:
$2{,}88\ m \cdot 4{,}00\ m = 11{,}52\ m^2$

insgesamt: $45{,}92\ m^2$

Es wird ein Eimer Farbe benötigt.

4

($1\ dm^3 = 1\ l$)
$10\ dm \cdot 12\ dm \cdot 15\ dm = 1800\ dm^3$
Das Tauchbecken fasst 1800 *l*.

3 Punkte

1

a) $6{,}63\ m \cdot 4{,}00\ m = 26{,}52\ m^2$
$1{,}42\ m \cdot 2{,}91\ m = 4{,}13\ m^2$

insgesamt: $30{,}65\ m^2$

b) $30{,}65 \cdot 19{,}80\ € = 608{,}87\ €$

2

$4{,}00\ m + (6{,}63\ m - 4{,}25\ m)$
$+ 5{,}42\ m + (2{,}91\ m - 0{,}80\ m)$
$+ 1{,}42\ m + (3{,}72\ m - 0{,}80\ m)$

insgesamt: $18{,}25\ m^2$

Es werden 18,25 m Fußleisten benötigt.

3

Wände (vgl. Aufgabe 2***):
$18{,}25\ m \cdot 2{,}50\ m = 45{,}62\ m^2$
$+ (4{,}25\ m + 0{,}8\ m + 0{,}8\ m) \cdot 0{,}5\ m = 2{,}93\ m^2$

insgesamt: $48{,}56\ m^2$

Decke (vgl. Aufgabe 1***): $30{,}65\ m^2$
Gesamtfläche: $79{,}21\ m^2$
Es werden 2 Eimer Farbe benötigt.

4

($1\ dm^3 = 1\ l$)

$5 \cdot 50\ l = 250\ l$
$= 250\ dm^3$
Aquarium:
$11{,}5\ dm \cdot 4{,}5\ dm \cdot 6\ dm = 310{,}5\ dm^3$
Die fünf 50-*l*-Behälter passen in das Aquarium.

4 Punkte

1

a) Kind I: $4\ m \cdot 2{,}88\ m = 11{,}52\ m^2$
Kind II: $2{,}51\ m \cdot 3{,}87\ m = 9{,}71\ m^2$
$+ 1{,}75\ m \cdot 0{,}45\ m = 0{,}79\ m^2$

insgesamt: $10{,}50\ m^2$

Das Kinderzimmer I ist etwas größer.
b) Der Teppichboden soll nicht gestückelt werden.
Kind I: Es werden 2,88 m von der 4 m breiten Rolle benötigt:
$2{,}88\ m \cdot 4{,}00\ m = 11{,}52\ m^2$
$11{,}52 \cdot 16{,}50\ € = 190{,}80\ €$

Kind II: Es werden 2,96 m benötigt.
$2{,}96\ m \cdot 4{,}00\ m = 11{,}84\ m^2$
$11{,}84 \cdot 16{,}50\ € = 195{,}36\ €$

2

Kind I: 11,46 m
$2 \cdot 4{,}00\ m + (2{,}88 - 1{,}50)\ m + (2{,}88 - 0{,}80)\ m$
Kind II: 11,36 m
$2{,}51\ m + 3{,}87\ m + (2{,}96 - 1{,}50)\ m + (3{,}87 - 0{,}80)\ m + 0{,}45\ m$
Es werden insgesamt 22,82 m Fußleisten benötigt.

3

Wände (vgl. Aufgabe 2****)
$22{,}82\ m \cdot 2{,}50\ m = 57{,}05\ m^2$
$+ (2 \cdot 1{,}50\ m + 2 \cdot 0{,}80\ m) \cdot 0{,}50\ m = 2{,}30\ m^2$

insgesamt: $59{,}35\ m^2$

Decke (vgl. Aufgabe 1****)
$11{,}52\ m^2 + 10{,}5\ m^2 = 22{,}02\ m^2$
Gesamtfläche: $81{,}55\ m^2$
Es werden 2 Eimer Farbe benötigt.

4

($1\ dm^3 = 1\ l$)
1. Aquarium:
$8\ dm \cdot 3{,}6\ dm \cdot 3{,}5\ dm = 100{,}8\ dm^3$
2. Aquarium:
$10\ dm \cdot 3{,}3\ dm \cdot 4{,}2\ dm = 138{,}6\ dm^3$
Das erste Aquarium fasst 100,8 *l*, das zweite 138,6 *l* Wasser.

Auswertung

16–15 Punkte: Spitze!
14–12 Punkte: Das ist eine Silbermedaille wert!
11– 8 Punkte: Das ist eine ordentliche Leistung!
weniger als 8 Punkte: Du solltest noch ein wenig üben!

Werkzeugkiste, Seite 131 und 132

1
a) 64 485 b) 42 545 c) 95 317

2
a) 59 989 b) 69 999 c) 87 996 d) 67 999

3
6666
16665
26664

13332 + 16665 + 19998 = 49995

4
a) 58 872 b) 71 810 c) 90 403

5
a) Die Ziffern wurden falsch untereinander geschrieben.

3456
\+ 789
4245

b) Es wurden die Übertragszahlen vergessen.

572
\+ 333
\+ 628
1533

c) Die Übertragszahl wurde in die falsche Spalte geschrieben.

8004
\+ 509
\+ 40706
49219

6
a) 4-mal b) 3-mal c) 7-mal

7
a) 258 + 285 + 528 + 582 + 825 + 852 = 3330

b) 357 + 375 + 537 + 573 + 735 + 753 = 3330

Die Ergebnisse sind identisch.

8
a) 5819 b) 4792 c) 5972
d) 3121 e) 2111 f) 3111

9
a) 2114 b) 6466 c) 3069

10
a) Die Differenz der Einer und Zehner ist jeweils falsch.

562
\- 158
404

b) Die Ziffern wurden falsch untereinander geschrieben.

9723
– 453
9270

c) Bei den Tausendern fehlt die Übertragsziffer.

6776
– 4849
1927

11
a) 5436 – 2258 = 3178
b) 79252 – 22222 = 57030
c) 9544 – 6130 = 3414

12

+	19	31	54	73
19	38	50	73	92
31	50	62	85	104
54	73	85	108	127

13
a) Stärkster Zuwachs von 219 Mitglieder im Jahr 1991.
Stärkste Abnahme von 245 Mitgliedern im Jahr 1992.
b) Im besten Jahr 1991 fehlen 1864 Mitglieder, damit es 5000 sind.

14
a) 3 621 ; 7 667 ; 10 642
b) 9 476 ; 16 974 : 21 114
c) 15 825 ; 7 775 ; 18 450
d) 38 254 ; 42 656 ; 72 571

15
a) 26 624
9 810
b) 369 152
268 916
c) 1 458 456
4 940 588
d) 712 062
1 088 320
e) 3 112 200
2 971 600
f) 2 553 252
1 326 556

16
a) Die Teilprodukte wurden nicht stellengerecht untereinander geschrieben.

319 · 23
638
957
7337

b) Im zweiten Teilprodukt wurde eine Null vergessen. Es wurde nicht stellengerecht untereinander geschrieben.

```
504 · 32
 1512
  1008
 16128
```

c) Die Null im zweiten Faktor wurde nicht beachtet.

```
437 · 205
  874
   2185
  89585
```

d) Es wurde nicht stellengerecht untereinandergeschrieben und es fehlt die Endnull.

```
520 · 160
  520
  31200
  83200
```

17

a)
```
182 · 17
  182
  1274
  3094
```

b)
```
637 · 27
  1274
   4459
  17199
```

18

a) 215 384 976 b) 523 814 769
c) 549 386 721 d) 597 362 481
e) 627 953 481 f) 842 973 156

19

a)
```
          47250
        90     525
      6    15    35
    2   3     5     7
```

20

a) 45
456
707
333

b) 26 + 16 : 17
296 + 8 : 19
3132 + 4 : 25
543 + 2 : 31

21

a) 4, 400 und 4 b) 7, 70 und 700
c) 700, 7 und 7

22

a) 0, 1, 2, 3, 4, ... ,9 b) 5 und 10
c) 0, 3, 6 und 9

23

a)
```
  17784 : 741 = 24
 – 1482
   2964
 – 2964
      0
```

b)
```
 3068 : 13 = 236
– 26
   46
 – 39
    78
  – 78
     0
```

24

Teile die Anzahl der Eier jeweils durch 6, 10, 12, 18, 36.
Es werden folgende Anzahlen an Verpackungen benötigt: 4000, 2400, 2000, 1333 und 1 mit 6 Eiern, 666 und 1 mit 24 Eiern.

25

a) 350 b) 603 c) 90 d) 18 e) 118 f) 81
g) 175 h) 273 i) 4

Lösungen zu den Aufgaben der Werkzeugkiste

Werkzeugkiste, Seite 134 und 135

1

a) 50 mm; 200 mm; 38 mm; 4000 mm; 110 mm; 78 mm; 340 mm; 2002 mm
b) 80 cm; 2 cm; 26 cm; 480 cm; 340 cm; 25 cm; 105 cm;
c) 6 m; 4 m; 2000 m; 0,3 m; 45 m; 2800 m; 0,09 m; 2080 m

2

a) 466 cm > 4 m 6 dm > 4,06 m
b) 10 km 30 m > 1030 m > 1 km 3 m
c) 85 dm > 8 dm 50 cm > 0,85 m
d) 1 m 2 dm > 1,12 m > 1,21 dm
e) 44,44 m > 40 m 4 dm > 4 m 44 dm

3

1. Frank: 2,64 m
2. Anke: 2,63 m
3. Christa: 2,62 m
4. Elise: 2,58 m
5. Bernd: 2,46 m
6. Daniel: 2 m

4

a) 120 min, 300 min, 1440 min, 2 min, 72 min, 234 min, 366 min,
b) 540 s, 900 s, 3600 s, 465 s, 915 s, 61 s, 3900 s,
c) 3 h, 12 h, 6 h

5

a) 3 min; 22 s; 59 min; 50 s; 1 min
b) 1 s; 47 min 52 s; 36 min 37 s

6

a) 90 min; 45 min; 30 s; 15 s
b) 90 s; 105 min; 150 min; 675 s

7

a) 13.35 Uhr
b) 21.34 Uhr
c) 17.35 Uhr
d) 18.30Uhr
e) 8.45 Uhr

8

a) Stuttgart: 2.00 Uhr
b) New York: 6.30 Uhr, Tokio: 20.30 Uhr
c) Weil es zu dieser Zeit 4 Uhr in New York ist.
d) Stuttgart: 7 Uhr

9

a) 22 €; 68 €; 44 €; 16 €
b) 46,50 €; 22,23 €; 81,15 €
c) 87,95 €; 19,92 €; 42,93 €
d) 90,01 €; 9,01 €; 9,91 €

10

a)

Stück	€
10	3,50
11	3,85
15	5,25
19	6,65

11

a) 1365 g, 3038 g, 2780 g, 1200 g
b) 15080 kg, 4505 kg, 3232 kg, 16900 kg

12

a) 254 g, 910 g, 616 g, 901 g, 959 kg
b) 262 kg, 43 kg, 1115 kg, 111 kg, 10 kg

13

a) Die Briefmarken kosten zusammen 19,40 €.
b) Sie bekommt 60 Cent zurück.

14

a) Um die Strecke von 750 km mit 90 km pro Stunde zurückzulegen, benötigen sie 8 h und 20 min. Rechnet man die 90 min Pause hinzu, müssen sie spätestens um 7.10 Uhr losfahren.

15

Die Kinder wiegen zusammen 252,7 kg, das sind 32,3 kg weniger als der Weltrekord von 1983.

16

a) Schwertfisch: 1500 pro Minute
b) Schwimmer: etwa 120 m pro Minute

17

a) 4 kg: 4 · 1,60 € = 6,40 €
6 kg: 6,50 € + 1,60 € = 8,10 €
20 kg: 4 · 6,50 € = 26,00 €
(für 27 € erhält man sogar 25 kg Kartoffeln)
30 kg: 27,00 € + 6,50 € = 33,50 €
50 kg: 2 · 27,00 € = 54,00 €
60 kg: 2 · 27,00 € + 2 · 6,50 € = 67,00 €
b) 72 kg: 2 · 27,00 € + 4 · 6,50 € + 2 · 1,60 € = 83,20 €
75 kg: 3 · 27,00 € = 81,00 €
(3 kg mehr kosten 2,20 € weniger, wenn 25-kg-Säcke genommen werden.)

18

a) Die Länge des Liedes ändert sich bei 6 Musikern nicht.
b) Jedes Ei muss 4 min gekocht werden. Die Anzahl spielt keine Rolle.
c) 3 Maurer brauchen 16 Wochen, 12 brauchen 4 Wochen, und 1000 würden sich nur gegenseitig im Weg stehen.
d) Ein Plattenleger würde 15 Tage brauchen.
e) Auch ein Bergsteiger braucht 4 Stunden.
f) Hans wird bei doppelt so starker Anstrengung bestimmt nicht doppelt so schnell laufen.
g) Der Vorrat würde 48 Tage reichen.

Mathematische Symbole und Bezeichnungen

=	gleich
<	kleiner als
>	größer als
g ⊥ h	die Geraden g und h sind zueinander senkrecht
⊾	rechter Winkel (90°)
α, β, δ, ...	Bezeichnungen für Winkel
∢ α	Winkel α
∢ ASB	Winkel mit dem Scheitel S und dem Punkt A auf dem ersten Schenkel und dem
⊾	Punkt B auf dem zweiten Schenkel
g ∥ h	die Geraden g und h sind zueinander parallel
g, h, ...	Buchstaben für Geraden
A, B, ..., P, Q, ...	Buchstaben für Punkte
A(2|4)	Gitterpunkt mit dem Rechtswert 2 und dem Hochwert 4
$\overline{AB}$	Strecke mit den Endpunkten A und B

Maßeinheiten und Umrechnungen

Zeiteinheiten

Jahr		Tag		Stunde		Minute		Sekunde
1 a	=	365 d						
		1 d	=	24 h				
				1 h	=	60 min		
						1 min	=	60 s

Gewichtseinheiten

Tonne		Kilogramm		Gramm		Milligramm
1 t	=	1000 kg				
		1 kg	=	1000 g		
				1 g	=	1000 mg

Längeneinheiten

Kilometer		Meter		Dezimeter		Zentimeter		Millimeter
1 km	=	1000 m						
		1 m	=	10 dm				
				1 dm	=	10 cm		
						1 cm	=	10 mm

Flächeneinheiten

Quadrat-kilometer		Hektar		Ar		Quadrat meter		Quadrat-dezimeter		Quadrat-zentimeter		Quadrat-millimeter
1 km^2	=	100 ha										
		1 ha	=	100 a								
				1 a	=	100 m^2						
						1 m^2	=	100 dm^2				
								1 dm^2	=	100 cm^2		
										1 cm^2	=	100 mm^2

Raumeinheiten

Kubikmeter		Kubikdezimeter		Kubikzentimeter		Kubikmillimeter
1 m^3	=	1000 dm^3				
		1 dm^3	=	1000 cm^3		
		1 l	=	1000 ml		
				1 cm^3	=	1000 mm^3